OLRHAIN HANES BRO A THEULU

Olrhain Hanes Bro a Theulu

Golygyddion:
Rheinallt Llwyd
D. Huw Owen

Argraffiad cyntaf: 2009

Rhif rhyngwladol: 978-1-84527-133-6

Mae'r cyhoeddwr yn cydnabod cefnogaeth ariannol
Cyngor Llyfrau Cymru.

Cynllun clawr: Elgan Griffiths

Cyhoeddwyd gan Wasg Carreg Gwalch,
12 Iard yr Orsaf, Llanrwst, Conwy, LL26 0EH.
Ffôn: 01492 642031 Ffacs: 01492 641502
e-bost: llyfrau@carreg-gwalch.com
lle ar y we: www.carreg-gwalch.com

Argraffwyd a chyhoeddwyd yng Nghymru.

Er cof
am
Tomos Befan Owen
(1977–2009)

Cynnwys

RHAGAIR

Bu'r ddau ohonom yn dysgu cyrsiau ar hanes lleol ers nifer o flynyddoedd, trwy gyfrwng y Gymraeg a'r Saesneg, a daethom i sylweddoli, yn gwbl annibynnol ar ein gilydd, fod angen dybryd am gyfrol ragarweiniol yn y Gymraeg ar gyfer haneswyr cymunedol a haneswyr teulu. I'r rhai a ddilynai gyrsiau trwy gyfrwng y Saesneg nid oedd unrhyw broblem gan fod toreth o arweinlyfrau safonol a deniadol wedi eu cyhoeddi ar hyd y blynyddoedd a'r rhain yn trafod ffynonellau o ddiddordeb i haneswyr cymunedol a haneswyr teulu fel ei gilydd. Ac er bod rhai o'r cyfrolau hyn, megis rhai defnyddiol iawn Philip Riden, *Record Sources for Local History* (1987) *a Local History: a Handbook for Beginners* (1998) yn cyfeirio at ffynonellau Cymreig nid oedd yr ymdriniaeth yn aml yn ddigonol ac yn gwbl foddhaol. Cam pwysig ymlaen oedd cyhoeddi dwy gyfrol yn Saesneg dan olygyddiaeth John a Sheila Rowlands, sef *Welsh Family History: a Guide to Research* a ymddangosodd gyntaf yn 1993 a *Second Stages in Researching Welsh Ancestry* a gyhoeddwyd yn 1999. Ond roedd y diffyg darpariaeth ar gyfer myfyrwyr cyfrwng Cymraeg yn parhau, ac felly hyd heddiw. Bwriad sylfaenol y gyfrol hon yw ceisio gwneud peth iawn am y diffyg hwn.

Yn achos rhai o'r cyfrolau rhagarweiniol ond rhyfeddol o gynhwysfawr a gyhoeddwyd yn Saesneg, megis un David Hey, *Journeys in Family History* (2004), yr oedd tîm o ymchwilwyr wrth law i gynorthwyo'r awdur. Yn anffodus nid oedd gennym adnodd o'r fath! A buan y sylweddolodd y ddau ohonom mor anferth yw'r maes ac mor eang ei ffiniau. Ond buom yn hynod ffodus i sicrhau cyfranwyr sy'n arbenigwyr yn eu meysydd ac yn meddu ar wybodaeth drylwyr o'r prif ffynonellau perthnasol. Rhoddwyd iddynt ryddid llwyr i ymdrin â'u pynciau fel y mynnent er inni geisio cysoni cyfeiriadau at ffynonellau, ac ati. A chanlyniad anochel dadansoddi themâu sydd o'u hanfod yn cyd-weu i'w gilydd yw i'r trafodaethau gwahanol ymddangos ar brydiau fel petaent yn gorgyffwrdd â'i gilydd. Fe gwblhawyd chwech o'r penodau yn Saesneg a chyfieithwyd cyfraniadau David Howell a William Troughton gan D. Huw Owen a chyfraniadau Helen Palmer, Richard Suggett a Richard Morgan gan Rheinallt Llwyd.

Rydym hefyd yn ymwybodol iawn fod yna bynciau pwysig, yng

nghyd-destun hanes cymunedol a hanes teulu, nad ydynt wedi cael sylw dyladwy gennym, megis ffynonellau addysgol a dogfennau'r tlodion, ond rhaid oedd rhoi pen ar y mwdwl yn rhywle! I'r cyfranwyr oll am eu hir amynedd a'u goddefgarwch rydym yn hynod ddiolchgar.

Rydym yn ddiolchgar hefyd i nifer o sefydliadau am ganiatáu inni gopïo ac atgynhyrchu deunyddiau sydd yn eu gofal ac am y graslonrwydd inni gael gwneud hynny dan delerau hael iawn. Mae ein diolch yn ddiffuant i'r Archifau Gwladol yn Llundain, Llyfrgell Genedlaethol Cymru, Comisiwn Brenhinol Henebion Cymru, Sain Ffagan: Amgueddfa Werin Cymru, Llyfrgell Ceredigion, Gwasanaeth Archifau Sir Gaerfyrddin, Archifdy Morgannwg ac Archifau Ceredigion. A chawsom atgynhyrchu nifer sylweddol o luniau o gasgliad Gwasg Carreg Gwalch ei hun. Trwy ganiatâd Dr Michael Powell Siddons yr atgynhyrchir y lluniau o rhol achau herodrol John Hughes, person Llanwrin gan Rhys Cain, ac eiddo Dr Evan L. James yw'r ffotograffau o gerrig beddau Moelona a'r Parchg E. Keri Evans. Eiddo William Troughton yw'r ffotograffau o'r stemor *Glanhafren* ac Aberdyfi tua 1925. A bu Tegwyn Jones mor garedig â chaniatáu inni gopïo rhai o'r baledi.

Yn ogystal â chael llawer o gymorth a sawl cymwynas gan aelodau staff y sefydliadau a enwir uchod hoffem hefyd ddiolch yn arbennig i'r canlynol am bob help mewn gwahanol ffyrdd: Stephen Benham, Nigel Callaghan, John E. Davies, Yvonne Evans, Robin Gwyndaf, William Howells, Elinor Ingham, Hefin Llwyd, Patricia Moore, Hywel Owen, Helen Palmer, Rhian Parry, Owain Rhys, Meinwen Ruddock, Richard Suggett a Terry Wells.

Rydym yn ddyledus i Elgan Griffiths am lawer o gymorth technegol gan iddo gopïo lluniau a deunyddiau eraill ar ein rhan ac am ddylunio clawr y gyfrol. Ac mae arnom ddyled enfawr i Marian Beech Hughes, Uwch-swyddog Golygyddol, Cyngor Llyfrau Cymru, am drylwyredd ei gwaith ac am lawer o gynghorion buddiol. Ac er inni geisio sicrhau fod pob manylyn llyfryddol, ac ati, yn gywir, efallai y bydd cyfeiriad ambell wefan wedi newid erbyn i'r gyfrol ymddangos gan mai dyna yw natur cyfeiriadau rhai gwefannau! Nyni'n dau, serch hynny, sy'n gyfrifol am unrhyw feiau a erys.

Bu Gwasg Carreg Gwalch yn gefnogol i'r fenter o'r dechrau ac rydym yn ddiolchgar i Myrddin ap Dafydd a'i staff am eu holl waith ac am sicrhau fod buddiannau'r Gymraeg yn cael eu gwarchod, unwaith eto, mewn modd arloesol.

Tra oeddem yn paratoi'r gyfrol, gwnaed cyfraniad pwysig gan Tomos Befan Owen a ddarllenodd, er ei waeledd, ddraftiau nifer o'r penodau a gwneud sylwadau adeiladol arnynt. Bu farw cyn cwblhau'r gwaith golygyddol, a chyflwynir y gyfrol er cof amdano.

Rheinallt Llwyd
D. Huw Owen

BYRFODDAU

BBGC	*Bwletin y Bwrdd Gwybodau Celtaidd*
CBHC	Comisiwn Brenhinol Henebion Cymru
CHC	*Cylchgrawn Hanes Cymru*
CHCC	Cofnod Henebion Cenedlaethol Cymru
CLlGC	*Cylchgrawn Llyfrgell Genedlaethol Cymru*
DWH	*The Developmemt of Welsh Heraldry*
GCH	*Glamorgan County History*
IGI	*The International Genealogical Index*
JHSChW	*Journal of the Historical Society of the Church in Wales*
JWEH	*Journal of Welsh Ecclesiastical History*
JWRH	*Journal of Welsh Religious History*
LlGC	Llyfrgell Genedlaethol Cymru
ODNB	*Oxford Dictionary of National Biography*
RChWM	Royal Commission on Land in Wales and Monmouthshire
Traf. Bed.	*Trafodion Cymdeithas Hanes Bedyddwyr Cymru*
Traf. Caerf.	*Trafodion Cymdeithas Hynafiaethwyr Sir Gaerfyrddin*
Traf. Caern.	*Trafodion Cymdeithas Hanes Sir Gaernarfon*
Traf. Cymm.	*Trafodion Anrhydeddus Gymdeithas y Cymmrodorion*
Traf. Môn	*Trafodion Cymdeithas Hynafiaethwyr a Naturiaethwyr Môn*

1. HANES LLEOL A HANES TEULU YNG NGHYMRU

D. Huw Owen

Gwelwyd cynnydd sylweddol mewn astudiaethau hanes lleol a hanes teulu yng Nghymru yn ystod y blynyddoedd diweddar, megis mewn gwledydd eraill, ac adlewyrchir hyn mewn gweithgareddau a chyhoeddiadau amrywiol. Ceisiwyd egluro'r cynnydd hwn yn rhannol trwy gyfeirio at yr angen i ddarganfod gwreiddiau a sefydlogrwydd mewn cymunedau sydd yn profi newidiadau aruthrol a achosir gan ddatblygiadau cymdeithasol, demograffig a thechnolegol enfawr. Yn sicr nid yw Cymru yn eithriad i'r tueddiadau cyffrous hynny, a gwelir nifer o fewnfudwyr, yn ogystal â Chymry brodorol, yn cymryd rhan flaenllaw mewn cymdeithasau lleol a chymdeithasau hanes teulu. Ar yr un pryd, mynegwyd drwy'r iaith Gymraeg ddau draddodiad llenyddol a hanesyddiaethol sydd yn ymestyn yn ôl dros ganrifoedd lawer, sef clodfori ardal benodol, ac olrhain achau a chefndir teuluol yr unigolyn.

Yr oedd teyrngarwch ac ymrwymiad i deulu a chymuned yn adlewyrchu'r amodau cymdeithasol a gwleidyddol yng Nghymru yn yr Oesoedd Canol Cynnar. Chwaraeai'r grŵp teuluol ran bwysig yng Nghyfraith Hywel, ac ar ddiwedd y ddeuddegfed ganrif pwysleisiodd Gerallt Gymro wybodaeth am gefndir teuluol yr unigolyn. Trafodir arwyddocâd achyddiaeth a herodraeth gan Michael Powell Siddons ym Mhennod 3, gan gyfeirio at ei gyhoeddiadau pwysig ef ei hun a rhai P. C. Bartrum yn y meysydd hyn.

Cyflwynir disgrifiadau manwl o'r lleoedd hynny yr ymwelwyd â hwy yn ystod ei daith yn 1188 yng nghyfrolau Gerallt Gymro, *Itinerarium Kambriae* ('Hanes y Daith trwy Gymru') a *Descriptio Kambriae* ('Disgrifiad o Gymru').[1] Teithiodd John Leland yn helaeth o amgylch Cymru a Lloegr yn dilyn ei benodiad yn 'Royal Antiquary' a'r comisiwn a roddwyd iddo yn 1533 i archwilio hynafiaethau Cymru a Lloegr.[2] Cynhyrchwyd nifer o astudiaethau hynafiaethol pwysig yn ystod ail hanner yr unfed ganrif ar bymtheg, ac yng Nghymru lluniwyd *Morganiae Archaiographia, A Book of the Antiquities of Glamorganshire* yn ystod y blynyddoedd 1574–84 gan Rhys Meurig neu Rice Merrick (*c*.1520–86/7), yr achydd a'r hanesydd.[3] Darperid lletygarwch ar gyfer beirdd teithiol yn ei gartref, Cotrel, ym Morgannwg, gan barhau'r traddodiad canoloesol gyda beirdd teithiol yn canmol eu noddwyr, eu cartrefi, a'u tras bonheddig. Gweithredai Gruffudd Hiraethog (m. 1564) a Lewys Dwnn (*fl*. 1568–1616), ill dau yn feirdd a hyfforddwyd yn broffesiynol, fel dirprwy herodron a benodwyd gan yr herodr, gan deithio o amgylch Cymru. Erbyn hyn, yr oedd achyddiaeth ac astudiaethau lleol o ddiddordeb cynyddol i hynafiaethwyr yng Nghymru a Lloegr. Yr oedd nifer ohonynt mewn cysylltiad â'i gilydd, gan gynnwys Lewys Dwnn a George Owen o Henllys. Ysgrifennodd George Owen *The Description of Penbrokshire* yn 1603, flwyddyn wedi iddo lunio map o sir Benfro, a gyhoeddwyd gan ei gyfaill William Camden yn ei argraffiad o'i gyfrol *Britannia* (1607).[4] Dylanwadodd cyfieithiad Saesneg o *Brittannia* gan Philemon Holland yn 1610 ar Syr John Wynn (1553–1627), Gwedir, ger Llanrwst, yr ysgolhaig, noddwr y beirdd ac awdur *The History of the Gwydir Family and Memoirs*, a gyhoeddwyd yn 1770.[5]

Ysbrydolwyd Edward Lhwyd (*c*.1660–1709), Llanforda, ger Croesoswallt gan *Britannia*, a chyfrannodd adrannau ar Gymru ar gyfer cyfieithiad ac argraffiad newydd Edmund Gibson, a gyhoeddwyd yn 1695.[6] Dosbarthwyd ganddo yn 1697 bedair mil o gopïau o'i ymholiadau plwyfol, yn cynnwys cwestiynau ar hynafiaethau, enwau lleoedd, ac astudiaethau natur, a theithiodd o amgylch Cymru yn systematig yn ystod y tair blynedd dilynol. Darlunia ei lawysgrifau ei ddiddordebau eang ym meysydd hynafiaethau, archaeoleg, ieitheg a gwyddoniaeth.[7] Parhaodd dylanwad Camden ar hynafiaethwyr Cymru yn ystod ail hanner y ddeunawfed ganrif, gyda chyfieithiad o argraffiad Richard Gough o *Britannia* (1789) yn cynnwys cyfraniadau gan Thomas

Pennant (1726–1798), Downing, sir Fflint, awdur *History of the Parishes of Whiteford and Holywell* (1796) a *Tours in Wales* (1784).[8] Canolbwyntiodd Thomas Pennant ar ogledd Cymru, a chyflwynwyd llawer o wybodaeth am dde Cymru gan Benjamin Heath Malkin (1769–1842) yn ei gyfrol *The Scenery, Antiquities and Biography of South Wales* (1804).[9]

Yn gynnar yn y bedwaredd ganrif ar bymtheg cyhoeddwyd nifer o gyfrolau yn cyflwyno hanes siroedd, gan gynnwys hanes siroedd Brycheiniog gan Theophilus Jones, Ceredigion gan Samuel Rush Meyrick, a Phenfro gan Richard Fenton.[10] Tra oedd yn byw yn Llundain, yr oedd Fenton yn aelod o gymdeithasau llenyddol a diwylliannol. Un o'r rhain oedd y Gwyneddigion. Aelodau blaenllaw eraill o'r gymdeithas honno oedd y geiriadurwr William Owen Pughe (1759–1835), a'r bardd a'r hynafiaethydd Edward Williams, a adwaenid fel Iolo Morganwg (1747–1826). Tynnwyd sylw at weithgareddau Pughe yn astudiaethau Glenda Carr; trafodir diddordebau a gweithgareddau amrywiol Iolo gan Ceri W. Lewis; a chyhoeddwyd yn ddiweddar gan dîm o ymchwilwyr yng Nghanolfan Uwchefrydiau Cymreig a Cheltaidd Prifysgol Cymru gyfres o gyhoeddiadau am Iolo, gan gynnwys tair cyfrol o'i ohebiaeth.[11] Y gymdeithas arall a gysylltir â chymuned Cymry Llundain yw Anrhydeddus Gymdeithas y Cymmrodorion a sefydlwyd yn 1751 ac a adnewyddwyd yn 1820 ac 1873, ac sydd yn parhau'n weithgar heddiw. Cyhoeddodd y Gymdeithas nifer o weithiau ysgolheigaidd, gan gynnwys astudiaethau hanes lleol pwysig, a 13 cyfrol yn y gyfres *Cymmrodorion Record Series* (1899 tan 1936), sydd yn cynnwys cyfrolau George Owen ar sir Benfro.[12] Cyhoeddwyd hefyd gylchgrawn *Y Cymmrodor* o 1877 tan 1951, *Trafodion* y Gymdeithas er 1893, ac sydd yn parhau i ymddangos; a chyfrolau *Y Bywgraffiadur Cymreig*.[13]

Y gymdeithas ddysgedig hynaf sydd yn parhau mewn bodolaeth yng Nghymru yw Cymdeithas Hynafiaethau Cymru, a sefydlwyd yn 1846 i astudio a diogelu hynafiaethau Cymru. Mae'r cylchgrawn *Archaeologia Cambrensis* yn cynnwys deunydd ar achyddiaeth, herodraeth, enwau lleoedd, llên gwerin a llenyddiaeth; adroddiadau ar gloddiadau'r gymdeithas, ac adolygiad o'r erthyglau a gyhoeddwyd yn ystod y flwyddyn flaenorol. Gweithreda cymdeithas hanes lleol ymhob un o siroedd hanesyddol Cymru, hynny yw, y tair sir ar ddeg a fodolai rhwng 1536 ac 1974. Cyhoeddir cylchgronau yn gyson, fel rheol yn flynyddol, ac maent yn cynnwys erthyglau dysgedig yn trafod gwahanol agweddau ar hanes y sir, â deunydd darluniadol hefyd yn aml yn cael ei ychwanegu. Yr hynaf o'r cymdeithasau hyn yw The Powysland Club, a gyhoeddodd y cylchgrawn *The Montgomeryshire Collections/ Casgliadau Maldwyn* er 1868, ac sydd yn ystod y blynyddoedd diweddar wedi cyhoeddi nifer o gyfrolau, gan gynnwys atlas yn 1999.[14] Yn yr ugeinfed ganrif sefydlwyd cymdeithasau hanes sirol yn siroedd Caerfyrddin (1905), Ceredigion (1909–39, 1950), Môn (1913), Brycheiniog (1928–9), Maesyfed (1931), Caernarfon (1939), Meirionnydd (1950), Dinbych (1952), Fflint (1952), Mynwy (1954), Morgannwg (1957), a Phenfro (1959). Mae'r cylchgronau a gyhoeddwyd gan gymdeithasau lleol eraill a sefydlwyd ers nifer o flynyddoedd yn cynnwys *Trafodion Cymdeithas Hynafiaethau Castell Nedd*, er 1930, a *Gower*, er 1950; cyhoeddwyd cyfres o gyhoeddiadau yn dwyn y teitl *Merthyr Historian*, er 1983, gan Gymdeithas Hanes Merthyr Tudful, a'r gyfrol *Cynon Coal* yn 2001 gan Gymdeithas Hanes Cwm Cynon.

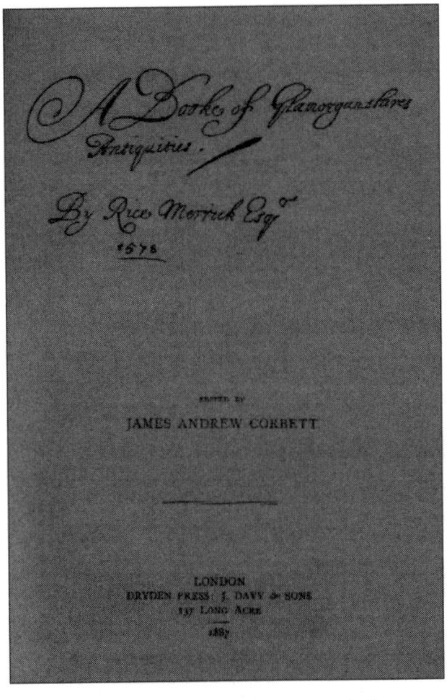
A Booke of Glamorganshires Antiquities.
By Rice Merrick Esqr
1578
JAMES ANDREW CORBETT
LONDON

Rhys Meurig / Rice Merrick, A Booke of Glamorganshire Antiquities (1578)

Mae'r cylchgronau a gyhoeddir gan y cymdeithasau hyn yn cynnwys erthyglau dysgedig ar amrywiol bynciau yn ymestyn dros gyfnodau cronolegol eang. Cyflwynir yn aml ddeunydd darluniadol, ar brydiau mewn lliw, megis yr arolwg o adeiladwaith Castell Powys yn *Casgliadau Maldwyn*, 81 (1993). Mae'r adran 'Powisiana' yn y cylchgrawn hwn yn cynnwys cyfeiriadau at gyhoeddiadau diweddar yn ymwneud â hanes ac archaeoleg sir Drefaldwyn. Cyflwynir adolygiadau llyfrau mewn nifer o'r cylchgronau, a darperir gwybodaeth hefyd am y cyhoeddiadau hynny y bu'r gymdeithas yn gyfrifol amdanynt, megis y gyfrol yn cynnwys atgofion am gymunedau sir Gaerfyrddin a olygwyd gan Eiluned Rees ac a gyhoeddwyd yn 2000 gan Gymdeithas Hynafiaethau Sir Gaerfyrddin.[15] Mae adrannau cyson eraill yn cynnwys adroddiadau ar amgueddfeydd ac archifdai lleol, a gweithgareddau'r pedair ymddiriedolaeth archaeolegol sydd yn gyfrifol am ranbarthau Clwyd–Powys, Morgannwg–Gwent, Gwynedd a Dyfed. Mae'r cyhoeddiadau a ddeilliodd yn uniongyrchol o waith yr ymddiriedolaethau hyn yn cynnwys cyfrolau gan E. G. T. James ar dref Caerfyrddin (1980) a D. M. Robinson ar dreftadaeth de Morgannwg.[16] Cyflwynir gwybodaeth am aelodaeth a gweithgareddau'r gymdeithas, ac adroddiadau ar ddarlithiau, cyfarfodydd a theithiau a drefnwyd yn ystod y flwyddyn, yn ogystal â phrosiectau penodol megis Arolwg Enwau Lleol Sir Gaerfyrddin.

Cyhoeddir mynegeion i'r cylchgronau yn achlysurol gan nifer o gymdeithasau, megis y mynegeion a gyhoeddir yn *Brycheiniog, Casgliadau Maldwyn, Morgannwg* a *Thrafodion Cymdeithas Hanes Sir Ddinbych*. Cyhoeddwyd gan Gymdeithas Hynafiaethau Sir Gaerfyrddin fynegeion manwl a luniwyd gan Andrew Green (1981), ynghyd ag atodiad ar gyfer y cyfnod 1978–87; y Radnorshire Society, gwaith D. Fenn a J. B. Sinclair (1984), ac atodiad yn 1987; Cymdeithas Hynafiaethau Môn, gwaith Dewi O. Jones (1987); a Chymdeithas Hanes Sir Fflint – mynegai gan Dennis Roberts i gyfrolau 1–11 o'r *Cylchgrawn* (1911–25) a chyfrolau 1–2 o'r *Record Series* (1998).

Cyhoeddwyd ffynonellau archifol yn achlysurol gan rai cymdeithasau hanes lleol. Yn 1982 sefydlwyd y South Wales Record Society i gyhoeddi argraffiadau o gofnodion yn ymwneud â hanes de Cymru. Cyfeiriwyd eisoes at gyhoeddi yn 1983 y gyfrol *Morganiae Archaiographia*, gan Rhys Meurig, ac mae cyhoeddiadau eraill gan y gymdeithas hon yn cynnwys cyfrolau yn seiliedig ar ddyddiaduron John Bird, clerc Ardalydd cyntaf Bute (1790–1803), ac asesiadau Treth Aelwyd Morgannwg (1670).[17]

Mae nifer o gymdeithasau hanes teulu yn weithgar yng Nghymru. Cynhelir cyfarfodydd yn rheolaidd, ac mae'r prosiectau a gefnogir yn cynnwys copïo arysgrifau mewn eglwysi ac ar gerrig beddau, copïo a mynegeio cofrestri plwyf, a pharatoi mynegeion ar gyfer cofnodion y Cyfrifiad. Cyhoeddir cylchgronau gan rai o'r cymdeithasau hyn, megis *Gwreiddiau Gwynedd Roots*, ac mae Rhifyn 53 (2007), er enghraifft, yn cynnwys nifer o erthyglau, yn y Gymraeg a'r Saesneg, yn ymwneud â Dyffryn Ogwen. Darperir mynediad i ystod eang o ffynonellau hanes lleol a hanes teulu yng Nghanolfan Cymdeithas Hanes Teulu Clwyd, a agorwyd yn Rhuthun yn 1988. Bu'r Federation of Family History Societies, elusen addysgiadol sydd yn cefnogi cymdeithasau hanes teulu ar raddfa fyd-eang, yn gysylltiedig â chyhoeddi cyfrolau a anelwyd yn benodol at haneswyr teulu yng Nghymru. Darperir hefyd wybodaeth a chyfarwyddyd gwerthfawr i haneswyr teulu yng Nghymru gan gyhoeddiadau eraill y Federation, a'r wefan: www.familyhistoryonline.net.[18]

Mae cynnwys y cyhoeddiadau hyn yn aml o ddiddordeb cyffredinol er iddynt gael eu hanelu yn bennaf at faes penodol, ac mae hyn yn wir hefyd am gylchgronau a gynhyrchir gan gymdeithasau eraill sydd yn ymddangos yn rhai arbenigol. Gwneir cyfraniad sylweddol i astudiaethau hanes gwledig gan *Fferm a Thyddyn*, cylchgrawn Cymdeithas Hanes Amaethyddiaeth Cymru, sydd yn cynnwys erthyglau a chyfresi, megis enwau caeau; *Y Naturiaethwr*, cylchgrawn Cymdeithas Edward Llwyd; a *Llafar Gwlad, Cylchgrawn Gwerin Gwlad*, a gyhoeddir gan Wasg Carreg Gwalch. Cyflwynir ym Mhennod 4 enghreifftiau o erthyglau yn y cylchgronau blynyddol a gyhoeddir gan gymdeithasau hanes prif enwadau crefyddol Cymru, gan gynnwys y Bedyddwyr Cymreig (er 1906), Methodistiaid Calfinaidd Cymru/Eglwys Bresbyteraidd Cymru (1916), yr Annibynwyr Cymreig (1923), yr Eglwys Fethodistaidd yng Nghymru (1946), a hefyd y *Welsh Journal of Religious History* (2006–), sydd wedi cymryd lle'r *Journal of the Historical Society of the Church in Wales* (1949–1990), y *Journal of Welsh Ecclesiastical History* (1984–92) a'r *Journal of Welsh Religious History* (1993–2005). Sefydlwyd CAPEL, Cymdeithas Treftadaeth y Capeli, yn 1986 gyda'r bwriad o astudio a diogelu treftadaeth anghydffurfiol Cymru. Cyhoeddir cylchlythyr ddwywaith y flwyddyn, a hefyd daflen wybodaeth yn disgrifio capeli mewn ardal benodol lle trefnwyd ymweliadau gan y gymdeithas; mae rhifynnau diweddar yn cynnwys hanes capeli ym Mlaenafon, Llanrwst, Llanidloes, Caerfyrddin a Bae Colwyn. Cyhoeddir cylchlythyr blynyddol hefyd gan Ymddiriedolaeth Addoldai Cymru, a sefydlwyd yn 1999 i ddiogelu adeiladau crefyddol gwerthfawr na ddefnyddir bellach ar gyfer eu pwrpas gwreiddiol.

Bwriad Cymdeithas Hanes Pobl Cymru, a sefydlwyd yn 1970, yw meithrin ymchwil a dysgu hanes y dosbarth gweithiol yng Nghymru. Cyhoeddwyd *Llafur* er 1972, ac mae'n cynnwys erthyglau dysgedig yn ogystal ag adroddiadau ar gyfarfodydd a gweithgareddau a drefnwyd gan y gymdeithas. Mae rhychwant cronolegol yr erthyglau yn eang, ac yn rhifyn 1997 ceir astudiaethau o streic llongwyr yng ngogledd Cymru yn 1336 a'r ymdrech i ffurfio cwmni cydweithredol ar gyfer gweithwyr yng Nglofa Cwmllynfell. Cyhoeddir yn aml yn *Llafur* adroddiadau gan

Lyfrgell Glowyr De Cymru, a leolir ym Mhrifysgol Abertawe. Mae deunydd printiedig, hanes llafar a chasgliadau fideo, posteri a baneri sy'n perthyn i'r llyfrgell yn rhan o Gasgliad Maes Glo De Cymru, sydd yn cofnodi profiad cymdeithasol, economaidd a diwylliannol Maes Glo De Cymru.

Sir John Wynn,
The History of the Gwydir Family *(1770)*

Manteisiodd haneswyr lleol ar y cyrsiau a drefnir gan brifysgolion yng Nghymru a'r Brifysgol Agored. Cynhaliwyd dosbarthiadau gan Adrannau Efrydiau Allanol, neu, fel y'u gelwir yn ddiweddar, Adrannau Addysg Barhaol. Trefnwyd gan Goleg Prifysgol Cymru, Caerdydd gyrsiau Diploma mewn Hanes Lleol (rhan-amser, dwy flynedd) er 1979, ac MA mewn Hanes Lleol (rhan-amser, tair blynedd) er 1994. Cyflwynir ym *Morgannwg*, XXXV (1991) wybodaeth am bynciau traethodau'r Diploma, yn ogystal â chwrs tebyg a gynigiwyd gan Brifysgol Abertawe a oedd yn ymwneud â hanes Morgannwg. Trefnir cyrsiau addysg allanol yng ngogledd, canolbarth a gorllewin Cymru gan brifysgolion Aberystwyth a Bangor. Defnyddiodd David Jenkins, tiwtor yn Adran Efrydiau Allanol, Coleg Prifysgol Cymru, Aberystwyth, ddata a gasglwyd yn y dosbarthiadau a gynhaliwyd yn ne Ceredigion ar gyfer ei astudiaeth o'r gymuned amaethyddol yn ne-orllewin Cymru ar droad yr ugeinfed ganrif.[19]

Bu cydweithrediad agos rhwng yr Adran ym Mhrifysgol Bangor sydd yn gyfrifol am addysg i oedolion a Chymdeithas Addysg y Gweithwyr, a gefnogodd hanes lleol dros y blynyddoedd fel rhan o'i dyletswyddau ym maes addysg gydol oes. Cyhoeddwyd y cylchgrawn *Lleufer* gan y Gymdeithas am nifer o flynyddoedd. Trefnodd un o'r canghennau mwyaf gweithgar, yn Llanelli, ddosbarthiadau ar ystod eang o bynciau, gan gynnwys hanes lleol, er 1914. Cyhoeddodd y gangen hefyd, yn flynyddol er 1986, *Amrywiaeth Llanelli Miscellany*, yn ogystal â chyfrol yn cyflwyno cyfres o ddarlithiau ar yr Eglwys Anglicanaidd ac Anghydffurfiaeth yn Llanelli a draddodwyd i ddosbarthiadau a drefnwyd ganddi yn 1987–8.[20] Cyhoeddwyd gan Wasg Prifysgol Cymru bedair darlith a draddodwyd dan nawdd y Gymdeithas ym Merthyr Tudful.[21]

Gwneir cyfraniad aruthrol i ysgolheictod yng Nghymru gan Wasg Prifysgol Cymru, a sefydlwyd yn 1922, a hyrwyddwyd astudiaethau hanes lleol gan nifer o gyfrolau, testunau a chylchgronau. Mae'r cyfrolau a gyhoeddwyd ar hanes lleol yn cynnwys dwy gyfrol bwysig yn y maes hwn, sef y cyfrolau ar hanes plwyf Llandybïe gan Gomer M. Roberts, a'r un gan William Thomas, 'Glanffrwd', ar blwyf Llanwynno, a gyhoeddwyd gyntaf yn 1888, ac a olygwyd yn ddiweddarach gan Henry Lewis.[22] Yn Narlith Goffa Henry Lewis, a draddodwyd yn 1982, dywedodd Trefor M. Owen am *Llanwynno,* 'prin bod unrhyw gyfrol debyg sy'n enwi mwy o gaeau a ffermydd ac afonydd a ffynhonnau a phersonau'.[23] Cyhoeddwyd gan y wasg gyfrol ar drefi Cymru, a chyfrol yn cynnwys penodau ar nifer o fwrdeistrefi'r Oesoedd Canol.[24] Cyflwynir astudiaethau manwl o gefndir cymdeithasol hanes yr iaith Gymraeg mewn nifer o gymunedau yn y pum cyfrol Gymraeg, y pum cyfrol gyfatebol yn Saesneg a'r gyfrol ddwyieithog yn y gyfres 'Hanes Cymdeithasol yr Iaith Gymraeg', sef ffrwyth prosiect Canolfan Uwchefrydiau Cymreig a Cheltaidd Prifysgol Cymru.[25] Bu Bwrdd Gwybodau Celtaidd y Brifysgol yn gyfrifol am nifer o gyhoeddiadau pwysig, a chyhoeddodd y Pwyllgor Hanes a'r Gyfraith gasgliadau pwysig o ddogfennau hanesyddol, gan gynnwys Cyfrifiad Crefyddol 1851 mewn dwy gyfrol, a drafodir eto ym Mhennod 4.[26] Cyhoeddodd Pwyllgor Astudiaethau Cymdeithasol y Brifysgol *Atlas Cenedlaethol Cymru* yn 1988.[27]

Mae *Cylchgrawn Hanes Cymru*, a gyhoeddir ddwywaith y flwyddyn er 1960, yn aml yn cynnwys erthyglau sydd yn canolbwyntio ar ardaloedd penodol, megis y rhai sy'n cyfeirio at Abertawe, Casnewydd a Llanelli yng nghyfrol 21, rhif 3 (Mehefin 2003). Cyhoeddir bob blwyddyn restr o gyhoeddiadau mewn ystod eang o gylchgronau. Cyhoeddwyd *Bwletin y Bwrdd Gwybodau Celtaidd* o 1921 tan 1993, yn ogystal â mynegai, a luniwyd gan Simon Rodway yn 2003. Ymddangosodd yn y *Bwletin* yn ystod y cyfnod 1963–1972 atodiadau i'r llyfryddiaeth a gyhoeddwyd gan y wasg yn 1962.[28] Yn 1993 unwyd y *Bwletin* â *Studia Celtica,* sydd wedi ymddangos er 1966.

Bu Gwasg y Brifysgol yn gysylltiedig â chyhoeddi hanes siroedd unigol hefyd. Cyhoeddwyd dwy gyfrol yn y gyfres 'Hanes Sir Ceredigion': un yn canolbwyntio ar y cyfnod cynharaf hyd at ddyfodiad y Normaniaid, a'r llall ar y cyfnod modern; tair cyfrol yn y gyfres 'Hanes Sir Gwent': y gyntaf yn canolbwyntio ar y cyfnod cynharaf, yr ail ar yr Oesoedd Canol a'r drydedd ar y cyfnod 1536–1782; a chwblhawyd y cynllun, a gychwynnwyd yn 1930, i gyflwyno hanes Morgannwg mewn chwe cyfrol pan gyhoeddwyd y gyfrol ar gymdeithas Morgannwg, 1780–1980.[29] Cyhoeddwyd dwy gyfrol sy'n canolbwyntio ar hanes sir Feirionnydd: y gyntaf yn trafod y cyfnod cynharaf tan oes y tywysogion Cymreig, a'r ail gyfrol ar yr Oesoedd Canol; yn ogystal â thair cyfrol ar hanes sir Benfro: y gyntaf yn canolbwyntio ar y cyfnod modern cynnar, 1536–1815; yr ail ar y cyfnod modern, a'r drydedd ar yr Oesoedd Canol.[30]

Cefnogwyd y cynlluniau i gyhoeddi hanes y siroedd gan awdurdodau lleol, ac yn 2002 cyhoeddodd Cyngor Sir Gaerfyrddin gyfrol yn amlinellu hanes diwydiannol a morwrol Llanelli a Phorth Tywyn yn ystod y cyfnod 1750–2000.[31] Trefnir gwasanaethau llyfrgell, archifau ac amgueddfeydd gan awdurdodau lleol, a gwelwyd tuedd arwyddocaol yn y blynyddoedd diweddar gyda chydlynu gweithgareddau a fu cyn hynny ar wahân. Yn Wrecsam, lleolir yn Amgueddfa Bwrdeistref y Sir y prif gasgliad astudiaethau lleol, a drosglwyddwyd o Lyfrgell Wrecsam, ynghyd â'r casgliad archifol yng Nghanolfan Astudiaethau Lleol ac Archifau A. N. Palmer. Darperir gwasanaethau archifol yn holl siroedd Cymru, a chyflwynir gwybodaeth amdanynt gan Gyngor Archifau a Chofnodion Cymru. Ymhlith yr eitemau a ddefnyddir fwyaf gan haneswyr lleol a haneswyr teulu yn yr archifdai lleol y mae cofnodion y Llys Chwarter, sydd yn cynnwys pob agwedd ar weinyddiaeth leol cyn sefydlu'r cynghorau sir yn 1889. Pwysleisiwyd eu gwerth yn y cyfrolau ar gofnodion Llys Chwarter Sir Gaernarfon, 1541–58, a rhai sir Ddinbych; cyhoeddwyd arweinlyfrau i archifdai sir Gaernarfon a sir Fflint, ac i gasgliadau Gwasanaeth Archifau Gorllewin Morgannwg.[32] Mae cyhoeddiadau eraill yn cynnwys y catalog i fapiau stad Morgannwg a gyhoeddwyd gan Wasanaeth Archifau Morgannwg,[33] a bu Gwasanaethau Archifau Gwynedd yn gysylltiedig â chyhoeddi'r cylchgrawn *Cymru a'r Môr/Maritime History* ers cyhoeddi'r rhifyn cyntaf yn 1976.

Lleolir archifau, ynghyd â mapiau, papurau newydd, ffotograffau a deunydd clyweledol hefyd mewn llyfrgelloedd cyhoeddus ac academaidd, gyda chasgliadau helaeth yn y llyfrgelloedd cyhoeddus hynaf, megis y rhai yng Nghaerdydd ac Abertawe. Bu nifer

Castell Gwydir, Llanrwst

o'r llyfrgelloedd cyhoeddus yn gysylltiedig â mentrau cyhoeddi, gyda grŵp o haneswyr yn gysylltiedig â Llyfrgell Gyhoeddus Llanelli; y canlyniad oedd i Gyngor Bwrdeistref Llanelli gyhoeddi cyfres o gyfrolau, megis cyfrol M. V. Symons ar y diwydiant glo yn ardal Llanelli, a chyfrol K. C. Treharne ar lofeydd Cwm Gwendraeth.[34] Cedwir casgliadau pwysig hefyd mewn llyfrgelloedd prifysgol. Cyfeiriwyd eisoes at Gasgliad Maes Glo De Cymru yn llyfrgell Prifysgol Abertawe, a chedwir ym Mhrifysgol Bangor ddeunydd gwerthfawr yn ymwneud â stadau, mwyngloddiau a chwareli yng ngogledd Cymru.

Er 1991 bu Gwasanaeth Amgueddfeydd Gwynedd yn gyfrifol am yr amgueddfa a'r oriel a sefydlwyd ym Mhrifysgol Bangor yn 1884. Disgrifiwyd casgliadau ac adnoddau 131 o amgueddfeydd ac orielau yng Nghymru gan J. Geraint Jenkins mewn cyfrol a gyhoeddwyd gan y Museums Association,[35] a chyflwynir manylion am oriau agor ar y wefan www.culture24.org.uk. Mae'r amgueddfeydd sydd yn arddangos deunydd yn ymwneud â hanes eu hardal yn cynnwys Amgueddfa Brycheiniog, a leolir yn Neuadd y Sir, Aberhonddu; Amgueddfa Caerfyrddin, a leolir yn yr adeilad a ddefnyddiwyd fel cartref swyddogol gan Esgobion Tyddewi o 1542 tan 1974; Amgueddfa Ceredigion, sydd mewn adeilad a fu yn theatr ac yn sinema yn Aberystwyth; ac Amgueddfa ac Oriel Gelf Casnewydd, sydd yn rhannu gyda'r llyfrgell gyhoeddus adeilad aml-bwrpas yn y dref. Ymhlith yr amgueddfeydd arbenigol sydd yn ymwneud â themâu penodol mae Amgueddfa Forwrol Caernarfon; Amgueddfa Goffa Robert Owen, y Drenewydd; a'r amgueddfeydd bywyd gwledig ar stad y Rhiwlas, y Bala, ac ym Mrynbuga.

Gwnaed cyfraniad enfawr i'r maes hwn ar sail eu casgliadau a'u cyhoeddiadau gan ddau sefydliad cenedlaethol a sefydlwyd yn 1907, sef Amgueddfa Cymru a Llyfrgell Genedlaethol Cymru. Mae Amgueddfa Cymru yn cynnwys Amgueddfa Genedlaethol Caerdydd; Sain Ffagan: Amgueddfa Werin Cymru; Pwll Mawr (Big Pit): Amgueddfa Lofaol Cymru; Amgueddfa Genedlaethol y Glannau [Abertawe]; Amgueddfa

Lleng Rufeinig Cymru [Caerllion]; Amgueddfa Wlân Cymru [Dre-fach Felindre]; ac Amgueddfa Lechi Cymru [Llanberis]. Cedwir yn Amgueddfa Werin Cymru gasgliad helaeth o dapiau sain sydd yn cofnodi hanes, traddodiadau a thafodieithoedd Cymru. Ailgodwyd yma yn 1988 res o dai teras Rhyd-y-car, Merthyr Tudful, a adeiladwyd yn wreiddiol tua 1800, ac yn 1999 agorwyd yn Amgueddfa Lechi Cymru res o bedwar tŷ chwarelwr, 1–4 Fron Haul, a symudwyd yno o Danygrisiau, ger Blaenau Ffestiniog. Addaswyd y cartrefi hyn i adlewyrchu cyfnodau gwahanol yn hanes y cymunedau diwydiannol hynny. Cyhoeddodd yr Amgueddfa nifer o gyfrolau sydd yn werthfawr ar gyfer haneswyr lleol, gan gynnwys cyfrolau ar fwydydd, ffotograffau cyhoeddusrwydd a chwedlau gwerin.[36]

Cesglir gan Lyfrgell Genedlaethol Cymru, a leolir yn Aberystwyth, ystod eang o ddeunydd llawysgrif, printiedig, cartograffig, gweledol, sain a delweddau symudol yn ymwneud â Chymru a'r gwledydd Celtaidd. Yn un o chwe llyfrgell adnau statudol yn y Deyrnas Unedig ac Iwerddon, gyda'r hawl i holl gyhoeddiadau Prydain ac Iwerddon, bron, ymestynnwyd yr hawl yn ddiweddar gan ddeddfwriaeth i gynnwys cyhoeddiadau di-brint ac electronig. Mae'r ddarpariaeth yn werthfawr iawn ar gyfer haneswyr lleol a haneswyr teulu, yn arbennig mewn perthynas â llyfrau printiedig a chylchgronau, papurau newydd, cofnodion profeb a chofrestri plwyf, mapiau a rhestrau Degwm, mapiau'r Arolwg Ordnans, darluniau, ffotograffau, cardiau post, recordiadau sain a fideo, ffilmiau, a rhaglenni radio a theledu. Cesglir papurau newydd a gyhoeddwyd yng Nghymru, a'r rhai Cymraeg a gyhoeddwyd y tu allan i Gymru, a chwaraeodd y Llyfrgell ran amlwg yn rhaglen gadwraeth Newsplan Cymru ar gyfer microffilmio papurau newydd. Cyflwynir ar y wefan www.newsplancymru.info wybodaeth am waith Newsplan Cymru a chynigir mynediad i gronfa ddata o bapurau newydd Cymreig sydd ar gael mewn llyfrgelloedd naill ai ar ffurf papur neu ar ficroffilm.

Rhestrir cyhoeddiadau sydd yn berthnasol ar gyfer astudio hanes lleol a hanes teulu yn *Bibliotheca Celtica* (1910–90), *Llyfryddiaeth Cymru* (1985–), Huw Walters, *Llyfryddiaeth Cylchgronau Cymreig 1735–1850* (1993) a *Llyfryddiaeth Cylchgronau Cymreig 1851–1900* (2003). Cyflwynir erthyglau dysgedig a nodiadau ar y casgliadau yn *Cylchgrawn Llyfrgell Genedlaethol Cymru* a gyhoeddwyd er 1939. Mae'r cyfrolau eraill a gyhoeddwyd gan y Llyfrgell yn cynnwys cyfarwyddiaduron i'r adrannau Llawysgrifau a Chofysgrifau, Darluniau a Mapiau, cofrestri plwyf a chofrestri anghydffurfiol, a chofnodion y Sesiwn Fawr yng Nghymru, ynghyd â'r gyfrol ddarluniadol a gyhoeddwyd i ddathlu canmlwyddiant y Llyfrgell yn 2007.[37] Amlinellwyd hanes y Llyfrgell yng nghyfrolau W. Ll. Davies a David Jenkins.[38] Gellir archwilio ystod llawn gweithgareddau amrywiol y Llyfrgell ar y wefan: www.llgc.org.uk; gellir chwilio'r catalogau ar-lein, ac mae manylion am y nifer mawr o eitemau a chasgliadau a ddigidwyd ar *Y Drych Digidol*.

Lleolir casgliadau pwysig o lawysgrifau, archifau a chofnodion, ynghyd â llyfrau a chylchgronau cynnar, papurau newydd, mapiau a deunydd perthnasol arall y tu allan i Gymru, yn arbennig yn y sefydliadau Prydeinig hynny a weithredai cyn sefydlu llyfrgelloedd cyhoeddus ac academaidd ac archifdai sirol yng Nghymru, a'r Llyfrgell Genedlaethol yn 1907. Sefydlwyd y Public Record Office yn Llundain yn 1838 a bellach cedwir cofnodion swyddogol llywodraeth y Deyrnas Unedig yn y National Archives (Yr Archifau Gwladol): www.nationalarchives.gov.uk. Cyflwynir gwybodaeth gan y wefan hon am weithgareddau'r Historical Manuscripts Commission a'r National Register of Archives a allai hefyd fod yn berthnasol i'r hanesydd lleol a'r hanesydd teulu yng Nghymru. Mae rhai o gasgliadau hynaf y Llyfrgell Brydeinig, a leolir eto yn Llundain, ac a drosglwyddwyd yn 1973 o'r Amgueddfa Brydeinig, yn cynnwys deunydd Cymreig pwysig, gan gynnwys casgliadau Syr Robert Cotton (m. 1631) a Syr Robert Harley (m. 1724).

Yng Nghymru, dau sefydliad sydd wedi canolbwyntio ar dreftadaeth adeiladau Cymru yw Comisiwn Brenhinol Henebion Cymru a Cadw. Mae'r Comisiwn Brenhinol, a sefydlwyd yn 1908, yn gyfrifol am arolygu, dehongli a chofnodi treftadaeth adeiledig Cymru, ac yn trefnu i'r wybodaeth honno fod ar gael i'r cyhoedd drwy archif a gwasanaeth gwybodaeth. Cyfunwyd cofnodion y Comisiwn yn 1964 ag adran Gymreig Cofnod Adeiladau Cenedlaethol Cymru i ffurfio Cofnod Henebion Cenedlaethol Cymru, a leolir hefyd yn Aberystwyth. Yn llyfrgell y Comisiwn, gellir archwilio'r casgliadau helaeth o ffotograffau, mapiau, arolygon a brasluniau. Darperir gan y Comisiwn gronfa ddata ar-lein, ddi-dâl, sef *Coflein*, sydd yn cynnwys manylion nifer helaeth o safleoedd archaeolegol, henebion, adeiladau a safleoedd arforol yng Nghymru, ynghyd â mynegai i'r lluniadau, y llawysgrifau a'r ffotograffau

Thomas Pennant a wynebddalen y cyfieithiad Cymraeg o'r Teithiau yn Nghymru *(1884)*

sydd yng nghasgliadau archifol CBHC. Mae'r Comisiwn Brenhinol hefyd yn gyfrifol am gyflenwi gwybodaeth archaeolegol i'r Arolwg Ordnans at ddibenion mapio a chydlynu tynnu awyrluniau yng Nghymru. Dros y blynyddoedd cyhoeddodd y Comisiwn nifer o gyfrolau, gan gynnwys rhestrau o gofebau hanesyddol siroedd Cymru, megis y cyfrolau ar siroedd Caernarfon a Morgannwg, cyfrol Peter Smith ar dai Cymreig, astudiaeth Stephen Hughes o'r cyfnod diwydiannol cynnar yn Abertawe, a'r gyfrol ddarluniadol a gyhoeddwyd i ddathlu canmlwyddiant y Comisiwn yn 2008 (gweler Pennod 15).[39]

Sefydlwyd Cadw yn 1984 gyda'r hawl statudol i ddiogelu, cadw a chyflwyno henebion ac adeiladau hanesyddol Cymru. Cyhoeddwyd tywyslyfrau i safleoedd hanesyddol Cymru, gan gynnwys A. D. a Glenda Carr, *Cestyll Gwynedd* (1985); Roger Turvey, *Cestyll ac Abatai Deuheubarth* (2002); tywyslyfrau mwy cyffredinol megis y rhai gan Sian Rees, *Dyfed* (1992); Helen Burnham, *Clwyd and Powys* (1995), a Frances Lynch, *Gwynedd* (2001), ynghyd â nifer fawr yn canolbwyntio ar adeiladau unigol, megis y rhai ar gastell Dinbych gan L. A. S. Butler (2007) ac abatai Ystrad Fflur a Thalyllychau gan David M. Robinson a Colin Platt (2007). Hefyd, ceir cyhoeddiadau amrywiol sydd yn cyflwyno gwybodaeth am dreftadaeth Cymru, megis cyfrol Elizabeth Whittle ar erddi hanesyddol Cymru, a chyflwyniad byr John Hilling i'r

Edward Lhwyd, c.1660–1709

prif arddulliau pensaernïol sydd i'w gweld yng Nghymru.[40]

Llwyddodd nifer o gymunedau i gefnogi cynlluniau i gyhoeddi eu hanes, a chyhoeddwyd *Hanes Plwyf Llanddewi Brefi*, gol. D. Ben Rees (1984) gan Bwyllgor Etifeddiaeth a Diwylliant Llanddewi Brefi; *Tregaron: Delweddau o Dref Wledig* (2006) gan Gymdeithas Hanes Tregaron a'r Cylch; *Hanes Bro Cernyw* (2001) gan Gyngor Cymuned Bro Cernyw; *Llanrhystud – Llanddeiniol*, gol. Rheinallt Llwyd (2004) gan Gymdeithas Hanes Lleol Llanrhystud; a *Llanbrynmair: yr Ugeinfed Ganrif*, gol. Marian Rees (2005) gan Gymdeithas Hanes Lleol Llanbrynmair. Cyflwynir nifer o ysgrifau ar hanes lleol yn y papurau bro, a chyhoeddwyd *Un Ennyd Fer: Bywyd a Gwaith E. O. Jones, 1873–1915, Ffotograffydd Cynnar*, gol. Hefin Llwyd (1982) gan Gymdeithas Papur Pawb.

Tra bod ystod eang o gymdeithasau a sefydliadau cenedlaethol a lleol wedi hybu a hyrwyddo astudiaethau lleol a theuluol yng Nghymru, gwnaed cyfraniad pwysig hefyd gan unigolion. Un amlwg oedd Owen M. Edwards, awdur nifer o gyfrolau a golygydd y misolyn *Cymru* (1891–1920) a oedd yn cynnwys ysgrifau ar ardaloedd penodol a chartrefi enwogion Cymru; dywedodd William Davies yn ei ragair i *Hanes Plwyf Llanegryn* (1948) iddo gael ei ysbrydoli gan waith Owen M. Edwards.[41] Unigolyn arall a fu'n weithgar iawn oedd Stewart Williams, a fu'n gyfrifol am y gyfres *Glamorgan Historian*, cyf. I–XII (1963–81), ynghyd â nifer o gyhoeddiadau am Forgannwg, a chyfrolau o ffotograffau'n darlunio trefi ac ardaloedd yn ne-ddwyrain Cymru. Yr oedd rhai cyfrolau am ardal benodol yn seiliedig ar ysgrifau a gyhoeddwyd yn wreiddiol mewn papurau newydd, megis y gyfres o ysgrifau gan William Thomas, 'Glanffrwd', yn y papur newydd radicalaidd *Tarian y Gweithiwr*, ar hanes y plwyf a leolir rhwng afonydd Rhondda Fach a Thaf, a gyhoeddwyd wedyn yn y gyfrol *Plwyf Llanwyno* [*sic*] (1888). Yn yr un modd, arweiniodd ysgrifau i'r papur hwn at gyhoeddi cyfrol W. Samlet Williams, *Hanes a Hynafiaethau Llansamlet* (Dolgellau, 1908); yr oedd rhannau o Hugh Evans, *Cwm Eithin* (1931) wedi ymddangos eisoes yn *Y Brython*; a rhannau o Gomer M. Roberts, *Hanes Plwyf Llandybie* (1939) yn yr *Amman Valley Chronicle*.

Cyhoeddwyd y gyfrol hon yn dilyn llwyddiant yr awdur mewn cystadleuaeth yn Eisteddfod Genedlaethol Caerdydd, 1938. Yr oedd Hugh Owen, awdur *Hanes Plwyf Niwbwrch ym Môn* (1952), yn fuddugol yn Eisteddfod Genedlaethol Dolgellau, 1949; a Dewi Tomos, awdur *Crwydro Bro Lleu* (1990) yn llwyddiannus yn Eisteddfod Genedlaethol y Rhyl, 1985. Bu cynnal yr Eisteddfod Genedlaethol ac Eisteddfod Genedlaethol yr Urdd yn gyfle i gyhoeddi cyfrolau pwysig ar hanes lleol, gan gynnwys y cyfrolau yn y gyfres 'Bro'r Eisteddfod', megis *Abertawe a'r Cylch*, gol. Ieuan M. Williams (1982), a *Llanbedr Pont Steffan*, gol. Hywel Teifi Edwards (1984); a hefyd y cyfrolau yn 'Cyfres Broydd Cymru', a gyhoeddwyd gan Wasg Carreg Gwalch, megis *Bro Dinefwr*, gol. Eleri Davies (1996) a *Sir Fflint*, gol. Norman Closs Parry (2007). Cyhoeddwyd cyfrol D. Huw Owen, *Cwm Gwendraeth a Llanelli* (1989) adeg cynnal Eisteddfod Genedlaethol yr Urdd, Cwm Gwendraeth; a chyfrol David A. Pretty (gol.), *Rhwng Dwy Afon* (1991) pan gynhaliwyd Eisteddfod Genedlaethol yr Urdd, Taf-Elai, 1991. Hefyd, cyhoeddwyd nifer o gyfrolau yn dilyn ymdrechion llwyddiannus mewn eisteddfodau lleol, ac yn eu plith yr oedd Daniel E. Jones, *Hanes Plwyfi Llangeler a Phenboyr* (1899), sef traethawd buddugol yn Eisteddfod Drefach Felindre, 1897 [ailargraffwyd y gyfrol yn 1994 gan Adran Gwasanaethau Diwylliannol Sir Dyfed]. Yr oedd cyfrol Hugh Derfel Hughes, *Hynafiaethau Llandegai a Llanllechid* (1866) yn seiliedig ar draethawd buddugol yng Nghyfarfod Llenyddol Llandegai.

Traethawd llwyddiannus yn Eisteddfod Fawr Llandysul oedd testun cyfrol W. J. Davies, *Hanes Plwyf Llandyssul* (1896). Adargraffwyd y gyfrol hon gan Wasg Gomer yn 1992 i ddathlu can mlynedd sefydlu'r Wasg, a chyfeiriwyd eisoes at gyfraniad sylweddol nifer o weisg yng Nghymru yn cyhoeddi cyfrolau hanes lleol. Yn eu plith mae *Hanes Rhymni a Photlottyn* (1904); Wil 'Porthmadog' Jones, *Mynd a Dwad: Atgofion am Ardal Porthmadog* (1987) [Gwasg Gee]; Gwilym G. Jones, *Awelon o Uwchaled* (1980) [Llyfrau'r Faner]; Catrin Pari Huws, *Cyfaredd Cwmbrwynog* (1985), [Cyhoeddiadau Mei]; Stanley G. Coulter, *Hen Bentref y Rhewl* (1991) [Y Lolfa]; Dic Davies, *Byw yn y*

Wlad (1992) [Gwasg Gwynedd]; David Jenkins, *Bro Dafydd ap Gwilym* (1992), Gerald Morgan, *Cyfoeth y Cardi* (1995) a *Helyntion y Cardi* (1997), a David Jenkins, *Ar Lafar, Ar Goedd* (2007) [Cymdeithas Lyfrau Ceredigion]. Hefyd, Brenda M. James, *Perlau Bro Talyllychau* (1993) [Cyhoeddiadau Modern Cymreig Cyf.]; Einion Thomas, *Capel Celyn: Deng Mlynedd o Chwalu, 1955–1965* (1997) [Cyhoeddiadau Barddas]; Robin Gwyndaf, *Y Ffynnon Arian: Cymdogaeth, Diwylliant a Chapel yn Llangwm, Uwchaled*, Cyf 1 (1996) [Gwasg Dwyfor]; R. H. Jones, *O'r Nef i'r Niwl: Llanaelhaearn Erstalwm* (2000) [Gwasg Pantycelyn]; Geraint Jones a Dafydd Williams, *Trefor* (2006) [Canolfan Hanes Uwchgwyrfai, Clynnog Fawr, Arfon].

Yn ogystal â 'Cyfres Broydd Cymru', a'r gyfrol ar deithwyr yng Nghymru, a nodir uchod, cyhoeddodd Gwasg Carreg Gwalch nifer o gyfrolau pwysig, gan gynnwys: Myrddin ap Dafydd, *Enwau Tafarnau Cymru* (1988); Hafina Clwyd, *Pobol sy'n Cyfri* (2001); Dewi Jones a Glyndwr Thomas, *Nabod Môn* (2003); J. Geraint Jenkins, *Melinau Gwlân: Crynodeb o Hanes y Diwydiant Gwlân yng Nghymru* (2005); a *Gwerin Gwlad: Ysgrifau ar Ddiwylliant Gwerin Cymru*, gol. E. Wyn James a Tecwyn Vaughan Jones (2008), cyfrol sydd yn ffrwyth cydweithrediad rhwng Adran y Gymraeg, Prifysgol Caerdydd; Amgueddfa Werin Cymru, Sain Ffagan; ac Adran Ethnoleg ac Astudiaethau Gwerin Urdd Graddedigion Prifysgol Cymru. Hefyd, cyhoeddodd Gwasg Gomer gyfrolau megis E. Lewis Evans, *Capel Isaac* (1950); D. G. Lloyd Hughes, *Hanes Tref Pwllheli* (1986); Herbert Hughes, *Mae'n Diwedd Byd Yma: Mynydd Epynt a'r Troad Allan* (1997); Gerald Morgan, *Ceredigion: a Wealth of History* (2005); a Gwyn Briwnant-Jones, *Llinellau Coll* (2000), sef cyfuniad o farddoniaeth a hen luniau yn darlunio dylanwad rheilffyrdd sydd bellach wedi cau ar wahanol ardaloedd. Cyflwynir cyfraniadau amrywiol yn neg cyfrol 'Cyfres y Cymoedd', gol. Hywel Teifi Edwards (1993–2003), gyda phob cyfrol yn cynnwys penodau ar dreftadaeth ddiwylliannol cymunedau diwydiannol de Cymru. Trafodir ffynonellau arwyddocaol yn y gyfres 'Cof Cenedl', gol. Geraint H. Jenkins, a chyflwynir gwybodaeth werthfawr am hanes ardaloedd penodol, megis y trafodaethau ar gymunedau chwarelwyr yng ngogledd Cymru gan R. Merfyn Jones (Cyfrol I, 1986) a Dafydd Roberts (Cyfrol III, 1988).

Gwnaed cyfraniad sylweddol hefyd gan gyhoeddwyr o'r tu allan i Gymru, gan gwmnïau megis Phillimore, Oakwood, ac Alan Sutton.

Cydweithredodd cwmni cyhoeddi Chalford, Stroud, ag archifdai Cymru i gyhoeddi cyfrolau sy'n cynnwys ffotograffau o ardaloedd penodol, er enghraifft *Cymoedd y Gwendraeth*, a gasglwyd ynghyd gan Adran Economaidd a Hamdden (Gwasanaethau Diwylliannol), Cyngor Sir Gaerfyrddin (1997), a *Sir y Fflint*, a gasglwyd ynghyd gan Archifdy Sir Fflint (1996). Cyhoeddodd gweisg Penguin a Phrifysgol Yale saith cyfrol yn y gyfres 'The Buildings of Wales' yn trafod adeiladau nodedig.[42] Cyfrannodd haneswyr o Gymru i gynlluniau cydweithredol, er enghraifft, *Local History since 1945: England, Wales and Ireland*, a gyhoeddwyd gan y Gymdeithas Hanes Sosialaidd (2005), ac ymddangosodd penodau ar Gymru a'r gororau yn un cyfrol ar ddeg *The Agrarian History of England and Wales*, a gyhoeddwyd gan Wasg Prifysgol Caer-grawnt (1967–2000). Hefyd, cyhoeddwyd pedair cyfrol yn y gyfres chwe chyfrol ar hanes Cymru a drefnwyd mewn cynllun gan Wasg Prifysgol Cymru a Gwasg Prifysgol Rhydychen.[43] Mae'r cyfrolau hyn, ynghyd â chyfrolau John Davies ar hanes Cymru, a gyhoeddwyd gan Allen Lane: Gwasg Penguin, a chyfrol Geraint H. Jenkins, *A Concise History of Wales*, a gyhoeddwyd gan Wasg Prifysgol Caer-grawnt,[44] yn darparu cefndir gwerthfawr ar gyfer yr haneswyr lleol hynny sydd yn canolbwyntio ar un ardal benodol yng Nghymru, ac yn eu cynorthwyo i osod eu gwaith mewn cyd-destun cenedlaethol.

NODIADAU

1. Gerallt Gymro, *Hanes y Daith trwy Gymru, Disgrifiad o Gymru*, cyf. Thomas Jones (1938); Gerald of Wales, *The Journey through Wales and The Description of Wales*, cyf. Lewis Thorpe (1978).
2. *The Itinerary in Wales of John Leland in or about the years 1536–1539*, gol. Lucy Toulmin Smith (1906); Derek Williams, *An Epic Tudor Journey, John Leland's Itinerary of Northern Wales* (2008).
3. Rice Merrick, *Morganiae Archaiographia, A Book of the Antiquities of Glamorganshire*, gol. Brian Ll. James (1983).
4. George Owen, *The Description of Penbrokshire*, gol. Dillwyn Miles (1994).
5. Sir John Wynn, *The History of the Gwydir Family and Memoirs*, gol. J. Gwynfor Jones (1990).
6. William Camden, *Camden's Wales*, cyf. Edward Lhuyd, cyflwyniad gan Gwyn Walters (1984).
7. Brynley F. Roberts, *Edward Lhuyd, the Making of a Scientist* (1980); Glyn Davies, 'Edward Lhuyd, Antiquary and Archaeologist', *CHC*, 3(4) (1967), 345-59.
8. Ailargraffwyd ei *History of the Parishes of Whiteford and Holywell* (1796) gan Wasanaeth Llyfrgell ac Amgueddfeydd Cyngor Sir Clwyd (1988) a chyhoeddwyd fersiwn talfyredig o'i *Tours in Wales* (1784) gan Wasg Carreg Gwalch (1988).
9. Benjamin Heath Malkin, *The Scenery, Antiquities and Biography of South Wales* (1804). Trafodir y gyfrol hon, ynghyd â gweithiau ymwelwyr eraill â Chymru, gan Edgar W. Parry, *Y Teithwyr yng Nghymru (1750–1850)* (1995).

10. Theophilus Jones, *History of the County of Brecknock (1750–1850)* (1805, 1809); Samuel Rush Meyrick, *History and Antiquities of the County of Cardigan* (1809–10); Richard Fenton, *A Historical Tour through Pembrokeshire* (1811).
11. Glenda Carr, *William Owen Pughe* (1983 a 1993); Ceri W. Lewis, *Iolo Morganwg* (1995); *The Correspondence of Iolo Morganwg*, gol. Geraint H. Jenkins, Ffion Mair Jones a David Ceri Jones (2007).
12. George Owen, *The Description of Penbrokeshire,* gol. Henry Owen, *Cymmrodorion Record Series* (1902–36).
13. *Y Bywgraffiadur Cymreig* (1953, 1970 a 1997); lansiwyd fersiwn ar-lein gan y Llyfrgell Genedlaethol yn 2004 (http:yba.llgc.org.uk/cy/index.html).
14. *The Historical Atlas of Montgomeryshire*, gol. David Jenkins (1999).
15. *Carmarthenshire Memories of the Twentieth Century*, gol. Eiluned Rees (2000).
16. E. G. T. James, *Carmarthen: an Archaeological and Topographical Survey* (1980); D. M. Robinson, *South Glamorgan's Heritage* (1985).
17. *The Diaries of John Bird of Cardiff*, gol. Hilary M. Thomas (1987); *The Glamorgan Hearth Tax Assessment of 1670*, gol. Elizabeth Parkinson (1994).
18. Mae'r cyhoeddiadau a gysylltir â'r Federation yn cynnwys *Welsh Family History: a Guide to Research*, gol. John a Sheila Rowlands (1998); John a Sheila Rowlands, *The Surnames of Wales* (1996); *Second Stages in Researching Welsh Ancestry*, gol. John a Sheila Rowlands (1999).
19. David Jenkins, *The Agricultural Community in South West Wales at the Turn of the Twentieth Century* (1971).
20. *Footprints of Faith*, gol. John Edwards (1991).
21. *Merthyr Politics: the Making of a Working-class Tradition*, gol. Glanmor Williams (1966).
22. Gomer M. Roberts, *Hanes Plwyf Llandybie* (1939); William Thomas, 'Glanffrwd', *Llanwynno*, gol. Henry Lewis (1949).
23. Trefor M. Owen, *Llanwynno a Phortreadau Bro* (1983); hefyd yn *Gwerin Gwlad: Ysgrifau ar Ddiwylliant Gwerin Cymru*, Cyf. I (2008), 154.
24. Harold Carter, *The Towns of Wales* (1965); *The Boroughs of Mediaeval Wales*, gol. Ralph A. Griffiths (1978).
25. Cyhoeddwyd y cyfrolau yn ystod y cyfnod 1997–2000; golygwyd tair cyfrol Gymraeg a thair cyfrol Saesneg gan Geraint H. Jenkins (1997, 1998, a 1999), dwy yn y ddwy iaith gan Geraint H. Jenkins a Mari A. Williams (2000), ac awduron y cyfrolau eraill oedd Dot Jones (1998), a Gwenfair Parry a Mari A. Williams (1999).
26. *The Religious Census of 1851, i: South Wales*, gol. Ieuan Gwynedd Jones a David Williams (1976), a *ii: North Wales*, gol. Ieuan Gwynedd Jones (1981).
27. *Atlas Cenedlaethol Cymru*, gol. Harold Carter (1988).
28. *A Bibliography of the History of Wales* (1962); *Bwletin y Bwrdd Gwybodau Celtaidd* (1963, 1966, 1969, 1972). Cyhoeddwyd hefyd ar ficroffis, *A Bibliography of the History of Wales*, gol. Philip Henry Jones (1988).
29. *Cardiganshire County History*, 1: gol. J. I. Davies a D. P. Kirby (2001); 3: gol. Geraint H. Jenkins ac Ieuan Gwynedd Jones (1998); *The Gwent County History*, 1: gol. Miranda Aldhouse-Green a Ray Howell (2004); 2: gol. Ralph A. Griffiths, Tony Hopkins a Ray Howell (2008); 3: gol. Prys Morgan a Madeleine Gray (2009); *Glamorgan County History, 6: Glamorgan Society 1780–1980*, gol. Prys Morgan (1988).
30. *History of Merioneth*, I, gol. E. G. Bowen a C. A. Gresham. (1967); II, gol. J. Beverley Smith a Llinos Beverley Smith (2001); *Pembrokeshire County History,* III, gol. B. E. Howells (1987); IV, gol. David W. Howell (1993) a II *Medieval Pembrokeshire*, gol. R. F. Walker (2002).
31. R. S. Craig, R. Protheroe Jones, a M. V. Symons, *The Industrial and Maritime History of Llanelli and Burry Port, 1750–2000* (2002).

32. *Calendar of the Caernarvonshire Quarter Session Records*, i: 1541–58, gol. W. Ogwen Williams (1956); *Calendar of the Denbighshire Quarter Session Records*, gol. A. G. Veysey (1991); W. Ogwen Williams, *Guide to the Caernarvonshire Record Office* (1952); A. G. Veysey, *Guide to the Flintshire Record Office* (1974); a Kim Collis, *The West Glamorgan Archive Service: a Guide to the Collections* (1998).
33. Hilary M. Thomas, *A Catalogue of Glamorgan Estate Maps* (1992).
34. M. V. Symons, *Coal Mining in the Llanelli Area, I. 16th Century to 1829* (1979); K. C. Treharne, *Glofeydd Cwm Gwendraeth* (1995).
35. J. Geraint Jenkins, *Exploring Museums, Wales* (1990).
36. S. Minwel Tibbot, *Amser Bwyd* (1978); David Jenkins, *Dewch Draw i Gymru: Ffotograffau Cyhoeddusrwydd gan Reilffyrdd y Great Western, 1905–1940* (1998); Robin Gwyndaf, *Chwedlau Gwerin Cymru* (1999).
37. *Guide to the Department of Manuscripts and Records (1994); Cyflwyniad i Adran Darluniau a Mapiau* (1997); *Cofrestri Plwyf Cymru*, gol. C. J. Williams a J. Watts-Williams (1986, 2000); *Cofrestri Anghydffurfwyr Cymru*, gol. Dafydd Ifans (1994); *A Guide to the Records of the Great Sessions in Wales*, gol. Glyn Parry (1995); Mererid Hopwood, *Yn y Lle Hwn* (2007).
38. W. Ll. Davies, *The National Library of Wales: a Survey of its History, Contents and its Activities* (1937); David Jenkins, *A Refuge in Peace and War* (2002).
39. Royal Commission on the Ancient and Historical Monuments of Wales, *Inventory*, Sir Gaernarfon, 1956, 1960, 1964; Morgannwg, 1976, 1981, 1982, 1988, 1991, 2000; Peter Smith, *Houses of the Welsh Countryside* (1975, 1988); Stephen Hughes, *Copperopolis: Landscapes of the Early Industrial Period in Swansea* (2005); *Trysorau Cudd: Darganfod Treftadaeth Cymru* (2008).
40. Elizabeth Whittle, *The Historic Gardens of Wales* (1992); John Hilling, *What Style is it?* (2005).
41. Cyhoeddwyd argraffiad newydd dwyieithog o'r gyfrol William Davies, *Hanes Plwyf Llanegryn* yn 2002.
42. 'The Buildings of Wales': R. Haslam, *Powys* (1979); E Hubbard, *Clwyd* (1994); John Newman, *Glamorgan* (1995); *Gwent/Monmouthshire* (2002); Thomas Lloyd, Julian Orbach a Robert Scourfield, *Pembrokeshire* (2004) a *Carmarthenshire and Ceredigion* (2006); Richard Haslam, Julian Orbach ac Adam Voecke, *Gwynedd* (2009).
43. K. O. Morgan, *Rebirth of a Nation, Wales 1880–1980* (1981); R. R. Davies, *Conquest, Coexistence and Change, Wales 1066–1415* (1987); Glanmor Williams, *Recovery, Reorientation and Reformation, Wales c.1415–1642* (1987); Geraint H. Jenkins, *The Foundations of Modern Wales 1642–1780* (1987).
44. Geraint H Jenkins, *A Concise History of Wales* (2007); John Davies, *Hanes Cymru* (2007).

2. FFYNONELLAU PRINTIEDIG

Rheinallt Llwyd

Mae rhychwant eang o ffynonellau, gwreiddiol ac eilaidd, ar gael i'r sawl sy'n chwilota am hanes bro neu deulu penodol ac ymdrinnir â sawl math o ffynhonnell mewn sawl fformat ym mhenodau'r gyfrol hon. Ac er cymaint yw'r chwyldro sydd ar droed yn y modd y mae ffynonellau'n cael eu diogelu, eu cadw a'u cyflwyno, erys y cyfrwng print yn ganolog bwysig i haneswyr o bob math. Amcan y bennod hon yw cyfeirio'n fras at y prif fathau o ddeunydd printiedig sydd ar gael.

Cyhoeddiadau'r Llywodraeth – yn ganolog ac yn lleol

Gall llawer o gyhoeddiadau'r Llywodraeth fod o ddiddordeb i haneswyr cymunedol, yn arbennig bapurau a Deddfau Seneddol. Yn ogystal â deddfau cyffredinol, fe geid hefyd lawer o ddeddfau lleol a phreifat eu natur yn ymwneud â phynciau megis amgáu tiroedd comin, adeiladu pontydd a ffyrdd, a chynllunio camlesi a rheilffyrdd. Ac mae gwybodaeth leol ddefnyddiol i'w chael mewn adroddiadau sy'n deillio o ymchwiliadau seneddol. Dau adroddiad amlwg ac enwog oedd yr un a luniwyd ar gyflwr addysg yng Nghymru, *Report of the Commissioners of Inquiry into the State of Education in Wales* (1847), a'r adroddiad manwl a luniwyd gan y Comisiwn Brenhinol ar y Tir yng Nghymru ar gyflwr daliadaeth tir yn y wlad ar ddiwedd y bedwaredd ganrif ar bymtheg, *Report of the Royal Commission on Land in Wales and Monmouthshire*

(1896). Fe gyhoeddwyd hefyd, yn bum cyfrol, *Minutes of Evidence taken before the Royal Commission on Land in Wales and Monmouthshire; with appendix of documents* (1894–96). Ceir yn y rhain oll ddeunydd amhrisiadwy i haneswyr cymunedol.

Mae **llyfrau pôl** (*poll books*) yn mynd yn ôl cyn belled ag 1696 ac yn rhestru enwau'r rhai a bleidleisiodd mewn etholiadau seneddol ac yn aml yn nodi eu cyfeiriadau a'u galwedigaethau, a gall y rhain fod yn ddefnyddiol iawn i haneswyr teulu. Ac o dan Ddeddf Diwygio'r Senedd 1832 daeth yn orfodol ar awdurdodau lleol i gynhyrchu **Rhestrau Etholwyr** yn flynyddol. Cofier, serch hynny, mai dim ond dynion oedd â'r hawl i bleidleisio (ar sail cymhwyster perchnogaeth eiddo) cyn 1918 ac na cheir rhestr gyflawn o ferched hyd 1928 pan gafodd pob merch dros 21 oed yr hawl i bleidleisio am y tro cyntaf. Rhestrau eraill o enwau unigolion sy'n gallu bod yn ddefnyddiol yng nghyd-destun hanes cymunedol a hanes teulu yw **Rhestr o Rydd-ddeiliaid**. Ac mae llawer o ddata'r **Cyfrifiad** i'w ganfod mewn adroddiadau printiedig sy'n rhoi crynodebau o'r prif gasgliadau. Gweler Pennod 9 am ddadansoddiad manylach o bwysigrwydd y Cyfrifiad i haneswyr cymunedol a haneswyr teulu.

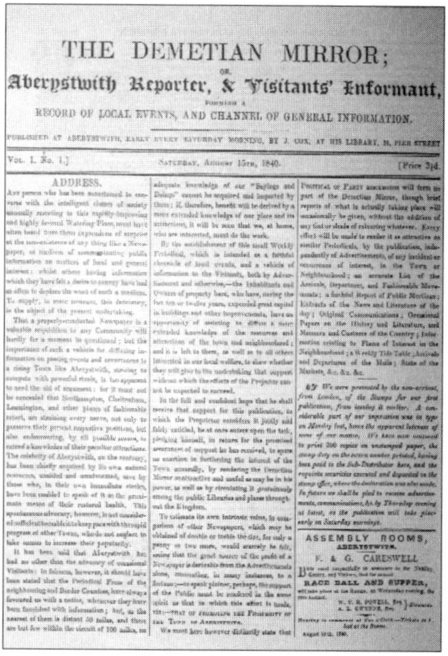
THE DEMETIAN MIRROR;
OR,
Aberystwith Reporter, & Visitants' Informant,
FORMING A
RECORD OF LOCAL EVENTS, AND CHANNEL OF GENERAL INFORMATION.
PUBLISHED AT ABERYSTWITH, EARLY EVERY SATURDAY MORNING, BY J. COX, AT HIS LIBRARY, 31, PIER STREET
VOL. I. No. 1.] SATURDAY, AUGUST 15TH, 1840. [Price 3½d.
ADDRESS.
ASSEMBLY ROOMS, ABERYSTWITH.

The Demetian Mirror *(1840), papur wythnosol a gyhoeddid bob bore Sadwrn gan J. Cox yn ei lyfrgell yn Aberystwyth*

Ar lefel llywodraeth leol, fel y gwelir ym Mhennod 8, diogelwyd llawer o gofnodion pwyllgorau ac is-bwyllgorau mewn adroddiadau printiedig ac mae'r rhain, fel rheol, wedi eu diogelu mewn archifdai lleol. Mae adroddiadau swyddogion llywodraeth leol hefyd yn gallu bod yn fwynglawdd o wybodaeth, er enghraifft, adroddiadau swyddogion iechyd lleol yn rhoi cyfrif manwl am achosion o afiechydon heintus neu ddamweiniau angheuol mewn ardal benodol. Ac, wrth gwrs, mae llywodraeth leol yn parhau i gynhyrchu swm sylweddol o gyhoeddiadau printiedig i adlewyrchu eu gweithgareddau, er bod tuedd gynyddol bellach i lywodraeth leol fabwysiadu dulliau electronig o gyfathrebu a chreu cofnodion. Yn wir, gellir rhag-weld mai ar ffurf electronig yn unig y bydd llawer o wybodaeth leol yn cael ei chyhoeddi yn y dyfodol – trwy gyfrwng gwefannau ac ati, ac y bydd yr wybodaeth yma'n cael ei diweddaru a'i diwygio'n gyson, gyda'r perygl y bydd llawer ohoni'n diflannu oni fydd yn cael ei harchifo'n ofalus.

Yng nghyd-destun hanes cymunedol ni ddylid anghofio'r holl lenyddiaeth leol ei natur sy'n cael ei chyhoeddi a'i dosbarthu ar ran busnesau a diwydiannau, cymdeithasau a sefydliadau ar ffurf adroddiadau blynyddol, arolygon, dogfennau polisi a chynlluniau datblygu, prosbectysau ysgolion a cholegau, adroddiadau capeli ac eglwysi, catalogau a deunydd masnachol amrywiol o bob math. Ac mae llawer o awdurdodau lleol yn cyhoeddi arweinlyfrau (*guides*) sy'n cynnwys gwybodaeth ddefnyddiol am wasanaethau a digwyddiadau a phersonoliaethau lleol. Caiff y rhain eu diwygio'n rheolaidd, yn flynyddol yn aml, ac mae'n ddiddorol cymharu gwahanol fersiynau dros gyfnod o amser.

Llyfrau topograffig a theithlyfrau

Cyn i awdurdodau lleol ddechrau cyhoeddi arweinlyfrau, yn benodol ar gyfer ymwelwyr, yr oedd traddodiad o gyhoeddi dyddiaduron taith wedi ffynnu er dechrau'r ddeunawfed ganrif ac yn arbennig ar ôl 1770. Er enghraifft, rhwng 1770 ac 1815 fe gyhoeddwyd o leiaf 80 o deithlyfrau'n ymwneud â Chymru ac fe wyddom fod llawer o rai eraill mewn llawysgrifau sydd wedi eu diogelu mewn archifdai ac mewn rhai llyfrgelloedd hefyd.[1] Er mai ymweld yn frysiog ag ardaloedd a wnâi'r teithwyr hyn, mae yng ngweithiau'r goreuon ohonynt sylwebaeth ddiddorol am arferion a digwyddiadau a phersonoliaethau lleol. Gan mor boblogaidd oedd cyfrolau Thomas Pennant, *Tours in Wales* (1778, 1781), aethpwyd ati i gyfieithu'r cyfan i'r Gymraeg yn 1883, gyda Syr John Rhŷs yn chwarae rhan amlwg yn y fenter.[2] Mae teithlyfrau ac arweinlyfrau i wahanol ardaloedd yng Nghymru yn parhau'n hynod o boblogaidd ac yn nodwedd arbennig ar gynnyrch ambell wasg argraffu, megis Gwasg Carreg Gwalch.

Erbyn rhan ola'r ddeunawfed ganrif roedd math arall o gyhoeddiad wedi dod yn boblogaidd, sef geiriaduron topograffig, a'r enghraifft orau sydd gennym yw un Samuel Lewis, *A Topographical Dictionary of Wales* (1833, 1844, 1849), mewn dwy gyfrol sydd hefyd yn cynnwys atlas.

Papur Y Cwm

Côr Merched Glannau'r Gwendraeth

EILEEN AR Y BÊL

Cyfraniadau i Rifyn mis Rhagfyr erbyn Tachwedd 15fed

CWIS Tudalen 11

HANES Y MYNYDD MAWR

COLOFN HANES A HYNAFIAETH

HANES Y MYNYDD MAWR

Cae'r Ffair

MEITHRINFA DDWYIEITHOG

2 Heol yr Eglwys Gorslas

(01269) 833844

Canolfan Teiars, Egsosts a Gwasanaeth Glanhau Y Tymbl

Papur y Cwm, *papur bro Cwm Gwendraeth, sy'n fwynglawdd o wybodaeth i haneswyr cymunedol a haneswyr teulu*

Ynddo ceir disgrifiad hanesyddol byr o bob tref a phentref, a hefyd fanylion ynglŷn â threfniadaeth grefyddol a sifil yr ardal.

Cyfarwyddiaduron *(Directories)*

Ymddangosodd cyfarwyddiaduron yn rhoi manylion am fasnach a diwydiant ac yn rhestru unigolion, eu cyfeiriadau a'u galwedigaethau mor gynnar â 1677 yn Llundain ac erbyn diwedd y ddeunawfed ganrif roeddynt ar gynnydd yn sylweddol yn sgil y chwyldro diwydiannol. Cyfarwyddiaduron cenedlaethol Prydeinig a geid i ddechrau ond yn raddol cynhyrchwyd rhai rhanbarthol a sirol. Ymhen amser llwyddodd Kelly, y cyhoeddwr pwysicaf yn y maes, i gyhoeddi cyfarwyddiaduron ar drefi a dinasoedd unigol. Erbyn yr 1830au fe geid hefyd wybodaeth am rai o ardaloedd mwyaf gwledig Cymru.

Fe roddir cryn dipyn o wybodaeth gefndirol am bob plwyf yn ogystal â gwybodaeth am unigolion amlwg yn y gymdeithas ynghyd â'r prif alwedigaethau. Mae cyfarwyddiaduron yn gallu bod o ddefnydd arbennig i haneswyr teulu gan fod enwau cynifer o unigolion mewn gwahanol alwedigaethau wedi eu rhestru. Maent hefyd yn dweud llawer wrthym am dwf pentrefi a threfi ac am gyflwr masnach a busnes o bob math. Ond fe ddylid bod yn ymwybodol bob amser o gyfyngiadau'r ffynhonnell hon.

Ffynonellau bywgraffyddol

I haneswyr teulu mae nifer o eiriaduron bywgraffyddol printiedig yn ffynhonnell bosibl, megis *Y Bywgraffiadur Cymreig hyd 1940* (1953) a'r gwahanol atodiadau.[3] Ac i haneswyr lleol fe all fod gwybodaeth berthnasol mewn nifer o gyfeirlyfrau bywgraffyddol enwog eraill, megis *Kelly's Handbook, Burke's Landed Gentry* a *Walford's County Families.* Mae'r *Alumni Oxonienses 1500–1886* a'r *Alumni Cantabrigienses 1261–1900* yn darparu manylion am gyn-fyfyrwyr Rhydychen a Chaergrawnt. Ceir hefyd nifer o ffynonellau sy'n rhoi gwybodaeth am yrfaoedd unigolion mewn galwedigaethau arbennig, megis *Crockford's Clerical Directory,* a gyhoeddwyd gyntaf yn 1858, a'r *Index Ecclesiasticus* sy'n darparu gwybodaeth am gyfnod cynharach. Ac ni ddylid anghofio gwahanol flwyddlyfrau'r enwadau ymneilltuol, sy'n darparu gwybodaeth fywgraffyddol am weinidogion. Hefyd, cyhoeddwyd ugeiniau o gofiannau a hunangofiannau gweinidogion ac offeiriadon yn y Gymraeg yn ystod y bedwaredd ganrif ar bymtheg. Er mai nod y cyfrolau hyn oedd canu clodydd y gweinidogion neu'r offeiriadon dan sylw fe geir yn y goreuon lawer o 'hanes lleol' nad yw ar gael yn unman arall. Enghraifft ddiddorol o hyn yw'r wybodaeth a geir am fagwraeth John Jones, Tal-y-sarn (1796–1857), fel y daethpwyd i'w adnabod yn ddiweddarach, yn Nolwyddelan.[4] Ac mae cofiannau a hunangofiannau yn parhau'n ffynonellau pwysig i haneswyr cymunedol yng Nghymru'r dyddiau hyn.

Ni ddylai haneswyr teulu anghofio ychwaith gyfrolau printiedig Lewys Dwnn, *The Heraldic Visitations of Wales and Part of the Marches,* a ailgyhoeddwyd yn 2005 gan Bridge Books. A'r wasg honno a gyhoeddodd hefyd argraffiad ffacsimili o gyfrol bwysig J. E. Griffith, *Pedigrees of Anglesey and Caernarvonshire Families,* cyfrol a ymddangosodd gyntaf yn 1914 ac sy'n cofnodi achau prif deuluoedd Môn ac Arfon. Yr un mor bwysig yw dwy gyfrol T. Ceiri Griffith, sef *Achau ac Ewyllysiau Teuluoedd De Sir Gaernarfon* (1989) ac *Achau Rhai o Deuluoedd Hen Siroedd Caernarfon, Meirionnydd a Threfaldwyn* (2003). Defnyddiol hefyd i ymchwilwyr yw'r mynegai enfawr 'o ryw 40,000 cerdyn ar y byw a'r meirw yng Nghymru' a luniodd W. W. Price (1873–1967), Aberdâr, ac sydd wedi ei leoli yn Llyfrgell Genedlaethol Cymru.

Catalogau arwerthiannau

Mae'r catalogau printiedig o arwerthiannau yn fwynglawdd o

wybodaeth am dai a thiroedd, yn arbennig yng nghyd-destun stadau tiriog. Ceir ynddynt yn aml fapiau a chynlluniau, yn ogystal ag amlinelliad o hanes y stad ac enwau perchenogion a thenantiaid, ac weithiau ffotograffau prin o dai sydd wedi hen ddiflannu. Ac mae rhestrau o gynnwys eiddo sy'n cael ei werthu trwy arwerthiannau yn hynod ddefnyddiol, yn arbennig os yw prisiau eitemau unigol wedi eu cofnodi. Mae casgliadau o lenyddiaeth arwerthwyr cyfoes, lle maent wedi eu diogelu, yn rhoi inni wybodaeth fuddiol am gyflwr y farchnad dai mewn ardaloedd arbennig.

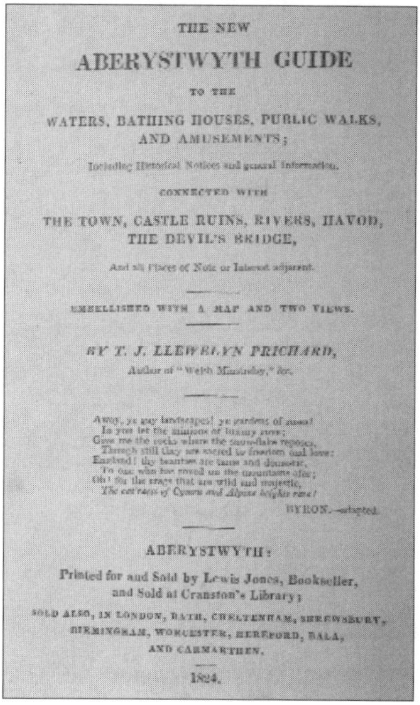
THE NEW

ABERYSTWYTH GUIDE

TO THE

WATERS, BATHING HOUSES, PUBLIC WALKS, AND AMUSEMENTS;

Including Historical Notices and general Information,

CONNECTED WITH

THE TOWN, CASTLE RUINS, RIVERS, HAVOD, THE DEVIL'S BRIDGE,

And all Places of Note or Interest adjacent.

EMBELLISHED WITH A MAP AND TWO VIEWS.

BY T. J. LLEWELYN PRICHARD,

Author of "Welsh Minstrelsy," &c.

BYRON.—adapted.

ABERYSTWYTH:

Printed for and Sold by Lewis Jones, Bookseller, and Sold at Cranston's Library;

SOLD ALSO, IN LONDON, BATH, CHELTENHAM, SHREWSBURY, BIRMINGHAM, WORCESTER, HEREFORD, BALA, AND CARMARTHEN.

1824.

The New Aberystwyth Guide *(1824)*

Effemera

Fel yr awgryma'r term, fel deunydd byrhoedlog neu 'betheuach diflanedig bywyd bob dydd' (yn ôl y Gymdeithas Effemera) yr ystyrir y mathau o ddeunydd printiedig a geir yn y dosbarth hwn. Ac eto, maent yn gallu bod yn ddefnyddiol i'r hanesydd cymunedol a'r hanesydd teulu wrth iddynt geisio ail-greu amgylchiadau'r gorffennol. Ymhlith effemera fe geir posteri, tocynnau, anfonebau a derbynebau, amserlenni, taflenni o bob math, llenyddiaeth wleidyddol ac etholiadol, a'r mil myrdd o daflenni a gynhyrchir fel deunydd hysbysebu a phropaganda. Gall effemera roi gwedd ychwanegol ar ffynonellau eraill mwy ffurfiol a thraddodiadol, gan gadarnhau'n weladwy ddigwyddiad neu achlysur. Ar dro, efallai mai dyma'r unig dystiolaeth sydd ar gael o ddigwyddiad arbennig, fel yn achos ambell boster.

Llenyddiaeth leol fel ffynhonnell

Cyfeiriwyd eisoes ym mhennod gyntaf y gyfrol hon at amryw enghreifftiau o lyfrau a ysgrifennwyd ar ardaloedd neu blwyfi penodol yng Nghymru fel ymgais i groniclo hanes y mannau hynny, megis *Hanes Plwyf Llandyssul*, y gyfrol sylweddol gyntaf a argraffwyd gan wasg newydd J. D. Lewis, Gwasg Gomer, yn 1896. Ac yn ystod chwedegau'r ganrif ddiwethaf fe gafwyd cnwd sylweddol o lyfrau atgofion am ardaloedd unigol ledled Cymru, â sir Aberteifi yn gwbl nodedig oherwydd cyfanswm y cyfrolau atgofion ardal a'r rhain, yn aml, yn cynnwys llawer o wybodaeth hanesyddol werthfawr. Ym Mhennod 17 fe ystyrir hefyd y pwnc 'Canu'r Werin fel Ffynhonnell i Haneswyr Lleol', a dangosir pa mor bwysig ac unigryw yw tystiolaeth y baledwyr a'r rhigymwyr y diogelwyd eu gweithiau mewn print. Ni ddylid, ychwaith, anghofio cynnyrch llenorion creadigol, boed yn nofelwyr, yn storïwyr, yn ddramodwyr neu'n feirdd, yn arbennig y rhai sy'n sôn am leoedd a mannau arbennig, ac weithiau'n diogelu gwybodaeth a fyddai wedi ei cholli fel arall.

Arweinlyfr i ardal Dolgellau (1904)

Papurau newydd a chyfnodolion

Fe ŵyr haneswyr cymunedol a haneswyr teulu mor werthfawr y gall cynnyrch y wasg gyfnodol fod ac fe honnodd un sylwebydd mai 'papurau newydd lleol yw'r ffynhonnell brintiedig wreiddiol bwysicaf i'r hanesydd'.[5] Ac er mai pethau i'w darllen a'u taflu ymaith yw papurau dyddiol ac wythnosol a chyfnodolion i lawer ohonom, os bydd angen chwilota am wybodaeth hanesyddol maent yn aml yn ffynonellau amhrisiadwy oherwydd yr amrywiaeth rhyfeddol o ffeithiau a groniclir ynddynt. Maent yn aml yn adlewyrchiad mwy parhaol o ddigwyddiadau'r dydd ac o dueddiadau'r oes mewn ardaloedd penodol nag unrhyw gyfrwng arall. Nid bod defnyddio a chael mynediad at bapurau newydd a chyfnodolion wedi bod yn broses hawdd yn y gorffennol. Ond bellach, yn sgil gwell ymwybyddiaeth o'r potensial mawr sydd ynddynt, gwell dulliau o chwilota a datblygiadau ym maes technoleg ddigidol, maent yn mynd i fod o ddefnydd cynyddol i haneswyr o bob math.

Fyth er ymddangosiad **almanaciau** yn niwedd yr ail ganrif ar

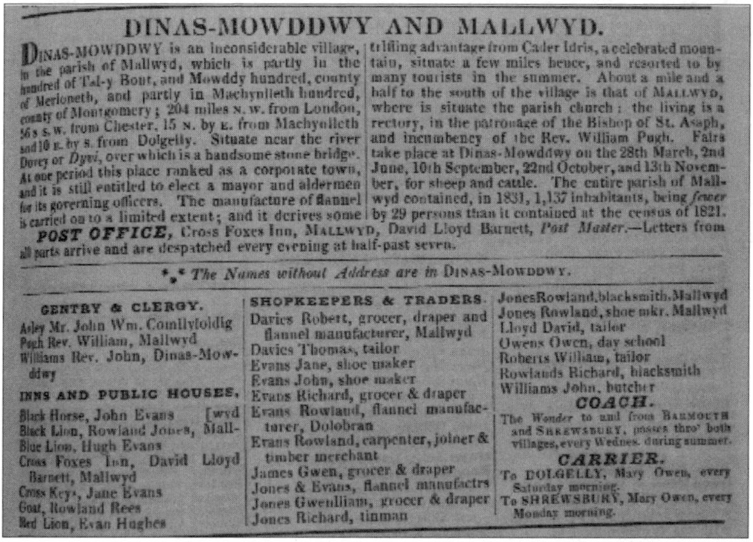

DINAS-MOWDDWY AND MALLWYD.

DINAS-MOWDDWY is an inconsiderable village, in the parish of Mallwyd, which is partly in the hundred of Tal-y Bont, and Mowddy hundred, county of Merioneth, and partly in Machynlleth hundred, county of Montgomery; 204 miles N. W. from London, 56 S S. W. from Chester, 15 N. by E. from Machynlleth and 10 E. by S. from Dolgelly. Situate near the river Dorey or *Dyvi*, over which is a handsome stone bridge. At one period this place ranked as a corporate town, and it is still entitled to elect a mayor and aldermen for its governing officers. The manufacture of flannel is carried on to a limited extent; and it derives some trifling advantage from Cader Idris, a celebrated mountain, situate a few miles hence, and resorted to by many tourists in the summer. About a mile and a half to the south of the village is that of MALLWYD, where is situate the parish church: the living is a rectory, in the patronage of the Bishop of St. Asaph, and incumbency of the Rev. William Pugh. Fairs take place at Dinas-Mowddwy on the 28th March, 2nd June, 10th September, 22nd October, and 13th November, for sheep and cattle. The entire parish of Mallwyd contained, in 1831, 1,137 inhabitants, being *fewer* by 29 persons than it contained at the census of 1821.

POST OFFICE, Cross Foxes Inn, MALLWYD, David Lloyd Barnett, *Post Master.*—Letters from all parts arrive and are despatched every evening at half-past seven.

*** *The Names without Address are in* DINAS-MOWDDWY.

GENTRY & CLERGY.

Asley Mr. John Wm. Comllyloldig
Pugh Rev. William, Mallwyd
Williams Rev. John, Dinas-Mowddwy

INNS AND PUBLIC HOUSES.

Black Horse, John Evans
Black Lion, Rowland Jones, Mallwyd
Blue Lion, Hugh Evans
Cross Foxes Inn, David Lloyd Barnett, Mallwyd
Cross Keys, Jane Evans
Goat, Rowland Rees
Red Lion, Evan Hughes

SHOPKEEPERS & TRADERS.

Davies Robert, grocer, draper and flannel manufacturer, Mallwyd
Davies Thomas, tailor
Evans Jane, shoe maker
Evans John, shoe maker
Evans Richard, grocer & draper
Evans Rowland, flannel manufacturer, Dolobran
Evans Rowland, carpenter, joiner & timber merchant
James Gwen, grocer & draper
Jones & Evans, flannel manufactrs
Jones Gwenlliam, grocer & draper
Jones Richard, tinman
Jones Rowland, blacksmith, Mallwyd
Jones Rowland, shoe mkr. Mallwyd
Lloyd David, tailor
Owens Owen, day school
Roberts William, tailor
Rowlands Richard, blacksmith
Williams John, butcher

COACH.

The *Wonder* to and from BARMOUTH and SHREWSBURY, passes thro' both villages, every Wednes. during summer.

CARRIER.

To DOLGELLY, Mary Owen, every Saturday morning.
To SHREWSBURY, Mary Owen, every Monday morning.

Nodiadau ar Ddinas Mawddwy a Mallwyd sy'n ymddangos yn Pigot & Co's Directory, *1835*

bymtheg fe fu'r arferiad o gynnwys gwybodaeth am ddigwyddiadau'r presennol a rhestru achlysuron i ddod yn y dyfodol yn gyffredin mewn cyhoeddiadau Cymraeg a Chymreig. Ac wedi cyhoeddi'r newyddiadur wythnosol cyntaf yng Nghymru, *The Cambrian*, yn Abertawe yn 1804 a'i ddilyn yn fuan wedyn gan *The North Wales Gazette* ym Mangor yn 1808 fe gynyddodd nifer a dylanwad papurau newydd trwy gydol y bedwaredd ganrif ar bymtheg – a hynny yn Gymraeg a Saesneg. Er mai cymharol fyr fu oes yr wythnosolyn cyntaf i'w gyhoeddi yn Gymraeg, sef *Seren Gomer*, eto yn Abertawe, yn 1814, ni all unrhyw hanesydd cymunedol na hanesydd teulu anwybyddu papurau newydd a chyfnodolion fel ffynonellau gwybodaeth. A'r cyfarwyddiaduron anhepgor i unrhyw ymchwilydd yw gweithiau Dr Huw Walters, sy'n cynnwys: *Y Wasg Gyfnodol Gymreig, 1735–1900* (1987); *Llyfryddiaeth Cylchgronau Cymreig, 1735–1850* (1993) a *Llyfryddiaeth Cylchgronau Cymreig, 1851–1900* (2003). Nid oes gyfeiriaduron cyffelyb i'r cyfnod wedi 1900, ond gyda chynlluniau ar droed gan Lyfrgell Genedlaethol Cymru i ddigido mwy a mwy o gylchgronau a phapurau newydd, fe fydd y dasg o chwilota drwy eu cynnwys yn cael ei hyrwyddo'n ddirfawr. Ceir manylion llawn am y cynllun Cylchgronau Cymru *(Welsh Journals Online)* ar wefan y Llyfrgell: www.llgc.org.uk. Yno hefyd y mae'r rhestr

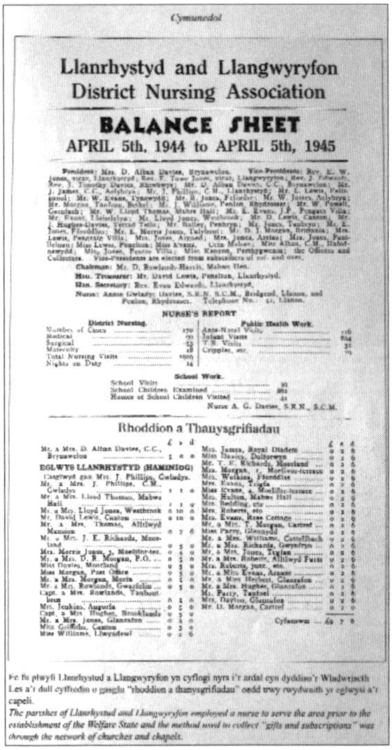

Llanrhystyd and Llangwyryfon District Nursing Association

BALANCE SHEET

APRIL 5th, 1944 to APRIL 5th, 1945

Chairman: Mr. D. Rowlands-Harris, Mabws Hen.

NURSE'S REPORT

District Nursing. / Public Health Work.

School Work.

Nurse A. G. Davies, S.R.N., S.C.M.

Rhoddion a Thanysgrifiadau

EGLWYS LLANRHYSTYD (HAMINIOG)

Fe fu plwyfi Llanrhystud a Llangwyryfon yn cyflogi nyrs i'r ardal cyn dyfodiad y Wladwriaeth Les a'r dull cyffredin o gasglu "rhoddion a thanysgrifiadau" oedd trwy rwydwaith yr eglwysi a'r capeli.

The parishes of Llanrhystud and Llangwyryfon employed a nurse to serve the area prior to the establishment of the Welfare State and the method used to collect "gifts and subscriptions" was through the network of churches and chapels.

Mantolen Cymdeithas Nyrsio Cylch Llanrhystud a Llangwyryfon 1944–45

fwyaf cynhwysfawr o'r **Papurau Bro**, un o nodweddion mwyaf diddorol y byd cyhoeddi yng Nghymru er diwedd yr 1970au a ffynhonnell werthfawr o hanes cymunedol i Gymry Cymraeg. Adnodd arall anhepgor i ymchwilwyr yw gwefan **Newsplan Cymru**: www.newsplancymru.info, sy'n caniatáu mynediad i wahanol gronfeydd data.

Traethodau Ymchwil

Dros nifer o flynyddoedd fe fu myfyrwyr, israddedig ac ôl-raddedig, mewn colegau a phrifysgolion yn llunio traethodau ymchwil ar bynciau lleol eu natur ac mae llawer o'r traethodau wedi eu diogelu yn llyfrgelloedd y sefydliadau hyn. Ni ddylid anwybyddu'r rhain gan fod yn y goreuon ohonynt wybodaeth sy'n aml yn unigryw ac yn ffrwyth ymchwiliadau gwreiddiol i bob math o ffynonellau. Gellir eu lleoli trwy gatalogau'r llyfrgelloedd perthnasol.

Llyfrau cyffredinol

Cafwyd cyfeiriadau helaeth yn y bennod gyntaf at deitlau sy'n berthnasol i haneswyr cymunedol a haneswyr teulu yng Nghymru. Ond er mor boblogaidd yw'r ddau bwnc, mae'n ddiddorol nodi mai prin fu'r ymgais i'w trafod yn benodol yng nghyd-destun Cymru. Eithriadau yw cyfrolau John a Sheila Rowlands, *Welsh Family History: a Guide to Research* (1998), lle ceir llyfryddiaeth ddefnyddiol iawn, a'r *Second Stages in Researching Welsh Ancestry* (1999). Ond mae ugeiniau lawer o lyfrau rhagarweiniol i'r meysydd wedi eu cyhoeddi yn Lloegr ac mae'n werth nodi yma y rhai mwyaf defnyddiol. O safbwynt hanes lleol mae cyfrol W. E. Tate, *The Parish Chest* (3ydd arg., 1983) yn parhau'n werthfawr er iddi gael ei chyhoeddi gyntaf yn 1946. Ac mae'r canlynol yn rhoi rhagarweiniad cyffredinol i brif ffynonellau haneswyr cymunedol: Philip Riden, *Record Sources for Local History* (1987); Kate Tiller, *English Local History: an Introduction* (ail arg., 2001);

John Richardson, *The Local Historian's Encyclopedia* (3ydd arg., 2003); Paul Carter a Kate Thompson, *Sources for Local Historians* (2005). Ac o ddefnydd arbennig mae David Hey (gol.), *The Oxford Companion to Family and Local History* (ail arg., 2008), lle ceir nifer o benodau estynedig ar bynciau a themâu arbennig, gan gynnwys pennod ar y sefyllfa yng Nghymru.[6]

Mae teitlau niferus ar gael hefyd i'r sawl sy'n ymddiddori mewn hanes teulu ac ymhlith y goreuon mae'r canlynol: David Hey, *Journeys in Family History* (2004); Reader's Digest, *Explore your Family's Past: Trace your Roots and Create a Family Tree* (2005) a Nick Barratt, *Who do you Think you Are? Encyclopedia of Genealogy* (2008). Ym mhob un o'r cyfrolau hyn mae yna gyfeiriadau helaeth at ffynonellau eraill, printiedig ac electronig, a chyfarwyddiadau manwl sut i fynd ati i lunio hanes a chart achau teulu. Ac i'r sawl sy'n dymuno cyhoeddi peth o ffrwyth ei ymchwil mae cyfrol David Dymond, *Researching and Writing History: a Practical Guide for Local Historians* (1999) yn ddefnyddiol tu hwnt.

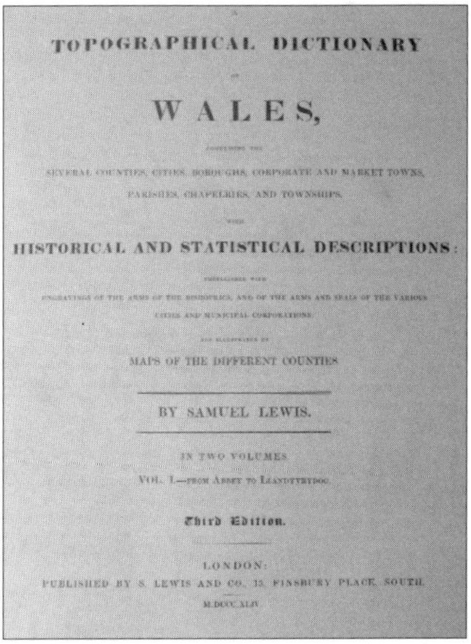
TOPOGRAPHICAL DICTIONARY

WALES,

HISTORICAL AND STATISTICAL DESCRIPTIONS:

MAPS OF THE DIFFERENT COUNTIES

BY SAMUEL LEWIS.

IN TWO VOLUMES

Third Edition.

LONDON:

Samuel Lewis, A Topographical Dictionary of Wales

NODIADAU

1. Robin Gard, *The Observant Traveller: Diaries of Travel in England, Wales and Scotland in the County Record Offices of England and Wales* (1989). Gweler hefyd Edgar W. Parry, *Y Teithwyr yng Nghymru* (1750–1850) (1995).
2. Thomas Pennant, *Teithiau yng Nghymru* (1883).
3. *Y Bywgraffiadur Cymreig* 1941–1950 (1970); *Y Bywgraffiadur Cymreig* 1951–1970 (1997). Erbyn hyn ceir Y Bywgraffiadur Ar-lein ar: http:yba.llgc.org.uk/cy/index.html.
4. Owen Thomas, *Cofiant y Parchedig John Jones, Talsarn* (1874).
5. John Tosh, *The Pursuit of History* (1993).
6. D. Huw Owen, 'Welsh Local and Family History' yn David Hey (gol.), *The Oxford Companion to Family and Local History* (ail arg., 2008), 90–100.

3. ACHAU A HERODRAETH YNG NGHYMRU

Michael Powell Siddons

Er bod achau wedi chwarae rôl bwysig yn y gymdeithas yng Nghymru erioed, o'r tu allan y daeth herodraeth, a chyrhaeddodd Gymru yn llawer diweddarach na Lloegr. Cyfeiriodd Gerallt Gymro yn y ddeuddegfed ganrif at bwysigrwydd eu hachau i'r Cymry, gan ddweud eu bod yn fwy awyddus i briodi teuluoedd uchel eu tras na theuluoedd cyfoethog. Mae hyd yn oed y distatlaf o'r werin yn ofalus o'i gart achau, ac edrydd oddi ar gof, ac yn rhugl, ei achau – nid yn unig ei deidiau, ei hendeidiau, a'i orhendeidiau, ond hyd at y chweched, neu hyd yn oed y seithfed genhedlaeth.[1]

Yn ôl y ddeddf Gymreig yr oedd yn rhaid i bawb adnabod ei ach, oherwydd yr oedd hawliau a dyletswyddau pawb yn y gymdeithas yn dibynnu ar ei le mewn cytrasedd (*kinship*). Ni ddelid tir, er enghraifft, gan unigolion, ond gan gytrasedd.[2] Mewn testunau ar y gyfraith cynhwysir geiriau am berthynas hyd at y seithfed radd.[3] Hyd yn oed pan ddiflannodd yr angen hwn yn sgil Deddfau Uno 1536 a 1542, yr oedd eu hachau yn parhau'n bwysig i'r Cymry. Testun gwawd i'r Saeson oedd hoffter o achau a'r balchder hwn mewn tras fonheddig. Ysgrifennodd William o Gaerwrangon at John Paston yn 1457: 'Anfonaf atoch chwi a'ch meistr restr enwau'r rhai a gyhuddwyd, fel y galloch weld a chwerthin am ben eu henwau Cymraeg sydd wedi disgyn o hen achau.'[4]

Ar lafar y trosglwyddid achau ar y dechrau, ac ni chawsant eu hysgrifennu am rai canrifoedd. Ffurfiai gwybodaeth am achau'r tywysogion a'r prif deuluoedd eraill ran bwysig o ddysg y beirdd yn gynnar, ac wrth gyfarch eu noddwyr moliannent eu tras fonheddig, weithiau'n hirfaith. Disgrifient eu noddwyr fel 'draig', 'llew', neu 'eryr', ond cyfenwau arwrol, nid herodrol, oedd y rheini. O'r bymthegfed ganrif ymlaen mae gennym gasgliadau o achau'r tywysogion a'r uchelwyr gan bob cenhedlaeth o feirdd.[5] Prin iawn yw'r dystiolaeth a gofnodwyd am rannau cynharaf yr achau, ac ni roddodd y beirdd, gydag ychydig eithriadau, ddyddiadau na ffynonellau, ond lle mae'n bosib archwilio'r achau traddodiadol a'u cymharu â thystiolaeth sydd wedi'i chofnodi, mae'n syndod pa mor gywir ydynt.[6]

Tua diwedd y bymthegfed ganrif dechreuwyd sôn am 'Bymtheg llwyth Gwynedd', a'u rhestru. Cyfeiriodd Gutun Owain at 'Un or xv llwyth', ac mae'n debyg fod ganddo restr ohonynt, er bod y rhestrau sydd gennym heddiw yn dipyn diweddarach. Y mae'r rhestrau sydd ar gael yn cytuno â'i gilydd, gydag un neu ddau o wahaniaethau. Ymhlith grwpiau eraill yr oedd 'Pum Brenhinllwyth Cymru'.[7] Y mae arfbais wedi ei phriodoli i bob un o'r llwythau hyn. O ddiwedd y bymthegfed ganrif ymlaen lluniwyd achau'r boneddigion ar ffurf rholiau hir, llawer ohonynt wedi eu haddurno ag arfbeisiau, gan ddangos llinach y gwrthrych o'r tywysogion a hynafiaid nodedig, yn ogystal â'i berthynas ag enwogion cyfoes fel y Frenhines Elisabeth, neu'r Herbertiaid.[8]

Yn yr ail ganrif ar bymtheg gwnaethpwyd casgliadau helaeth iawn o achau Cymreig, gydag ymdrech egnïol i ddilyn pob llinach a chofnodi pob disgynnydd, pa safle bynnag oedd iddo yn y gymdeithas. Lluniwyd casgliadau o'r fath gan Peter Ellis (m. 1637), Jacob Chaloner (m. 1631), Robert Vaughan o Hengwrt, Griffith Hughes (*fl.* 1634–65), Owen Salesbury o'r Rug, a John Salesbury o Erbistog (casgliad o *c.*1630–70), David Edwardes, Rhyd-y-gors (m. 1690), William Lewes, Llwynderw (m. 1722) a Hugh Thomas (1673–1720).[9] Gelwir yr olaf o'r casgliadau hyn, a seiliwyd ar y rhai cynharach, ac sydd yn dyddio o *c.*1765, yn 'Llyfr Gelli Aur', ac fe'i cedwir bellach yn Archifdy Sir Gaerfyrddin.[10]

Hawliai'r rhan fwyaf o deuluoedd amlwg Cymru eu bod yn hanu o un o nifer gweddol gyfyngedig o 'batriarchiaid' a oedd yn byw ganrifoedd maith yn ôl, rhai ohonynt yn gymeriadau chwedlonol. Oherwydd bod disgynyddion rhai o'r patriarchiaid hyn mor niferus, rhannwyd hwy yn ddosbarthiadau, â phob dosbarth yn hanu o hynafiad y gellir ei ddisgrifio fel hynafiad 'hanner-ffordd', a oedd ei hun yn hanu o'r patriarch pell. Esiamplau o'r dosbarthiadau hynny yw disgynyddion Tudur Trefor a Bleddyn ap Cynfyn (Ffigur. 1).

HYNAFIAID HANNER-FFORDD

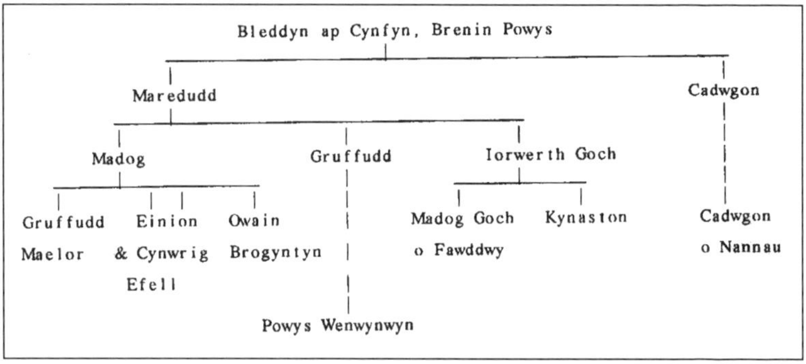

Ffigur 1. Dosbarthiad disgynyddion Bleddyn ap Cynfyn

O ddiwedd yr unfed ganrif ar bymtheg ymlaen yr oedd y gyfundrefn farddol yn dirywio, a'r arwyddfeirdd olaf oedd Rhys Cain o Groesoswallt (m. 1618), a'i fab Siôn Cain (m. 1650). Yn ffodus, yn yr un cyfnod dechreuodd hynafiaethwyr ymddangos ymhlith y boneddigion; y rhai enwocaf ohonynt oedd George Owen (m. 1611) o Henllys, Nanhyfer, yn y de,[11] a Robert Vaughan (m. 1667), Hengwrt, gerllaw Dolgellau, yn y gogledd.[12] Yr oeddynt yn gyfeillion i'r beirdd ac yn sgil hynny, fe achubwyd llawer o lawysgrifau'r beirdd a'r hen ddysg Gymreig.

Aeth y rhan fwyaf o lawysgrifau Gruffudd Hiraethog i'w ddisgybl Wiliam Llŷn (m. 1580), a adawodd ei lawysgrifau yn ei ewyllys i Rys Cain, ac fe drosglwyddodd ei fab yntau, Siôn Cain, y cwbl i gasgliad Robert Vaughan o Hengwrt. Gadawodd Robert Vaughan yr holl lawysgrifau hyn, a llawer o rai eraill, yn eu plith lawysgrifau o waith barddonol y beirdd, yn ogystal â'i gasgliad mawr ef ei hun o achau Cymreig, i'w ddisgynyddion.[13] Yn 1859 daeth y casgliad yn eiddo i W.W.E. Wynne (1801–80), Peniarth, a ffurfia bellach gasgliad Peniarth yn y Llyfrgell Genedlaethol. Mae rhai o lawysgrifau George Owen o Henllys yn y Coleg Arfau yn Llundain, ac eraill yng Nghasgliad Llanstephan yn y Llyfrgell Genedlaethol, ac yn y Llyfrgell Brydeinig. Ysgrifennai'r beirdd yn Gymraeg, ond cafodd y rhan fwyaf o'r hynafiaethwyr eu haddysg yn Lloegr, ac er eu bod yn medru'r Gymraeg, yn Saesneg yr ysgrifennent gan amlaf. Gwnaent hynny mewn dull mwy modern, gan roi dyddiadau a ffynonellau yn yr achau. O blith yr hynafiaethwyr hyn y dewiswyd yr herodron yn ddiweddarach.[14]

Ysgrifennwyd y testunau achau sydd wedi goroesi am y tro cyntaf yn y nawfed ganrif, ac ambell un arall yn y ddeuddegfed ganrif a'r drydedd ganrif ar ddeg. Ynddynt, ceir achau'r llinachau brenhinol, gan gynnwys y rhai llai, megis Arwystli a Gwent, ynghyd ag achau'r hen arwyr a'r saint, ac amryw o deuluoedd amlwg eraill. Mae rhai o'r achau hyn yn mynd yn ôl i'r Oesoedd Tywyll. Credir bod y llawysgrif gynharaf sydd wedi goroesi yn dyddio o oddeutu 1100, a dwy arall o'r drydedd ganrif ar ddeg, ond ni oroesodd y rhan fwyaf o'r llawysgrifau gwreiddiol, a chopïau diweddarach yn unig sydd gennym heddiw. Golygwyd y testunau cynharaf hyn gan Dr Peter Bartrum.[15]

Aeth Dr Bartrum ymlaen i astudio'n fanwl yr achau traddodiadol dros gyfnod yn ymestyn o'r achau cynharaf hyd at y genhedlaeth a anwyd yn nechrau'r unfed ganrif ar bymtheg. Cymharodd y gwahanol destunau er mwyn dewis y rhai mwyaf cywir. Ffrwyth y gwaith hwn yw dwy gyfres bwysig iawn o achau, sydd yn rhoi i ni'r testunau mwyaf dibynadwy sydd ar gael.[16] Mae'n rhaid deall mai pwrpas y llyfrau hyn oedd rhoi'r achau traddodiadol mewn trefn, a chywiro'r camgymeriadau a wnaed wrth eu copïo. Ni cheisiodd seilio pob ach ar dystiolaeth ysgrifenedig, ond yr oedd yn barod i'w defnyddio petai'n dod ar draws tystiolaeth o'r fath neu petai tystiolaeth o'r fath yn dod i law. Dengys Dr Bartrum ym mynegeion ei gasgliadau achau'r llawysgrifau hynaf lle mae pob enw yn digwydd. Gall y darllenydd, felly, wybod beth yw ffynhonnell gynharaf pob enw mae'n chwilio amdano, ac i ba raddau mae'r dystiolaeth hon yn gyfoes. Gyda'r llyfrau hyn nid oes rhaid i'r rhai nad ydynt yn arbenigwyr fynd at y dogfennau gwreiddiol, ac yn wir mae'n well i'r hen lawysgrifau gael eu trin cyn lleied â phosibl, er mwyn atal dirywiad pellach. Yn ogystal â hynny, wrth gwrs, mae'r llyfrau printiedig yn llawer haws i'w darllen na'r llawysgrifau.[17] Mae cynlluniau ar y gweill i gyhoeddi'r ddau gasgliad hwn mewn modd cyfrifiadurol gan Brifysgol Aberystwyth.

Dwy gyfrol werthfawr yw *Welsh Family History: a Guide to Research* a *Second Stages in Researching Welsh Ancestry,* a olygwyd gan John a Sheila Rowlands, sydd yn trafod pob agwedd ar achyddiaeth a hanes teulu.[18] Ceir ymdriniaeth gennyf innau ar yr achau mewn llyfrau a llawysgrifau yn *Welsh Family History.*[19]

HERODRAETH

Diffiniwyd herodraeth fel defnydd systematig o arwyddion etifeddol ar darian. Dechreuodd yr arfer o addurno tarianau marchogion ag arwyddion tua chanol y ddeuddegfed ganrif yn Lloegr, gogledd Ffrainc, Fflandrys a Luxembourg, ac ymledodd i wledydd eraill gorllewin Ewrop. Yr oedd yn gyffredin ymhlith y dosbarth marchogol erbyn y drydedd ganrif ar ddeg.[20]

Un o'r prif resymau dros y datblygiad hwn oedd yr arfer o wisgo helm gaeedig, ac felly nid oedd yn bosib adnabod y marchog mewn brwydr neu yn y twrnameintiau a oedd mor boblogaidd yn y gymdeithas ffiwdal ryngwladol yn y cyfnod hwn. Dewisai pob marchog arwyddion i addurno'i darian, a chyn hir fe addurnid y bais liain a wisgai dros ei arfwisg rhag gwres yr haul, yn ogystal â gwisg ei farch, â'r un arwyddion. Gosododd y rhai oedd â baneri yr un arwyddion arnynt hwythau. Gelwid patrwm yr arwyddion yn bais arfau, neu arfbais. Yn ddiweddarach dechreuodd y marchogion addurno'u helmau ag arwydd a elwid yn grest neu grib. Hollol anghywir ydyw'r arfer cyffredin y dyddiau hyn o alw arfbais yn grest.

Nid oedd Cymru yn rhan o'r gymdeithas ryngwladol hon; ac eithrio rhannau o'r Mers, lle yr oedd arglwyddi Eingl-Normanaidd wedi disodli'r tywysogion a'r arglwyddi brodorol, nid oedd y gyfundrefn ffiwdal wedi gwreiddio yng Nghymru. Felly, cyrhaeddodd herodraeth Gymru yn llawer hwyrach na Lloegr. Dyrnaid yn unig o Gymry a oedd ag arfbeisiau cyn 1350, ac ni ddaeth yn arfer cyffredin cyn canol y bymthegfed ganrif. Yr arfbeisiau cynharaf a gofnodwyd yw rhai Gruffudd ap Llywelyn o Wynedd (m. 1244), a'i feibion: Llywelyn ap Gruffudd, Tywysog Cymru (m. 1282), a Dafydd (m. 1283), ac eiddo Gruffudd ap Gwenwynwyn o Bowys (m. 1286) a'i feibion.[21] Roedd y rhan fwyaf o'r Cymry y mae eu harfbeisiau wedi'u cofnodi'n gynnar yn rhan o gymdeithas farchogol Lloegr, gan amlaf drwy wasanaeth milwrol.

Yr oedd mewnfudo i Gymru wedi dechrau yn fuan wedi i Loegr gael ei gorchfygu gan y Normaniaid yn 1066, yn enwedig yn y de a'r dwyrain. Ymsefydlodd nifer o estroniaid yng Nghymru o hynny ymlaen, naill ai fel dilynwyr milwrol i'r arglwyddi oedd wedi cipio arglwyddiaeth y teuluoedd brodorol, neu mewn modd mwy heddychol. Oherwydd bod yr arglwyddi hyn yn aelodau o ddosbarth marchogion Lloegr, a bod gan rai o'r mewnfudwyr stadau â swyddi yn Lloegr, nid yw'n syndod eu bod nhw wedi dilyn arferion herodrol Seisnig. O ganlyniad, mae mwy o dystiolaeth herodrol amdanynt nag am y Cymry yn y cyfnod cyn 1350.

Gellir defnyddio pob math o arwyddion mewn arfbais, yn cynnwys anifeiliaid ac adar, neu ffigurau geometrig, fel croesau a chwplau, neu unrhyw beth arall. Ar y dechrau yr oedd patrwm yr arwyddion gan amlaf yn syml, ond ar ôl cenhedlaeth neu ddwy yr oedd y rhan fwyaf o'r patrymau syml wedi eu dewis, ac fe deimlwyd bod eisiau cyfundrefn a rheolau. Derbyniwyd nad oedd wiw gosod lliw ar liw, na metel ar fetel. Y metelau oedd melyn, a oedd yn cynrychioli aur, a gwyn, yn cynrychioli arian. Y lliwiau oedd du, coch, glas a gwyrdd. Y rheswm dros y rheol hon yw'r ffaith fod mwy o gyferbyniad rhwng metel a lliw, ac felly byddai'r arwyddion ar y darian yn haws i'w hadnabod. Hefyd, defnyddid ffwr anifeiliaid, fel ermin a'r wiwer lwyd, i roi patrwm ar y darian. Gyda'r rheolau a'r cymhlethdod cynyddol yr oedd angen cyfarwyddwyr, a elwid yn 'herodron', a gelwid astudio arfbeisiau yn 'herodraeth'. Daeth yr arfbeisiau yn etifeddol, yn llinach y tad, a phetai mwy nag un aelod o'r un teulu yn bresennol ar yr un adeg, yr oedd angen gallu eu hadnabod, y naill o'r llall. Felly, cadwyd yr arfbais wreiddiol gan ben y teulu, a newidiai'r aelodau eraill liwiau neu arwyddion yr arfbais. Er enghraifft, yr oedd patrwm arfbais Dafydd ap Gruffudd yr un fath ag arfbais ei frawd Llywelyn, ond newidiwyd y lliwiau.[22]

Datblygiad arall diweddarach oedd gosod mwy nag un bais arfau ar yr un darian. Gelwir yr arfer hwn yn 'chwarteru'. Yn ôl rheol arfau gall disgynyddion merch sydd yn etifeddes neu yn gydetifeddes ei thad, hynny yw, nad oes ganddi frawd, neu bod y brawd neu ei brodyr wedi marw heb ddisgynyddion, osod pais arfau ei theulu hi ar yr un darian â phais arfau teulu eu tad. Y rheswm dros hynny yw iddi gael ei hystyried yn gynrychiolydd teulu ei mam hefyd. Os digwydd hynny sawl gwaith yn yr un teulu, gellir gosod pais arfau ychwanegol ar y darian bob tro.

Digwydd y disgrifiad cyntaf o arfbais mewn barddoniaeth yng nghywydd Gruffudd Gryg i Einion ap Gruffudd ap Hywel o Chwilog c.1351–9:

Aeth, dyro gwpl i'th darian,
A thri fflŵr-de-lis i'th ran,
Yn gydwynion ei gadu
Y sydd iawn mewn maes o ddu.[23]

Ond, ar y cyfan, anwybyddodd y beirdd herodraeth tan ganol y bymthegfed ganrif, pan gyfeiriwyd ati gan rai ohonynt, fel Lewis Glyn

Rhol achau herodrol John Hughes, Person Llanwrin gan Rhys Cain
LlGC, WPR 22
Trwy ganiatâd Dr Michael Powell Siddons a Llyfrgell Genedlaethol Cymru

Cothi (*fl.* 1447–89), yn helaeth yn eu gwaith, a daeth yn rhan o ddysg y beirdd. Disgrifiodd a pheintiodd Lewis Glyn Cothi arfbeisiau mewn llawysgrifau sydd wedi goroesi yn ei law ei hun.[24] Bardd enwog arall a gyflwynodd herodraeth yn ei waith oedd Gutun Owain. Ond parhaodd rhai o'r beirdd amlycaf, fel Guto'r Glyn, i anwybyddu herodraeth yn eu gwaith.

Ymddiddorodd rhai o'r beirdd, a elwir yn arwyddfeirdd, mewn achyddiaeth a herodraeth. Llunient gasgliadau o achau ac arfbeisiau, ac roeddent yn cofnodi arfbeisiau a welent mewn eglwysi a thai. Penodwyd dau o'r arwyddfeirdd a hyfforddwyd yn draddodiadol, sef Gruffudd Hiraethog (m. 1564) a Lewys Dwnn (penodwyd 1586, m. *c.*1616), yn ddirprwy herodron dros Gymru gyfan, ac ymwelsant â boneddigion ledled Cymru yn cofnodi eu hachau.[25]

Er iddi golli ei hannibyniaeth, nid oedd Cymru yn rhan o'r deyrnas cyn y Deddfau Uno yn yr unfed ganrif ar bymtheg, a pharhaodd cymdeithas a diwylliant traddodiadol Cymru. Er i herodron Seisnig ymweld â rhannau o dde Cymru a'r Mers *c.*1480 ac 1531, gadawyd y Cymry yn llonydd o safbwynt herodraeth nes y penodwyd Gruffudd Hiraethog yn ddirprwy herodr cyntaf dros Gymru yng nghanol yr unfed ganrif ar bymtheg. Penodwyd un o'r herodron a oedd yn Gymro, Fulk ap Hywel, herodr Lancaster, yn 1550 i fynd ar ymweliad herodrol swyddogol â Chymru, ond yn anffodus fe'i cafwyd yn euog o ffugio sêl yn 1551, ac ni ddigwyddodd yr ymweliad.[26] Datblygodd herodraeth Gymreig, felly, yn weddol annibynnol hyd y cyfnod hwnnw, ac mae gwahaniaethau arwyddocaol rhwng arferion herodrol yng Nghymru a Lloegr.

Bryngaer Tre'r Ceiri o'r gorllewin, gan ddangos y gaer wych o gerrig sydd ar y copa creigiog

Rhôl achau herodrol John Hughes, Person Llanwrin, gan Rhys Cain, arfbeisiau tywysogion Gwynedd (LlGC, WPR 22)
Trwy ganiatâd Dr Michael Powell Siddons a Llyfrgell Genedlaethol Cymru

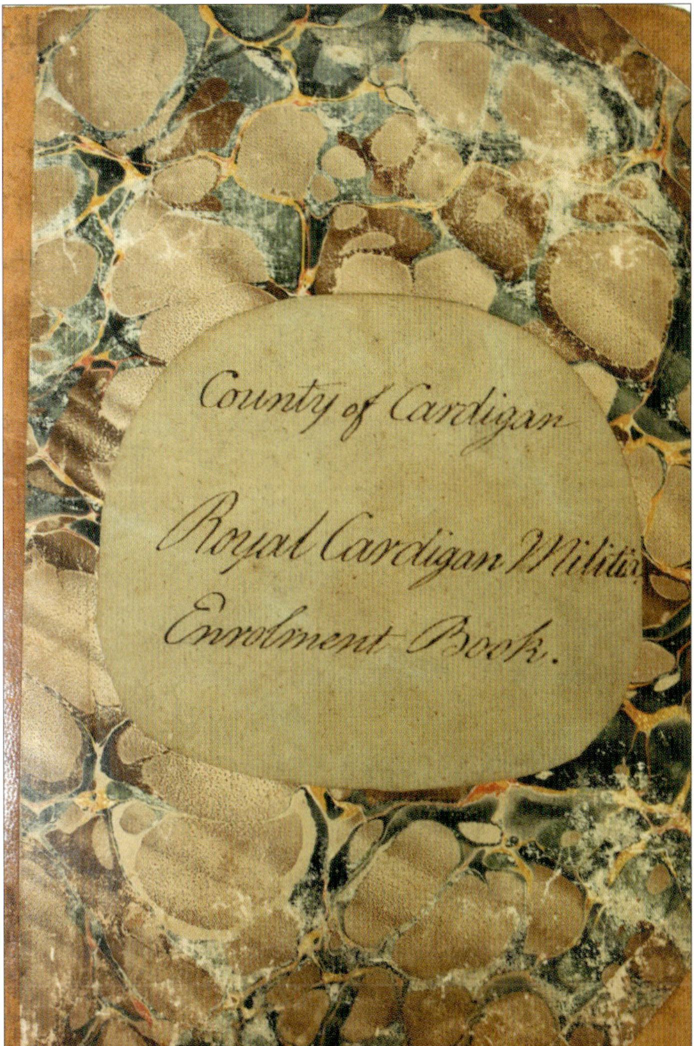

Clawr llyfr ymrestriad y Royal Cardigan Militia, 1827–8
Trwy ganiatâd Archifdy Ceredigion

Christopher Saxton, Radnor, Breknok, Cardigan et Caermarden, *1579*
Trwy ganiatâd Gwasanaeth Archifau Sir Gaerfyrddin

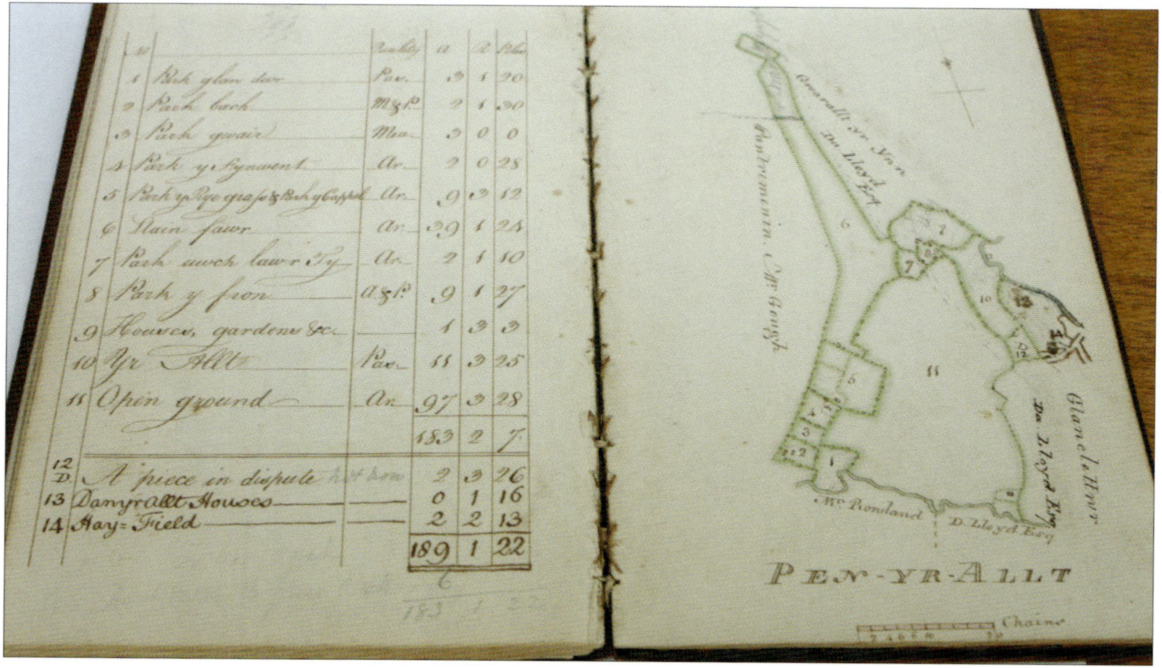

Map stad a rhestr, Pen yr allt, Stad Castell Howell, yn perthyn i David Lloyd, Ysw., gan Charles Hassall, 1795

Trwy ganiatâd Archifdy Ceredigion

Map Arolwg Ordnans, 25'', Cardiganshire Sheet, *XXVII.I (1889)*
Sylwer ar y cyfeiriad at y 'Tregaron Union Workhouse' a dangosir hefyd ran o reilffordd y Manchester and Milford Railway' (9751)
Trwy ganiatâd Archifdy Ceredigion

Julius Caesar Ibbetson, The Entrance to Llangollen, *1792*
Trwy ganiatâd Llyfrgell Genedlaethol Cymru

J. M. W. Turner, Aberdulais Mill, *c.1796–7*
Trwy ganiatâd Llyfrgell Genedlaethol Cymru

Gwaith dur Port Talbot
© Hawlfraint y Goron: Comisiwn Brenhinol Henebion Cymru

1. Ar y dechrau nid oedd gan y Cymry fawr o barch tuag at ddefodau ynglŷn â gosod metel ar fetel a lliw ar liw.

2. Yn aml, ni ddefnyddiai'r Cymry wahaniaethau, neu 'differens', er mwyn dangos safle pawb yn y teulu.

3. Ni ddilynai'r Cymry yn gyson y defodau ynglŷn â chwarteru peisiau arfau. Yn aml chwarterwyd ar y darian beisiau arfau'r hynafiaid amlycaf. Y mae panel Dolobran yn esiampl dda. Dengys y panel arfau Charles Lloyd, Dolobran, a'i wraig Katherine Stanley, a oedd o deulu Seisnig, ochr yn ochr ar yr un darian, yn dilyn y rheolau ar ei hochr hi, ond nid ar ei ochr ef.[27]

4. Y gwahaniaeth mwyaf oedd yr arfer o briodoli peisiau arfau yn 'ôl-weithredol' (*retrospective attribution*). Rhesymodd y Cymry fod y peisiau arfau a ddefnyddid bryd hynny wedi eu hetifeddu oddi wrth hynafiaid y rhai a'u defnyddiai, ac felly aethant ati i'w priodoli i 'batriarch' y llinach, a oedd yn byw cyn dyddiau herodraeth, ac a oedd weithiau'n ffigwr chwedlonol. Cam pellach oedd rhesymu bod hawl gan ddisgynyddion eraill pob patriarch i ddwyn ei bais arfau.[28] Effaith hynny oedd i lawer o deuluoedd fod â'r un arfbeisiau.

Digwyddodd y priodoli 'ôl-weithredol' hwn mewn gwledydd eraill hefyd. Priodolwyd arfbeisiau i'r saint, i Iesu Grist a'r Drindod, i Arthur a'i farchogion, a sawl hen arwr, ond y gwahaniaeth yng Nghymru oedd fod yr arfau a briodolwyd yn cael eu cario 'trwy etifeddiaeth'.

Fel y dywedwyd uchod, oherwydd bod y teuluoedd a oedd yn hawlio eu bod yn ddisgynyddion i rai o'r patriarchiaid mor lluosog, rhannwyd hwy yn ddosbarthiadau, â phob teulu yn y dosbarth yn disgyn o un o'r hynafiaid 'hanner-ffordd'. Rhoddwyd arfbais i ddisgynyddion pob un o'r hynafiaid 'hanner-ffordd' hyn, a phriodolwyd yr arfbais hon i'r hynafiad hwn yn lle'r arfbais a briodolwyd i'r patriarch.[29]

5. Un o ganlyniadau'r priodoli 'ôl-weithredol' oedd y posibilrwydd o chwarteru nifer mawr o beisiau arfau, llawer ohonynt yn cynrychioli hynafiaid hanesyddol cynherodrol ac weithiau hynafiaid mytholegol. Ar brydiau aeth yr arfer hwn dros ben llestri, er enghraifft, fe roddodd y teulu Lloyd o Stockton 323 o chwarteri ar eu tarian.[30]

6. Oherwydd bod tarddiad cynifer o achau traddodiadol Cymreig mor bell yn y gorffennol o'i gymharu â'r rhan fwyaf o achau Seisnig, a hynny o nifer cyfyngedig o 'batriarchiaid', mae'r arfbais gan amlaf yn datgan

o ba 'batriarch' y mae'r hwn sydd yn ei dwyn yn disgyn, ond heb gyfeirio at neb, bron, o'r teulu agos y mae'n perthyn iddo. Er enghraifft, yr oedd llawer o deuluoedd yn ne-orllewin Cymru yn hawlio eu bod yn ddisgynyddion i Urien ac yn dwyn yr arfbais a briodolwyd iddo.

Tan yn weddol ddiweddar nid oedd gan y rhan fwyaf o'r Cymry enwau teuluol, a chymerent enw eu tad, e.e. galwyd Dafydd fab Gwilym yn Dafydd ap Gwilym. Canlyniad y dull hwn oedd i deuluoedd o wahanol enwau, ond yn hawlio eu bod yn disgynyddion o'r un 'patriarch', ddwyn yr un arfau.

Dechreuodd yr herodron Seisnig ymddiddori yn herodraeth y Cymry tua chanol yr unfed ganrif ar bymtheg, a dechreuodd y boneddigion astudio yn Lloegr a mynychu'r herodron yn Llundain. Oherwydd y gwahaniaeth yn iaith a chymdeithas Cymru, penododd yr herodron Gruffudd Hiraethog, arwyddfardd amlycaf y cyfnod, yn ddirprwy herodr dros Gymru gyfan. Yn 1585 penodwyd arwyddfardd arall, Lewys Dwnn yn ddirprwy herodr dros Gymru gyfan. Gyda dirywiad y gyfundrefn farddol a chynnydd ym mhwysigrwydd y boneddigion a hynafiaethwyr penododd yr herodron o hynny ymlaen ddirprwy herodron o'u plith, ond dros rannau o Gymru yn unig. O ganlyniad i ddylanwad cynyddol yr herodron, daeth herodraeth Gymreig yn raddol yn debycach i herodraeth Lloegr.[31]

Math arall o arwydd herodrol yw bathodyn (*badge*). Un bathodyn a welir yn aml yw tair pluen Tywysog Cymru fel etifedd y goron. Yn y bedwaredd ganrif ar ddeg dechreuodd yr uchelwyr ddefnyddio bathodynnau ar fath o faner a elwir yn ystondard (*standard*), ac ar wisg eu dilynwyr.[32] Enghreifftiau yw brân Syr Rhys ap Thomas a draig werdd yr Herbertiaid â llaw waedlyd yn ei genau.

Defnyddid arfbeisiau a bathodynnau hefyd i addurno seliau, ffenestri, tapestrïau, llenni, dodrefn, cofebau, tai ac yn y blaen.[33]

Hawl i arfbais

Nid yw arfbais yn perthyn i enw, ond yn hytrach i deulu. Weithiau, gwelir enghreifftiau masnachol o 'arfbais eich enw' ar werth, ond mae'r rheini'n hollol ddiwerth. Nid yw'r ffaith fod gan ryw deulu Vaughan, er enghraifft, arfbais, yn golygu bod gan bob Vaughan hawl i'r un arfbais. Mae'r hawl i arfbais swyddogol yn gyfyngedig naill ai i'r rhai sydd yn perthyn i deulu y mae ei hawl i arfbais wedi ei chydnabod yn y gorffennol neu heddiw gan yr herodron, neu sydd yn derbyn eu harfbais eu hunain gan yr herodron. Mae'r rhan fwyaf o'r hen arfbeisiau traddodiadol Cymreig wedi eu cydnabod gan yr herodron ar ryw adeg.

NODIADAU

1. Gerallt Gymro, *Hanes y Daith trwy Gymru, Disgrifiad o Gymru*, cyf. Thomas Jones (1938), llyfr 1, pennod 17, 201.
2. Am adeiledd cymdeithasol a phwysigrwydd perthynas yn y gymdeithas yng Nghymru gweler R. R. Davies, *History of Wales, II, 1063–1415, Conquest, Coexistence and Change* (1987), 115–29, ac A. D. Carr, *Medieval Anglesey* (1982), Penodau V, VI.
3. Rhestrir y termau hyn yn y llyfrau cyfraith Cymreig, e.e. *Llyfr Colan*, gol. Dafydd Jenkins (1993), 16, 265. Gweler hefyd Francis Jones, 'Approach to Welsh Genealogy', *Traf. Cymm.*, 1948, 317.
4. Norman Davis (gol.), *Paston Letters and Papers of the Fifteenth Century* (2 gyf., 1971–6), I.525 (rhif 321).
5. Cyhoeddodd Dr Bartrum dair erthygl werthfawr ar y llawysgrifau achyddol: Peter C. Bartrum, 'Notes on the Welsh Genealogical Manuscripts', *Traf. Cymm.*, 1968, rhan I, 63–98; 'Further Notes on the Welsh Genealogical Manuscripts', ibid., 1976, 102–118; 'Notes on the Welsh Genealogical Manuscripts (Rhan III)', ibid., 1988, 37–46.
6. Un o'r cyntaf i gyfeirio at ei ffynonellau oedd Gruffudd Hiraethog. Gweler P. C. Bartrum, 'Genealogical Sources quoted by Gruffudd Hiraethog', *CLlGC*, XXVI (1989–90), 1–9.
7. Am Bum Brenhinllwyth Cymru gweler P. C. Bartrum, 'Pedigrees of the Welsh Tribal Patriarchs', *CLlGC*, XIII (1963–4), 125, sydd hefyd yn rhoi aelodau grŵp arall nad ydynt mor bwysig; ac am Bymtheg Llwyth Gwynedd gweler *idem*, 'Hen lwythau Gwynedd a'r Mars', *CLlGC*, XII (1961–2), *Atodiad*, 230–2.
8. Gweler Michael Powell Siddons, *Welsh Pedigree Rolls* (1996); *idem*, 'Welsh Pedigree Rolls – Additions and Corrections', *CLlGC*, XXXII (2001–2), 433–42.
9. Disgrifir y casgliadau hyn yn yr erthyglau a nodir uchod yn nodyn 5.
10. Gwasanaeth Archifau Sir Gaerfyrddin, 'Golden Grove Book', 3 cyf.
11. Cyhoeddwyd cofiant iddo gan B. G. Charles, *George Owen of Henllys: A Welsh Elizabethan* (1973).
12. Gweler y cofnod amdano yn yr *Oxford Dictionary of National Biography* [ODNB] dan yr enw 'Robert Powell Vaughan'.
13. LlGC, Llsgr. Peniarth 287.
14. Michael Powell Siddons, *The Development of Welsh Heraldry* [DWH] (4 cyf., 1991–2006), I, 313–21.
15. P. C. Bartrum, *Early Welsh Genealogical Tracts* (1966).
16. P. C. Bartrum, *Welsh Genealogies AD 300–1400* (8 cyf., 1974), a *Welsh Genealogies AD 1400–1500* (18 cyf., 1983). Cyhoeddwyd cyfres o ychwanegiadau a chywiriadau i'r llyfrau hyn yn ddiweddarach gan y Llyfrgell Genedlaethol.
17. Esbonnir sut i ddefnyddio'r casgliadau hyn yn Michael Powell Siddons, 'Using Peter Bartrum's *Welsh Genealogies*', yn *Second Stages in Researching Welsh Ancestry*, gol. John a Sheila Rowlands (1999), 134–46.
18. *Welsh Family History: a Guide to Research*, gol. John a Sheila Rowlands (1998); a *Second Stages*. (1999) .
19. 'Printed and Manuscript Pedigrees', yn *Welsh Family History*, 211–29. Dylid nodi hefyd lyfr T. Ceiri Griffith, *Achau Rhai o Deuluoedd Hen Siroedd Caernarfon, Meirionnydd a Threfaldwyn* (2003).
20. Llyfrau defnyddiol ar herodraeth yn gyffredinol yw Thomas Woodcock a J. M.

Robinson, *The Oxford Guide to Heraldry* (1988); *Boutell's Heraldry*, gol. J. P. Brooke-Little (1983). Trafodir herodraeth Gymreig yn *DWH*.

21. *DWH*, I, wynebddarlun, platiau XXI, XXII, a Ffig. 94, 96–7.
22. *DWH*, I, pl. XXII.
23. Dyfynnwyd yn *DWH*, I, 73.
24. Trafodir herodraeth mewn barddoniaeth Gymraeg yn *DWH*, I, Pennod 4, ac yng ngwaith Lewis Glyn Cothi yn *DWH*, I, 77–119.
25. Disgrifir y dirprwy herodron yn *DWH* I, 313–21. Ceir cofnodion am Gruffudd Hiraethog a Lewys Dwnn yn yr *ODNB*. Disgrifir llawysgrifau achyddol Gruffudd Hiraethog gan P. C. Bartrum yn 'Further Notes', 106–10, a golygwyd llawysgrifau ymweliadau Lewys Dwnn gan S. R. Meyrick yn *The Heraldic Visitations of Wales, by Lewys Dwnn* (2 gyf., 1846). Am ei ymweliad â Meirionnydd, gweler *History of Merioneth*, II, gol. J. Beverley Smith a Llinos Beverley Smith (2001), 632–3.
26. Gweler *DWH*, I, 304, 309, 386.
27. Gweler *DWH*, I, 231, a IV, wynebddarlun.
28. Gweler hanes arfbeisiau Urien ac Iestyn ap Gwrgan yn *DWH*, I, 195–7.
29. Gweler Ffigur. 1 am enghraifft o hynafiaid hanner-ffordd.
30. Gweler *The Oxford Guide to Heraldry*, pl. 25.
31. Sonnir am y dirprwy herodron yn *DWH*, I, 313–21.
32. Darlunnir rhai ystondardau yn *DWH*, I, pl. XX, a IV, pl. XI.
33. Gweler yr enghreifftiau yn lluniau *DWH*, I a IV.

4. YR EGLWYS WLADOL AC ANGHYDFFURFIAETH YNG NGHYMRU

J. Gwynfor Jones

Yn ddiau, mae hanes crefydd yng Nghymru wedi cynhyrchu toreth o gyfrolau ac erthyglau helaeth iawn eu cynnwys a'u hysgolheictod gan awduron sydd naill ai'n cyhoeddi trawsysgrifau o ffynonellau o bob math er mwyn dangos twf a datblygiad y ffydd Gristnogol yn ei pherthynas â hanes lleol neu sy'n defnyddio ffynonellau lleol i drafod agweddau ar y ffydd yng Nghymru, yn bennaf yng nghyfnod y Diwygiad Protestannaidd o'r unfed ganrif ar bymtheg ymlaen. Cyhoeddir y gweithiau hyn yn y Gymraeg a'r Saesneg, a chyflwynir gwybodaeth graidd amrywiol sy'n gymorth mawr i'r hanesydd sy'n ceisio ymestyn rhychwant ei ymchwil i hanes sefydliadau crefyddol cenedlaethol ac enwadol. Cyhoeddir nifer helaeth o lyfrynnau swyddogol ac answyddogol ar eglwysi a chapeli ar gyfer y farchnad ymwelwyr, llawer ohonynt yn addas ar gyfer chwilio ymhellach i hanes plwyf, achos crefyddol neu dwf crefydd mewn pentref, tref a bro. Am wybodaeth fanylach am eglwysi a chapeli o bwysigrwydd hanesyddol mewn sawl ardal yng Nghymru gweler *Mynediad Cyhoeddus i'r Adeiladau a Gynorthwyir gan Cadw* (1999); am gyfeiriadau at safleoedd crefyddol, ymhlith eraill, a warchodir gan Lywodraeth y Cynulliad, gweler y gyfres 'The Buildings of Wales', a gyhoeddwyd gan Wasg Prifysgol Cymru ar y cyd â Chwmni

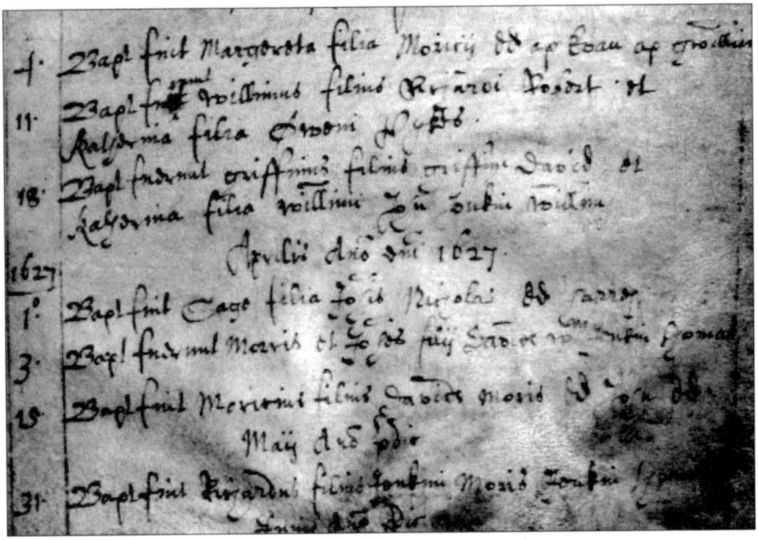

Cofrestr plwyf Llanismel (St Ishmael), sir Gaerfyrddin, Bedyddiadau 1626–7

Trwy ganiatâd Gwasanaeth Archifau Sir Gaerfyrddin

Sylwer ar gofnodion 4 Mawrth, ffurf Gymreig enw Margaret, merch 'Morris David ap Evan ap Gwillim', ac 1 Ebrill, sef eitem gyntaf blwyddyn 1627; cyn 1752 yr oedd y flwyddyn newydd yn dechrau ar 25 Mawrth

Cyhoeddi Penguin, a'r cyfrolau ar sir Benfro (2004), siroedd Caerfyrddin a Cheredigion (2006) a Gwynedd (2009) gan Wasg Prifysgol Yale.

Ychydig o ddeunydd sydd ar gael ar yr Oesoedd Canol i astudio hanes lleol a hanes teulu, ac eithrio dogfennau swyddogol esgobaethol, sydd wedi eu cofnodi yn bennaf mewn Lladin. Eto, dylid nodi'r bennod 'Ecclesiastical Records' yn R. I. Jack, *Medieval Wales* (1972), 127–60, sy'n cynnig arweiniad defnyddiol, ynghyd â J. le Neve, *Fasti Ecclesiae Anglicanae, 1310–1541, XI Welsh Dioceses* (1965); J. Conway Davies (gol.), *Episcopal Acts and Cognate Documents relating to Welsh Dioceses, 1066–1272 (*Historical Society of the Church in Wales, I (1946), II (1949) III (1948)); R. F. Issacson (gol.), *The Episcopal Registers of St David's, 1277–1518* (3 cyfrol, 1917–20) a Huw Pryce (gol.), *The Acts of Welsh Princes, 1120–1283* (2005). Ceir rhai cyfrolau eilaidd sydd hefyd yn adlewyrchu llawer ar fywyd crefyddol yr Oesoedd Canol ac sy'n gyforiog o wybodaeth am ardaloedd a phersonau yng Nghymru y digwydd eu henwau mewn archifau cyhoeddus. Ymhlith y rhai amlycaf y mae Glanmor Williams, *The Welsh Church from*

Conquest to Reformation (1962), *GCH* III, pennod 3, 87–166 a *History of Merioneth*, goln. J. Beverley a Llinos Beverley Smith, II: *The Middle Ages*, 254–96.

Nid oes pall ar y deunydd llenyddol, yn ffynonellau ac astudiaethau eilaidd, ar gyfnod cynnar y Diwygiad Protestannaidd yng Nghymru. Cyhoeddwyd cyfrolau allweddol a edrychai ar y mudiad newydd hwnnw ar draws y canrifoedd o'r unfed ganrif ar bymtheg hyd at oes Fictoria, yn bennaf o safbwynt astudio'r swyddogion esgobaethol yng Nghymru. Y mae cyfrolau Browne Willis ymhlith y gorau yn eu dydd, ac yn ymwneud â'r pedair eglwys gadeiriol esgobaethol, sef Tyddewi (1717), Llandaf (1719), Bangor (1721) a Llanelwy (1801), dan y teitl cyffredinol *A Survey of the Cathedral Church*. Ceir llawer o fanylder yn nhair cyfrol D. R. Thomas, *History of the Diocese of St Asaph* (1908–13), ac mae dwy gyfrol A. I. Pryce, *The Diocese of Bangor in the Sixteenth Century* (1923) a *The Diocese of Bangor during Three Centuries* (1929), yn ymdrin â chofrestri'r esgobion yn yr esgobaeth ac yn ffynonellau allweddol i ddeall strwythur y bywyd crefyddol yn yr esgobaeth honno. Yn *JWEH*, 2 (1985), 7–26 cynhwysir ysgrif fanwl gan Madeleine Gray ar gofnodion yr Eglwys Brotestannaidd yng Ngwent yn 1603, ac yn yr un cylchgrawn ceir cyfraniad tebyg ganddi ar esgobaeth Bangor ym mlynyddoedd olaf yr unfed ganrif ar bymtheg (*JWEH*, 5 (1988), 7–26). Parheir ei hastudiaethau yn *JWRH* ar esgobaeth Llanelwy yn 1563 (1, (1993), 1–40), Llandaf (2, (1994), 31–95) a Thyddewi (5, (1997), 29–56).

Cafwyd cyfraniad sylweddol gan J. A. Bradney i hanes esgobaeth Llandaf yn *Llandaff Records* (5 cyfrol, 1905–14), ac ynddynt cynhwyswyd manylion cofrestri plwyf, copïau o lythyrau esgobol hyd at 1812 ynghyd â llechresi o Lyfrau Deddf y Deon a'r Cabidyldy er 1575 a'r esgobion er 1660. Cyfrannodd Glanmor Williams yn fwy na neb i hanes y Diwygiad Protestannaidd yng Nghymru'r unfed ganrif ar bymtheg, a cheir yn ei gyfrolau a'i ysgrifau gyfeiriadau lluosog at unigolion a hybai neu a wrthwynebai'r mudiad hwnnw, a'r gyfrol bwysicaf ohonynt yw *Wales and the Reformation* (1999). Ceir ganddo hefyd nifer o erthyglau ar dwf Protestaniaeth gynnar yn esgobaeth Tyddewi, er enghraifft 'The Second Volume of St David's Registers, 1554–64', yn *BBGC*, 14,(1952), 45–54, 125–38. Gweler hefyd draethawd doethuriaeth Barrie Williams, *The Welsh Clergy*, 1558–1642 (Traethawd Ph.D., Y Brifysgol Agored, 1998). Yn LlGC Llsgr. Cwrtmawr 203 ceir gan John Jones, Gellilyfdy, gasgliad o garolau crefyddol, ac mae Llywelyn Siôn, y bardd o Langewydd, Morgannwg, yn LlGC Llsgr. 13070 wedi cofnodi nifer helaeth o gwndidau. Ceir y casgliad cyflawnaf o gerddi rhydd o'r math hwn yn L. J. Hopkin James a T. C. Evans (goln.), *Hen Gwndidau, Carolau, a Chywyddau* (1910).

I fesur maint gweithgaredd Catholigion yng Nghymru yn negawdau olaf yr unfed ganrif ar bymtheg hyd at y ddeunawfed ganrif cedwir rholiau reciwsantiaid o bwysigrwydd mawr ynghyd â ffeiliau carchar y Sesiwn Fawr yn Llyfrgell Genedlaethol Cymru. Cyfrol fechan hwylus yn y maes hwn yw E. G. Jones, *Cymru a'r Hen Ffydd* (1951), a'i erthygl 'Catholic Recusancy in the Counties of Denbigh, Flint and Montgomery, 1581–1625', *Traf. Cymm.* 1945, 114–33. Ceir astudiaethau tebyg ar reciwsantiaid de-ddwyrain Cymru gan F. H. Pugh, 'Glamorgan Recusants, 1577–1611' a 'Monmouthshire Recusants in the Reigns of Elizabeth I and James I', yn *South Wales and Monmouth Record Society Publications*, rhifau 3 a 4 (1954, 1957), 49–68 a 57–110, 471–506 yn olynol.

Yn Llyfrgell Genedlaethol Cymru cedwir cofnodion esgobol pob un o'r esgobaethau yng Nghymru, yn cynnwys adysgrifau esgobol ffurfiol, rhai ohonynt cyn 1500, cofnodion anghydffurfiol, ewyllysiau, llythyrau gweinyddu a chofnodion profiant cyn 1858 yn Llysoedd Consistori'r pedair esgobaeth ynghyd ag archddiaconiaeth Aberhonddu, Penarlâg a Llys Consistori Caer. Yno hefyd cedwir ewyllysiau gwreiddiol a bondiau gweinyddol sy'n dyddio'n ôl i tua 1600 (ac eithrio Bangor, tua 1635).

Am y cofnodion wedi 1858, y flwyddyn pryd y trosglwyddwyd profiant i gofrestrfeydd profiant sifil, profwyd ewyllysiau a gweinyddiaethau yng Nghymru a Lloegr naill ai yn Adran Deuluol y brif gofrestrfa ganolog yn Somerset House neu yn y gofrestrfa leol. Cedwir copïau o bob ewyllys a baratowyd yn y cofrestrfeydd hynny yn Somerset House. Hyd at 1942 gwnaed ail gopïau o'r ewyllysiau yn y cofrestrfeydd lleol ac fe'u rhwymwyd mewn cyfrolau o ewyllysiau cofrestredig, a chedwir copïau ohonynt yn Llyfrgell Genedlaethol Cymru. Gweler J. Conway Davies, 'The Records of the Church in Wales', *CLlGC*, 4 (1945), 1–34 a *Guide to the Department of Manuscripts and Records in the National Library of Wales* (1994), 22–35. Am wybodaeth bellach am gofrestri plwyf Cymru, y bu i'r wladwriaeth eu meddiannu yn 1837, gweler C. J. Williams a J. Watts-Williams (goln.), *Cofrestri Plwyf Cymru* (2000), Nia Henson (gol.), *Bangor Probate Records, I: Pre-1700* (NLW Probate Indexes, rhif 1, 1980), a Nansi C. Jones (gol.), *NLW Probate Indexes, rhif 2: Archdeaconry of Brecon Probate Records, I:*

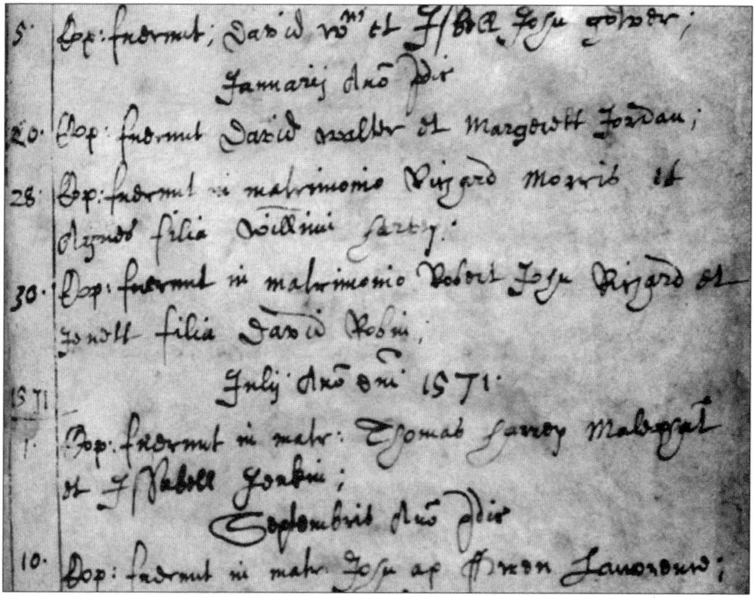

Cofrestr plwyf Llanismel (St Ishmael),
sir Gaerfyrddin, Priodasau, 1571
Trwy ganiatâd Gwasanaeth Archifau Sir Gaerfyrddin

Sylwer ar gofnodion Ionawr yn perthyn i flwyddyn 1570, ac yng nghofnod 10 Medi 1571 ffurf Gymreig enw John ap Owen Lawrence a briododd Katherin Owen David

Pre-1660 (1989). Yn y cofrestri plwyf hyn nodwyd genedigaethau, priodasau a marwolaethau, a defnyddiol yw cyfraniad E. G. Wright, 'A Survey of Parish Records in the Diocese of Bangor', *Traf. Môn*, 1959, 44–52, a'r crynodeb o gofnodion plwyf yn esgobaeth Llandaf cyn 1836 yn *A Digest of the Parish Records within the Diocese of Llandaff previous to 1836* (1905). Buddiol hefyd fyddai pori yn *National Index of Parish Records, V: South Midlands and the Welsh Border*, goln. D. J. H. Steel, H. E. F. Steel a C. W. Field (1966), 79–92, ac erthygl R. W. McDonald, 'Cofrestri Plwyf Cymru' yn *CLlGC*, 19 (1975–6), 112–31. Ymhlith y casgliadau cyhoeddedig o gofnodion plwyf, gweler Alice Hadley (gol.), *Conway Parish Registers, 1541–1793* (1900).

Byr yw'r mwyafrif o'r cofrestri ond ceir rhai ffeithiau diddorol ychwanegol mewn nifer ohonynt. Er enghraifft, wrth gofrestru marwolaeth merch ifanc yn 1840 ychwanegodd ficer Llanbadarn Fynydd ei bod yn ddewines: 'This young woman was bewitched a little

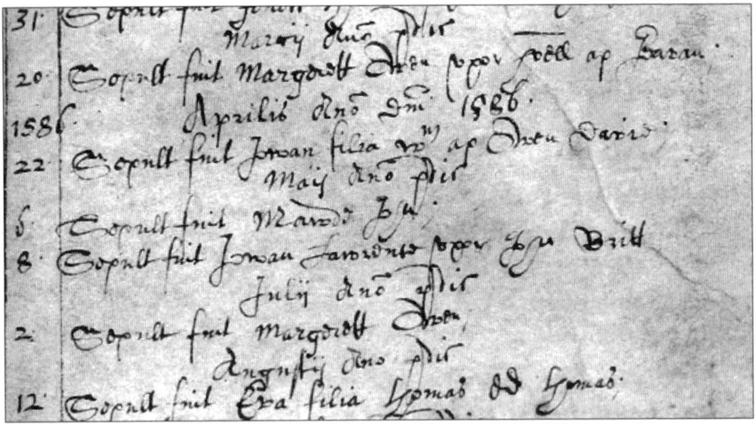

Cofrestr plwyf Llanismel (St Ishmael), sir Gaerfyrddin, Marwolaethau 1586
Trwy ganiatâd Gwasanaeth Archifau Sir Gaerfyrddin

Sylwer ar leoliad cofnodion 20 Mawrth a 22 Ebrill yn dangos bod y flwyddyn newydd wedi dechrau ar 25 Mawrth.

before her death,' meddai, 'and in grief from that belief she died.' Hefyd, yng nghofrestri Sain Dunwyd, Bro Morgannwg, am 1783 cofnodir marwolaeth merch ifanc eto, o'r frech wen wedi i'w rhieni ddod yno i arddangos sioe bypedau. Trist oedd y cofnod am Elisabeth Cadwaladr, crwydres o Langernyw, sir Ddinbych, a fu farw yn 1698 ar ochr y ffordd fawr. Tua'r un cyfnod datgladdwyd corff tlotyn o'r enw Thomas yn ardal Llanidloes gan y tybid bod arian ym mhoced ei gôt! (Gweler erthygl R. W. McDonald uchod, 122–30). Ceir nodion tebyg mewn sawl cofnod arall, a'r cyfan yn dangos amgylchiadau dyrys yng nghefn gwlad Cymru mewn dyddiau o gyni cymdeithasol.

Pan ddeuwn at dwf a datblygiad Anghydffurfiaeth yng Nghymru o flynyddoedd canol yr ail ganrif ar bymtheg ymlaen gwelir bod cynnydd aruthrol yn nifer ac amrywiaeth y ffynonellau a gyhoeddwyd, a'r llenyddiaeth ar ffurf cyfrolau, erthyglau a nodiadau eglurhaol. Fel cefndir i'r archifau dylid darllen, er ei fyrred, gyfraniad E. D. Jones, 'Nonconformist Records in Wales', yn W. R. Powell, 'Protestant Nonconformity Records: Protestant Nonconformist Records and the Local Historian', *Archives*, 5, 25 (1961), 9–10 a Brynley F. Roberts, 'Welsh Nonconformist Archives', yn *JWEH*, 3 (1986), 61–72. Y gwaith arloesol am y ganrif honno yn ddiau yw T. Rees a J. Thomas, *Hanes Eglwysi Annibynnol Cymru* (4 cyfrol, 1871–5), a J. Thomas, cyfrol 5

(1891). Hefyd, o'r pwysigrwydd mwyaf yn y maes hwn y mae cyfrolau trwchus y Dr Thomas Richards ar Biwritaniaeth yng Nghymru. O'r pum cyfrol a gyhoeddodd ar y mudiad hwnnw o 1639 hyd at 1719 ceir un yn Gymraeg, sef *Piwritaniaeth a Pholitics 1689–1719* (1927). Dylid cyfeirio hefyd at nifer dda o erthyglau Richards, yn arbennig 'Eglwys Llanfaches', *Traf. Cymm.*, 1941, 150–84, a 'Declarasiwn 1687: Tipyn o'i Hanes a Barn Cymru amdano', *Traf. Bed.*, 1924, 1–46. Am sefyllfa'r offeiriadaeth ym Morgannwg yn ystod y Werinlywodraeth a'r Amddiffynyddiaeth, gweler astudiaeth estynedig Phillip Jenkins, 'The Sufferings of the Clergy: the Church in Glamorgan during the Interregnum', *JWEH*, 3 (1986), 1–17; 4 (1987), 9–41; 5 (1988), 73–80. Ymhlith y to iau o haneswyr y cyfnod ceir cyfraniadau goleuedig gan R. Tudur Jones yn Gymraeg a Saesneg, yn eu plith *Hanes Annibynwyr Cymru* (1966), a B. G. Owens, 'Anghydffurfwyr Cymru, 1660–1662', yn *Y Cofiadur* 32, (1962), 3–91; 'Cofrestri'r Ymneilltuwyr', *Traf. Bed.*, 1968, 31–49; 'Ffynonellau Newydd'; ibid., 1972, 33–50, a 'Llawysgrifau Coleg y Bedyddwyr, Bangor', ibid., 1973, 32–54.

Ym meysydd y cynnydd mewn Anghydffurfiaeth o'r ail ganrif ar bymtheg ymlaen, ceir cyfraniadau cyfoethog mewn erthyglau a nodiadau yn y cylchgronau Anglicanaidd ac Anghydffurfiol sef, yn ôl trefn eu hymddangosiad: *Yr Ymofynnydd* (1847), *Traf. Bed.* (1901), *Cylchgrawn Hanes y Methodistiaid Calfinaidd* (1914), *Y Cofiadur* (1923) a *Bathafarn* (1946). Ceir erthyglau gwerthfawr yn *Journal of the Historical Society of the Church in Wales* (1949–90) a'i olynwyr, *Journal of Welsh Ecclesiastical History* (1984–92) y *Journal of Welsh Religious History* (1993–2005) a'r *Welsh Journal of Religious History* (2006–), a dylid nodi'n arbennig y bennod 'Nonconformity' gan Muriel Bowen Evans yn *Welsh Family History* gan John Rowlands ac eraill, ynghyd â chyfrol Dafydd Ifans, *Cofrestri Anghydffurfwyr Cymru* (1994). Fel y cylchgronau Anghydffurfiol ceir ynddynt gyfraniadau sy'n cyfeirio at unigolion a fu'n flaenllaw yn hanes crefydd eu cyfnod mewn gwahanol ardaloedd, o'r Diwygiad Protestannaidd hyd at flynyddoedd twf y mudiad Piwritanaidd cynnar hyd tua 1700. Yn gyfochrog ag erthyglau R. Tudur Jones a B. G. Owens (gweler uchod) ceir rhestr o Anghydffurfwyr Bedyddiedig Cymru yn ystod y cyfnod tyngedfennol 1660–62 yn *Traf. Bed.*, 1962, 3–93. I hwyluso'r ymchwiliadau am wybodaeth bellach am ffynonellau, gweler y mynegeion sydd ar gael o 1923 hyd 1992 yn *Y Cofiadur*, 57 (1992), 16–26, gan Trevor Watts a

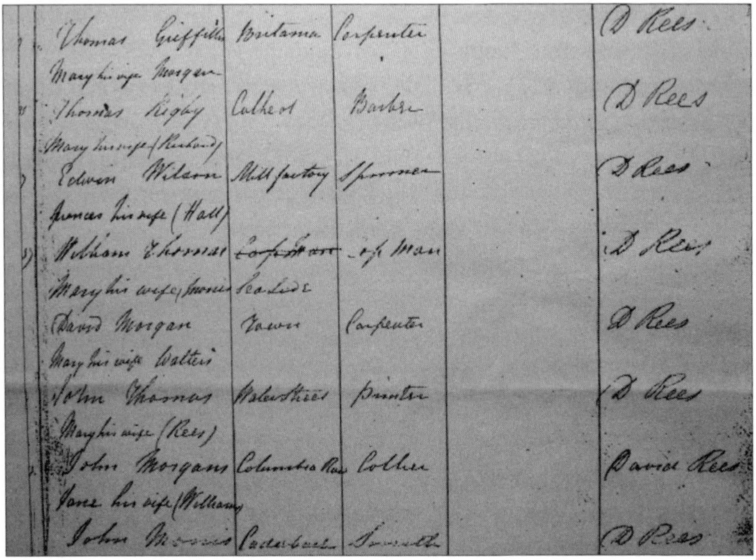

Thomas Griffiths	Britannia	Carpenter	D Rees
Mary his wife Morgan			
Thomas Rigby	[illegible]	Barber	D Rees
Mary his wife (Richards)			
Edwin Wilson	Mill factory	[illegible]	D Rees
Frances his wife (Hall)			
William Thomas	[illegible]	[illegible] Man	D Rees
Mary his wife (Thomas)	Seaside		
David Morgan	Town	Carpenter	D Rees
Mary his wife Walters			
John Thomas	[illegible]	Printer	D Rees
Mary his wife (Rees)			
John Morgans	Columbia Row	Collier	David Rees
Jane his wife (Williams)			
John Morris	[illegible]	Smith	D Rees

Llyfr Cofrestr Capel Als, Llanelli, 1844–51
Trwy ganiatâd Gwasanaeth Archifau Sir Gaerfyrddin

Noder amrywiaeth swyddi aelodau Capel Als, a llofnod y Parchg David Rees, 'Y Cynhyrfwr', gweinidog egnïol Capel Als (1829–69), a golygydd tanllyd Y Diwygiwr *(1835–65)*

Gareth O. Watts. Tra dadlengar yw erthygl faith D. Rhys Phillips, 'Rhestr Aelodau Ilston (16 Hydref 1656)' yn *Y Cofiadur*, 1928, 1–107, a 'Cofrestri'r Ymneilltuwyr' gan B. G. Owens yn *Traf. Bed.*, 1968, 31–49. Dadlennol hefyd yw'r wybodaeth a gyfrennir gan Thomas Richards yn 'The Religious Census of 1676', yn *Traf. Cymm., Atodiad*, 1925–6, 1–118.

Wedi symud i'r ddeunawfed ganrif canfyddir toreth o ffynonellau lleol a rhanbarthol sy'n ymwneud â chrefydd ac addysg. Ceir astudiaethau manwl o hanes Cymru yn y ganrif honno, a'r mwyaf cynhwysfawr ohonynt yw Geraint H. Jenkins, *The Foundations of Modern Wales, c.1642–1780* (1987). Ynddi ceir penodau ar gyflwr yr Eglwys Anglicanaidd, ysgolion elusennol, ynghyd â'r Diwygiad Methodistaidd. Cyfrannodd M. G. Jones, *The Charity School Movement* (1914, pennod VIII, 266–325 a'r atodiad 388–410) a Mary Clement yn helaeth i gyflwyno i haneswyr weithrediadau'r Gymdeithas er Taenu'r Efengyl (SPCK); gweler Mary Clement (gol.), *Correspondence and Minutes of the SPCK relating to Wales 1699–1740* (1952) a'r dilyniant gan yr un awdur, *The SPCK and Wales 1699–1740* (1954) a

Correspondence and Records of the SPG relating to Wales 1701–1750 (1973). Yn y byd addysgol o tua 1730 ymlaen bu cyfraniad diwyd Griffith Jones, Llanddowror, yn sefydlu ysgolion cylch ac yn eu cynnal ym mhob rhan o Gymru yn llafur allweddol ym myd crefydd ac addysg, a cheir llawer o ffynonellau o'i eiddo ef ac eraill sy'n dadlennu pa mor arwyddocaol oedd yr ysgolion hynny i dwf addysg elusennol yng Nghymru. Y ffynonellau gwreiddiol yw Griffith Jones a Madam Bevan, *The Welsh Piety* (1737–76) a dwy gyfrol W. Moses Williams (gol.), *Selections from The Welch Piety* (1938) a *The Friends of Griffith Jones, Y Cymmrodor* (1939). O safbwynt dod i ddeall meddylfryd Griffith Jones dylid troi at E. Morgan (gol.), *Letters of Griffith Jones . . . to Mrs Bevan* (1832).

Am ddatblygiad y Diwygiad Methodistaidd gweler John Hughes, *Methodistiaeth Cymru* (1851–6) a Gomer M. Roberts (gol.), *Hanes Methodistiaeth Galfinaidd Cymru, I: Y Deffroad Mawr* (1973) a *II: Cynnydd y Corff* (1978). Ynddynt ceir mwynglawdd o dystiolaeth a chyfeiriadau manwl at arweinwyr lleol y mudiad ym mhob rhan o Gymru. Am wybodaeth fanwl am y sefyllfa grefyddol ym Morgannwg rhwng Adferiad y Frenhiniaeth (1660) ac ail hanner y ddeunawfed ganrif gweler Gomer M. Roberts, 'Religion and Education in Glamorgan, 1660–*c*.1775', yn Glanmor Williams (gol.), *GCH, IV: Early Modern Glamorgan* (1974), 431–535. Hefyd, mae *Cylchgrawn Hanes y Methodistiaid Calfinaidd*, y cyfeiriwyd ato uchod, yn cynnwys astudiaethau dihysbydd sy'n cofnodi'r manylion am drefn seiadau a thrawsysgrifiadau mynych o ffynonellau gwreiddiol yn cofnodi symudiadau'r arweinwyr, eu cysylltiadau a'u teimladau. Cyfrannodd Tom Beynon, M. H. Jones, Richard Tibbott a Gomer M. Roberts, ymhlith eraill, yn helaeth iawn yn y maes hwn, a cheir gwybodaeth eang a thrylwyr am Fethodistiaeth gynnar yn *The Trevecka MSS: Supplement* (1940), a *Selected Trevecka Letters, I: 1742–1747* (1956) a *Selected Trevecka Letters, II: 1747–1794* (1962), y ddwy gyfrol wedi'u golygu gan Gomer M. Roberts. Cyfraniad pwysig yw erthygl Gildas Tibbott a K. Monica Davies, 'The Archives of the Calvinistic Methodist or Presbyterian Church of Wales', *CLlGC*, 5 (1947), 13–49. Cyfanwaith arbennig iawn yw *Calendar of Trevecka Letters*, goln. S. B. Schlenther ac E. M. White (2003), sydd hefyd yn cynnwys crynodebau o lythyrau Howel Harris ac eraill o 1697 i 1968, y cyfan yn angenrheidiol ar gyfer astudiaeth fanwl o Fethodistiaeth. Gweler hefyd E. M. White, *'Praidd Bach y Buguil Mawr': Seiadau Methodistaidd De-orllewin Cymru,*

1737–1750 (1995) a chyfrolau tebyg sy'n ffurfio astudiaethau lleol ar dwf y mudiad. Yn eu plith ceir W. Hobley, *Hanes Methodistiaeth Arfon* (6 chyfrol, 1910–24); Gomer M. Roberts, *Methodistiaeth fy Mro . . . yn Nwyrain Myrddin* (1938); W. Griffith, *Methodistiaeth Fore Môn, 1740–1751* (1955); a G. P. Owen, *Methodistiaeth Llŷn ac Eifionydd* (1978). Ceir gwybodaeth am grefydd cyfnod cynnar y Methodistiaid a chyn hynny mewn cyfrolau ar hanes y siroedd fel *GCH*, IV, pennod IX, 431–534, gan Gomer M. Roberts, ac *A History of Carmarthenshire*, gol. J. E. Lloyd (1939), pennod III, 133–262, gan Thomas Richards ac R. T. Jenkins. Am restr gyflawn o deitlau cofiannau a hanes achosion (Cymraeg a Saesneg) ymhlith y Methodistiaid yng Nghymru hyd 1981 gweler D. Ben Rees, *Haneswyr yr Hen Gorff* (1981), 85–110.

Am wybodaeth fanwl am yr arweinwyr ymhlith yr Annibynwyr, y Bedyddwyr a'r Undodwyr rhaid troi at R. Tudur Jones, *Hanes Annibynwyr Cymru* (gweler uchod); T. M. Bassett, *Hanes Bedyddwyr Cymru* (1977); a D. Elwyn Davies, *Y Smotiau Duon: Braslun o Hanes y Traddodiad Rhyddfrydol ac Undodiaeth* (1981). Am hynt a helynt y Methodistiaid Wesleaidd ceir cyfrolau safonol gan Hugh Jones, *Hanes Wesleyaeth yng Nghymru* (4 cyfrol, 1911–13); A. H. Williams, *Welsh Wesleyan Methodism* (1935) a *John Wesley in Wales* (1971). Hefyd, cyhoeddwyd astudiaeth ystadegol lawn ar aelodau, gweinidogion a chapeli yn y taleithiau Cymraeg gan Eric Edwards yn *Yr Eglwys Fethodistaidd* (1980) a'r *Atodiad* iddi yn 1987, a chyhoeddwyd sawl erthygl mewn ôl-rifynnau o *Bathafarn*. Ymhlith llawysgrifau Prifysgol Bangor canfyddir papurau W. H. Evans, 'Gwyllt y Mynydd', a chyhoeddwyd y manylion gan Thomas Richards yn *Bathafarn*, 1 (1946), 54–6. Yn y cylchgronau enwadol cyhoeddir erthyglau sy'n cofnodi manylion ynglŷn ag aelodaeth nifer fawr o eglwysi, megis Isaac Thomas, 'Y Gronfa Gynulleidfaol ac Annibynwyr', *Y Cofiadur*, 28 (1958), 3–32, a hefyd fanylion y llawysgrifau a gedwir mewn sawl canolfan heblaw'r Llyfrgell Genedlaethol; gweler, er enghraifft, B. G. Owens, 'Llawysgrifau Coleg y Bedyddwyr, Bangor', *Traf. Bed.*, 1973, 32–54. O blith cylchgronau o'r fath, y manylaf am gofnodi trawsysgrifiadau o ffynonellau yw *Cylchgrawn Hanes y Methodistiaid Calfinaidd*. Yn 1934 ymgymerodd yr enwad â sefydlu 'Y Greirfa', sef canolfan yn y Llyfrgell Genedlaethol sy'n diogelu casgliadau o lawysgrifau a chreiriau a berthyn i'r enwad yn y llyfrgell honno, a gofalwyd amdani am flynyddoedd gan Miss Monica Davies.

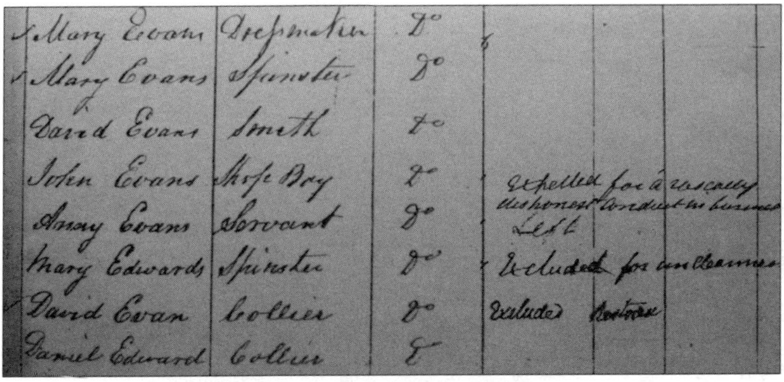

Mary Evans	Dressmaker	do	
Mary Evans	Spinster	do	
David Evans	Smith	do	
John Evans	Shop Boy	do	Expelled for a rascally dishonest conduct in business
Amey Evans	Servant	do	Left
Mary Edwards	Spinster	do	Excluded for uncleanness
David Evan	Collier	do	Excluded [illegible]
Daniel Edward	Collier	do	

Llyfr Cofrestr Capel Als, Llanelli, 1854–8
Trwy ganiatâd Gwasanaeth Archifau Sir Gaerfyrddin

Sylwer ar y cyfeiriad at John Evans, 'Shop boy', a dderbyniwyd yn aelod ar 19 Ebrill 1857, ond a ddiarddelwyd, 'Expelled for a rascally dishonest conduct in business'. Hefyd, diarddelwyd Mary Edwards, a fu cyn hynny yn aelod yng Nghapel y Graig, Trelech: 'Excluded for uncleanness'

O symud ymlaen i'r bedwaredd ganrif ar bymtheg sylweddolir pa mor swmpus yw'r ffynonellau, y cyfrolau a'r erthyglau eilaidd sydd ar gael am yr Eglwys Anglicanaidd ac yn arbennig yr enwadau Anghydffurfiol. Ynglŷn â'r Eglwys gweler dwy erthygl allweddol Walter T. Morgan, 'The Diocese of St. David's in the nineteenth century', *JHSChW*, 21 (1971), 5–49; 22 (1972), 12–48; 23 (1973), 18–55, a'i ymdriniaeth ar y llysoedd consistori yn yr un esgobaeth, eto yn *JHSChW*, 7 (1957), 1, 5–24; 8 (1958), 58–81. Yn llyfrgelloedd yr Anghydffurfwyr cafwyd toreth o gofiannau, hunangofiannau, cyfrolau hanes enwadol ac ati, heb sôn am y deunydd diwinyddol swmpus a ymddangosai'n gyson mewn newyddiaduron a chylchgronau enwadol. Ceir gwybodaeth gyflawn am ffynonellau o'r fath yn enwad y Methodistiaid Calfinaidd yng nghyfrol D. Ben Rees, *Haneswyr yr Hen Gorff* y cyfeiriwyd ati uchod. Ynddi cofnodir rhestrau o'r capeli y cyhoeddwyd hanes yr achos a chylchgronau sy'n ymdrin â hanes yr enwad yn ganolog ac yn lleol. Ymhlith y cofiannau mwyaf nodedig ceir Owen Thomas, *Cofiant John Jones, Talsarn* (2 gyfrol, 1874), a *Cofiant y Parchedig Henry Rees* (2 gyfrol, 1890); J. T. Jones, *Cofiant Christmas Evans* (1938); D. S. Jones, *Cofiant . . . William Williams o'r Wern* (1894); J. P. Roberts a T. Hughes, *Cofiant John Evans, Eglwysbach* (1903) a William Pritchard, *John Elias a'i Oes* (1911).

Eglwys Rhiwlen/Rhulen, sir Faesyfed

Gellid enwi llawer mwy ond rhaid ymatal, ac ynddynt oll ceir cyfeiriadau lluosog at unigolion a fu'n hysbys i gylch gwrthrychau'r cofiannau hyn.

Ym *Mlwyddiadur y Methodistiaid Calfinaidd*, o 1898 ymlaen, cynhwysir ysgrifau coffa i weinidogion a fu farw ym mlwyddyn eu cyhoeddi, a rhoddir gwybodaeth ddiddorol mewn sawl un ohonynt. Hefyd, mae adroddiadau blynyddol capeli o bob enwad ynghyd â chofnodion Undeb, Cymanfa Gyffredinol, Henaduriaethau, Sasiynau, Cyrddau Chwarter, a sawl ffynhonnell berthnasol arall, yn doreithiog eu cyfeiriadau at arweinwyr, swyddogion, eglwysi ac achosion bro ac ati. Ceir cyfresi lluosog o lyfrynnau canmlwyddiannau a dathliadau eraill, a phob un ohonynt yn frith o gyfeiriadau at weinidogion, swyddogion a ffyddloniaid yr achosion. Dim ond dwy henaduriaeth hyd yma yng Nghymru sydd wedi cyhoeddi eu hanes, sef R. H. Evans (gol.), *Hanes Henaduriaeth Dyffryn Clwyd* (1986) a J. G. Jones, *Her y Ffydd Ddoe, Heddiw ac Yfory: Hanes Henaduriaeth Dwyrain Morgannwg 1876–2005* (2006). Yn y ddwy gyfrol trafodir twf achosion a chyfraniad unigolion, yn weinidogion, blaenoriaid a swyddogion eraill cysylltiedig â'r eglwysi i'w ffyniant ym mlynyddoedd eu cynnydd a'r anawsterau a wynebwyd ganddynt mewn dyddiau ansefydlog a heriol. Fel gyda hanes achosion, ceir patrwm eang i'r deunydd, ac yn eu plith ceir cyfrolau sylweddol fel rhai Trebor Lloyd Evans, *Y Cathedral Anghydffurfiol Cymraeg* (1972), sef hanes capel y Tabernacl, Treforys; Gomer M.

Roberts, *Y Ddinas Gadarn: Hanes Eglwys Jewin, Llundain* (1974) ac R. T. Jenkins, *Hanes Cynulleidfa Hen Gapel Llanuwchllyn* (1937); am y sefyllfa yn Llundain, gweler Meurig Owen, *Ymofyn am yr Hen Lwybrau: Hanes Rhai o Hen Eglwysi Presbyteraidd Cymru yn Llundain* (2001).

Ceir nifer helaeth o ffynonellau gwreiddiol ac eilaidd mewn archifdai sirol yn ne a gogledd Cymru ac mewn sawl llyfrgell heblaw'r Llyfrgell Genedlaethol, megis llyfrgelloedd Caerdydd, a phrifysgolion Llanbedr Pont Steffan a Bangor. Pan eir ati i drafod maint y dystiolaeth grefyddol ym mlynyddoedd canol oes Fictoria, yn arbennig ymhlith yr enwadau, y prif ffynhonnell yw Cyfrifiad Crefyddol 1851 yng Nghymru, yr unig un o'i fath a gynhaliwyd. Cyhoeddwyd y canlyniadau mewn dwy gyfrol, sef I. G. Jones a D. Williams (goln.), *A Calendar of the Returns Relating to Wales, I: South Wales* (1976), ac I. G. Jones (gol.), *II: North Wales* (1981). Yn y ddwy gyfrol ymddengys tystiolaeth allweddol i ddangos pa mor llwyddiannus oedd y cynnydd mewn Anghydffurfiaeth y pryd hwnnw. O'r holl gynulleidfaoedd y cynhaliwyd cyfrif ynddynt ar fore Sul, 30 Mawrth 1851, daethpwyd i'r casgliad fod wyth deg y cant ohonynt yn Anghydffurfwyr. Cyhoeddwyd nifer o astudiaethau yn asesu pwysigrwydd y Cyfrifiad mewn gwahanol ardaloedd, er enghraifft, I. G. Jones, 'Denominationalism in Swansea and District: a Study of the Ecclesiastical Census of 1851', *Morgannwg*, 12 (1968), 67–96; *idem*, 'Denominationalism in Caernarvonshire in the mid-nineteenth Century as shown in the Religious Census of 1851', *Traf. Caern.*, 31 (1970), 78–114.

Colli'r dydd a wnâi'r Eglwys Anglicanaidd erbyn hynny mewn safonau clerigol yn yr ardaloedd gwledig a diwydiannol. Roedd hynny'n amlwg yn esgobaeth Llandaf ganrif ynghynt, fel y dengys J. R. Guy, *The Diocese of Llandaff in 1763: the Primary Visitation of Bishop Ewer* (1991). Ganrif yn ddiweddarach amlygwyd sefyllfa o'r fath dan amgylchiadau cymdeithasol ac economaidd mwy dyrys, gyda'r cynnydd mawr mewn diwydiant. Cyfrannodd Roger Brown yn helaeth i hanes yr Eglwys Wladol yng Nghymru a'i hesgobaethau yng nghyfnod y Chwyldro Diwydiannol. Ymhlith ei waith pwysicaf gweler *In Pursuit of the Welsh Episcopate: Appointments to Welsh Sees, 1840–1905* (2005) a *Ten Clerical Lives: Essays relating to the Victorian Church in Wales* (2005). Mae cyhoeddiadau E. T. Davies yn y maes yn olrhain hynt a helynt yr Eglwys Wladol hefyd yn hynod bwysig, megis *Religion in the Industrial Revolution in South Wales* (1969) ac E. M. White, '"A Poor

Benighted Church"? Church and Society in mid-eighteenth-century Wales', yn R. R. Davies a G. H. Jenkins (goln.), *From Medieval to Modern Wales: Historical Essays in Honour of Kenneth O. Morgan and Ralph A. Griffiths* (2004), 123–41. Un gyfrol tra gwerthfawr sy'n cofnodi hanes capeli Cwm Cynon ac sy'n sail gadarn i unrhyw astudiaeth bellach o hanes crefydd a chymdeithas yn y cwm diwylliedig hwnnw yw A. V. Jones, *Chapels of the Cynon Valley: Capeli Cwm Cynon* (2004).

Y cyfrolau swyddogol mwyaf dadlennol yn hanes crefydd yng Nghymru ar ddechrau'r ugeinfed ganrif yw *The Report of the Royal Commission on the Church of England and other Religious Bodies in Wales and Monmouthshire* (1910). Cam pellach oedd y gwaith enfawr hwn tuag at ddatgysylltu'r Eglwys Sefydledig yng Nghymru, a gwnaed ymdrech i ddangos bod adfywiad yn yr eglwys honno a thrwy hynny ddangos y gwahaniaethau mawr rhwng Anglicaniaid ac Anghydffurfwyr a'r mesur o gyd-ddeall rhyngddynt. Yn y cyfrolau trwchus hyn cyflwynir tystiolaeth gyfoethog, nid yn unig ar sail crefydd yng Nghymru ar drothwy'r Rhyfel Mawr (1914–18) ond hefyd ar agweddau ar gymdeithas yn y Gymru drefol a gwledig ac ar safbwyntiau arweinwyr crefyddol o wahanol enwadau i sefyllfa ysbrydol eu meysydd bugeiliol.

Sefydlwyd y Comisiwn hwn ar 21 Mehefin 1906 yn sgil y Diwygiad pwerus yn 1904–05 pan daniwyd Cymru ag ysbryd efengylaidd dan arweiniad Evan Roberts, Casllwchwr, a'i gyd-ddiwygwyr. Ceir nifer dda o gyfrolau ac ysgrifau bellach ar hynt y Diwygiad hwn, yn cynnwys N. Gibbard (gol.), *Nefol Dân: Agweddau ar Ddiwygiad 1904–05* (2004); Sidney Evans a Gomer M. Roberts (goln.), *Cyfrol Goffa'r Diwygiad 1904–1905* (1954); Eifion Evans, *The Welsh Revival of 1904* (1997). Gweler hefyd D. M. Phillips, *Evan Roberts a'i Waith* (1912) – er ei bod yn anghytbwys ei chynllun a bellach wedi dyddio o ran ei defnyddioldeb, mae'n parhau i gynnig darlun llawn o'r arweinydd hwnnw. Cyfeirir yn y cyfrolau hyn ar y Diwygiad at nifer o arweinwyr a chofnodir eu profiadau. Ffynonellau eraill y dylid eu nodi yw'r adroddiadau afrifed ar gyfarfodydd y Diwygiad mewn sawl ardal yng Nghymru a thrafodaethau ar ei bwysigrwydd gan Awstin ac eraill yn y *Western Mail, South Wales Daily News* a *Baner ac Amserau Cymru,* yn ogystal â chyfnodolion enwadol, megis *Y Drysorfa* (1831), *Y Dysgedydd, Seren Gomer* (1814), *Y Traethodydd* (1845), *Yr Ymofynnydd* (1847) a *Bathafarn* (1946).

Capel Maesyronnen, sir Faesyfed

Cyfrolau cynhwysfawr yw'r rheini a gyhoeddwyd yn y blynyddoedd diweddar gan Robert Pope am Anghydffurfiaeth a'r mudiad sosialaidd, ac ar weddau ar y sosialaeth honno yn ei pherthynas â chrefydd mewn cyd-destun cymdeithasol. Y gyntaf i ymddangos oedd *Building Jerusalem: Nonconformity, Labour and the Social Question in Wales, 1906–1939* (1998), ac wedi hynny, *Seeking God's Kingdom: the Nonconformist Social Gospel in Wales, 1906–1939* (1999) a *Codi Muriau Dinas Duw: Anghydffurfiaeth ac Anghydffurfwyr Cymru'r Ugeinfed Ganrif* (2005). Yn y cyd-destun hwn, ond ar gynfas cronolegol llawer ehangach, dylid rhoi sylw i gyfrolau D. Densil Morgan, *The Span of the Cross: Christian Religion and Society in Wales, 1914–2000* (1999) a *Cedyrn Canrif: Crefydd a Chymdeithas yng Nghymru'r Ugeinfed Ganrif* (2001), sy'n cynnwys astudiaethau ar rai o gewri'r ffydd Gristnogol yng Nghymru, megis J. E. Daniel, Ivor Oswy Davies, Pennar Davies ac R. Tudur Jones.

R. Tudur Jones yn ddiau oedd y brenin ymhlith haneswyr Anghydffurfiaeth Cymru. Yr oedd ei wybodaeth am dwf enwadaeth ym mhob rhan o Gymru yn ddiarhebol a'i wybodaeth am gefndir Annibynia a'i arweinwyr dros y canrifoedd yn ddihysbydd. Cyfeiriwyd eisoes at y gyfrol *Hanes Annibynwyr Cymru*, ond dylid ychwanegu *Yr Undeb: Hanes Undeb yr Annibynwyr Cymraeg*, 1872–1972 (1975), sydd hefyd yn llawn o gyfeiriadau at bersonau amlwg yn yr enwad a'r achosion crefyddol y perthynent iddynt. Ei brif waith, a'r un mwyaf poblogaidd, fodd bynnag, yw'r ddwy gyfrol ar *Ffydd ac Argyfwng Cenedl 1890–1914* (1981–2). Mae'r cyfrolau hyn yn cwmpasu cyflwr Anghydffurfiaeth yng Nghymru mewn cyfnod o gynnydd mawr, ar y naill law, ac, ar y llaw arall, o ansicrwydd bygythiol cyn y Diwygiad ac wedi hynny. Un o'r pynciau amlycaf yn y cyfnod hwnnw oedd datgysylltu'r Eglwys Sefydledig yn 1920, a cheir ffynonellau swmpus sy'n datgelu'r cefndir a'r camau terfynol a gymerwyd i ddatgysylltu. Cofnodir llawer o'r ffynonellau mewn nodyn llyfryddol yn llyfryn K. O. Morgan, *Freedom or Sacrilege? A History of the Campaign for Welsh Disestablishment* (1965), ond y ffynhonnell wreiddiol bwysicaf yw *Report, Evidence and Index* y Comisiwn Brenhinol yn 1906–10 (gweler uchod). Cyfrolau hwylus hefyd yw K. O. Morgan, *Wales in British Politics, 1868–1922* (1963) a M. H. Bell, *Disestablishment in Ireland and Wales* (1969), yn arbennig benodau 7–9 a'r ffynonellau manwl ar ddiwedd y gyfrol, 370–85.

Cyrhaeddodd Anghydffurfiaeth ei huchelfannau yn nau ddegawd cyntaf yr ugeinfed ganrif, a chyfrannodd R. Tudur Jones astudiaeth ystadegol ar grefydd Morgannwg yn 1905–06 yn *GCH*, VI, pennod XII, 245–64. Wedi'r Rhyfel Mawr gwelwyd dirywiad araf ond sicr ynddi. Sut bynnag, parhaodd yr arweinwyr Anghydffurfiol i gynnal eu hachosion er cymaint yr anawsterau economaidd a chymdeithasol mewn cyfnod argyfyngus rhwng dau Ryfel Byd, ac mae ystadegau di-ri ar gael ar gyfer pob enwad am adeiladau a'u cyflwr, llawer ohonynt yn hen erbyn hynny, ac ychwanega'r manylion hyn ddimensiwn pwysig arall i hanes crefydd. Cyfeiriwyd eisoes at y nifer helaeth o lyfrau a llyfrynnau sy'n cofnodi hanes achosion a'u hadeiladau a cheir bellach gyfrolau hwylus eraill sy'n crynhoi hanes capeli pob enwad, megis Penri Jones, *Capeli Cymru* (1980); Anthony Jones, *Capeli Cymru* (cyf. Allan James, 1996) a'r llawnaf a'r mwyaf defnyddiol ohonynt, sef *Capeli Cymru* (2005), detholiad o hanes rhai o'r capeli mwyaf diddorol, gan D. Huw Owen. Darllener y rhagarweiniad a'r nodion ar gapeli unigol yn y cyfrolau hyn am wybodaeth drylwyr am gefndir yr adeiladau, ac mewn perthynas â hynny, byddai'n fuddiol chwilota ymhlith ôl-rifynnau cylchgrawn cymdeithas CAPEL (a lansiwyd ym Mai 1986) am wybodaeth am nifer o gapeli mewn gwahanol rannau o'r wlad. At hyn, mae Comisiwn Brenhinol Henebion Cymru (mewn cydweithrediad â CAPEL) wedi cofnodi enwau holl gapeli Anghydffurfiol Cymru ar-lein (www.cbhc.gov.uk/coflein). Cyfeiriwyd eisoes at yr amrywiaeth o gasgliadau crefyddol a geir mewn archifdai sirol neu ranbarthol. Yn Archifdy Morgannwg, er enghraifft, ceir cofnodion Cymdeithas y Cyfeillion (*Quakers*) yng Nghymru. Ceir yno hefyd gofnodion ymneilltuaeth gynnar yng nghapel enwog y Groes-wen, Caerffili, rhwng 1793 ac 1916, a chofnodion Sasiwn Fedyddiedig Saesneg Dwyrain Morgannwg (1910–69) ynghyd â chofnodion tebyg mewn ardaloedd eraill yn y sir, yn cynnwys cofnodion eglwys Croes-y-parc a chylchdaith Caerdydd y Methodistiaid Wesleaidd. O edrych ar bob rhifyn o *Morgannwg* cynhwysir adroddiadau cyson a chofnodion eglwysig – gweinyddol yn bennaf – yn y sir. Tebyg yw'r adroddiadau mewn cylchgronau hanes lleol yn siroedd eraill Cymru. Yn *Cylchgrawn Hanes y Methodistiaid Calfinaidd*, o flwyddyn ei gyhoeddi gyntaf yn 1916, cynhwysir cyfraniadau sy'n nodi'r deunydd archifol a gasglwyd yn flynyddol i'r 'Greirfa'. Maent yn gyfoethog o ran maint y deunydd a gyflwynir ac yn dra gwerthfawr i'r hanesydd lleol a theuluol.

O edrych dros rychwant y ffynonellau archifol sy'n ymwneud â'r Eglwys yng Nghymru a'r enwadau Anghydffurfiol, byddai'n fantais pe bai'r ymchwilydd yn holi ysgrifenyddion presennol yr achosion sy'n parhau, mewn oes pan welir adeiladau'n cau, er mwyn canfod ym mhle mae eu harchifau a beth sydd wedi digwydd iddynt, gan eu bod yn ffynhonnell mor werthfawr i'r hanesydd. Y perygl yw fod llawer eisoes wedi eu colli, naill ai drwy ddifrod naturiol neu esgeulustod, yn bennaf am nad oes gan yr enwadau, ac eithrio'r Presbyteriaid, ganolfannau swyddogol i'w trysori. Mae angen sicrhau bod swyddogion sy'n gyfrifol am gynnal yr eglwysi a'r capeli yn magu ymwybyddiaeth o bwysigrwydd gwarchod y dreftadaeth hon gan fod yr archifau, dros gyfnod o ddwy ganrif a mwy mewn rhai achosion, yn drysorau amhrisiadwy i'r hanesydd crefyddol a'r hanesydd teulu ddysgu am gefndir teulu ac ardal a deall beth yw arwyddocâd cymdeithasol cymunedau o'r fath. Ar hap yn aml y diogelir llawer o'r ffynonellau sydd wedi goroesi cyfnodau'r trai cyffredinol yn ystod y degawdau diwethaf, a than amgylchiadau bygythiol o'r fath credir bod gan yr hanesydd lleol gyfraniad mawr i ddiogelu'r etifeddiaeth grefyddol gyfoethog yng Nghymru.

5. DOGFENNAU PROFEB A HANES LLEOL

Gerald Morgan

Os yw'ch ewyllys chi'r un fath â'm hewyllys innau, mae'n siŵr eich bod yn meddwl bod ewyllysiau'n hynod sych, heb fod o fawr werth i hanesydd. Os felly, ystyriwch eto. Cymerwch, er enghraifft, ewyllys Elizabeth Lloyd o Gwmnewidion; oedd, yr oedd merched yn gwneud ewyllysiau.[1] Lluniwyd y ddogfen wreiddiol yn 1744. Roedd Elizabeth yn wraig weddw, ac nid yn unig roedd ei gŵr wedi marw, roedd ei hunig blentyn, Charles Lloyd, yntau wedi marw. Roedd y weddw Lloyd felly'n berchen plas Cwmnewidion yn nyffryn Ystwyth, melin Cwmnewidion, wyth o ffermydd, a dau fwthyn ym mhentref Llanfihangel-y-Creuddyn. Gwnaeth ei hewyllys am ei bod yn awyddus i gynysgaeddu ei hwyres Ann, plentyn siawns y diweddar Charles, â'r stad; roedd Elizabeth wedi cymryd Ann i'w mynwes i gael magwraeth ac addysg. Bu Elizabeth fyw am ddegawdau wedi 1744, a gwelodd Ann yn prifio ac yn priodi dyn o'r enw Cornelius Griffiths. Ganed tri o blant – gorwyrion Elizabeth, ac fe'u cynhwyswyd mewn atodiad i'r ewyllys cyn i Elizabeth Lloyd farw yn 1768. Ond ofer fu ei gobeithion dros y plant; roedd priodas Ann yn gyflafan. Gamblwr ac oferwr oedd Cornelius, a morgeisiodd Gwmnewidion i'r Arglwydd Lisburne, y Trawsgoed, yn 1777, a'i golli'n gyfangwbl rywdro wedi 1781. Bu'n rhaid i Ann symud i Lanbadarn Fawr i fyw.

Nid yw pob ewyllys yn datguddio drama o'r fath, ond gobeithio bod hynny'n dangos nad yw ewyllysiau o reidrwydd yn bethau anniddorol a diflas. Ond i elwa ar y dogfennau, rhaid dod yn gyfarwydd ag ychydig o iaith gyfreithiol a deall prosesau'r gyfraith. Dyma restr o dermau sylfaenol:

atodiad (S. *codicil*): cymal(au) a ychwanegwyd at yr ewyllys wreiddiol
cymynrodd (S. *legacy*): rhodd y testamentwr neu'r cymynroddwr
ewyllys (S. *will*): dogfen sy'n gosod allan ddymuniadau unigolyn parthed rhannu ei eiddo wedi ei farwolaeth. Yn gyffredin ceir yr ymadrodd 'ewyllys a thestament'
ewyllys lafar (S. *nuncupative will*): gallai tystion a glywai ddymuniadau olaf person ar ei wely angau eu nodi ac arwyddo, a chyflwyno'r ddogfen yn yr un modd ag ewyllys ddogfennol
gweinyddiad (S. *administration*): os bu person farw heb wneud ewyllys, gallai aelod o'r teulu ofyn i'r awdurdodau cyfreithiol am ganiatâd i weinyddu neu weithredu'r stad
gwarchodwyr (S. *tutors, guardians*): y sawl a benodwyd gan y testamentwr i ofalu am blant dan 21 oed
profi/profeb (S. *prove, probate*): yr holl broses o gyflwyno ewyllys i'r awdurdodau cyfreithiol; y grant wedi i'r broses orffen
rhestr eiddo (S. *inventory*): rhestr ffurfiol o eiddo symudol y testamentwr
stad (S. *estate*): eiddo'r ymadawedig mewn nwyddau ac arian
testament: yn wreiddiol, roedd ewyllys yn delio â thir a thestament ag eiddo personol, ond collwyd y gwahaniaeth, a bellach nid yw ond gair llanw
testamentwr/wraig (S. *testator*): y sawl sy'n gwneud ewyllys
ysgutor (S. *executor/trix*): rhaid enwi un neu fwy o blith y byw i brofi a gweithredu'r ewyllys
ymrwymiad (S. *bond*): dogfen sy'n rhwymo'r ysgutor i weithredu'r ewyllys

Bydd o gymorth hefyd i ddeall ystyr rhai geiriau Saesneg:

catell, chattels = eiddo
heriot = ffi (anifail fferm gan amlaf) a delir gan denant wrth etifeddu tenantiaeth ei dad
mansion = tŷ, cartref personol y testamentwr (nid plas)

messuage = tŷ â'i dai allan a'r tir sy'n perthyn iddo, h.y. fferm; *capital messuage* = cartref perchennog nifer o ffermydd
parcel = darn o dir
pilcorn = ceirch, neu gymysgedd o geirch a haidd
tenement = fferm/tir a rentir gan ddyn oddi wrth ei berchennog
wyr = dyma'r unig air Cymraeg a welir yn aml mewn ewyllysiau Saesneg, yn golygu ŵyr neu wyres, neu ddisgynnydd

Nesaf, rhaid deall y broses. Gan i'r gyfraith gael ei diwygio'n sylfaenol yn 1858, rhaid deall yn gyntaf beth oedd yn digwydd cyn y newid. Gan amlaf, byddai pobl yn gadael gwneud ewyllys nes eu bod ar eu gwely angau. Oherwydd amryw o resymau, ni fyddai mwyafrif helaeth y boblogaeth yn gadael ewyllys o gwbl, ond mae'r degau o filoedd sydd ar ôl o bwys. Dim ond pobl gyfoethog fyddai'n llogi cyfreithiwr i wneud y gwaith.

Gan y byddai marw o salwch neu henaint yn digwydd gartref yn ddieithriad, bron, byddai'r teulu a'r cymdogion o gwmpas, a rhaid galw am rywun a allai ysgrifennu – gan amlaf, cyn 1700, offeiriad neu gurad y plwyf. Byddai hwnnw'n gwrando ar y claf (ac o bosib ar ei deulu hefyd, yn answyddogol megis) yn llefaru, ac yn cymryd nodiadau syml. Wedyn, gartref, o bosib, byddai'n llunio'r ddogfen swyddogol (yn Saesneg gan amlaf) ac yn dychwelyd i ddarllen y ddogfen i'r claf, a gofyn am ei lofnod neu ei farc, ac enwau a llofnodion neu farciau'r tystion.

Mae'r sawl sy'n darllen hen ewyllysiau yn dod yn gyfarwydd ag iaith fawreddog yr agoriad, e.e.:

> In the name of god Amen the xiith daye of december in the yeare of our Lorde god 1607 I Richard Thomas ap David of the parish of Cardigan in the county of Cardigan and diocese of St Davids weake in body but stronge in mynde and of sounde and perfecte memorie lawde and praise be to Almyghtie god doe make this my Testamente contayninge herein my Laste will in maner and forme folowinge . . .

Ffurfioldeb yw hyn i gyd, gwaith yr offeiriad yn defnyddio fformiwla, ond mae'n rhoi cyfle i'r darllenydd heddiw ddod yn gyfarwydd ag ysgrifen yr offeiriad. Gwelir iaith ailadroddus yn aml: *give and bequeath, every part and parcel, for and during*. Lle roedd cyfreithwyr a'u clercod yn llunio ewyllys, fe'u talwyd yn ôl hyd y ddogfen!

Wedi i'r claf druan farw, byddai'n rhaid i ddau o blith y cymdogion

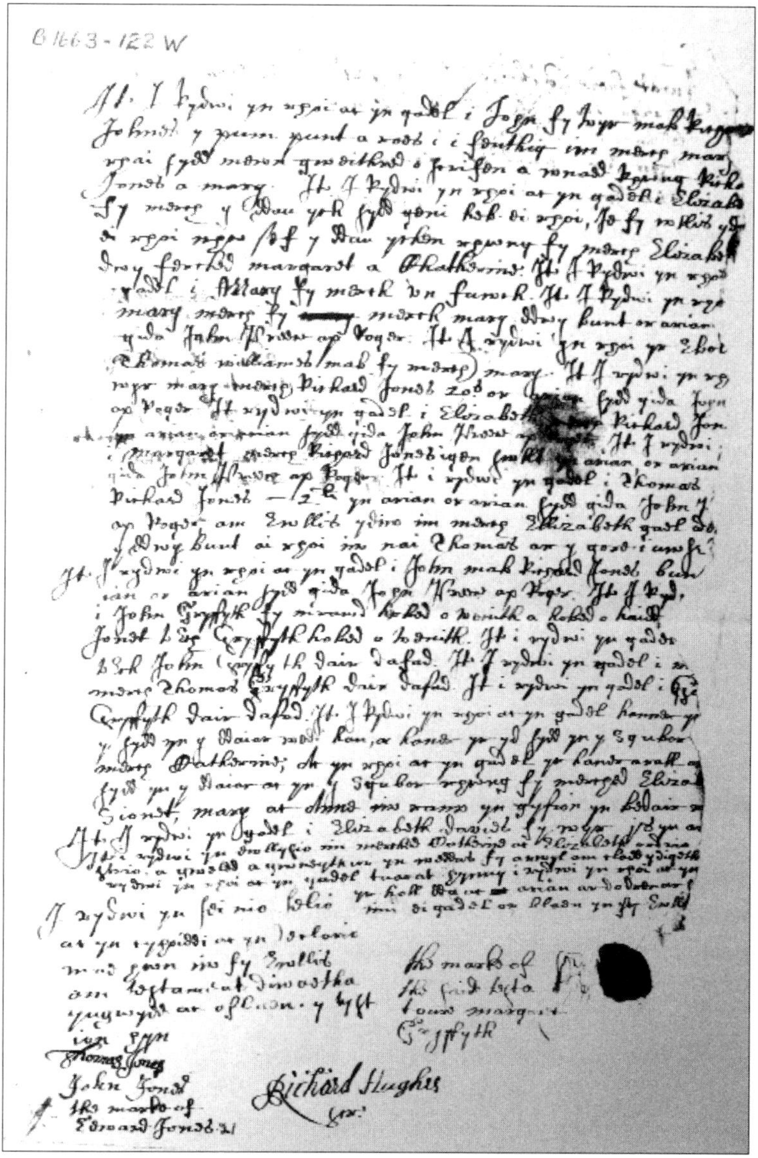

Enghraifft gynnar o ewyllys Gymraeg, Llanfair Dyffryn Clwyd, sir Ddinbych (LlGC/B/1663/122)
Trwy ganiatâd Llyfrgell Genedlaethol Cymru

Disgrifiwyd yr ewyllys hon gan Gerald Morgan yn ddogfen 'hynod . . . mewn iaith hyderus, gyhyrog, naturiol'. ['Ewyllysiau Cymraeg 1539–1858' yn Cof Cenedl XII *(1997)* lunio rhestr o eiddo symudol yr ymadawedig, a byddai'r ysgutor yn gorfod teithio at swyddog eglwysig, i brofi'r ewyllys, dangos y rhestr eiddo a thalu ffi yn ôl cyfanswm yr eiddo. Gan amlaf, ond nid yn ddieithriad, byddai hynny'n golygu teithio i swyddfa'r esgobaeth (Llandaf, Llanelwy, Bangor, Caerfyrddin – nid Tyddewi, sylwch), ond gydag amser galluogwyd archddiaconiaid i drafod materion profeb. Byddai swyddog yr esgob yn darllen yr ewyllys i weld ei bod mewn ffurf gyfreithiol, ac arni ddyddiad, enwau ysgutor a thystion, cymynroddion a marc yr ymadawedig. Os oedd yn dderbyniol, byddai clerc yn gwneud copi o'r ewyllys ac yn ysgrifennu ar y ddau gopi nodyn o'r profeb a'r dyddiad. Byddai hefyd yn llunio ymrwymiad, oedd yn clymu'r ysgutor i weinyddu'r ewyllys yn gywir dan fygythiad talu iawndal i'r esgob. Rhaid i'r ysgutor ddychwelyd adref i weinyddu'r ewyllys, gan rannu'r eiddo a chasglu a thalu dyledion y testamentwr. Wedyn, roedd yn rhaid llunio cyfrif o'r gweinyddu a dychwelyd hwnnw i'r swyddog cyfreithiol. Buan y gwelwch fod y nodiadau profeb, yr ymrwymiad a'r holiaduron (gw. y paragraff nesaf) mewn Lladin hyd at 1733, heblaw am y cyfnod 1650–1660, pan oedd y cyfan yn Saesneg – ond ni cheir ewyllysiau yng Nghymru rhwng 1653 a 1660, pan oedd yn rhaid profi pob ewyllys yn Llundain.

Nid dyna'r cyfan, wrth gwrs. I ddechrau, byddai rhai ysgutorion yn mynd i brofi'r ewyllys i lys Archesgob Caergaint yn Lambeth. Roedd yn rhaid gwneud hynny os oedd gan y testamentwr dir mewn dwy neu ragor o esgobaethau, ond fe âi ychydig o rai eraill yno hefyd, o ddewis yn hytrach nag o raid. Petai rhywun yn awyddus i wrthwynebu'r ewyllys, byddai'n rhaid i'r cyfreithwyr eglwysig lunio holiadur a gwysio holl dystion yr ewyllys i ateb yr holiadur. Byddai'r ymrwymiad yn cael ei arwyddo neu ei farcio gan yr ysgutor a dau gefnogwr; nodid eu plwyfi a'u statws cymdeithasol, e.e. *gen.* = bonheddwr; iwmon, gweddw.

Ble mae cael gafael ar yr holl ddogfennau hyn? Hyd at yr ugeinfed ganrif cedwid dogfennau profeb yn swyddfeydd yr esgobion. Ond pan gyflwynwyd archif yr Eglwys yng Nghymru i'r Llyfrgell Genedlaethol fe ddaeth 180,010 o setiau o bapurau profeb yno hefyd. Yn ychwanegol at hynny ceir nifer sylweddol o ewyllysiau ymhlith archifau stadau (megis ewyllys Elizabeth Lloyd uchod); ceir lliaws o archifau felly yn y Llyfrgell Genedlaethol ac eraill yn Llyfrgell Prifysgol Bangor a rhai o'r archifdai sirol. Mae ewyllysiau Caergaint bellach yn yr Archifau Gwladol yn Kew; argraffwyd rhestrau ohonynt, a cheir copïau yn y Llyfrgell Genedlaethol.

Os ydych yn chwilio am ewyllys Cymro oedd yn byw yn Lloegr neu ar hyd y Gororau, rhaid chwilio yn yr archifdai sirol priodol. Mae'r dogfennau profeb yn y Llyfrgell Genedlaethol wedi eu catalogio yn y dull mwyaf hylaw, a'r bwriad yw digido'r holl gasgliad ar gyfer y we. Fe fydd hynny'n plesio haneswyr lleol ar draws Cymru.

Rydym yn nesáu at ddiwedd y rhagymadrodd erbyn hyn, ond erys dau fater. Y cyntaf yw iaith yr ewyllysiau. Ar draws Cymru, cyn 1858, roedd mwyafrif y bobl yn Gymry uniaith. Sut felly fod yr holl ddogfennau hyn yn Saesneg? Yr ateb, annisgwyl i rai, yw *nad* ydynt i gyd yn Saesneg. O 1539 ymlaen ceir nifer bychan ond cynyddol o ewyllysiau Cymraeg, a'r rheiny wedi eu profi gan y swyddogion esgobol. O blith y 180,010 esiampl yn y Llyfrgell, mae dros fil yn cynnwys un neu ragor o ddogfennau Cymraeg, ac mae hynny'n wir am dri chwarter yr ewyllysiau o esgobaeth Bangor. Ceir ewyllysiau, rhestrau eiddo, cyfrifon a llythyron Cymraeg.[2] Roedd y nifer yn dal i gynyddu'n flynyddol pan ddaeth yr hen drefn i ben yn 1858 – a dyna ddod at yr ail fater.

Gyda diwygiadau 1858 daeth cyfrifoldeb yr Eglwys Wladol dros brofi ewyllysiau i ben; rhoddwyd yr awdurdod mewn dwylo seciwlar. Erbyn hyn mae'r Gofrestrfa Profebion yn cael ei gweinyddu gan Adran Deuluol yr Uchel Lys. O 1858 hyd 1973 copïwyd pob ewyllys mewn llyfrau a gedwid yn lleol, ac anfonwyd yr ewyllysiau eu hunain i Dŷ Sant Catrin yn Llundain. Erbyn 1858 roedd prosesau hynafol megis yr ewyllys lafar a'r rhestr eiddo wedi hen ddiflannu neu ar fin diflannu. Cedwid cyfrolau gyda chrynodebau sylfaenol (ond heb enwi'r cymynroddion na'r sawl a'u derbyniai) yn y Llyfrgell Genedlaethol ar gyfer Cymru gyfan.

Wedi'r esboniad angenrheidiol yna, gallwn ddechrau'r drafodaeth yn iawn. Beth yw'r problemau ymarferol fydd yn wynebu'r sawl sy'n dymuno astudio ewyllysiau? Yn gyntaf, beth yw eich maes mewn hanes lleol? Hanes plwyf, pentref neu dref? Hanes stad neu deulu arbennig? Hanes amaethyddiaeth? Hanes dodrefn? Mae'r dogfennau profeb yn allweddol. Ni allwn drafod yr holl feysydd hyn yn fanwl, ond bydd meddwl am esiampl, sef hanes plwyf, yn help. Ni wn am unrhyw blwyf eglwysig (cyn y diwygio yn y bedwaredd ganrif ar bymtheg, pan luniwyd plwyfi newydd) nad oes nifer o ewyllysiau ar gael yn y Llyfrgell Genedlaethol. Os oes digon ar ôl ym mhlwyf eich dewis, gallwch eu darllen yn Aberystwyth, a chyn hir, gobeithio, ar-lein.

Mae catalog presennol y Llyfrgell yn nodi enw pob cymynnwr, y plwyf perthnasol ac unrhyw gyfeiriad at statws cymdeithasol megis

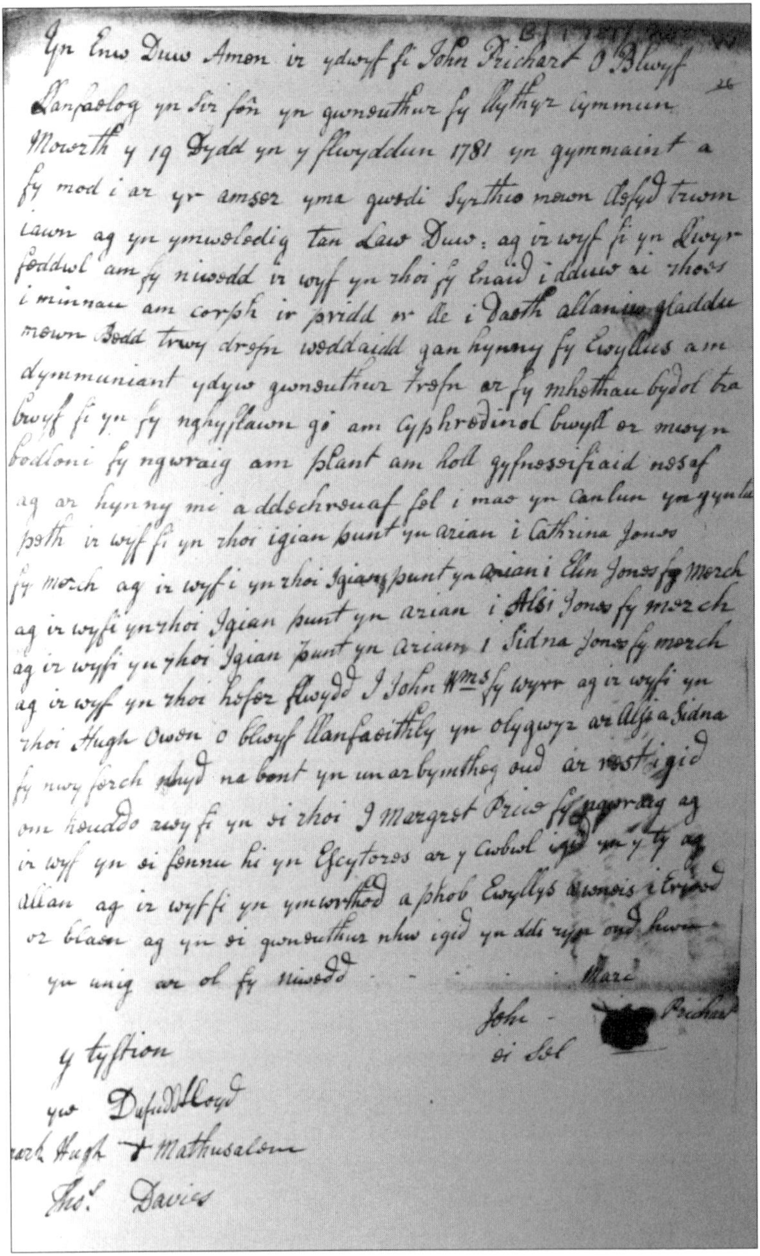

Yn Enw Duw Amen ir ydwyf fi John Prichard o Blwyf
Llanfaelog yn Sir fôn yn gwneuthur fy llythyr Cymmun
Mowrth y 19 Dydd yn y flwyddun 1781 yn gymmaint a
fy mod i ar yr amser yma gwedi Syrthio mewn Clefyd trwm
iawn ag yn ymwelediq tan Law Duw: ag ir wyf fi yn llwyr-
foddwl am fy niwedd ir wyf yn rhoi fy Enaid i dduw ai rhoes
i minnau am corph ir pridd or lle i daeth allan iw gladdu
mewn Bedd trwy drefn weddaidd gan hynny fy Ewyllus am
dymmuniant ydyw gwneuthur trefn ar fy mhethau bydol tra
bwyf fi yn fy nghyflawn go am Cyphredinol bwyll or mwyn
bodloni fy ngwraig am plant am holl gyfnesseifiaid nesaf
ag ar hynny mi a ddechreuaf fel i mae yn Canlun yn gynta
peth ir wyf fi yn rhoi igian punt yn arian i Cathrina Jones
fy merch ag ir wyf i yn rhoi Igian punt yn arian i Elin Jones fy Merch
ag ir wyf i yn rhoi Igian punt yn arian i Alsi Jones fy merch
ag ir wyf i yn rhoi Igian punt yn ariann i Sidna Jones fy merch
ag ir wyf yn rhoi hoser flwydd I John Wms fy wyrr ag ir wyf i yn
rhoi Hugh Owen o blwyf llanfaethlu yn olygwyr ar Alsi a Sidna
fy nwy ferch hyd na bont yn un ar bymtheg oed ar rest i gid
om heiddo rwy fi yn ei rhoi I Margret Price fy ngwraig ag
ir wyf yn ei henwi hi yn Escytores ar y cwbwl igid [illegible] y ty ag
allan ag ir wyf fi yn ymwrthod a phob Ewyllys a wnais i erioed
or blaen ag yn ei gwneuthur nhw igid yn ddi rym ond hwn
yn unig ar ol fy niwedd

Marc
John Prichard
ei Sel

y tystion
yw Dafydd Lloyd
Mark Hugh + Mathusalem
Thos Davies

Enghraifft o ewyllys Gymraeg, Llanfaelog, Ynys Môn (LlGC/B/1781/20)

Trwy ganiatâd Llyfrgell Genedlaethol Cymru

gentleman, widow, glovemaker ac ati. Mae'n dosbarthu'r dogfennau fel a ganlyn: W = ewyllys, I = rhestr eiddo, G = ymrwymiad, X = dogfennau eraill. Os ceir, er enghraifft, ddau gopi o'r ewyllys, ceir W2; os oes difrod i'r ddogfen, ceir W*. Dangosir hefyd a yw dogfen yn Gymraeg, ac mae'r rheiny wedi'u crynhoi gyda'i gilydd ar wahân yn ogystal ag yn y prif gatalog. Os ydych yn chwilio am gyfres o ewyllysiau a heb unrhyw brofiad, doeth yw dechrau gyda'r ewyllys ddiweddaraf, oherwydd bydd yr ysgrifen a'r iaith yn haws.

Fel y nodwyd, mae ewyllysiau diweddar yn haws i'w darllen na'r rhai a luniwyd yn gynharach, yn enwedig cyn 1650. Ar gyfer y rheiny, rhaid chwysu gyda help y llawlyfrau lluosog sydd yn bodoli er mwyn eich cynorthwyo. Buan y dewch i ddarllen ewyllysiau a rhestrau eiddo yn rhwydd oherwydd cymaint yr ailadrodd geiriau. Y broblem fwyaf yw enwau lleoedd – weithiau maent yn aneglur iawn.[3] Os nad oes gennych Ladin, fe ddaw llawer yn eglur eto oherwydd yr ailadrodd a ffurfioldeb y dogfennau. Ar y dechrau mae'n syniad da copïo rhai dogfennau'n gyfan er mwyn ymgyfarwyddo, ond ar ôl ychydig gellir gwneud crynodebau o ewyllys yn nodi: cyfeirnod y Llyfrgell; dyddiad llunio'r ewyllys; enw'r cymynnwr; y cymynroddion a'r sawl sy'n eu derbyn; y tystion; enw'r ysgrifennydd os yw'n bosibl;[4] dyledion a'r enwau cysylltiedig; dyddiad y brofeb. Rhaid hefyd nodi cynnwys y rhestr eiddo a'r cyfanswm, a manylion unrhyw holiadur, llythyr neu gyfrif sy'n gysylltiedig. Gall cyfrifon fod yn hynod ddiddorol, ond gwaetha'r modd maent yn brin iawn. Ond pan geir esiamplau a'u cymharu gyda'r rhestrau eiddo, buan y gwelir bod dyn a chanddo, dywedwch, £100 o eiddo (cryn swm cyn 1700) mewn dyled hyd at ei glustiau.[5]

Os enwir digon o bobl mewn ewyllys mae modd llunio ach, er na fydd gan amlaf yn cynnwys mwy na thair cenhedlaeth. Ond, gyda dyfalbarhad, weithiau mae modd olrhain ewyllysiau teulu o genhedlaeth i genhedlaeth, a dilyn rhywfaint o hynt a helynt y teulu, yn enwedig teuluoedd bonheddig. Ni raid credu am funud mai'r cyfoethogion yn unig a luniai ewyllysiau; ceir ewyllysiau ffermwyr, gofaint a chrefftwyr eraill, siopwyr, offeiriaid, tlodion, ac er na châi gwraig briod lunio ewyllys ac eithrio mewn achosion eithriadol, mae lliaws o ewyllysiau gweddwon ar gael. Maent yn arbennig o werthfawr wrth astudio hanes merched, ac yn dangos cymaint tlotach oeddynt pan oeddynt yn weddwon. Ond cofier bod modd dysgu llawer am ferched oddi wrth ewyllysiau dynion hefyd.[6]

Mae cyfansymiau'r rhestrau eiddo yn rhoi rhyw arwydd o gyflwr cyfoeth yr unigolyn – ond arwydd amrwd iawn ydyw. O ran ffermwr, byddai cyflwr a chyfanswm ei eiddo yn dibynnu ar yr adeg o'r flwyddyn pan luniwyd y rhestr eiddo – byddai'n gyfoethocach yn yr haf nag ar ddechrau'r gwanwyn, gellid mentro. Gall terminoleg y rhestrau eiddo fod yn her; beth yw *treen, hutch, kive, gobert*?[7] Weithiau rhaid dweud gair yn uchel i sylweddoli beth ydyw: *shippe* yw *sheep*, nid llong! Mae llawer o'r rhestrau eiddo'n ddigon undonog – rhestr o dda'r fferm, a phopeth arall yn gynwysiedig yn y geiriau *household stuff and implements of husbandry*. Ond gellir deall beth oedd natur amaethyddiaeth, diwydiant sylfaenol y wlad, yn effeithiol iawn trwy ddefnyddio'r rhestrau hyn. Mae ewyllysiau siopwyr (*mercer* yw'r term Saesneg arferol cyn 1750) yn eithriadol o ddiddorol, oherwydd ceir yn aml restr gyfan o holl nwyddau'r busnes. Er bod y gair *mercer* yn golygu masnachwr defnyddiau, byddai siopwyr megis Jane Vaughan o Aberteifi (m. 1649) a Thomas Chamberlen o Gaerfyrddin (m. 1612) yn cadw amrywiaeth helaeth o nwyddau heblaw defnyddiau, gan gynnwys powdr gwn, cwyr, hoelion, olew, sebon ac yn y blaen.[8]

Gall y system ariannol fod yn her i'r to iau, gan fod y cyfan cyn 1971 yn yr hen drefn o bunnoedd, sylltau a cheiniogau. Yn waeth na hynny, cyn 1650 ceir cyfeiriadau aml at *marks* (un marc = 2/3 o bunt, sef 13s 4c) ac yn llai aml at raniadau trydyddol llai, sef 6s 8c a 3s 4c. Bu'r *guinea* (sef punt a swllt) a'r *groat* (4c) yn boblogaidd am gyfnod hir. A oes diddordeb yn yr wybodaeth hon? Mae'n bwysig er mwyn deall cyfoeth unigolion a'u cymdeithas. Mae'r rhestrau dyledion o ddiddordeb hefyd. Am ganrifoedd roedd prinder arian parod yn broblem, a phobl yn benthyca oddi wrth ei gilydd. Byddai menywod yn gweithredu fel banciau bychain ar gyfer eu cymdeithas leol. Gwelir hefyd sut y byddai cymdeithas o 1600 ymlaen yn ymgyfoethogi'n araf deg. Ymddengys mwy a mwy o amrywiaeth eiddo wrth i'r blynyddoedd dreiglo. Gwelir hefyd, wrth gwrs, sut yr oedd chwyddiant ariannol yn digwydd.

Un o broblemau anystywallt y maes yw gwybod yn union lle roedd mwyafrif y testamentwyr yn byw. Ceir enw'r plwyfi bob amser, wrth gwrs, ond lle roedd eu cartrefi? Gellir gwybod hynny yn achos teuluoedd bonheddig o bwys heb lawer o broblem, er y bydd yr anghyfarwydd yn synnu nad oes sôn am diroedd yn eu hewyllysiau. Roedd hynny oherwydd bod perchennog stad yn fath o denant am oes; ni raid enwi'r stad yn ei ewyllys oherwydd roedd y gyfraith yn nodi pwy fyddai'r etifedd beth bynnag. Byddai'r un peth yn wir am ffermwyr oedd yn rhydd-ddeiliaid. Ond ceir esiamplau (megis ewyllys Elizabeth Lloyd) lle enwir yr eiddo er mwyn gwneud yn siŵr fod pawb yn deall mai Ann oedd yr etifeddes. Weithiau ceir enwau prydlesoedd a morgeisiau sy'n eiddo'r testamentwr, enwau cartrefi unigolion eraill a enwir yn yr ewyllys, yn ogystal â meysydd a gerddi.

Un mater fydd yn taro pawb sy'n darllen ewyllysiau cyn 1650 yw'r cyfeiriadau cwta at roddion eglwysig. Roedd pobl esgobaeth Tyddewi yn arfer rhoi grôt tuag at yr eglwys gadeiriol. Byddai cyfoethogion yn gadael mwy – swllt, neu goron gan amlaf. Tarddai hyn o'r dyddiau pan oedd yr Eglwys wedi llwyddo i gael ei dwylo ar y drefn brofeb (sy'n hŷn na Christnogaeth – roedd Iwl Cesar wedi llunio ewyllys). Fformiwla'r Eglwys oedd rhannu'r eiddo yn dair rhan gyfartal: un i'r plant, un i'r weddw ac un i'r Eglwys ac elusennau. Ond wedi'r Diwygiad Protestannaidd, ac i raddau cyn hynny, roedd y drefn deg hon wedi dirywio i fod yn ddim ond esgus rhoi i elusen. Y mae eithriadau, wrth gwrs; pan fu farw Griffith Prichard, ficer Cilcennin, yn 1636, gadawodd swllt i'r eglwys gadeiriol, yn ogystal â:

> towards the reliefe of the poore of the parishes of Treveglwys, and Kilcenin aforesaid two teals of Corne which I will haue bestowed giuen and distributed amongst them / I thinke it allsoe a deede of Charities and a most comendable work before God to repayre decayed Bridges that the people may travayle safelie without danger I therefore giue towards the mending of the Bridge of Llanullted in the Countie of Merioneth xs.[9]

Rhywbeth arall sy'n taro'r sawl sy'n dechrau yn y maes yw gweld testamentwr yn gadael eiddo sylweddol i rai o'r plant a swllt i blentyn arall. Nid cosb mo hyn; mae'n dangos bod y plentyn hwnnw eisoes wedi cael ei gyfran o'r enedigaeth-fraint, ond rhaid cynnwys ei enw fel na fydd yn cwyno ei fod wedi ei hepgor ac yn mynnu iawndal. Gadawyd eiddo i blant dan oed, hyd yn oed i blant yn y groth, a'r disgwyliad oedd y byddai'r cymynroddion hyn yn waddol at y dyfodol. Roedd penodi gwarcheidwaid i'r plant yn bwysig rhag ofn y byddai gweddw'n ailbriodi a'r gŵr newydd yn mynnu gwneud cam â'i phlant. Cymharer y cymalau niferus lle gadewir eiddo i'r weddw hyd nes y bydd yn ailbriodi. Nid rhyw awydd gan yr ymadawedig i gadw rheolaeth ar gorff y weddw yw hyn, ond, gan y byddai gŵr newydd yn cael ei ystyried yn gyfrifol am gynhaliaeth ei wraig, sicrhau y byddai cyfran o'i chymynrodd yn cael ei drosglwyddo i'r plant.

Nid yw'r gofod yn caniatáu ymdriniaeth helaeth ar nifer o broblemau eraill sy'n codi wrth drafod ewyllysiau. Ond y mae cymorth ar gael; yn ychwanegol at y llyfrau a'r erthyglau a ddyfynnwyd yn y nodiadau isod, gellir troi at gyfrolau megis J. S. Gibson, *Wills and Where to Find Them* (1974) ac A. J. Camp, *Wills and their Whereabouts* (nifer o argraffiadau). Nid yw ysgolheigion ond megis wedi dechrau defnyddio dogfennau profeb yng Nghymru.

NODIADAU

1. LlGC, Crosswood I.847. Merched dibriod a gweddwon biau 99% o ewyllysiau menywod.
2. Gerald Morgan, 'Ewyllysiau Cymraeg 1539–1858', *Cof Cenedl XII* (1997), 33–67.
3. Gall enwau personol hefyd fod yn anodd ar y dechrau oherwydd nifer y talfyriadau, e.e. Dd = David/Dafydd, Rddz = Rhydderch. Gw. G. Morgan, 'Welsh Names in Welsh Wills', *The Local Historian,* August 1995, 178–85.
4. Gellir gweld hynny weithiau oherwydd bod yr offeiriad ('Syr' mewn ewyllysiau cyn 1660 os nad oedd ganddo radd prifysgol) yn derbyn rhodd fel tâl am ei waith.
5. G. Morgan, 'Brecon Probate Accounts', *Brycheiniog,* 31 (1998–9), 43–8.
6. Ceir trafodaeth ar gyfoeth mewn dogfennau profeb yn G. Morgan, *Cyfoeth y Cardi* (1995), 71–115. Gw. hefyd G. Morgan, 'Dowries for Daughters in West Wales 1500–1700', *CHC*, Rhagfyr 1995, 534–49. Am eiddo merched a'r drefn brofeb, gw. campwaith Amy Louise Erickson, *Women & Property in Early Modern England* (1993).
7. Rhaid cael cyfrol Stuart A. Raymond wrth law, sef *Words from Wills and other Probate Sources* (2004).
8. G. Morgan, 'Retail Therapy in Seventeenth-century West Wales', *Ceredigion,* 15 (2005), 1–20.
9. LlGC, SD/1636/111.
10. Bellach gellir nodi archwilio miloedd lawer o ewyllysiau a dogfennau profeb ar wefan Llyfrgell Genedlaethol Cymru (www.llgc.org.uk).

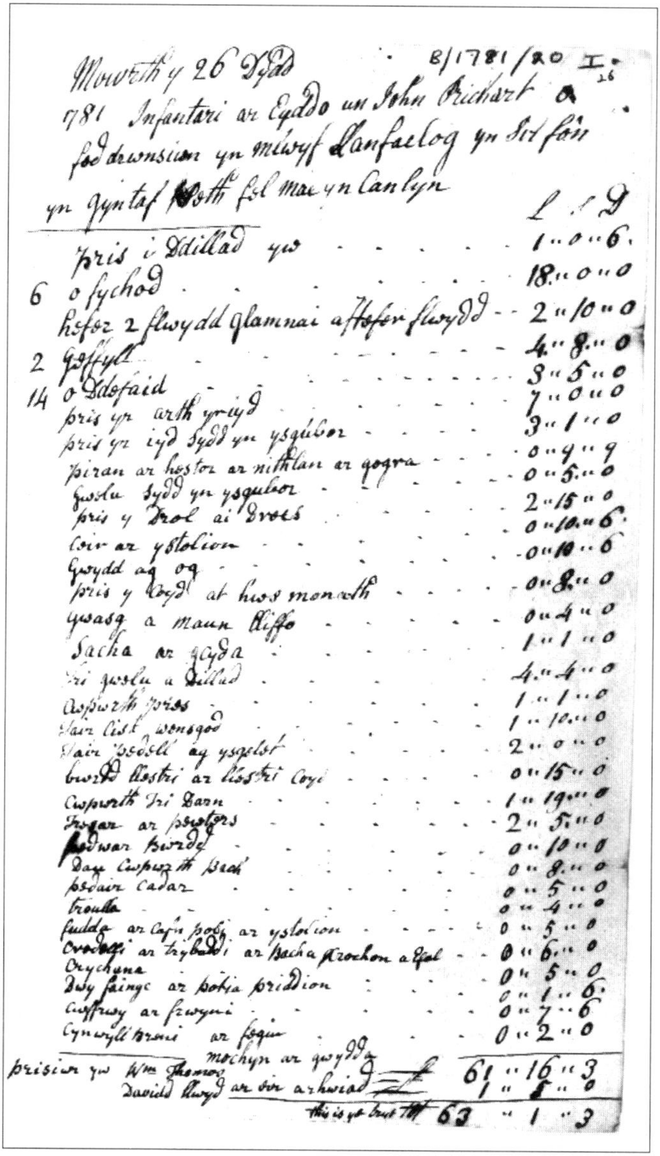

Mowrth y 26 Dydd . B/1781/20 I.
781 Infantari ar Eyddo un John Prichart a
fodd drwnsiwn yn mlwyf Llanfaelog yn Sir fôn
yn gyntaf Bott fel mae yn Canlyn

	£ s d
pris i Ddillad yw	1..0..6
6 o fychod	18..0..0
heffer 2 flwydd glamnai a heffer flwydd	2..10..0
2 geffyl	4..8..0
14 o Ddefaid	3..5..0
pris yr arth grwydd	7..0..0
pris yr ŷd sydd yn ysgubor	3..1..0
piran ar hestor ar nithlan ar gogra	0..4..9
gwelu sydd yn ysgubor	0..5..0
pris y drol ai droes	2..15..0
Coir ar ystolion	0..10..6
Gwydd ag og	0..10..6
pris y coed at hwsmonaeth	0..8..0
gwasg a mawn cliffo	0..4..0
Sacha ar gyda	1..1..0
Tri gwelu a dillad	4..4..0
Cwpwrth pres	1..1..0
Pair Cist wensgod	1..10..0
Pair bosol ag ysgelor	2..0..0
bwrdd llestri ar llestri Coed	0..15..0
Cwpwrth Tri Darn	1..19..0
Trogar ar pewtors	2..5..0
Pedwar Bwrdd	0..10..0
Dau Cwpwrth Bach	0..8..0
pedair Cadar	0..5..0
troulla	0..4..0
fudda ar Cafn pobi ar ystolion	0..5..0
Crochan ar tybaddi ar sacha crochon a ffal	0..6..0
Crychana	0..5..0
Dwy fainge ar potia priddion	0..1..6
Cyffrwy ar frwyni	0..7..6
Cynwyll brenni ar fogin	0..2..0
mochyn ar gwydda	
	61..16..3
	1..5..0
this is ye but	63..1..3

prisiwr yw Wm Thomas
Dafydd Llwyd ar sin arhwiad

Enghraifft o restr eiddo Gymraeg, Llanfaelog, Ynys Môn (LlGC/B/1781/20)
Trwy ganiatâd Llyfrgell Genedlaethol Cymru

Tynnir sylw at y dodrefn a nodwyd yn y rhestr eiddo hon gan Gerald Morgan, 'Ewyllysiau Cymraeg 1539–1858' yn Cof Cenedl XII *(1997)*

6. GWYBODAETH A FFYNONELLAU TEULUOL

Evan L. James

Y ffynhonnell gyntaf yw'r wybodaeth sydd gan y teulu, ac yn arbennig y perthnasau hynaf. Gall recordydd tâp fod yn werthfawr iawn wrth gasglu eu hatgofion. Os gallant roi eu hatgofion ar bapur, gorau oll. Byddai paratoi rhestr o gwestiynau iddynt eu hateb yn gymorth i brocio'r cof.

Mae'n debygol fod gan rai perthnasau Feibl teulu, tystysgrifau genedigaeth, toriadau papur newydd, a.y.b., sy'n profi cysylltiadau aelodau'r teulu â'i gilydd. Byddai cael lluniau o'r teulu'n werthfawr iawn i gynnal diddordeb, ond dylid cofio rhoi enwau'r rhai sydd yn y llun, a rhyw syniad o'r dyddiad y tynnwyd ef, ar ddarn o bapur ynghlwm wrtho, neu ysgrifennu hynny'n ysgafn ar y cefn, cyn y collir pob adnabyddiaeth ohonynt.

Dylid gofyn hefyd ymhle y claddwyd eu cyndeidiau a pherthnasau eraill. Yn ychwanegol at gofnodi arysgrif bedd, dylid tynnu llun o'r bedd. Mae'n bwysig edrych ar y beddfeini cyfagos hefyd, oherwydd yn aml cleddid perthnasau yn agos at ei gilydd. Cofier nad yw dyddiad marwolaeth ac oedran bob amser yn gywir ar garreg fedd. Dylid cofio y gallai blynyddoedd fynd heibio cyn gosod maen coffa ar y bedd, a'r rhai a drefnodd osod y beddfaen wedi mynd yn ansicr o'r ffeithiau, yn enwedig flwyddyn marw ac oedran yr ymadawedig.

Weithiau coffeir rhai ar y beddfaen a gladdwyd yn rhywle arall a datgelir ymhle y claddwyd hwy, yn enwedig filwyr a gladdwyd mewn gwlad dramor, neu forwyr a gollwyd ar y môr. Cyfreithlonwyd amlosgi yn 1902 ac yn aml dychwelir llwch yr ymadawedig i'r fynwent leol a'i roi ar fedd perthynas neu mewn llecyn arbennig yn y fynwent a chofeb fechan arno.

Yn ogystal â'r beddfeini, ceir llawer o gofebau y tu mewn i eglwysi a chapeli, ynghyd â ffenestri, dodrefn a llyfrau a gyflwynwyd er cof am aelodau arbennig. Ceir cofebau i'r rhai a gollodd eu bywyd mewn rhyfel yno hefyd, yn ogystal ag mewn neuaddau pentref, ysgolion, colegau ac mewn llefydd canolog y tu allan.

Meini coffa hynafol a welir yn Eglwys Penmachno

Yn hanner deheuol Ceredigion ni chafwyd un beddfaen cynharach na'r ddeunawfed ganrif (er i Iolo Morganwg weld tua'r flwyddyn 1799 feddfaen a'r dyddiad 1684 arno ym mynwent Ystrad Fflur). Ceir ychydig feddfeini sy'n dyddio o'r ddeunawfed ganrif ym mynwentydd eglwysi plwyfi Ceredigion (ac mae cynifer â 27 ohonynt yn dal i fod ym mynwent Ystrad-fflur). Ar gistfeini teuluoedd ceir yn aml enw'r penteulu, dyddiad ei farwolaeth, enw ei gartref a'i oedran, ynghyd â gwybodaeth gyffelyb am ei wraig a rhai o'i blant.

Ar gerrig bach iawn nid oes lle ond i lythrennau blaen enw'r ymadawedig ac efallai flwyddyn marwolaeth ac oedran, e.e. M.T./AG/54/1768 ym mynwent Tregaron. Yng nghofrestr y plwyf cofnodwyd 'Margaret Thomas buried 21 May 1768 aged 54'. Ym mynwent Llanbedr Pont Steffan neilltuwyd rhan helaeth o'r fynwent ar gyfer cerrig bach unffurf dwy lythyren a rhif ar bob un ohonynt, e.e. H.P./No. 1420. Mae hyn yn cyfateb i gofnod 1420 yn llyfr y tloty lleol, sef 'Henry Parker, died 27 Feb 1931 aged 66'.

Saesneg a welir fynychaf ar feddfeini cyn 1800, er y ceir tair iaith – Lladin, Saesneg a Chymraeg – ar fedd Peter Davies 'of Glyn' ym mynwent Llanbadarn Odwyn, a fu farw Awst 30fed, 1766 yn 41 mlwydd

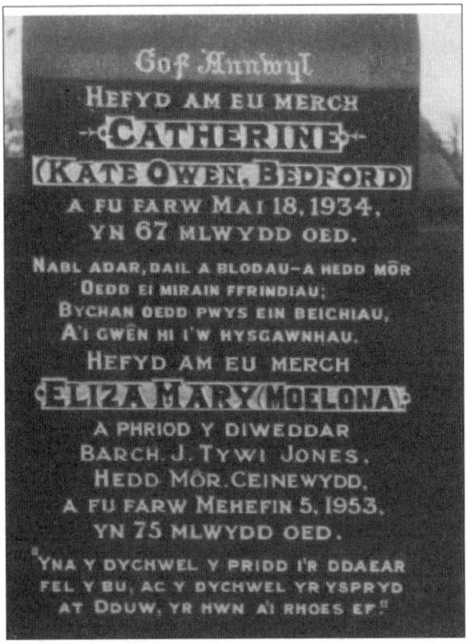

Carrreg fedd yr awdures Moelona, Mynwent Capel Hawen, Rhydlewis

oed. Yr arysgrif Cymraeg yw:

Mi es yn rhydd o'r carchar Prydd
  Lle rwyf ddarllenydd hygar
Mi ges yn wych Gyfnewid gwiw
  Cael ne[foed]d Duw'n lle Daiar.

Yn Ystrad Meurig gwelir arysgrif mewn Lladin yn unig ar fedd un o ysgolfeistri'r ysgol enwog sydd gerllaw'r eglwys. Yn Aberporth ceir nifer o arysgrifau Cymraeg o ddiwedd y ddeunawfed ganrif, megis:

Yma y gorwedd cyrph 5 o blant
Dafydd Evan, Llwyncoed:
Evan a fu farw 24 Meh 1791
(6 dydd) . . .

Cyfeiria'r cofnodion cyfatebol yng nghofrestr y plwyf at blant David Evans. Defnyddid y Gymraeg yn fwyfwy cyson gyda threiglad y ganrif, ond roedd y teuluoedd mwyaf cefnog a rhai offeiriaid, masnachwyr a thrigolion trefol yn parhau i ddefnyddio'r Saesneg.

Ym mynwent y plwyf Llanbedr Pont Steffan gwelir 67 o feini i Bwyliaid, a mwyafrif yr arysgrifau mewn Pwyleg.

Gydag amser treulir wyneb beddfaen gan y glaw a'r rhew nes ei gwneud yn anodd darllen yr arysgrif. Ar ddiwrnod heulog gall drych fod o gymorth trwy adlewyrchu golau'r haul o'r ochr ar wyneb y garreg i greu cysgodion ym mhantau'r llythrennau. Ar ddiwrnod cymylog gellir defnyddio tiwb llydan ac un pen wedi'i dorri ar oleddf a rhoi hwnnw yn agos at wyneb y garreg fel bod y llythrennau'n cael eu goleuo o'r ochr. Gall tynnu sbwng gwlyb yn ysgafn ar draws wyneb y garreg wneud y llythrennau'n haws eu darllen hefyd. Os oes iorwg, cen neu fwsogl yn cuddio'r arysgrifiad, rhaid bod yn ofalus wrth eu tynnu i ffwrdd rhag niweidio wyneb y garreg a cholli ffurf rhai o'r llythrennau.

Un o fanteision beddfeini fel cofnodion yw y gall enwau mwy nag un person gael eu cofnodi ar garreg ynghyd â'r berthynas rhyngddynt, hyd yn oed os yw un wedi ei gladdu hanner canrif yn ddiweddarach na'r llall, gwybodaeth nad yw mor hawdd ei darganfod mewn cofrestr claddu. Cofier hefyd nad dyddiad claddu a geir fel arfer ar garreg fedd, ond dyddiad marw. Gellir cael enw morwr a gollwyd ar y môr neu enw milwr a gladdwyd mewn gwlad estron ar garreg fedd y teulu, er na fyddai unrhyw gyfeiriad ato mewn cofrestr claddedigaethau. Byddai enw'r milwr hefyd yn debygol o fod ar gofeb i holl filwyr yr ardal.

Carreg fedd y Parchg E. Keri Evans, Mynwent Eglwys Llandyfrïog

Cymharol ddiweddar yw'r arfer gan bobl gyffredin o osod beddfaen ar fedd, a'r bedd cynharaf i oroesi ym mynwent plwyf Bangor Teifi yw un er cof am Samuel Jones a fu farw yn 1809. Ond mae'n debygol mai yn 1845 y gosodwyd y garreg, pan fu farw Hannah, chwaer Samuel. Yn yr un plwyf nid oes ond dwy arysgrif yn dyddio o'r degawd 1821–1830 tra ceir 25 cofnod yn y cofrestr claddu. Erbyn y degawd 1871–1880 yr oedd 30 o gofnodion claddu a 24 arysgrif ar feddau.

Ar rai beddau defnyddid enw'r tad yn ail enw a rhoddid enw morwynol y wraig gan na ddaeth defnyddio cyfenw yn gyffredin mewn rhai ardaloedd hyd ddechrau'r bedwaredd ganrif ar bymtheg. Ym mynwent Llandysiliogogo, Ceredigion, gwelir bedd:

Evan Jenkin, Cefncoedbach, a fu farw 5 Ebrill 1834 yn 73
Catherine ei wraig, a fu farw 27 Chwef 1813 yn 42 oed
Margaret eu merch a fu farw 19 Maw 1825 yn 17 oed
Daniel eu mhab a fu farw 13 Hyd 1833 yn 28 oed
Ebenezer eu mhab a fy farw 8 Tach 1835 yn 26 oed.

Ond yng nghofrestr y plwyf yr enwau a gofnodwyd oedd Evan Jenkins, Catherine John, Daniel Evans ac Ebenezer Evans, ac nid oes gofnod am Margaret.

Erbyn hyn mae nifer fawr o arysgrifau beddfeini wedi eu cofnodi a'u mynegeio gan unigolion, yn aml dan nawdd Cymdeithasau Hanes Teulu. Mae nifer ohonynt i'w gweld mewn archifdai a llyfrgelloedd lleol,

Bedd y Bardd Cocos
(John Evans o Fôn)

yn Llyfrgell Genedlaethol Cymru ac yn fwyfwy ar y we. Bu llawer o dacluso ac aildrefnu mynwentydd yn ystod ail hanner yr ugeinfed ganrif, fel y digwyddodd ym mynwent Llandysiliogogo. Cofnodwyd yr arysgrifau yn 1971 a hefyd yn 1997 pan welwyd bod amryw o'r cerrig wedi eu hailosod mewn dwy res ddi-dor heb unrhyw gysylltiad teuluol rhwng un garreg a'r nesaf. At hyn, gwelwyd bod cynifer â 30 o'r cerrig yn eisiau. Ceir copi o'r ddwy drefn yn Llyfrgell Genedlaethol Cymru.

DARLLEN PELLACH

E. L. James a M. A. James, *Beddargraffiadau a Mynegion*. Cyfrol 1 (1995) – Cyfrol 18 (2006). Adysgrifau a mynegeion o feddargraffiadau rhai o blwyfi de Ceredigion. Mae copïau ar gael yn Llyfrgell Genedlaethol Cymru, Archifdy Ceredigion ac yn Llyfrgell Ceredigion, Aberystwyth.

7. COFNODION TROSEDDOL

Glyn Parry

Roedd llysoedd barn Cymru – boed hwy yn llysoedd y Goron, yn llysoedd yr Eglwys neu yn llysoedd preifat megis y llysoedd maenorol – yn cyffwrdd mewn rhyw ffordd neu'i gilydd â chyfran sylweddol o boblogaeth Cymru. Prin iawn yw'r ystadegau cyn 1805, er y gwyddom erbyn hyn fod yn agos i 20,000 o unigolion wedi eu cyhuddo gerbron Llys y Sesiwn Fawr rhwng 1730 ac 1830. Oherwydd mai erlyniadau gan unigolion preifat oedd achosion o'r fath gan mwyaf (gan nad oedd heddlu proffesiynol i'w gael hyd ganol yr 1850au), dyna ychwanegu tua 20,000 arall y bu raid iddynt ymddangos gerbron y llys i erlyn troseddwyr. Ped ychwanegid nifer y tystion ac aelodau'r rheithgor at hyn, fe fyddai nifer y Cymry a ymddangosodd gerbron Llys y Sesiwn Fawr rhwng 1730 a 1830 dros 100,000. Yn 1899 fe wrandawodd llysoedd bychain Cymru ar 55,027 o achosion, sef un achos am bob 36 person a oedd yn byw yng Nghymru, a chymryd yn ganiataol nad oedd neb wedi ymddangos ddwywaith. Mae arolwg brysiog o gofnodion llysoedd eglwysig archddiaconiaethau Aberhonddu a Chaerfyrddin yn awgrymu bod tua 2,000 o bobl wedi eu gwysio gerbron y llysoedd hyn rhwng 1700 ac 1775 – cyfnod pan oedd y llysoedd eglwysig ar drai. Ni ellir anghofio, felly, am gofnodion troseddol wrth fynd ati i lunio hanes lleol.

Bydd y bennod hon yn edrych yn fras ar y llysoedd canlynol: llysoedd eglwysig, llysoedd maenorol, y llysoedd bach, Llys y Sesiwn

Fawr, y brawdlysoedd a'r sesiynau chwarter, yn bennaf ar ôl 1541 pryd y sefydlwyd Llys y Sesiwn Fawr. Ni fydd yn edrych ar gofnodion achosion sifil, ac eithrio'r rhai a ddaeth gerbron Llys y Sesiwn Fawr, nac ychwaith ar gofnodion Llys y Mers, yn bennaf am fod mwyafrif y cofnodion wedi hen ddiflannu.

Llysoedd eglwysig

Syndod i ni heddiw, efallai, yw sylweddoli cymaint o awdurdod oedd gan y llysoedd eglwysig dros fywyd pobl Cymru. Fel y cawn weld, roedd ganddynt yr hawl, er enghraifft, i wrando achosion yn erbyn pobl am yfed neu chwarae ar y Sul; am wrthod, heb reswm da, mynychu'r eglwys ar y Sul; am wrthod derbyn y cymun; am droseddau (er mai pechodau, efallai, fyddai'r gair mwyaf addas heddiw) megis godinebu ac anfoesoldeb rhywiol; ac roedd ganddynt yr hawl i wrando ar achosion torpriodas.[1] Roedd ganddynt hefyd yr hawl i wrando ar achosion a oedd yn ymwneud â bywyd yr Eglwys ei hun, megis degymau a chamymddwyn gan glerigwyr. Erbyn heddiw, mae holl awdurdod y llysoedd eglwysig wedi diflannu bron yn llwyr.

Prif waith y llysoedd oedd profi ewyllysiau, caniatáu neu drwyddedu gwelliannau neu newidiadau i'r eglwysi a'r mynwentydd (*faculties* yn Saesneg), a gwrando ar achosion yn erbyn unigolion. Nid oes angen pwysleisio pa mor allweddol yw ewyllysiau ac infentorïau neu restrau eiddo ar gyfer hanes lleol ond mae trwyddedau yr un mor allweddol i olrhain hanes eglwysi fel adeiladau. Roedd yn rhaid (ac y mae'n rhaid o hyd) cael trwydded i wneud unrhyw fath o waith o fewn a thu allan i'r eglwys – o'r mwyaf sylweddol, megis creu eisteddleoedd newydd ar gyfer holl gynulleidfa'r eglwys, i'r mwyaf syml, megis gosod plac ar y mur. Ond pa fath o achosion troseddol a ddeuai gerbron y llysoedd?

A barnu oddi wrth gofnodion llys archddiaconiaeth Aberhonddu rhwng 1662 ac 1700 a rhwng 1750 ac 1760, yr achos mwyaf cyffredin yn erbyn plwyfolion oedd gwrthod talu'r degwm. Gellir bod yn weddol sicr nad gwrthod talu o ran egwyddor oedd cymhelliad y mwyafrif ohonynt (fel a ddigwyddodd yn Rhyfel y Degwm yn sir Ddinbych yn yr 1880au, er enghraifft) ond oherwydd tlodi neu wrthwynebiad i dalu trethi fel y cyfryw. Yr ail achos mwyaf cyffredin oedd enllib ac athrod. Mae'r rhain yn ddiddorol iawn gan fod cwynion yr erlynydd yn cynnwys yr enllib a lefarwyd yn yr iaith y'i llefarwyd. Dyma, felly, un o'r ychydig fathau o ddogfennau sydd ar gael lle rydym yn clywed pobl gyffredin yn

Darlun cyfoes o lofruddiaeth William Powell, Glanareth, yswain, 1769 (LlGC, Llsgr. 232061D, t. 2)
Trwy ganiatâd Llyfrgell Genedlaethol Cymru

siarad â'i gilydd yn Gymraeg. O'u darllen, gellir adnabod tafodiaith yn weddol rwydd. Maent wedi eu defnyddio'n helaeth gan haneswyr Lloegr i astudio perthynas pobl â'i gilydd mewn cymunedau a chan Richard Suggett yng Nghymru.[2] Achosion eraill a ddeuai gerbron y llysoedd yn bur aml oedd torpriodas a phriodasau anghyfreithlon. Deuai achosion o blant siawns o flaen y llys yn weddol aml, yn ogystal ag achosion yn ymwneud â hawliau dros seddau yn yr eglwys ac achosion o anniweirdeb. Ceir hefyd achosion o feddwdod, ymosodiadau ar glerigwyr, a mynychu tai cwrdd cyn 1689. Mae'n werth sylwi hefyd mai yma (yn ogystal ag yn y Sesiwn Chwarter) y ceir trwyddedau capeli o 1689 ymlaen.

Pa fath o gofnodion roedd y llysoedd eglwysig yng Nghymru yn eu creu? Yn gyntaf, Llyfrau Gorchmynion neu Lyfrau Penderfyniadau (*Act Books* yn Saesneg). Ceir yn y cyfrolau hyn gofnod cryno o'r achosion a ddeuai gerbron y llys, fel arfer yn nodi'r ymddangosiad yn y llys, y cam(au) nesaf yn y broses gyfreithiol a rhestr o'r holl ddogfennau a

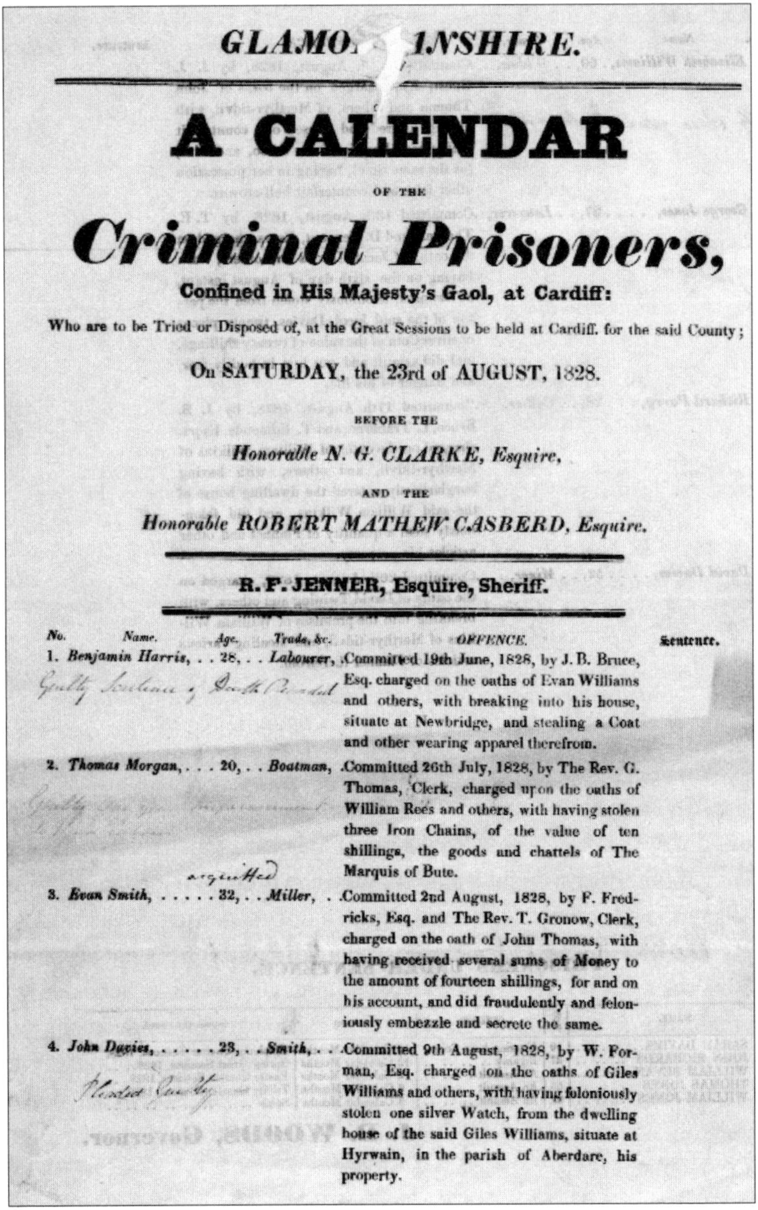

GLAMO[illegible]ANSHIRE.

A CALENDAR

OF THE

Criminal Prisoners,

Confined in His Majesty's Gaol, at Cardiff:

Who are to be Tried or Disposed of, at the Great Sessions to be held at Cardiff, for the said County;

On SATURDAY, the 23rd of AUGUST, 1828.

BEFORE THE

Honorable N. G. CLARKE, Esquire,

AND THE

Honorable ROBERT MATHEW CASBERD, Esquire.

R. F. JENNER, Esquire, Sheriff.

No.	Name.	Age.	Trade, &c.	OFFENCE.	Sentence.
1.	*Benjamin Harris,*	28,	*Labourer,*	Committed 19th June, 1828, by J. B. Bruce, Esq. charged on the oaths of Evan Williams and others, with breaking into his house, situate at Newbridge, and stealing a Coat and other wearing apparel therefrom.	Guilty Sentence of Death Recorded
2.	*Thomas Morgan,*	20,	*Boatman,*	Committed 26th July, 1828, by The Rev. G. Thomas, Clerk, charged upon the oaths of William Rees and others, with having stolen three Iron Chains, of the value of ten shillings, the goods and chattels of The Marquis of Bute.	
3.	*Evan Smith,*	32,	*Miller,*	Committed 2nd August, 1828, by F. Fredricks, Esq. and The Rev. T. Gronow, Clerk, charged on the oath of John Thomas, with having received several sums of Money to the amount of fourteen shillings, for and on his account, and did fraudulently and feloniously embezzle and secrete the same.	acquitted
4.	*John Davies,*	23,	*Smith,*	Committed 9th August, 1828, by W. Forman, Esq. charged on the oaths of Giles Williams and others, with having feloniously stolen one silver Watch, from the dwelling house of the said Giles Williams, situate at Hyrwain, in the parish of Aberdare, his property.	Pleaded Guilty

Calendr o garcharorion a fu o flaen eu gwell yn sir Forgannwg yn 1828, gyda dedfrydau a chosbau wedi eu hychwanegu gan un o glercod y llys (LlGC, Cofnodion Llys y Sesiwn Fawr 4/639/4 /37)

Trwy ganiatâd Llyfrgell Genedlaethol Cymru

ffeiliwyd ym mhob achos, a dyfarniad y llys. Yn anffodus, o ran defnyddioldeb, mae problemau sylfaenol yn perthyn i'r cyfrolau hyn: ni roddir unrhyw fanylion am yr achos ei hun, ac maent yn arswydus o anodd eu deall ar brydiau oherwydd y llawysgrifen a'r talfyriadau enbyd a ddefnyddiai swyddogion y llysoedd, heb sôn am y defnydd o Ladin. Yr ail fath o gofnodion oedd cofnodion yr achosion eu hunain.

Roedd proses gyfreithiol y llysoedd eglwysig yn eithaf cymhleth, gyda chleientiaid yn gallu cyflwyno sawl math gwahanol o ddogfennau i ymladd eu hachos. Y pwysicaf, fodd bynnag, oedd cwyn yr erlynydd a elwir yn *libel* (o'r Lladin *libellum,* sef llyfryn) ac ateb y diffynnydd i'r gŵyn. Y ddwy ddogfen hyn sy'n rhoi cig a chnawd pob achos.

Wedi i'r broses gyfreithiol ddod i ben, byddai cadeirydd y llys (canghellor yr esgobaeth fel arfer, heb reithgor) yn rhoi ei ddedfryd. Nid oedd y llysoedd yn gallu dyfarnu cosb gorfforol megis chwipio na charcharu ychwaith, ac yn wir nid cosbi fel y cyfryw oedd bwriad y llysoedd ond cymodi a diwygio'r troseddwr. Prif gosb y llysoedd oedd penyd, sef bod yr euog yn sefyll mewn gwisg wen o flaen y gynulleidfa yn yr eglwys a chyfaddef ei drosedd; roedd yn fath o ddisgyblaeth gymunedol. Cosb eithaf y llysoedd oedd esgymuno. Golygai hyn na châi'r sawl a esgymunwyd erlyn neb mewn llys barn na bod yn dyst mewn llys barn ac nid oedd ganddo ef neu hi hawl i fod yn ysgutor ewyllys nac yn warcheidwad plant. Yn wir, nid oedd neb i brynu na gwerthu gydag ysgymunedig, ei gynnal mewn unrhyw ffordd, na chynnig lloches iddo neu iddi, neu fe fyddai'r eglwys yn eu hesgymuno hwythau hefyd. Yn wir, erlynwyd Margaret, gwraig William Powell o Lanhamlach, sir Frycheiniog, yn 1682 am fynychu angladd dyn a oedd wedi ei esgymuno.

Mae holl gofnodion llysoedd eglwysig Cymru yn y Llyfrgell Genedlaethol ond mae'n amlwg nad yw cyfran sylweddol o'r cofnodion wedi goroesi. Sefydlwyd y llysoedd rywdro yn yr Oesoedd Canol ond nid oes papurau'n ymwneud ag achosion unigol ar gael cyn hanner olaf yr ail ganrif ar bymtheg, ac yn achos esgobaeth Llanelwy cyn 1826. Mae'r Llyfrau Gorchmynion ychydig yn fwy cyflawn. Y cynharaf yw llyfrau esgobaeth Llanelwy (1580) ac archddiaconiaethau Caerfyrddin (1590) ac Aberhonddu (1661). Maent ar gael ar gyfer esgobaeth Llandaf o 1688 a Bangor mor ddiweddar ag 1730. Mae'r holl gofnodion, bron, yn Lladin hyd at 1732. O'r ail ganrif ar bymtheg ymlaen, fodd bynnag, fe ddirywiodd grym ac awdurdod y llysoedd hyn. Collodd y llysoedd yr hawl i brofi ewyllysiau ac i ymdrin ag achosion torpriodas yn 1857, ond ymhell cyn hynny roedd y llysoedd seciwlar wedi llwyddo i ddwyn busnes oddi ar y llysoedd, megis enllib ac athrod (ceir enghreifftiau o hyn ymhlith cofnodion y Sesiwn Fawr o'r 1730au ymlaen) a degymau. Ac eithrio profi ewyllysiau a thrwyddedu gwelliannau neu newidiadau i'r eglwysi a mynwentydd, dim ond tri achos a gychwynnwyd yn llys archddiaconiaeth Aberhonddu rhwng 1827 ac 1829. Problem ddifrifol arall a wynebai'r llysoedd oedd y ffaith nad oedd ganddynt y grym i orfodi pobl i ymddangos ger eu bron. Dro ar ôl tro, ceir achosion o bobl yn anwybyddu un wŷs eglwysig ar ôl y llall. Yr unig ffordd y gallai'r llysoedd sicrhau presenoldeb yn y pen draw oedd drwy ddefnyddio prosesau gwysio'r llysoedd seciwlar. Erbyn heddiw, unig awdurdod y llysoedd yw gwrando ar achosion o gamymddwyn yn erbyn clerigwyr, ac eithrio esgobion.

Llysoedd maenorol

Uned ddaearyddol yn eiddo i dirfeddiannwr oedd maenor ac, fel perchennog y faenor, roedd gan y tirfeddiannwr hawliau nid yn unig dros y tir ond dros ei denantiaid hefyd, yn ogystal â rhywfaint o hawliau dros berchenogion tir eraill o fewn y faenor. Roedd hawliau'r tirfeddiannwr a dyletswyddau'r tenantiaid tuag ato wedi eu diffinio gan arferiad y faenor ac nid gan gyfraith gwlad, ac felly roedd yr hawliau a'r dyletswyddau'n amrywio o faenor i faenor. Yn ogystal, roedd perchenogion maenorau (er nid y cyfan ohonynt) wedi cael yr hawl gan y Goron i wrando ar achosion troseddol, fel y cawn weld. Oherwydd hyn fe ddatblygodd dau lys maenorol, sef llys barwn a'r llys lît, y cyntaf yn ymdrin â busnes y faenor a'r ail i ddelio ag achosion troseddol o fewn y faenor. Yn aml iawn, fodd bynnag, nid yw'r cofnodion yn gwahaniaethu rhwng y naill a'r llall. Wrth ddefnyddio cofnodion maenorol dylid cofio hefyd fod y faenor fel uned ddaearyddol yn amrywio'n sylweddol o ran maint. Er enghraifft, roedd maenor Mefenydd yn ymestyn rhwng pymtheg ac ugain milltir o'r môr tra oedd arglwyddiaethau megis Aberhonddu, Dinbych a Morgannwg yn fwy na rhai siroedd. Nid oedd ffiniau plwyfi a maenorau'n cydredeg o bell ffordd. Roedd rhai maenorau'n gyfan gwbl o fewn un plwyf tra oedd eraill yn cynnwys sawl plwyf, a gallai plwyf hefyd gynnwys sawl maenor (Llancarfan, er enghraifft, a oedd yn cynnwys pum maenor).

Prif waith y llys barwn oedd cofnodi trosglwyddo tir tenantiaid y faenor, boed hynny yn werthu, morgeisio, prydlesu neu drwy ewyllys.

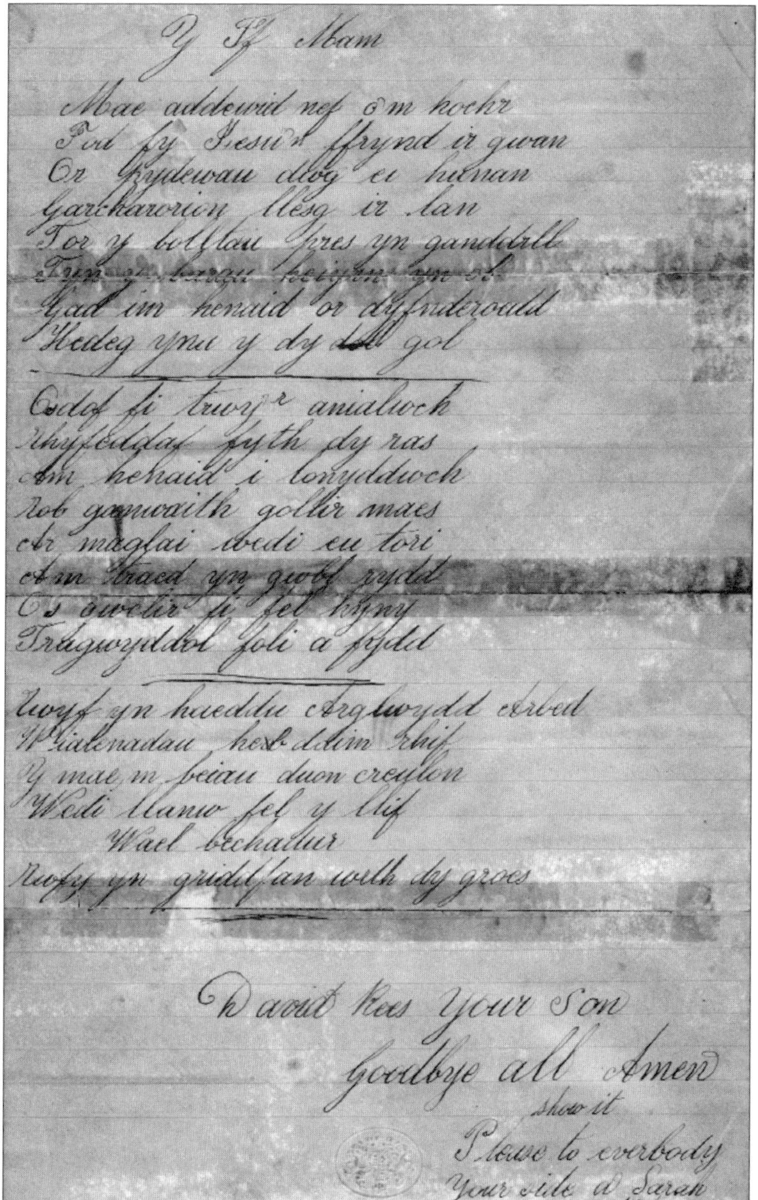

Cerdd a gyfansoddodd David Rees i'w fam ychydig cyn ei grogi; roedd wedi ei ddedfrydu i farwolaeth am lofruddiaeth yn Nafen, sir Gaerfyrddin, 1887 (Mus. 411a)
Trwy ganiatâd Gwasanaeth Archifau Sir Gaerfyrddin

Y siec a newidiodd Thomas Davies, clerc gwaith tun Dafen, yn y banc ychydig funudau cyn ei lofruddio gan David Rees (Mus. 411a)
Trwy ganiatâd Gwasanaeth Archifau Sir Gaerfyrddin

Nid oedd modd gwneud yr un o'r rhain heb ganiatâd y perchennog neu arglwydd y faenor (a thalu iddo). Er mwyn trosglwyddo tir maenorol roedd yn rhaid gollwng y tir i ddwylo'r arglwydd, neu i stiward y faenor fel arfer yn y llys, ac yna byddai'r perchennog newydd yn cael ei dderbyn i'r tir dan sylw. Cofnodid y trosglwyddiadau hyn ar rôl y llys ac fe gâi'r perchennog newydd gopi o'r rhan berthnasol o'r rhôl yn brawf o'i berchenogaeth. Dyma paham y galwyd y math yma o ddaliadaeth tir yn dir copi.

Roedd y llys barwn hefyd yn gwrando ar achosion yn erbyn unigolion a oedd wedi torri cyfreithiau neu arferion y faenor. Felly, ceir y llys barwn yn gwrando ar achosion yn erbyn pobl a oedd wedi gollwng gormod o anifeiliaid ar y tir comin; wedi esgeuluso cadw ffyrdd yn drwsiadus; wedi gollwng dom ar y ffyrdd; heb lanhau eu ffosydd; wedi mynd ag anifeiliaid drwy gae gwenith rhywun arall; neu wedi symud anifeiliaid rhywun arall o un cae i'r llall heb ganiatâd. Roedd achosion fel hyn yn ymwneud â lles y gymuned faenorol yn gyffredinol, ond roedd gan y tenantiaid yr hawl i ddwyn achosion sifil yn erbyn ei gilydd yn ogystal. Achosion o ddyled oedd y rhain yn bennaf, ond nid oedd gan y llysoedd maenorol yr hawl i wrando ar achosion o ddyled dros £2.

Fel y crybwyllwyd eisoes, roedd gan y llys lît yr hawl i wrando achosion troseddol, ond hawl gyfyngedig iawn oedd hon. Gallai wrando ar achosion o fân-ladrata, ymladd, ymosodiad corfforol a thywallt gwaed – roedd yr achosion mwyaf difrifol yn mynd gerbron llysoedd y Goron. Serch hynny, roedd gan y llysoedd maenorol hawl i gosbi troseddwyr, drwy ddirwy fel arfer.

Yn ogystal â rholiau'r llys roedd y faenor yn creu cofnodion eraill hynod werthfawr. Yn eu plith gellir nodi, yn gyntaf, arolygon sy'n rhoi darlun manwl a chynhwysfawr o'r rhent roedd yn rhaid i'r tenantiaid ei dalu, a'u dyletswyddau i arglwydd y faenor (megis gwasanaeth llafur iddo yn ystod y cynhaeaf, malu blawd yn ei felin, rhoi dofednod yn rhad ac am ddim iddo yn ystod y Nadolig). Yn ail, cwstwmal sy'n rhestru'r holl denantiaid, y rhenti roeddent yn eu talu, y tiroedd roeddent yn eu dal a'r dyletswyddau a oedd yn ddyledus i'r arglwydd. Yn drydydd, stentiau, sydd yn ddogfennau anhygoel gan eu bod yn rhoi gwerth popeth o fewn y faenor – pob adeilad, pob darn o dir, pob gwasanaeth llafur, a phob cynnyrch a delid fel rhent yn lle arian. Nid gwerth y faenor ar gyfer ei gwerthu ydyw ond gwerth y faenor gyfan pe byddai'n cael ei gosod ar brydles am flwyddyn. Anfynych, fodd bynnag, y lluniwyd y tri math yma o gofnod. Yn olaf, rhentalau, sydd yn nodi'r rhenti a dalwyd, ac mae'r rhain yn llawer mwy lluosog na'r tri math arall o gofnod y soniwyd amdanynt.

Roedd y llysoedd maenorol yn sefydliadau gwirioneddol bwysig i'r gymuned faenorol ac fe adlewyrchir hyn yn y deunydd helaeth a wneir ohonynt gan haneswyr. Gellir eu defnyddio i ddarlunio perthynas unigolion â'i gilydd o fewn y gymuned, yn ogystal â pherthynas unigolion gydag aelodau eraill o'u teuluoedd a chyda'u cymdogion. Maent hefyd yn ffynhonnell bwysig iawn o wybodaeth am sut roedd cymunedau'n plismona eu hunain. Y cofnodion sydd wedi cael y prif sylw gan haneswyr, fodd bynnag, yw rholiau'r llys, yn enwedig ddogfennau tir copi. Maent wedi cael eu defnyddio'n helaeth gan haneswyr lleol i astudio perchenogaeth tir (a oedd rhai teuluoedd yn cronni mwy a mwy o dir i'w dwylo eu hunain?) a sefydlogrwydd cymunedau maenorol – ai'r un teuluoedd oedd yn byw ar y faenor o un genhedlaeth i'r llall neu a oedd yna newydd-ddyfodiaid yn symud i mewn, ac os felly, pryd a phaham? Ond yr hyn sydd yn gwneud cofnodion maenorol yn allweddol i hanes lleol yng Nghymru yw mai dyma bron iawn yr unig gofnodion sylweddol sydd ar gael o tua'r bedwaredd ganrif ar ddeg hyd gyfnod y Tuduriaid. Ceir cronfa ddata wych a chwiliadwy sydd yn cynnwys manylion am holl gofnodion maenorol Cymru sydd wedi eu catalogio ar wefan yr Archifau Gwladol: www.nationalarchives.gov.uk/mdr/

Yn anffodus, nid yw popeth yn fêl i gyd. Ysgrifennwyd y cofnodion i gyd yn Lladin cyn 1732 ac maent yn llawn talfyriadau a oedd yn aml iawn yn unigryw i'r faenor neu hyd yn oed i'r clerc a'u hysgrifennodd.

Yn waeth na hynny, o tua chanol yr unfed ganrif ar bymtheg ymlaen, crebachu yn araf wnaeth y llysoedd maenorol. Trosglwyddwyd yr hawl i wrando ar achosion troseddol i Lysoedd y Goron (Sesiwn Chwarter yn bennaf); daeth y plwyf yn amlycach fel uned weinyddol ac fe gollodd y llysoedd eu cyfrifoldebau dros ffyrdd a'r tlodion. Yn fwy angheuol yn y pen draw, serch hynny, oedd y ffaith fod mwy a mwy o drosglwyddo tir yn digwydd yn swyddfa'r stiward neu gyfreithiwr lleol yn hytrach nag yn agored yn y llys. Unwaith roedd hynny'n digwydd roedd hi'n Amen ar y llysoedd – dim busnes, dim llys, dim maenor. Gwelir y dirywiad yn glir yn safon eu cofnodion o'r ail ganrif a'r bymtheg ymlaen, yn arbennig yn rholiau'r llysoedd – asgwrn cefn y cofnodion maenorol. Yn lle rholiau memrwn ceir ffeiliau o bapurau blêr.

Llysoedd bach

Yn wahanol i'r Sesiwn Chwarter a'r Sesiwn Fawr, ni chafodd y llysoedd bychain eu creu gan ddeddf seneddol ac felly mae'n amhosibl rhoi dyddiad pendant pryd y cychwynnodd y llysoedd ar eu gwaith. Gwreiddiau'r llysoedd bach oedd achosion a ohiriwyd o'r Sesiwn Chwarter yn ystod yr unfed neu'r ail ganrif ar bymtheg i ynad heddwch a fyddai wedyn yn gwrando ar yr achos ym mharlwr ei dŷ. Wrth i lwyth gwaith (gweinyddol) y Llys Chwarter gynyddu o tua 1600 ymlaen fe drosglwyddwyd mwy a mwy o waith i ddwylo ynadon heddwch. Yn anffodus, ni roddwyd trefn weinyddol gadarn ar y llysoedd *ad hoc* yma hyd ganol y bedwaredd ganrif ar bymtheg ac o'r herwydd ychydig iawn o gofnodion sydd wedi goroesi cyn tua 1850 (gan sir Fôn y mae'r cofnodion cynharaf, sy'n mynd yn ôl i 1792). Er gwaethaf hyn, o'r holl gofnodion troseddol yr ymdrinnir â hwy yn y bennod hon, cofnodion y llysoedd bach yw'r rhai mwyaf defnyddiol o lawer o safbwynt hanes lleol. Mae'r rheswm am hyn yn syml iawn: yn y llysoedd bach y gwrandewid ar y mwyafrif llethol o achosion troseddol erbyn diwedd y ddeunawfed ganrif, o bosib, ac yn sicr yn ystod ail hanner y bedwaredd ganrif ar bymtheg. Amcangyfrifwyd yn 1857 eu bod yn gwrando ar hyd at ugain gwaith yn fwy o achosion na'r holl lysoedd barn eraill i gyd gyda'i gilydd. Erbyn diwedd y bedwaredd ganrif ar bymtheg roeddent yn gwrando ar 80% o holl achosion troseddol Prydain.

Rhoddodd deddfwriaeth canol y bedwaredd ganrif ar bymtheg fwy o drefn weinyddol ar y llysoedd bach (sy'n golygu gwell cofnodion) a mwy o waith iddynt. Yn 1848 pasiwyd deddf seneddol yn eu gorfodi i drosglwyddo manylion dirwyon, papurau'n ymwneud ag achosion unigol a thystiolaethau i'r Sesiwn Chwarter. Yn 1847 pasiwyd Deddf Troseddwyr Ifanc a roddodd hawl i'r llysoedd wrando ar achosion yn erbyn plant dan bedair ar ddeg oed. Ychydig yn ddiweddarach estynnwyd yr hawl yma i wrando ar bob achos o ladrad eiddo gwerth llai na 25 ceiniog ac yn 1879 codwyd y gwerth i ddwybunt. Cyn hyn roedd y llysoedd eisoes yn gwrando ar achosion o feddwdod, camymddwyn, gwrthod talu trethi lleol, ac achosion yn erbyn tadau plant siawns a chardotwyr.

Clawr cyfrol Glyn Parry, Naid i Dragwyddoldeb: Trosedd a Chosb 1700–1900 *(2001)*

Cofnodion mwyaf defnyddiol y llysoedd yw cofrestri'r llys, gan gynnwys cofrestri troseddwyr ifanc, a llyfrau cofnodion yr ynadon. Y mae cofrestri'r llys yn cynnwys crynodebau o bob achos a ddaeth gerbron y llys tra bod y llyfrau cofnodion yn cynnwys tystiolaeth yr erlynydd (heddwas fel arfer), tystiolaeth y diffynnydd mewn rhai achosion, natur y drosedd, oed y diffynnydd os oedd o dan un ar bymtheg oed, a'r gosb, lle bo'n briodol. Er nad ydynt yn gofnodion troseddol fel y cyfryw, mae'n werth cofio bod gan y llysoedd gyfrifoldeb dros drwyddedu tafarndai a chlybiau, llefydd i gadw ffrwydron, ac o 1927 ymlaen, gofrestri o blant a fabwysiadwyd.

Pa fath o achosion a ddeuai gerbron y llysoedd?

A barnu oddi wrth lyfr cofnodion llys bach Aberaeron ac Ilar Isaf yng Ngheredigion, y prif achosion – yn nhrefn niferoedd – oedd achosion yn ymwneud â thadau plant siawns, ymosodiadau corfforol, mân ladrata, cardota, gwrthod neu fethu talu'r dreth, meddwdod a throseddau pysgota. Nid yw hyn yn golygu mai dyma yw'r patrwm ym mhob llys wrth gwrs. Yn Aberystwyth yn 1902, er enghraifft, y brif drosedd oedd bod yn feddw neu'n feddw ac afreolus. Ond yn eu plith ceir achosion

ANGLESEY COUNTY GAOL, BEAUMARIS HOISTING THE WHITE FLAG
A PRISON WITHOUT A PRISONER

Carchar Biwmares

mor amrywiol â gadael i gorn simnai fynd ar dân, gyrru ceffyl a throl yn rhy gyflym, gyrru beic heb olau, peidio ag anfon plant i'r ysgol, cynnal loteri, ac fe gafodd un forwyn ei dwyn gerbron y llys am ysgwyd mat ar y stryd! Yn y llysoedd bach hefyd yr erlynid pobl am hela.

Heb os, mae cofnodion y llysoedd bach yn rhoi darlun byw iawn (os unochrog) o gymunedau Cymru o tua chanol y bedwaredd ganrif ar bymtheg ymlaen. (Maent hefyd yn gallu bod yn ddoniol iawn ar brydiau.) Yn fwy na dim, efallai, maent yn tanseilio'n llwyr yr hen ddelwedd o Gymru'r cyfnod fel gwlad syber, foesol a chrefyddol. Maent yn dangos yn glir iawn nad rhywbeth newydd yw meddwi'n ormodol, cael plant cyn priodi a lladrata. Cyn mynd ati i'w defnyddio, fodd bynnag, rhaid cofio bod yna fynegeion i'w cael weithiau, fel arfer yn nhudalennau blaen y cofrestri. Gall defnyddio'r rhain dorri i lawr yn sylweddol ar y gwaith o ymchwilio i achosion perthnasol. Man cychwyn hanfodol unrhyw ymchwil ar y llysoedd bach yng Nghymru, serch hynny (ac yn wir ar fyrdd o bynciau eraill), yw gwefan Rhwydwaith Archifau Cymru: www.rhwydwaitharchifaucymru.info/ Mae'r wefan arbennig hon yn cynnwys gwybodaeth am dros 4,700 o brif gasgliadau archifau Cymru, gan gynnwys manylion am holl gofnodion y llysoedd bach a gedwir bron yn gyfan gwbl yn yr archifdai sirol.

Llys y Sesiwn Fawr

Sefydlwyd Llys y Sesiwn Fawr gan yr ail Ddeddf Uno 1542 ac fe barhaodd y llys tan 1830, pryd y'i disodlwyd gan y brawdlysoedd. Yn ôl y ddeddf hon roedd gan y llys lawn cymaint o hawl i wrando ar achosion ag a oedd gan lysoedd Pledion Cyffredin a Mainc y Brenin yn Llundain. Golygai hyn fod gan y Sesiwn Fawr yr hawl i wrando ar achosion sifil a throseddol ac fe lwyddodd hefyd i gael yr hawl i wrando ar achosion ecwiti. Cyfarfyddai'r llysoedd ddwywaith y flwyddyn ym mhob sir yng Nghymru ac eithrio sir Fynwy, a ddaeth yn rhan o gylchdaith Brawdlys Rhydychen. Rhannwyd Cymru yn bedair cylchdaith: Caer (siroedd Dinbych, Fflint a Threfaldwyn), gogledd Cymru (siroedd Môn, Caernarfon a Meirionnydd), Aberhonddu (siroedd Brycheiniog, Maesyfed a Morgannwg) a Chaerfyrddin (siroedd Caerfyrddin, Ceredigion a Phenfro).

Treuliai'r llys y rhan fwyaf o'i amser yn gwrando ar achosion sifil, a phrif gofnod yr agwedd hon o'i waith yw'r rholiau pledio. Ond rhaid cofio nad oes cofnod ar gyfer pob achos sifil yn y rholiau pledio ar ôl tua 1700, dim ond y rhai lle roedd y partïon yn cytuno ar yr hyn roeddent yn anghytuno yn ei gylch. Erbyn tua 1700 lleiafrif bychan o achosion oedd yn cyrraedd y rhan honno o'r broses gyfreithiol: roedd y mwyafrif helaeth wedi eu setlo tu allan i'r llys. Mae'r rholiau pledio, felly, yn cynnwys manylion achos yr erlynydd ac fel arfer ateb y diffynnydd i'r gŵyn, a dedfryd y llys. Heb amheuaeth, achosion digon undonog o ddyledion yw cyfran helaeth o'r achosion ond maent hefyd yn cynnwys achosion yn ymwneud â pherchenogaeth tir, torri cytundebau, achosion o ymosodiadau corfforol lle roedd yr erlynydd yn mynnu iawndal ac achosion o enllib. Nid oes mynegai cyfleus i'r achosion.

Cyn chwilio am achosion unigol, byddai'n syniad da edrych ar y mynegeion yn gyntaf, sef y llyfrau doged. Mantais fawr y rhain yw eu bod yn cynnwys manylion am bob achos a gychwynnwyd yn y llys, gan gynnwys y rhai a gafodd eu setlo'n breifat. Yn anffodus, dim ond enwau'r partïon a'u cyfreithwyr a natur yr achos a nodir. Ni cheir ddim gwybodaeth ymhle roedd y partïon yn byw na lleoliad tiroedd os oedd anghydfod drostynt.

Prif gofnod ochr droseddol y llys yw'r ffeiliau carchar. Mae'r rhain yn cynnwys y cyhuddiadau swyddogol yn erbyn carcharorion; rhestr o garcharorion a oedd o flaen eu gwell am sesiwn benodol o'r llys, ac yn ddiweddarach (tua 1800) restr o garcharorion a ddedfrydwyd i garchar gan lysoedd eraill, yn bennaf y Llys Chwarter; tystiolaethau erlynwyr a thystion; ymrwymiadau i ymddangos gerbron y llys i erlyn neu i gyflwyno tystiolaeth; a chwest y crwner. Y dogfennau mwyaf difyr o bell ffordd yw'r tystiolaethau: maent yn rhoi darluniau byw o fywyd bob dydd pobl wrth eu gwaith, yn y dafarn neu yn y farchnad. Fodd bynnag, rhaid bod yn hynod ofalus wrth eu defnyddio gan fod cymaint o'r wybodaeth sydd ynddynt yn hollol anghywir. Yn aml mae dyddiad y drosedd, galwedigaeth a'r plwyf lle roedd y cyhuddedig yn byw yn anghywir. Weithiau rhoddir dyddiad arestio'r cyhuddedig fel dyddiad y drosedd a'r man lle cafodd ei arestio fel ei breswylfa. Mae'r olaf yn arbennig yn anfantais eithriadol wrth geisio llunio hanes lleol. Ond mae modd gwirio rhai o'r ffeithiau yn y cyhuddiadau drwy eu cymharu ag ymrwymiadau gan fod y rhain yn cynnwys y ffeithiau cywir. Mae'r un broblem yn wir gyda chyhuddiadau'r Llysoedd Chwarter.

Gellir defnyddio'r Llyfrau Gorchmynion fel mynegai i'r ffeiliau carchar gan fod y rhain yn cynnwys cofnod ffurfiol o ddedfrydau'r llys ond mae Llyfrau'r Goron a'r Llyfrau Duon yn llawer mwy defnyddiol at y diben hwn. Yn anffodus, dim ond ar gyfer cylchdaith Caer y ceir Llyfrau'r Goron a dim ond ar gyfer cylchdaith Aberhonddu y ceir y Llyfrau Duon, a hynny o 1726 hyd 1830 yn unig. Am gyfnodau cynharach fe ddylid defnyddio'r Rholiau Calendr sydd ar gael ar gyfer siroedd Maesyfed, 1555–69, Morgannwg, 1555–1601, Ceredigion, 1542–1602, a Phenfro, 1542–1674. Y mae'r Llyfrgell Genedlaethol hefyd wedi creu cronfa ddata chwiliadwy o'r Ffeiliau Carchar am y cyfnod 1730–1830 (www.llgc.org.uk/sesiwn_fawr/index_c.htm). Gellir chwilio'r gronfa hon am enwau troseddwyr; galwedigaethau troseddwyr; mathau o drosedd; lleoliad y drosedd; enw'r erlynydd; pledion, dedfryd a chosb.

Dogfennau defnyddiol eraill yw rhai cwest y crwner. Mae modd defnyddio'r rhain ar gyfer achosion o lofruddiaeth, llongau'n cael eu dryllio, damweiniau diwydiannol ac achosion o hunanladdiad, yn ogystal â niferoedd lawer o bobl (a phlant) a fu farw mewn damweiniau yn y cartref ac ar y ffyrdd. Nid yw'r cyfan o'r rhain wedi goroesi o bell ffordd gan mai eiddo personol y crwner oeddent hyd ddauddegau'r ugeinfed ganrif.

Er bod gan Lys y Sesiwn Fawr yr hawl i wrando ar achosion ecwiti o'r cychwyn cyntaf, prin iawn, iawn yw achosion o'r fath cyn 1690 (cyn 1730 ar gylchdaith Caer). I Lys y Siawnsri yn Llundain ac i Lys Cyngor y

Mers yn Llwydlo yr âi'r rhan fwyaf o achosion ecwiti hyd nes i'r olaf gael ei ddiddymu yn 1689, a hyd yn oed ar ôl hynny i Lundain yr âi'r mwyafrif llethol o achosion ecwiti. Y gwahaniaeth mawr rhwng cyfraith ecwiti a gweddill cyfraith Lloegr oedd fod ecwiti'n edrych ar fwriad gweithredoedd, ar ysbryd y gyfraith yn hytrach na llythyren y ddeddf. O ganlyniad roedd nifer sylweddol o achosion ecwiti'n ymwneud â chytundebau priodas, ewyllysiau, ymddiriedolaethau ac anghydfodau teuluol.

Carchar/Archifdy Rhuthun

Prif gofnod ochr ecwiti'r Sesiwn Fawr yw'r pledion ac o blith y rhain y pwysicaf yw achwyniad yr erlynydd ac ateb y diffynnydd. Wedi i'r pledio ddod i ben fe fyddai'r ddwy ochr i'r ddadl yn holi tystion drwy gyflwyno cwestiynau ysgrifenedig iddynt. Os deuai'r achos gerbron y llys (a lleiafrif oedd y rhain) fe fyddai'r barnwr yn cyflwyno'i ddedfryd, ond cyn hyn, yn aml iawn, fe fyddai'r llys wedi gorchymyn i gofrestrydd y Llys (prif swyddog ochr ecwiti Llys y Sesiwn Fawr) lunio adroddiad manwl ar yr achos (yn enwedig os oedd angen cyfrifon) ac y mae'r rhain yn hynod werthfawr. Ni ddylid chwilio'r pledion am achosion a allai fod o ddiddordeb yn gyntaf; yn hytrach dylid edrych ar y mynegeion a luniwyd gan y llysoedd ac a elwir yn Llyfrau Bil. Er bod y rhain yn enwi'r erlynydd a'r diffynnydd nid ydynt, yn anffodus, yn dweud ble roedd yr un o'r ddau yn byw nac ychwaith beth oedd natur yr anghydfod.

Y Brawdlysoedd

Diddymwyd Llys y Sesiwn Fawr yn 1830 ac yn ei le fe ddaeth y brawdlysoedd (*assizes*), a bu'r rhain yn weithredol hyd nes eu disodli hwy yn eu tro gan Lysoedd y Goron yn 1972. Ffurfiwyd y brawdlysoedd yng Nghymru yn ddwy gylchdaith, sef Caer a gogledd Cymru, a de Cymru; mae'r cofnodion oll yn yr Archifdy Gwladol yn Llundain.

Crëwyd yr un math o gofnodion gan frawdlysoedd Cymru ag a wnaed gan y Sesiwn Fawr ond bod y cyhuddiadau a'r tystiolaethau wedi eu cadw ar wahân. Fel gyda'r Sesiwn Fawr, fe fyddai'n ddoethach edrych ar y mynegeion yn gyntaf yn hytrach na chofnodion achosion unigol. Gelwir y mynegion naill ai yn Llyfrau Cofnodion, Llyfrau'r Carchar neu Lyfrau Agenda. Rhaid cofio, fodd bynnag, fod nifer cynyddol o achosion o 1830 ymlaen yn cael eu gwrando gerbron y Llysoedd Chwarter.

Er nad yw'n rhan o gofnodion swyddogol y llysoedd barn, mae un ffynhonnell hynod ddefnyddiol ar gael am y cyfnod 1805–1892, sef Cofrestr Troseddwyr a grëwyd gan y Swyddfa Gartref o ystadegau a yrrwyd yno gan y llysoedd barn. Mae'r cofrestri'n nodi enwau pawb a ymddangosodd gerbron Llys y Sesiwn Fawr, y brawdlysoedd a gerbron y Llysoedd Chwarter yng Nghymru a Lloegr. Ceir yn y cofrestri nid yn unig enwau'r troseddwyr, ond hefyd fanylion cyhuddiadau, ple, dedfryd a'r gosb lle bo hynny'n briodol, a hefyd pa lys a wrandawodd ar yr achosion. Dyma fan cychwyn ymchwilio ymhle y digwyddodd y troseddau mwyaf difrifol yng Nghymru rhwng 1805 ac 1892. Mae'r cofrestri a chofnodion y brawdlysoedd yn yr Archifdy Gwladol yn Kew, Llundain, ond mae copïau o'r cofrestri am Gymru yn unig yn y Llyfrgell Genedlaethol, ynghyd â rhai cyhuddiadau a thystiolaethau'r ddau frawdlys Cymreig.

Llys y Sesiwn Chwarter

Fel yr awgryma'r teitl, roedd y Llysoedd Chwarter yn cyfarfod bedair gwaith y flwyddyn ym mhob sir (er nad o reidrwydd yn yr un dref). Roedd gan y Llysoedd Chwarter ddyletswyddau gweinyddol pwysig ac fe ymdrinnir â'r rhain ym Mhennod 8. Yma, canolbwyntir ar waith troseddol y llys. Yn gyffredinol, dim ond achosion llai difrifol a ddeuai gerbron y Llysoedd Chwarter (mân ladrata ac ymosodiadau) ond fe newidiodd y sefyllfa'n sylweddol yn dilyn newidiadau yn y gyfraith droseddol a ddechreuwyd yn ystod cyfnod Syr Robert Peel yn Ysgrifennydd Cartref yn yr 1820au. Fe gynyddodd nifer y troseddau y gellid dedfrydu rhywun euog i farwolaeth am eu cyflawni o tua 50 yn 1688 i 288 erbyn 1815. Canlyniad hyn oedd nid yn unig gwneud troseddau megis dwyn defaid, dwyn eiddo gwerth 25 ceiniog neu fwy, a thorri coeden ifanc i lawr yn droseddau a allai arwain at y grocbren, ond hefyd symud achosion o'r fath allan o'r Llysoedd Chwarter i'r Sesiwn Fawr gan nad oedd hawl gan y Llysoedd Chwarter i ddyfarnu'r gosb eithaf. Ond o'r 1820au ymlaen fe ddiddymwyd bron pob trosedd a oedd yn haeddu'r gosb eithaf. Canlyniad hyn, yn ei dro, oedd trosglwyddo achosion yn ôl unwaith eto i'r Llysoedd Chwarter. Yn 1820 roedd y Sesiwn Fawr yn gwrando ar ddwywaith gymaint o achosion â'r Llysoedd Chwarter gyda'i gilydd, ond erbyn 1850 roedd y Llysoedd Chwarter yn gwrando ar bron deirgwaith gymaint o achosion ag a wrandewid gan y brawdlysoedd yng Nghymru. O ganlyniad i hyn, a'r twf aruthrol yng nghyfrifoldebau gweinyddol y llysoedd, fe drosglwyddwyd nifer o achosion yr arferid eu gwrando yn y Llysoedd Chwarter i'r llysoedd bach.

Prif gofnod y Llysoedd Chwarter yw rholiau'r llys ac o ran cofnodion troseddol mae eu cynnwys yn debyg iawn i gynnwys ffeiliau carchar y Sesiwn Fawr, sef cyhuddiadau, ymrwymiadau a thystiolaethau. Gellir defnyddio cofnodion eraill a gynhyrchwyd gan y llysoedd fel mynegai i'r rholiau: y pwysicaf o'r rhain yw'r llyfrau gorchmynion a'r llyfrau cofnodion sy'n cynnwys manylion am y troseddwyr, y cyhuddiadau yn eu herbyn, pledion, dedfryd a chosb lle cafwyd y cyhuddedig yn euog. Man cychwyn unrhyw ymchwil yng nghofnodion y Llysoedd Chwarter yw Rhwydwaith Archifau Cymru y cyfeiriwyd ato (www.rhwydwaith archifaucymru.info/).

Rhyngddynt mae cofnodion troseddol y llysoedd yn cynnig darlun byw iawn o fywyd cymunedau ar draws Cymru dros y canrifoedd, gan daflu goleuni ar bethau llawer amgenach na throseddwyr a throseddau, ond rhaid cofio, wrth gwrs, mai darlun unllygeidiog iawn ydyw. Wrth lunio hanes lleol mae'n rhaid eu defnyddio'n ofalus iawn a'u plethu â ffynonellau eraill i greu darlun mwy cytbwys o hanes ein cymunedau. Mae'n werth cofio hefyd mai canran fechan iawn (fel heddiw) o droseddau a ddeuai i glyw'r awdurdodau – yn ôl rhai haneswyr, dim ond tua deg y cant.

NODIADAU

1. Mae'n bwysig cofio nad oedd gan y llysoedd eglwysig yr hawl i ganiatáu ysgariad yn ystyr y gair heddiw. Fe allent naill ai ddiddymu priodas am ei bod yn annilys oherwydd dwywreiciaeth, cydwaed neu anabledd rhywiol, er enghraifft (a roddai'r hawl i'r pâr ailbriodi), neu fe allent ganiatáu i'r pâr wahanu ar sail creulondeb neu odineb (ond nid oedd gan y rhain yr hawl i ailbriodi).
2. Richard Suggett, 'Slander in Early-modern Wales', *BBGC*, 39 (1992), 119–153.

DARLLEN PELLACH

Llysoedd eglwysig

Y gwaith safonol ar lysoedd eglwysig Cymru yw Walter T. Morgan, 'The Consistory Courts of the Diocese of St. David's 1660–1858' (Traethawd MA anghyhoeddedig Prifysgol Cymru, 1962) a'i erthygl, 'The Consistory Courts of the Diocese of St. David's' yn *JHSChW*, 6 (1957), 5–24. Llyfr arbenigol ar gofnodion y llysoedd yw Dorothy M. Owen, *The Records of the Established Church in England, Excluding Parochial Records* (1970).

Llysoedd maenorol

Y llyfr gorau ar faenorau Cymru yw Helen Watt, *Welsh Manors and their Records; with an Introduction on the Origins and Development of the Manorial System in Wales to the Sixteenth Century, by Michael Rogers* (2000). Llyfr defnyddiol arall yw Mary Ellis, *Using Manorial Records* (c.1994). Os am feistroli cofnodion dyrys maenorau'r Oesoedd Canol, yna, y man cychwyn yw P. D. A. Harvey, *Manorial Records* (1984). Am enghraifft arbennig (ymhlith cannoedd o gyhoeddiadau) o'r defnydd o gofnodion maenorol i ddarlunio cymdeithas yn Lloegr, gweler Marjorie Keniston McIntosh, *Autonomy and Community: Royal Manor of Havering, 1200–1500* (1986) ac *A Community Transformed: the Manor and Liberty of Havering, 1500–1620* (1991). Enghraifft dda o'r math o achosion a ddaeth gerbron un llys maenorol yng Nghymru yw George Eyre Evans, *Aberystwyth and its Court Leet* (1903).

Llysoedd bach

Ni wn am un gwaith swmpus ar y llysoedd bach yng Nghymru a rhaid dibynnu felly ar lyfrau ar y drefn yn Lloegr, er bod angen diwygio'r rhain yn druenus. Yn eu plith ceir Sidney a Beatrice Webb, *English Local Government from the Revolution to the Municipal Corporations Act: the Parish and the County* (1906); Bertram Osborne, *Justices of the Peace, 1361–1848: a History of the Justices of the Peace for the Counties of England* (1960); ac am enghraifft o ffordd gelfydd o'u trin a'u dehongli gweler David J. V. Jones, *Crime in Nineteenth-century Wales* (1992).

Llys y Sesiwn Fawr

Gweler Glyn Parry, *A Guide to the Records of Great Sessions in Wales* (1995) a W. Llewelyn Williams, *An Account of the King's Court of Great Sessions in Wales* (1916). Er mwyn cynefino â'r llawysgrifen a'r talfyriadau a ddefnyddir yn y ffeiliau carchar dylid cymharu'r gwreiddiol â gwaith Murray Chapman yn ei *Criminal Proceedings in the Montgomeryshire Court of Great Sessions: Transcript of Commonwealth Goal Files 1650–1660* (1996) a *Montgomeryshire Court of Great Sessions: Calendar of Criminal Proceedings 1541–1570* (2004).

Y Brawdlysoedd

Y llyfrau gorau ar y brawdlysoedd yw *Calendar of Assize Records. Home Circuit Indictments: Elizabeth I and James I, Introduction* (1985) gan J. S. Cockburn a'i *A History of English Assizes, 1558–1714* (1972). Er bod y ddau lyfr yn trafod y cofnodion cyn sefydlu'r brawdlysoedd yng Nghymru maent yn dal yn berthnasol. Am gyflwyniad byr a rhestr gryno o'r cofnodion, gweler www.nationalarchives.gov.uk/catalogue/RdLeaflet.asp?sLeafletID=158

Y Llysoedd Chwarter

Unwaith eto, nid oes dim byd sylweddol wedi ei ysgrifennu ar y Llysoedd Chwarter yng Nghymru. Y rhagarweiniad gorau yw'r rhagymadroddion i gatalogau rhai archifdai sirol Cymru o gofnodion y llysoedd. Yn gyffredinol, gweler Syr Thomas Skyrme, *History of the Justices of the Peace* (1991).

8. LLYWODRAETH LEOL

Helen Palmer

Beth yw llywodraeth leol?

Mae llywodraeth leol yn cynnwys rhychwant o wasanaethau a gynigir er mwyn sicrhau bod y gymuned y darperir ar ei chyfer yn rhedeg yn esmwyth. Gweithredu ar ran llywodraeth ganolog a wneir fel rheol a hynny'n unol â deddfau seneddol. Mae'r llywodraeth ganolog yn gwneud penderfyniad strategol, yn pasio deddf seneddol ac yna'n disgwyl i lywodraeth leol weithredu goblygiadau'r ddeddf. Yn y gorffennol fe gyflawnwyd gwasanaethau llywodraeth leol gan nifer o sefydliadau gwahanol. Roedd y personau a weinyddai'r sefydliadau hyn weithiau'n cael eu hethol gan lywodraeth ganolog, weithiau'n cael eu dewis o fewn y gymuned ac weithiau'n cael eu hethol trwy bleidlais yn y gymuned. Yr hyn a wneir yn y bennod hon yw edrych ar wahanol fathau o lywodraeth leol, y cofnodion a gynhyrchwyd a'r defnydd ymchwil y gellir ei wneud o'r dogfennau hyn.

Yn yr Oesoedd Canol y siryf oedd y prif swyddog yn y sir ac ef fyddai'n cyflawni dyheadau'r llywodraeth trwy weithredu polisi a chasglu trethi. A thrwy lys y siryf y byddai'n gweinyddu cyfiawnder. Erbyn y cyfnod modern cynnar roedd y swydd yn un anrhydeddus yn bennaf, gyda llawer o'r gwaith yn cael ei wneud gan Ustusiaid Heddwch.

Y faenor

Mewn ardaloedd gwledig yn yr Oesoedd Canol, y faenor oedd prif uned gweinyddiaeth llywodraeth leol a'r un y deuai'r pentrefwr cyffredin i gysylltiad â hi. Roedd yr holl dir yn eiddo i'r brenin ond rhoddid peth ohono i unigolion dewisol yn gyfnewid am addewid o wasanaeth milwrol i'r brenin a byddent hwythau yn eu tro yn creu stadau bychain i'w dilynwyr. Roedd y stadau hyn – maenorau – yn bodoli i gefnogi tylwyth eu perchenogion a gallent amrywio o ran maint, cwmpas a strwythur; roedd rhai'n cydffinio â phentrefi tra oedd rhai pentrefi wedi eu rhannu rhwng dwy neu ragor o faenorau. Weithiau ceid maenor a gynhwysai nifer o bentrefi neu faenor a gynhwysai ganolfan faenorol â nifer o eiddo anghysbell. Gallai trigolion y faenor fod naill ai'n wŷr rhydd neu'n daeogion. Ni châi'r olaf adael y faenor heb ganiatâd arglwydd y faenor a byddent yn gorfod ei wasanaethu mewn gwahanol ffyrdd.

Roedd y faenor fel rheol yn cynnwys elfennau amrywiol a fyddai'n sail i ficro-economi wledig lwyddiannus. Cynhwysai nid yn unig wahanol fathau o diroedd a dulliau amaethu ond hefyd y bobl a wnâi'r holl waith, sef y tenantiaid. Yn ganolog i'r faenor roedd y maenordy a fferm y faenor a hefyd, efallai, golomendai, ysguboriau ac ydlofftydd, stablau a physgodlyn. Ceid llys y faenor lle byddai arglwydd y faenor yn gweithredu ei awdurdod preifat dros denantiaid a'i rydd-ddeiliaid, a oedd yn gorfod mynychu sesiynau'r llys a chadw at ei benderfyniadau. Er bod llys y faenor (fel llysoedd cyfreithiol eraill) yn medru dirwyo pobl nad oeddynt yn cadw at ei reolau, roedd yn fwy o gorff gweinyddol i oruchwylio bywyd y gymuned. Y stiward, sef cynrychiolydd arglwydd y faenor, fyddai'n llywyddu'r llys. Cyflwynid materion i'r llys gan reithgor o bobl leol yn rhoi adroddiadau neu achwyniadau mewn ymateb i gwestiynau penodol gan y stiward. Gwneid llawer o'r gwaith yn y llys barwn lle roedd dulliau amaethu yn cael eu rheoleiddio, a thrawsgludiad tir ac anghydfod rhwng tenantiaid yn cael eu setlo. Mewn maenorau lle roedd arglwyddi wedi cael hawliau barnwrol arbennig gan y Goron cynhelid pentreflysoedd (llysoedd lît) hefyd, llysoedd ag awdurdod i benderfynu ar gamymddwyn. Yn aml roedd y gwahanol fathau o awdurdod wedi eu cyfuno yn un llys ac mae'r rholiau sy'n cynnwys eu penderfyniadau'n adlewyrchu gwaith pob un ohonynt. Roedd gan y llysoedd hyn bwerau i gosbi y tu hwnt i ddirwyon.

Byddai gweddill y faenor yn cynnwys cartrefi'r tenantiaid, a waren lle roedd cwningod yn cael eu magu a mangre oedd yn symbol o statws – roedd 'hawl waren rydd' yn rhyddfraint a ddyfernid gan y brenin i ladd mân helfilod mewn ardal arbennig. Ceid hefyd bysgodfeydd a chorsydd (eto'n ffynhonnell bosibl o fwydydd), parc-diroedd ar gyfer pori a cheirw, coedwigoedd ar gyfer tanwydd, melinau i falu grawn, tir pori a thir âr ar gyfer magu anifeiliaid domestig a thyfu cnydau. Mae'n debygol hefyd y cynhelid marchnadoedd a ffeiriau yn rheolaidd. Roedd yn arferol i gael eglwys o fewn maenor er bod y berthynas rhwng y faenor a'r plwyf eglwysig yn aml yn gymhleth. Byddai tenantiaid y faenor yn talu rhent ac yn llafurio i arglwydd y faenor yn gyfnewid am gael byw mewn amgylchedd saff a sefydlog. Byddent yn ddarostyngedig i wahanol rwymedigaethau megis gorfod malu eu grawn ym melin y faenor.

Cofnodion maenorol

Mae dogfennau maenorol mor bwysig fel eu bod yn cael eu gwarchod yn gyfreithiol ac mae archifdai llywodraeth leol yn cael eu cadw drwy ganiatâd arbennig yr Archifau Gwladol yn Kew. Ceir Cofrestr o Ddogfennau Maenorol defnyddiol iawn ar-lein ar wefan yr Archifau Gwladol (www.nationalarchives.gov.uk/mdr), sy'n cynnwys adran ar gyfer dogfennau maenorol Cymreig. Mae llawer o'r rhain yn Llyfrgell Genedlaethol Cymru ac mewn archifdai llywodraeth leol. Rhai o'r dogfennau sy'n debygol o fod wedi goroesi yw'r canlynol:

arolygon – disgrifiadau ysgrifenedig o'r eiddo yn rhestru asedau'r faenor gan gynnwys ei therfynau, nifer yr aceri, a hawliau a rhwymedigaethau tenantiaid

cwstwmalau – fel yr arolygon, mae'r rhain yn disgrifio arferion y faenor, yn cynnwys manylion am y tir, gwasanaethau a'r rhenti dyledus i arglwydd y faenor, y dosbarthiadau o denantiaid a goblygiadau'r arglwydd

cyfrifon ariannol y faenor

cofnodion llys – sy'n cynnwys rholiau'r llys maenorol ('llyfrau cofnodion' y llysoedd). Mae'r rhain mewn Lladin talfyredig ac felly'n anodd eu defnyddio. Cofnodant weithredoedd y llys.

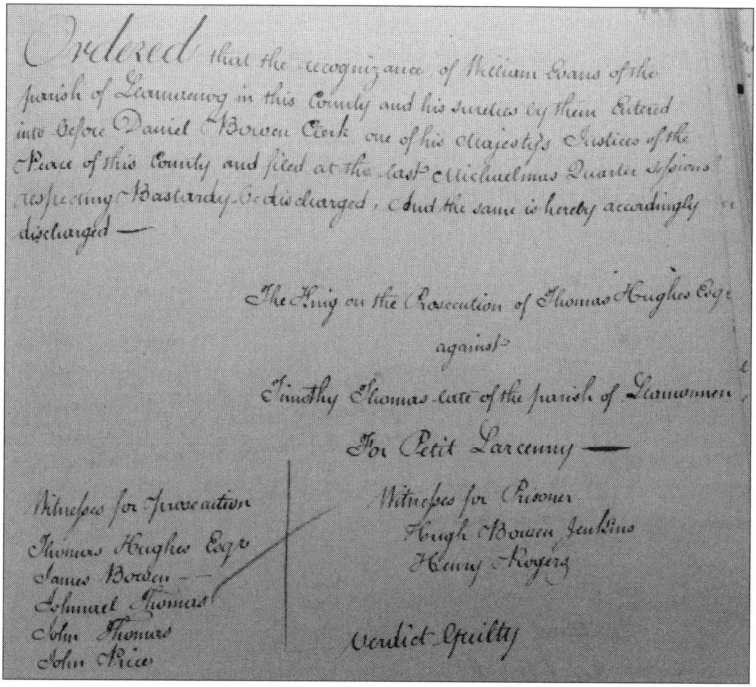

Ordered that the recognizance of William Evans of the parish of Llanwenog in this County and his sureties by them Entered into before Daniel Bowen Clerk one of his Majesty's Justices of the Peace of this County and filed at the last Michaelmas Quarter Sessions respecting Bastardy be discharged, And the same is hereby accordingly discharged —

The King on the Prosecution of Thomas Hughes Esqr
against
Timothy Thomas late of the parish of Llanwenog
For Petit Larceny —

Witnesses for Prosecution
Thomas Hughes Esqr
James Bowen
Ishmael Thomas
John Thomas
John Price

Witnesses for Prisoner
Hugh Bowen Jenkins
Henry Rogers

Verdict Guilty

Cyfrol Llys Chwarter, Llanwenog
Trwy ganiatâd Archifdy Ceredigion

Y Llysoedd Chwarter

Roedd i'r Llysoedd Chwarter, fel llysoedd cyfreithiol, rôl weinyddol bwysig iawn mewn llywodraeth leol ar lefel sirol. Cyn 1888 nid oedd gwahaniaeth amlwg rhwng llywodraeth leol a gweinyddu cyfiawnder yn lleol gan mai'r Ustusiaid Heddwch oedd yn gyfrifol am y ddeubeth. Eu dyletswydd hwy oedd cyfarfod (neu 'eistedd') bedair gwaith y flwyddyn yn y Llys Chwarter i wrando achosion troseddol, i ymholi ynglŷn â chynhaliaeth priffyrdd, ffyrdd a phontydd, ac i sicrhau bod y dreth sirol yn cael ei defnyddio'n briodol.

Datblygodd y Llysoedd Chwarter oherwydd bod angen i Ustusiaid Heddwch gyfarfod yn rheolaidd i ddelio â materion gweinyddol a throseddol yn y sir. Crëwyd swydd Ustus Heddwch (a adwaenid hefyd fel ynad) dan ddeddf seneddol yn 1361. Roedd angen i'r Ustusiaid Heddwch fod yn frodorion o'r sir ac yn adnabod eu hardal yn drylwyr ac 'o statws gymdeithasol dda'. Golygai hyn mai dim ond dynion ag eiddo, sef tirfeddianwyr a boneddigion, a gâi eu hapwyntio. Er bod i'r swydd statws sylweddol roedd hefyd lawer o waith ynghlwm wrthi. Yn y ddeunawfed ganrif roedd y cynnydd yn nifer y clerigwyr a weithredai fel ustusiaid yn arwydd fod llai o foneddigion yn fodlon ymgymryd â'r dyletswyddau. O ganlyniad datblygodd ynadaeth a oedd yn fwy egnïol ac ymroddedig yn weinyddol fel y ciliodd yr uchelwyr. Yn yr 1830au estynnwyd y Comisiwn Heddwch (fel y gelwid ef) i gynnwys dynion a feddai 'gyfoeth masnachol' a enillwyd drwy fusnes ac er hynny dewiswyd ynadon o gylchoedd cymdeithasol ehangach. Safle ddigyflog fu swydd yr ynad erioed, gyda swyddogion cyflogedig megis y Clerc yn cynghori a gweithredu dymuniadau'r Ustusiaid Heddwch. Roedd yn rhaid i apwyntiad pob ustus gael ei gymeradwyo gan y llywodraeth ganolog.

Beth oedd yr ardreth sirol?

Math ar drethiant lleol oedd ardrethi (*rates*). Roedd unrhyw un a feddai ddigon o gyfoeth neu incwm yn dod yn drethdalwr a cheid sawl ardreth wahanol i gynnal llywodraeth leol. Defnyddid yr ardreth sirol i dalu am bethau megis cynnal pontydd a'r carchar sirol, a'r gost o redeg sesiynau o'r Llys Chwarter. Roedd yr ardreth yn cael ei phennu gan yr Ustusiaid Heddwch.

Cofnodion y Llysoedd Chwarter

Nid yw goroesiad cofnodion y Llysoedd Chwarter yn unffurf o bell ffordd. Gall siroedd gwahanol feddu ar gasgliadau tra gwahanol o gofnodion. Roedd llawer o'r cofnodion yn ymwneud â gweinyddu cyfiawnder, fel y gwelwyd ym Mhennod 7, ac eraill yn dangos swyddogaeth weinyddol y llysoedd, megis y Llyfrau Gorchmynion sy'n cofnodi gorchmynion am daliadau a wnaed gan y llys, yn aml i'r Trysorydd Sirol.

Gan mai cyfrifoldeb yr Ustusiaid Heddwch oedd sicrhau bod deddfau seneddol yn cael eu gweithredu ar lefel leol, roeddynt yn ymwneud â materion niferus iawn, megis trefnu bod plant yn cael prentisiaeth, fod y meirw'n cael eu claddu mewn gwlân yn unig, trwyddedu porthmyn, pedleriaid ac ysgubwyr simneiau, cymeradwyo cynlluniau ar gyfer carchardai newydd ac adeiladau cyhoeddus eraill, goruchwylio amodau ffatrïoedd, cofrestru gweinidogion Anghydffurfiol a hyd yn oed gweinyddu gwasanaethau priodasol yn ystod cyfnod y Weriniaeth.

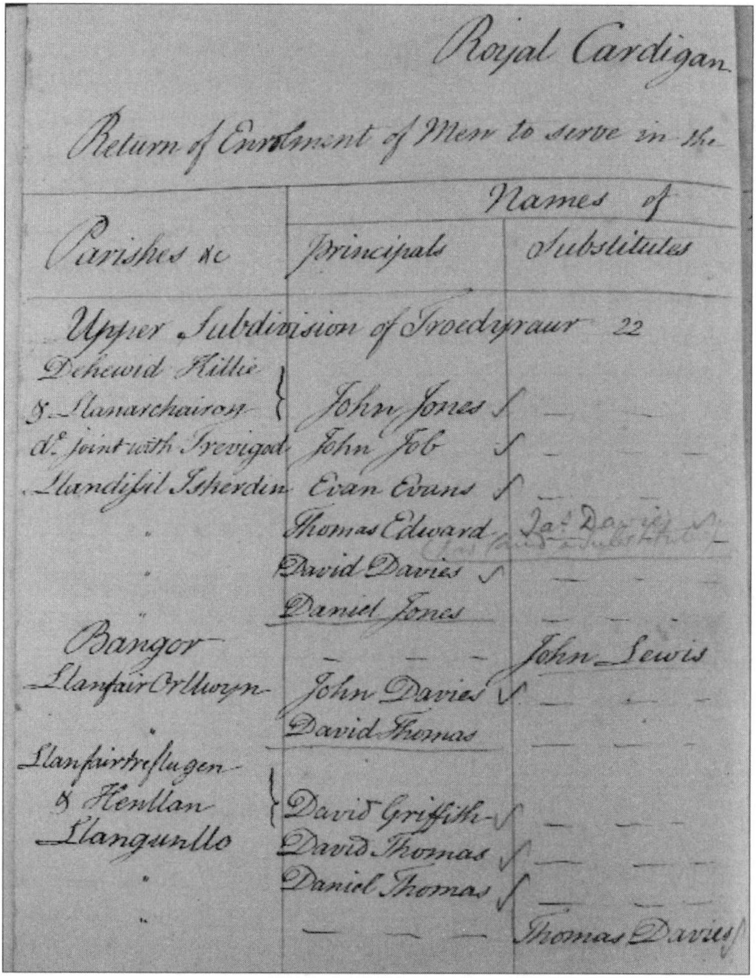

Royal Cardigan

Return of Enrolment of Men to serve in the

Parishes &c	Names of Principals	Substitutes
Upper Subdivision of Troedyraur 22		
Dehewid Killie & Llanarchairon	John Jones	—
do joint with Trevigod	John Job	—
Llandisil Isherdin	Evan Evans	—
"	Thomas Edward	Jas Davies
"	David Davies	—
"	Daniel Jones	—
Bangor	—	John Lewis
Llanfair Orllwyn	John Davies	—
"	David Thomas	—
Llanfairtreflugen & Henllan	David Griffith	—
Llangunllo	David Thomas	—
"	Daniel Thomas	—
"	—	Thomas Davies

Rhestr ymrestriad y Royal Cardigan
Militia 1827–8
Trwy ganiatâd Archifdy Ceredigion

Y fwrdeistref (neu weithiau 'y gorfforaeth') a'i chyngor

Beth yw bwrdeistref?

Fe dyfodd rhai trefi yn naturiol o aneddiadau mewn mannau daearyddol arwyddocaol megis gerllaw rhyd ar afon neu fangre amddiffynadwy neu fan cyfarfod mewn dyffryn tra bo eraill wedi eu sefydlu lle roedd angen eu presenoldeb, a hwnnw'n angen milwrol yn aml o du brenin neu farwn neu arglwyddi mynachaidd. Lle sefydlwyd trefi, roedd ganddynt farchnadoedd, a marchnadfeydd a daliadaeth neu fwrdeisiaeth addas i fasnachwyr. Yn Lloegr a rhannau o Gymru ganoloesol y rhyddid sylfaenol a roddid i drefi â statws bwrdeistrefol oedd daliadaeth fwrgais. Golygai hyn mai'r unig rwymedigaeth faenorol a oedd gan y tenantiaid neu ddinasyddion i'w harglwydd oedd rhent. Roedd daliadaeth fwrgais yn un symudol y gallai'r dinesydd ei gwerthu, ei throsglwyddo, ei morgeisio neu ei chymynroddi heb fod angen trwydded gan ei uwcharglwydd. Câi dinasyddion yr hawl i fod yn rhydd o dollau a'r hawl i gynnal ffeiriau a marchnadoedd. Roedd breintiau bwrdeistrefol eraill yn amrywio o le i le.

Yn ystod y ddeuddegfed ganrif yr arfer fyddai i fwrdeisiaid brydlesu bwrdeistref oddi wrth eu harglwydd, gydag incwm y trefi (rhenti, tollau, dirwyon llysoedd, ac ati) yn cyfuno i greu swm blynyddol a elwid yn 'fferm' (*a farm*). Mewn bwrdeistrefi brenhinol fe gesglid yr incwm gan y prif ynad, sef un o swyddogion y brenin a oedd hefyd yn llywyddu dros y llysoedd. Deuai trefi'n 'rhydd' pan lwyddai'r trigolion i sicrhau'r hawl i ddewis eu swyddogion eu hunain, gan gynnwys y prif ynad, ac i dalu eu dyledion blynyddol i'w harglwydd fel cyfangorff yn hytrach nag yn unigol.

Llysoedd bwrdeistrefol

Erbyn y ddeuddegfed ganrif nid oedd troseddau difrifol yn fater i lys y fwrdeistref, fel rheol, ond byddai rhai bwrdeistrefi'n cadw crwneriaid, a'r rhain fyddai'n cadw cofnodion o droseddau hyd nes y deuai'r ynadon brenhinol heibio. Roedd gan lawer o fwrdeistrefi awdurdod helaeth dros eu trigolion mewn achosion sifil a gellid dwyn achosion yn erbyn masnachwyr ar ymweliad. Gellid hefyd gofrestru gweithredoedd mewn perthynas ag eiddo trefol a phrofi ewyllysiau.

Dogfennau'r fwrdeistref

Y siarter Er nad oedd statws bwrdeistref yn dibynnu ar feddu siarter, roedd llawer o drefi'n eu mabwysiadu. Rhoddid hawliau a rhyddfreiniau i'r fwrdeistref gan y brenin mewn siarter frenhinol neu gan yr arglwydd seciwlar neu grefyddol os nad oedd bwrdeistref yn un frenhinol. O dro i dro byddid yn ailgyflwyno neu'n diweddaru siarter bwrdeistref. Yn ystod y bedwaredd ganrif ar bymtheg ymddangosodd math newydd o siarter a adwaenid fel Siarter Gorffori. Roedd corfforiad yn gwneud tref yn 'berson' yng ngolwg y gyfraith trwy gyflwyno'r 'pum pwynt':

yr hawl i olyniaeth wastadol;
sêl gyffredin. Y sêl oedd y dull o ddilysu dogfennau cyn bod llythrennedd yn gyffredin. Roedd gan unigolion a sefydliadau seliau o gymhlethdod amrywiol. Roedd seliau sefydliadau pwysig (fel esgobion, neu'n arbennig, y brenin) yn rhai mawr a hardd wedi eu cysylltu â rhuban neu gordyn i'r dogfennau a gyflwynid. Roedd gan unigolion llai cyfoethog seliau llai. Mae tarddiad y 'sêl-fodrwy' a geir heddiw yn deillio o'r sêl bersonol a fyddai'n cael ei gwthio i gŵyr cynnes ar waelod dogfen yn brawf ei bod yn cynrychioli dymuniadau'r perchennog;
yr hawl i erlyn a chael ei erlyn;
yr hawl i ddal tiroedd;
yr hawl i gyflwyno isddeddfau.

Llyfrau cofnodion Mewn perthynas â gweinyddiaeth y fwrdeistref o ddydd i ddydd fe geid llyfr cofnodion lle croniclid y gwahanol benderfyniadau a'r modd yr oedd busnes y dref yn cael ei drefnu.

Dogfennau barnwrol Roedd gan fwrdeistrefi eu llysoedd eu hunain, yn aml ar wahân i'r Llys Chwarter sirol. Gall trafodion Llys Bwrdeistref sydd wedi goroesi gynnwys pledion y llys, penderfyniadau'r rheithgor, gweithredoedd cofrestru, ewyllysiau, dyledion a chofnodion cwestau. Efallai y bydd cofnodion llys sifil, er enghraifft, achosion o ddyledion hefyd ar gael.

Cyfrifon ariannol Roedd y fwrdeistref yn cadw cyfrifon ariannol y gorfforaeth ac unigolion, gan gynnwys cyfrifon y maer a'r siambrlen, llyfrau archwilio, rholiau derbynebion, rhentolion, a chofnodion o drethiant lleol.

Cofnodion rhyddfreinwyr a phrentisiaeth Cofnodion y rhyddfreinwyr a dderbyniwyd i'r fwrdeistref (ar roliau llys bwrdeistrefol yn gynharach), ceisiadau am ryddfreiniaeth a chofrestri prentisiaeth.

Cynlluniau pensaernïol a mapiau Mapiau cynnar o drefi a dyluniadau pensaernïol o adeiladau ac adeileddau, naill ai a adeiladwyd gan y gorfforaeth neu a oedd yn gyfrifoldeb iddi.

Stadau Gweithredoedd eiddo, prydlesau, cofrestri o brydlesau a gwrthrannau o brydlesau a ganiatawyd gan y dref.

Rholiau crwneriaid Cofnodion archwiliadau'r crwner i farwolaethau annisgwyl neu dreisgar. Mae'r swydd yn dyddio o 1194.

Cofrestr pleidleisiau a phapurau'n ymwneud ag etholiadau Am y rhan fwyaf o gwrs hanes roedd yr hawl i bleidleisio wedi ei chyfyngu gan ryw person a'i gyfoeth. Dengys cofrestri pleidleisio enwau'r rhai oedd yn pleidleisio mewn etholiad ac i bwy yr oeddent yn pleidleisio (cyn i'r bleidlais gudd gael ei chyflwyno) a gall fod cofnodion eraill ar gael, megis cofrestr etholiadol (o gyfnod Deddf Diwygio 1832 ymlaen), posteri a dogfennau'n dangos sut y cynhaliwyd yr etholiad.

Isddeddfau

Cofnodion urddau, siantrïau a brawdoliaethau eraill a gefnogid gan y fwrdeistref

Cofnodion ymddiriedolaethau a sefydlwyd i weinyddu rhoddion a dderbyniwyd gan y bwrdeisiaid, megis ysgolion gramadeg neu ysbytai.

Y plwyf

Uned eglwysig oedd y plwyf yn wreiddiol; fe'i mabwysiadwyd fel uned weinyddol sifil yn ddiweddarach. Y rhan fwyaf o'r amser roedd agweddau eglwysig a gweinyddol y plwyf yn gydgysylltiedig; er enghraifft, cedwid cofnodion plwyf cyfarfodydd y festri yng nghist y plwyf yn yr eglwys a chynhelid y cyfarfodydd eu hunain yn festri'r eglwys. Cyn y Diwygiad Protestannaidd roedd y cyfrifoldeb am weinyddiaeth leol yn disgyn ar y plwyf a'r llysoedd maenorol, gyda mynachlogydd yn delio â chymorth i'r tlodion. Yn dilyn diddymu'r mynachlogydd ac wrth i'r system faenorol ddirywio fe etifeddodd y plwyf lawer o gyfrifoldebau'r ddau gorff hyn. Y plwyf yn sicr oedd uned ganolog gweinyddiaeth leol erbyn dechrau'r ail ganrif ar bymtheg, er bod llawer o'r gwaith yn cael ei oruchwylio gan yr Ustusiaid Heddwch trwy'r Llysoedd Chwarter. Roedd pwysigrwydd y plwyf i lywodraeth leol i barhau am dros ddwy ganrif er bod gwahanol ddeddfau seneddol wedi newid ei weithgareddau gydag amser.

Roedd llywodraeth leol y plwyf yn dibynnu ar gyfarfodydd rheolaidd o'r Festri lle gwneid penderfyniadau, ac roedd dau fath o Festri, sef Festri Agored a'r Festri Ddethol. Roedd y Festri Gyffredinol neu Agored, i bob golwg, yn agored i bawb yn y plwyf ond gan fod hon yn ffordd anymarferol o reoli llywodraeth leol, fel rheol grŵp llai a elwid yn Festri Ddethol neu Gaeedig fyddai'n gwneud y penderfyniadau ac yn gweinyddu cyllid y plwyf. Gellid cynnal y cyfarfodydd yn festri'r eglwys ond defnyddid hefyd leoliadau llai ffurfiol megis tŷ lleol neu dafarn. Gallai aelodau o'r Eglwys Sefydledig ac Anghydffurfwyr ymwneud â'r Festri, yn arbennig yn y bedwaredd ganrif ar bymtheg. Ac roedd penderfyniadau'r Festri, a gofnodid yn Llyfrau'r Festri neu Gofnodion y Festri, yn effeithio ar y gymuned gyfan, gan gynnwys yr awdurdod i godi trethi a phenodi swyddogion y plwyf.

Swyddogion y plwyf

Roedd nifer o swyddogion anghyflogedig a benodid yn flynyddol yn ymgymryd â dyletswyddau gweinyddol y plwyf. Roedd y swyddi hyn yn orfodol, er bod dulliau o'u hosgoi, ac roeddynt fel rheol yn ddi-dâl er y telid lwfansau, efallai. Y swyddogion oedd:

wardeniaid yr eglwys – dau fel rheol, un wedi ei apwyntio trwy gymeradwyaeth yr eglwys a'r llall yn 'ddewis y bobl' trwy'r Festri;
cwnstabl y plwyf;
goruchwylwyr y tlodion;
arolygwr y ffyrdd.

Dengys y cofnodion a gynhyrchwyd gan y swyddogion hyn sut yr oedd gweinyddiaeth sifil y plwyf yn gweithio. Yn draddodiadol caent eu cadw (yn aml yn yr eglwys) gyda chofrestri'r bedyddiadau, y priodasau a'r claddedigaethau a gofnodai achlysuron crefyddol ym mywydau'r plwyfolion ond a oedd hefyd yn gweithredu fel cofnodion sifil hyd nes y cyflwynwyd cofrestru ac ardystiad gwladol yn 1837.

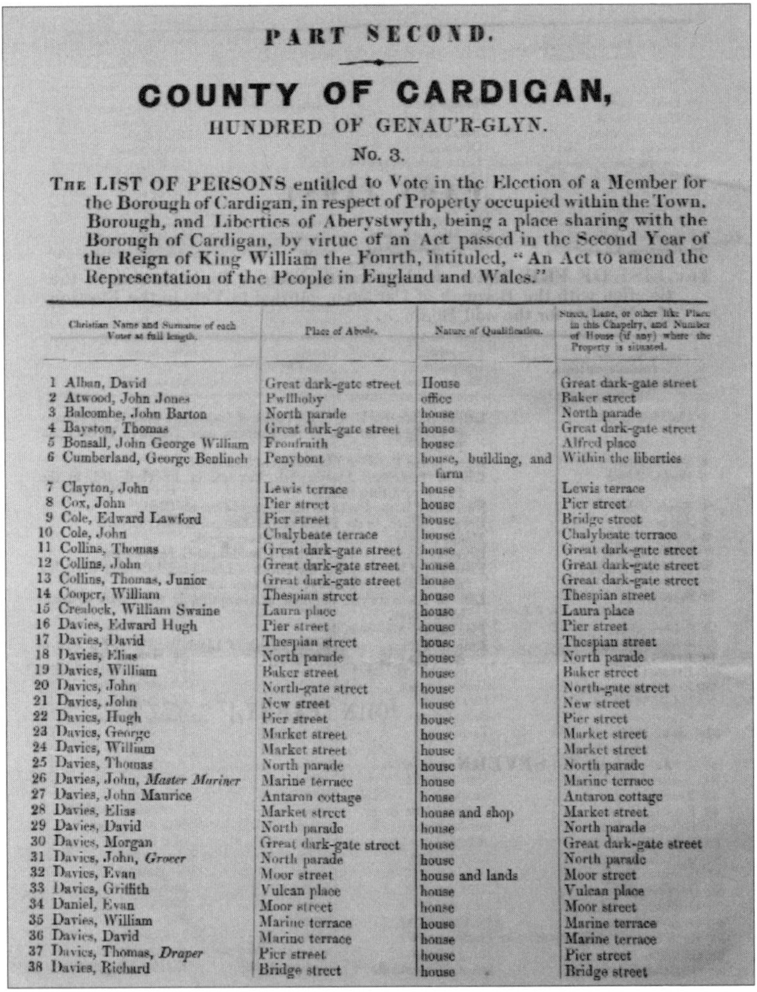

PART SECOND.

COUNTY OF CARDIGAN,

HUNDRED OF GENAU'R-GLYN.

No. 3.

THE LIST OF PERSONS entitled to Vote in the Election of a Member for the Borough of Cardigan, in respect of Property occupied within the Town, Borough, and Liberties of Aberystwyth, being a place sharing with the Borough of Cardigan, by virtue of an Act passed in the Second Year of the Reign of King William the Fourth, intituled, "An Act to amend the Representation of the People in England and Wales."

Christian Name and Surname of each Voter at full length.	Place of Abode.	Nature of Qualification.	Street, Lane, or other like Place in this Chapelry, and Number of House (if any) where the Property is situated.
1 Alban, David	Great dark-gate street	House	Great dark-gate street
2 Atwood, John Jones	Pwllhoby	office	Baker street
3 Balcombe, John Barton	North parade	house	North parade
4 Bayston, Thomas	Great dark-gate street	house	Great dark-gate street
5 Bonsall, John George William	Fronfraith	house	Alfred place
6 Cumberland, George Benlinch	Penybont	house, building, and farm	Within the liberties
7 Clayton, John	Lewis terrace	house	Lewis terrace
8 Cox, John	Pier street	house	Pier street
9 Cole, Edward Lawford	Pier street	house	Bridge street
10 Cole, John	Chalybeate terrace	house	Chalybeate terrace
11 Collins, Thomas	Great dark-gate street	house	Great dark-gate street
12 Collins, John	Great dark-gate street	house	Great dark-gate street
13 Collins, Thomas, Junior	Great dark-gate street	house	Great dark-gate street
14 Cooper, William	Thespian street	house	Thespian street
15 Crealock, William Swaine	Laura place	house	Laura place
16 Davies, Edward Hugh	Pier street	house	Pier street
17 Davies, David	Thespian street	house	Thespian street
18 Davies, Elias	North parade	house	North parade
19 Davies, William	Baker street	house	Baker street
20 Davies, John	North-gate street	house	North-gate street
21 Davies, John	New street	house	New street
22 Davies, Hugh	Pier street	house	Pier street
23 Davies, George	Market street	house	Market street
24 Davies, William	Market street	house	Market street
25 Davies, Thomas	North parade	house	North parade
26 Davies, John, *Master Mariner*	Marine terrace	house	Marine terrace
27 Davies, John Maurice	Antaron cottage	house	Antaron cottage
28 Davies, Elias	Market street	house and shop	Market street
29 Davies, David	North parade	house	North parade
30 Davies, Morgan	Great dark-gate street	house	Great dark-gate street
31 Davies, John, *Grocer*	North parade	house	North parade
32 Davies, Evan	Moor street	house and lands	Moor street
33 Davies, Griffith	Vulcan place	house	Vulcan place
34 Daniel, Evan	Moor street	house	Moor street
35 Davies, William	Marine terrace	house	Marine terrace
36 Davies, David	Marine terrace	house	Marine terrace
37 Davies, Thomas, *Draper*	Pier street	house	Pier street
38 Davies, Richard	Bridge street	house	Bridge street

Cofrestr Etholwyr, Bwrdeistref Aberystwyth Register of Electors, Borough of Aberystwyth 1865–6
Trwy ganiatâd Archifdy Ceredigion

Prif ddogfennau'r plwyf yw'r canlynol:

Llyfrau neu Gofnodion y Festri Yn 1818 pasiwyd deddf a'i gwnâi'n orfodol i gadw cofnodion y Festri, er bod llawer o blwyfi wedi gwneud hynny ers blynyddoedd. Mae'r cofnodion yn nodi penderfyniadau'r cyfarfodydd a gynhaliwyd, er bod eu manylder yn aml yn amrywio. Dangosant, serch hynny, benderfyniad cyffredinol y cyfarfod a gynhaliwyd ac weithiau'r berthynas rhwng y Festri Ddethol a'r Festri Gyffredinol.

Llyfrau Trethi/Ardrethi Roedd gan blwyfi yr hawl i godi trethi, a golygai hyn hefyd fod rheidrwydd arnynt i asesu pa aelodau o'r gymuned oedd i dalu trethi a faint oedd yn ddyledus ganddynt. Mae'r rhestrau a'r llyfrau trethi felly'n rhoi inni enwau unigolion ac yn aml eu preswylfeydd. Ac mae'r symiau a delid gan wahanol unigolion yn aml yn rhoi inni ryw syniad o'u statws yn y plwyf. Hyd ddechrau'r ddeunawfed ganrif fe gesglid y trethi fel un swm cyffredinol ond yn ddiweddarach fe'u rhannwyd yn Dreth y Tlodion ac yn Dreth Gyffredinol neu Dreth Eglwys ar gyfer cynnal eglwys y plwyf.

Cyfrifon Wardeniaid yr Eglwys a'r Goruchwylwyr Cofnodid y defnydd o'r trethi ar gyfer cynnal yr eglwys a chyfleusterau plwyfol eraill yng nghyfrifon Wardeniaid yr Eglwys. Gallai'r rhain gynnwys taliadau i grefftwyr am adnewyddu rhannau o'r eglwys ac adeiladau eraill yn y plwyf. Dylent hefyd gynnwys taliadau am fara a gwin ar gyfer y cymun yn eglwys y plwyf ar adegau'r Nadolig, y Pasg, y Sulgwyn a Dydd yr Holl Saint.

Cofnodion Goruchwylwyr y Tlodion Mae'r modd y defnyddid y trethi tuag at gynnal y tlodion i'w ganfod yng Nghyfrifon Goruchwylwyr y Tlodion. Gwneid taliadau i dlodion naill ai mewn arian neu ar ffurf taliad mewn nwyddau, bwyd, tanwydd neu ddillad, neu rywbeth arall y tybid a fyddai o fudd i'r tlotyn, gan gynnwys alcohol! Pan fyddai tlotyn farw fe fyddai'r plwyf yn debygol o orfod talu am arch a chostau'r angladd.

Setliad a Symudiad Gan fod plwyfi'n ceisio sicrhau mai dim ond y tlodion a oedd yn gyfrifoldeb gwirioneddol iddynt a gâi nawdd fe dyfodd y system setliad. Yr oedd gan rywun hawl i setliad os oedd naill ai'n rhentu eiddo hyd at werth £10 y flwyddyn, yn talu treth y tlodion, yn gwneud prentisiaeth o fewn y plwyf neu'n gwasanaethu fel un o swyddogion y plwyf. Roedd gwragedd yn dilyn setliad eu gwŷr ac roedd plant, fel rheol, yn dilyn setliad eu tad, ac eithrio plant anghyfreithlon, lle roedd setliad yn ddibynnol ar fan eu geni. Os byddai rhywun angen cymorth, ond y tybid mai cyfrifoldeb plwyf arall ydoedd, yna gall Llyfrau'r Festri gofnodi fod ei achos i ddod gerbron yr Ustusiaid Heddwch. Weithiau ceir enghreifftiau o bapurau ymholiad setliad sy'n rhoi manylion am fywyd yr unigolyn.

Prentisiaethau Roedd plwyfi'n ceisio gwaredu eu plant tlawd drwy eu hanfon i blwyfi eraill, yn aml gryn bellter i ffwrdd, ar brentisiaeth. Y gobaith oedd y byddai plentyn gyda chrefft yn codi uwchlaw statws tlotyn, ond gan fod prentisiaeth o fewn plwyf yn golygu hawl i setliad golygai hefyd fod y plwyf a dderbyniai'r plentyn yn cymryd cyfrifoldeb am gymorth iddo pe byddai raid. Roedd papurau prentisiaeth yn bwysig, felly, i ddangos pa rai nad oedd gan y plwyf gyfrifoldeb amdanynt bellach.

Bondiau Digolledu (Bondiau Tadogaeth) Roedd plant anghyf-reithlon a'u mamau yn gallu bod yn faich ariannol ar blwyf, felly, o ganol y ddeunawfed ganrif roedd yn gyffredin i dad plentyn anghyfreithlon ymrwymo mewn bond digolledu (bondiau tadogaeth ar lafar gwlad) gan wynebu cost cynnal y plentyn petai'n dod yn ddibynnol ar y plwyf.

Cofnodion Goruchwyliwr y Priffyrdd Oddi ar Ddeddf Priffyrdd 1555 hyd at y flwyddyn 1835 roedd cynnal y rhan fwyaf o'r ffyrdd o fewn plwyf yn gyfrifoldeb a berthynai i weinyddiaeth y plwyf. Ac yn ystod y ddeunawfed ganrif a'r bedwaredd ganrif ar bymtheg roedd cyfrifoldeb cyfraith gyffredin ar blwyfi i gynnal priffyrdd eu hardal er bod y cyfrifoldeb dros y ffyrdd pwysicaf yn ymarferol wedi ei ddatganoli i'r Ymddiriedolaethau Tyrpeg.

Roedd gan y goruchwyliwr yr hawl i godi treth leol ac roedd yn ofynnol cadarnhau ei gyfrifon ar ddiwedd ei dymor yn y swydd. Roedd yn atebol i'r Ustusiaid Heddwch yn y Llysoedd Chwarter a gallent hawlio bod gwaith yn cael ei wneud ar rannau gwael o'r ffyrdd. Roedd y goruchwyliwr yn gyfrifol am arolygu llafur statudol lle roedd disgwyl i bobl leol weithio am sawl diwrnod bob blwyddyn ar drwsio'r ffyrdd. Yn 1835 cyflwynwyd system newydd, gyda'r Ustusiaid Heddwch yn talu i arolygwyr cyflogedig oedd â chyfrifoldeb dros grŵp o blwyfi, ac felly gwnaed y system yn fwy proffesiynol.

Cofnodion Cwnstabl y Plwyf Yn wreiddiol, swydd faenorol oedd un y cwnstabl ond yn yr ail ganrif ar bymtheg a'r ddeunawfed ganrif daeth yn gyfrifoldeb y plwyf. Roedd gan y cwnstabl awdurdod i godi trethi ac roedd yn ofynnol iddo gadw cyfrifon a fyddai'n cael eu harchwilio ar ddiwedd ei dymor yn ei swydd. Gallai fod yn gyfrifol am y stociau, y rhigod a charcharu, am chwipio crwydriaid a diogelu carcharorion a'u hebrwng i'r Llysoedd Chwarter.

Gallai'r cwnstabl hefyd fod yn gyfrifol am gasglu'r holl drethi angenrheidiol o fewn y plwyf, yn ogystal â threthi cenedlaethol megis treth y pen, treth aelwyd a threth tir os oedd hynny'n berthnasol, a hefyd am gynnull y milisia lleol. Gallai hefyd fod yn gyfrifol am bwysau a mesurau ac am sicrhau bod tafarndai wedi eu trwyddedu yn y Llysoedd Chwarter. Os nad oes gwybodaeth ym mhapurau'r plwyf fe geir weithiau gofnod o waith y cwnstabl yng nghofnodion y llysoedd.

Byddin y Sir Roedd Arglwyddi Rhaglaw y sir yn gyfrifol am godi cwota o ddynion i wasanaethu'n lleol er cefnogi'r fyddin gyffredin, yn dilyn cyfres o Ddeddfau Milisia. Ar adegau o ryfel fe allai'r gwŷr hyn orfod mynd yn llawer pellach. Roedd yn ofynnol i bob plwyf gynnig ei gwota o ddynion ac os nad oedd digon o wirfoddolwyr, yna fe ellid gorfodi'r dynion abl, trwy bleidlais, i gwblhau'r cwota. Roedd yn ofynnol i'r plwyf gefnogi teulu'r sawl a ddewiswyd trwy bleidlais a gallai hynny fod yn gostus os oedd ganddo deulu mawr. I osgoi hyn fe fyddai plwyfi weithiau'n talu am rywun yn ei le, fel rheol ddyn sengl o blwyf arall. Fe all papurau'r plwyf ddangos y broses hon ar waith.

Rheoli fermin Mae Llyfrau'r Festri yn aml yn cofnodi difodi bywyd gwyllt oedd yn peryglu lles y plwyf. Fe fyddid yn lladd ffwlbartiaid, tylluanod, adar ysglyfaethus, draenogod, llwynogod, moch daear a gwencïod ar raddfa fawr, ac efallai fod cofnodion wedi goroesi sy'n nodi'r niferoedd a laddwyd a chan bwy, a faint a glustnodwyd gan y Festri am wneud hyn.

Degymau Daw'r syniad o ddegwm o'r gorchymyn a roddwyd i Moses a Jacob yn y Beibl, sef y dylid rhoi'r ddegfed ran o gynnyrch y ddaear i waith Duw. Roedd y 'degymau mawr' o ŷd a gwair a'r 'degymau bach' o anifeiliaid, gwlân, a chnydau heb fod yn rawn (*non-cereal*) yn mynd tuag at fywoliaeth rheithor y plwyf, a fyddai'n cynnal cangell yr eglwys a gwasanaethau eglwysig.

Adeg y Diwygiad Protestannaidd fe atafaelwyd hawliau degwm y mynachlogydd gan y Goron a'u gwerthu i wahanol berchenogion a adwaenid fel perchenogion lleyg. Canlyniad hyn oedd fod oddeutu traean o'r holl ddegymau yn eiddo i leygwyr yn hytrach na'r eglwys. Ac roedd rhai clerigwyr a sefydliadau eglwysig yn prydlesu casgliadau o ddegymau i leygwyr.

Yn wreiddiol, fe gesglid degymau ar ffurf cynnyrch ac weithiau ceir manylion am y modd y gwneid hynny mewn llyfrau clastiroedd (*glebe terriers*). Mewn rhai plwyfi, erbyn y cyfnod modern cynnar, fe dalai ffermwyr swm penodol o arian yn lle cynnyrch.

Roedd casglu'r degwm fel cynnyrch yn dasg anodd ac amhoblogaidd. Trwy gau tiroedd a'r deddfau seneddol oedd yn caniatáu i hyn ddigwydd roedd cyfle i setlo'r mater drwy ddosbarthu tir i berchenogion degymau yn lle'r degwm. Erbyn dechrau'r bedwaredd ganrif ar bymtheg yr oedd trafodaeth ddifrifol ynglŷn â chymudiad y degwm; erbyn yr 1830au roedd Eglwys Loegr yn cydnabod yr angen am ddiwygio'r sefyllfa a phasiwyd Deddf Cymudiad y Degwm yn 1836. O ganlyniad fe droswyd degymau yn daliadau rhent oedd yn seiliedig ar bris grawn ar y pryd.

Mapiau'r Degwm Gobaith Comisiynwyr y Degwm oedd cynhyrchu 'Cofrestr Gyffredinol ac Arolwg o Eiddo Tiriog', tebyg o ran ei manylder i Lyfr Domesday, yn sgil Deddf Cymudiad y Degwm. Y ddau fath pwysicaf o ddogfennau yng nghyd-destun y degwm mewn plwyfi oedd map y degwm a'r rhestr neu'r dosraniad. Byddai'r map wedi ei lunio â llaw, fel rheol ar raddfa fawr oddeutu 25": 1 filltir, a dangosai bob tamaid o dir, ffordd, llwybr ac anheddle, a phob un o'r rhain wedi ei rifo. Roedd y rhestr neu'r dosraniad yn cynnwys rhestr o'r rhifau ac yn dangos pwy oedd y perchennog a'r sawl oedd yn meddiannu pob darn o dir. Weithiau ceid rhagymadrodd yn nodi maint a'r defnydd a wneid o'r tir âr i'w ddegymu, enwau holl berchenogion y degymau a'r taliadau a wneid yn lle'r degwm. Mae cyfanswm yr aceri a'r taliad degwm yn cael eu nodi ar gyfer pob eiddo. Weithiau fe geir enwau caeau a'r defnydd o'r tir.

Trwy gydol y bedwaredd ganrif ar bymtheg fe leihaodd pwysigrwydd ac arwyddocâd y plwyf fel uned o lywodraeth leol a throsglwyddwyd ei gyfrifoldebau i gyrff eraill, a hynny mewn canrif pan welwyd y llywodraeth ganolog yn ceisio rheoli llywodraeth leol fwyfwy.

Byrddau, ymddiriedolaethau, comisiynau, awdurdodau a chwmnïau

Yn ystod y ddeunawfed ganrif a'r bedwaredd ganrif ar bymtheg, wrth i drefi a dinasoedd dyfu ac i ddiwydiant ddatblygu, dechreuodd llywodraeth leol ymrannu fwyfwy yn weinyddiaethau trefol a gwledig. Yn yr ardaloedd gwledig roedd yr Ustusiaid Heddwch yn dal i gyflawni llawer o'r gwaith gweinyddu ond yn y trefi roedd Byrddau etholedig yn aml yn gyfrifol am agweddau penodol o lywodraeth leol. Sefydlwyd Byrddau ar gyfer dibenion arbennig ac i ddelio â materion unigol.

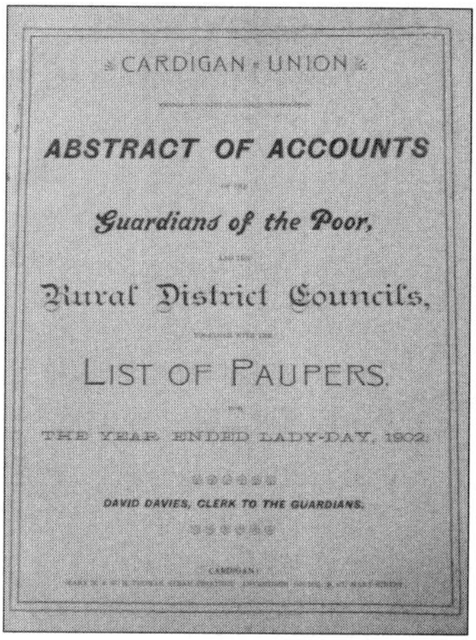
CARDIGAN UNION

ABSTRACT OF ACCOUNTS

Guardians of the Poor,

Rural District Councils,

LIST OF PAUPERS.

THE YEAR ENDED LADY-DAY, 1902.

DAVID DAVIES, CLERK TO THE GUARDIANS.

CARDIGAN:

Crynodeb cyfrifon . . . Rhestr tlodion Cardigan Union Abstract of accounts, list of paupers
Trwy ganiatâd Archifdy Ceredigion

Trwy gyfres o ddeddfau seneddol lleol a phreifat fe grëwyd cwmnïau tyrpeg, byrddau draenio, comisiynwyr gwella palmentydd, cwmnïau dŵr a chwmnïau nwy dinesig. Byddai'r ddeddf yn caniatáu creu Bwrdd Comisiynwyr, â rhai'n aelodau yn rhinwedd eu swydd, eraill yn etholedig, a rhoddid i'r Bwrdd yr awdurdod i godi trethi ar gyfer dibenion penodol. Pan fyddai sawl tref wedi gwneud cais am ddeddfau lleol neu breifat tebyg, yna fe gâi deddf gyffredinol ei phasio a gallai awdurdodau eraill ei mabwysiadu os mynnent. Roedd deddfau seneddol eraill yn mynnu bod byrddau lleol yn cael eu creu ar gyfer achosion arbennig.

Cwmnïau Tyrpeg Sefydlwyd y rhain i ddarparu a chynnal rhwydwaith o ffyrdd ar hyd llwybrau poblogaidd. Trwy gyllid preifat yr oedd y ffyrdd hyn yn cael eu hadeiladu a cheid adenillion ar y buddsoddiad trwy godi tollau ar rannau arbennig o'r ffyrdd. Y 'tyrpeg' oedd y rhwystr a osodid ar draws y ffordd i atal trafnidiaeth fel y gellid casglu'r tollau. Mewn rhannau o Gymru fe arweiniodd gwrthwynebiad i'r Cwmnïau Tyrpeg a'u tollau at wrthryfel Rebeca ac anniddigrwydd lleol sylweddol. O ganlyniad fe gyflwynwyd Byrddau Ffyrdd Sirol mewn rhai ardaloedd.

Mae llyfrau cofnodion y Cwmnïau Tyrpeg a'r Byrddau Ffyrdd Sirol i'w canfod mewn rhai archifdai lleol, yn ogystal â chofnodion ariannol y cwmnïau sydd weithiau'n cynnwys manylion perthnasol i dolldai unigol. Gwelir enghraifft o dolldy o'r fath yn Sain Ffagan.

Byrddau Priffyrdd Sefydlwyd y Byrddau Priffyrdd mewn ardaloedd gwledig dan Ddeddfau Priffyrdd 1835 ac 1862 i gynnal ffyrdd yn yr ardal. Roedd Deddf 1835 wedi dileu llafur statudol ac yn rhoi'r hawl i dreth priffyrdd gael ei chodi. Gallai plwyfi uno â'i gilydd fel awdurdodau dosbarth priffyrdd, a chyflogi arolygwyr i'r dosbarth. Ond nid oedd raid dilyn y dull hwn gan mai deddfwriaeth oddefol ydoedd. Ond fe roddodd Deddf Priffyrdd 1862 yr awdurdod i Ustusiaid Heddwch i orfodi plwyfi i uno yn Ddosbarthiadau Priffyrdd a fyddai dan oruchwyliaeth Bwrdd Priffyrdd, pe byddai angen. Erbyn 1878 byddai'r awdurdodau glanweithdra gwledig yn aml yn cymryd cyfrifoldeb oddi ar y Byrddau Priffyrdd. Yn dilyn Deddf Llywodraeth Leol 1894 fe drosglwyddwyd cyfrifoldebau'r Byrddau Priffyrdd i'r Cynghorau Dosbarth Gwledig a byddai'r Pwyllgor Priffyrdd newydd yn aml yn dal i ddefnyddio'r un llyfrau cofnodion â'r hen Fwrdd.

Byrddau Claddu Erbyn yr 1850au roedd y cynnydd yn nifer y bobl a oedd yn byw – a marw – mewn trefi a dinasoedd yn golygu nad oedd digon o le i'w claddu mewn mynwentydd trefol. Pasiwyd cyfres o ddeddfau i ganiatáu i lywodraeth leol greu mynwentydd ar gyrion trefi, a chaed deddfau i ganiatáu i'r Festri sefydlu mynwentydd sifil. Gallai llyfrau cofnodion a chyfrifon fod wedi goroesi sy'n dangos sut y gweithredai'r byrddau ac fe ddylai cofrestri claddedigaethau a chofnodion eraill perthnasol i gladdu fod ar gael a fyddai o fudd i haneswyr teulu.

Byrddau Ysgolion Yn dilyn Deddf Addysg 1870 gallai unrhyw ardal heb gyfleusterau addysg addas sefydlu Bwrdd Ysgol i adeiladu ysgol gyda chymorth y wladwriaeth. Byddai'r Bwrdd Addysg, a etholid yn lleol, yn gyfrifol am weinyddu'r ysgol. Fe barhaodd y system hon hyd 1902 pan drosglwyddwyd y cyfrifoldeb hwn i'r Cynghorau Sir. Yn aml fe geir cofnodion y Byrddau Ysgol a dogfennau ariannol yn yr archifdai sirol.

Undebau Deddf y Tlodion, Byrddau Gwarcheidwaid a'r Tloty Pan basiwyd Deddf Newydd y Tlodion yn 1834 fe grëwyd Undebau a Thlotai'r Undeb ac fe beidiodd gofalu am y tlawd â bod yn gyfrifoldeb uniongyrchol y plwyf. Unwyd plwyfi i greu 'Undebau' a reolid gan Fwrdd o Warcheidwaid ac adeiladwyd Tloty'r Undeb mewn tref gyfleus. Yn hytrach na gofalu am y tlodion yn lleol roedd plwyfi yn talu'r Undeb naill ai i gadw eu tlodion mewn tloty (a elwid yn 'gymorth mewnol') neu yn rhoi taliadau iddynt gartref ('cymorth allanol'). Ceid cryn amrywiaeth yn y dull o weinyddu'r cymorth i'r tlodion. Roedd Byrddau'r Gwarcheidwaid yn atebol i Gomisiwn Deddf y Tlodion a cheir cofnodion sy'n adlewyrchu eu perthynas yn yr Archifau Gwladol yn Kew. Er mwyn ceisio safoni dulliau o weithredu câi tlotai gofrestri amrywiol, dyddlyfrau, cyfriflyfrau, a dogfennau eraill lle roedd manylion ynglŷn â gweinyddu Deddf y Tlodion yn lleol i'w cofnodi. Mae gan archifdai llywodraeth leol gasgliadau helaeth o'r cofnodion hyn, lle maent wedi goroesi, a cheir ynddynt wybodaeth bwysig am weinyddiaeth y tlodion yn lleol ac am ansawdd bywydau rhai o'r tlodion eu hunain.

Deddf Llywodraeth Leol 1888 – Cynghorau Sir Amcan y ddeddf hon oedd dwyn ynghyd lawer o gyfrifoldebau'r Llysoedd Chwarter, y byrddau a'r awdurdodau oedd wedi datblygu, a chyfuno'r cyfan dan un corff newydd – y Cyngor Sir. O dan y deddf roedd y Cyngor yn gyfrifol 'am reoli gweinyddiaeth a busnes ariannol y sir a dylai gynnwys cadeirydd, henaduriaid a chynghorwyr'. Yr hyn oedd yn arwyddocaol oedd fod y rhai oedd i redeg y Cyngor i'w hethol yn hytrach na'u hapwyntio ac felly cyflwynwyd democratiaeth i lefel uchaf llywodraeth leol. Etifeddodd y Cynghorau Sir yr hawliau a'r cyfrifoldebau dros y canlynol, ymysg pethau eraill, gan y Llysoedd Chwarter:

- asesu a chodi trethi ac yna gwario'r arian a godid;
- benthyca arian;
- perchenogi a rheoli adeiladau sirol gan gynnwys neuaddau sirol, ac ati, gwallgofdai, ysgolion plant drwg ac ysgolion diwydiannol, ond nid carchardai a oedd eisoes wedi eu cenedlaetholi dan ddeddf arall yn 1877;
- gweinyddu a chynnal rhai ffyrdd a phontydd;
- trwyddedu lleoedd ar gyfer cerddoriaeth, dawnsio a chaeau rasio;
- arolygu gwaith y Trysorydd Sirol, Syrfëwr, Dadansoddwr Cyhoeddus a'r swyddog a gyflogid dan Ddeddf Ffrwydron 1875 ac a gadwai gofrestr o'r rhai o fewn y sir a oedd â thrwydded i gadw ffrwydron;
- cynnal crwner. Cyn hyn fe gaent eu dewis gan ryddfreiniaid y sir ond dan ddeddf a basiwyd yn 1887 roeddynt i'w hapwyntio gan y Cyngor Sir;
- gweithredu deddfau'n ymwneud â chlefydau heintus mewn anifeiliaid,

pryfetach difaol, gwarchodfeydd pysgod, adar gwyllt, a phwysau a mesurau;
- yr awdurdod i apwyntio Swyddog Meddygol.

Etifeddodd y Cynghorau Sir rai o gofnodion y Llysoedd Chwarter a rhai o'r personél weithiau hefyd. Daeth llawer o'r Clercod Heddwch yn Glercod y Cynghorau Sir ac roedd llawer o'r Ustusiaid Heddwch ymysg y cynghorwyr cyntaf i'w hethol arnynt.

Sefydlodd y Cynghorau Sir nifer o bwyllgorau i adlewyrchu'r gwaith a wneid. Yn y dyddiau cynnar, er enghraifft, fe geid 'Pwyllgor Ffyrdd a Phontydd' a'r 'Pwyllgor Pwysau a Mesurau'. Roedd pob pwyllgor yn cynhyrchu a chyhoeddi cofnodion i adlewyrchu eu trafodaethau a'u penderfyniadau a cheir copïau o'r rhain mewn archifdai lleol. Ac maent yn aml yn llawer mwy diddorol nag y rhagdybir! Yn 1902, dan Ddeddf Addysg y flwyddyn honno, cymerodd y Cynghorau Sir gyfrifoldeb am addysg elfennol oddi wrth y Byrddau Ysgol a cheir cofnodion manwl o'r Pwyllgor Addysg o hynny ymlaen.

Deddf Llywodraeth Leol 1894 Creodd y ddeddf seneddol hon ail haen o lywodraeth leol, gan ddisodli'r Byrddau neu'r Awdurdodau Iechydol Trefol a Gwledig gyda Chynghorau Dosbarth Trefol a Gwledig. Creodd y ddeddf Gynghorau Plwyf hefyd, gan ddisodli i bob pwrpas hen swyddogaeth weinyddol y Festri a chadarnhau'n ffurfiol y gwahaniaeth rhwng llywodraeth leol eglwysig a sifil. Yng Nghymru fe ddisodlwyd y Cynghorau Plwyf gan Gynghorau Cymuned yn 1974.

Cofnodion Cynghorau Plwyf a Chymuned Gan fod Cynghorau Plwyf wedi eu sefydlu yn 1894 fe ddylai'r Llyfrau Cofnodion fynd yn ôl i'r cyfnod hwn ac mae iddynt arwyddocâd ieithyddol pwysig gan mai dyma'r cofnodion llywodraeth leol cyntaf yn hanes y Gymru fodern i ddefnyddio'r iaith Gymraeg. Yn ogystal â'r Llyfrau Cofnodion fe ddylai fod cofnodion ariannol i ddangos sut yr oedd Cyngor Plwyf yn gwario'i arian. Hefyd dylai gohebiaeth fod ar gael gyda'r Cynghorau Sir a'r Cynghorau Dosbarth, gyda phlwyfolion a chyda busnesau a fyddai'n delio â'r Cyngor Plwyf. Roedd gan rai plwyfi gyfrifoldebau ychwanegol, dros fynwentydd er enghraifft, a dylai'r cofnodion hynny fod ar gael hefyd.

Mae cofnodion y plwyf fel rheol i'w cael mewn archifdai llywodraeth leol er y gallant fod ym meddiant y Cyngor Cymuned. Crëwyd Cynghorau Cymuned dan Ddeddf Llywodraeth Leol 1972 ac mae Deddf Rhyddid Gwybodaeth 2000 yn rhoi hawl mynediad i'r dogfennau hyn.

Deddf Llywodraeth Leol 1929 O ganlyniad i'r ddeddf hon fe fabwysiadodd y Cynghorau Sir weddill dyletswyddau Undebau Deddf y Tlodion er bod ganddynt gyfrifoldeb dros ddarparu gwallgofdai a gwasanaethau iechyd cyhoeddus eraill o'r dechrau. Felly, o 1930 ymlaen mae'n werth cyfeirio at lyfrau cofnodion Cynghorau Sir, yn arbennig gofnodion y Pwyllgorau Nawdd Cyhoeddus. Roedd eu gweithgarwch yn ymwneud â chardota a dosbarthu 'cymorth allanol'. Roedd effeithiau'r Rhyfel Byd Cyntaf a'r dirwasgiad a'i dilynodd yn golygu bod yr angen am gymorth wedi cynyddu. Yn ogystal â'r crwydriaid a arferai ddefnyddio 'wardiau ysbeidiol' y tlotai wrth iddynt grwydro o fan i fan, roedd bellach hefyd lawer o unigolion di-waith yn crwydro'r wlad a theimlai'r Cynghorau Sir fod y rhain yn haeddu gwell safon o lety na'r crwydriaid cyffredin. Canlyniad arall diweithdra oedd yr angen am fwy o 'gymorth allanol', â cynnydd mewn safonau byw a chwyddiant yn golygu bod yr hen a'r claf yn llai abl i'w cynnal eu hunain. Sefydlwyd Bwrdd Cymorth Diweithdra i helpu'r di-waith ac felly trosglwyddwyd y cyfrifoldeb o'r Cyngor Sir i gorff llywodraethol cenedlaethol.

Deddf Llywodraeth Leol 1972 Daeth y ddeddf hon i rym yn 1974 gan ddwyn i ben yr hen system o siroedd, siroedd bwrdeistrefol, a chynghorau dosbarth a dinesig. Yr effaith yng Nghymru oedd creu siroedd mwy trwy uno nifer o rai llai. Diddymwyd hefyd i raddau y gwahaniaeth rhwng llywodraeth leol drefol a gwledig trwy ddileu'r bwrdeistrefi sirol a'u troi'n ganolfannau awdurdodau a oedd yn gymysgedd o'r trefol a'r gwledig. Crëwyd system llywodraeth leol ar ddwy lefel, gyda'r Cyngor Sir ar y lefel uchaf a'r Cyngor Dosbarth ar yr ail lefel. Roedd maint a siâp y Cynghorau Dosbarth yn aml yn adlewyrchu ardaloedd y Cynghorau Sir a ddilewyd. O dan y Cyngor Dosbarth caed y Cyngor Cymuned a oedd wedi cymryd lle'r Cyngor Plwyf ond â'r un math o ddyletswyddau a phwerau.

Roedd cyfrifoldeb dros weithgareddau llywodraeth leol wedi ei rannu rhwng y sir a'r dosbarth, gydag addysg, gwarchod defnyddwyr, llyfrgelloedd, gwasanaethau cymdeithasol a thrafnidiaeth a'r priffyrdd yn cael eu rheoli gan y sir tra oedd mynwentydd, iechyd amgylcheddol, tai a chasglu'r trethi dan reolaeth y Dosbarthiadau. Byddai swyddogaethau eraill megis twristiaeth, y celfyddydau a hamdden, cynllunio a llwybrau yn cael eu rheoli gan y naill neu'r llall, neu weithiau gan y ddau awdurdod.

Deddf Llywodraeth Leol 1994 Daeth Deddf Llywodraeth Leol (Cymru) 1994 i rym ar 1 Ebrill 1996 a dyma'r ad-drefnu diweddaraf ar lywodraeth leol yng Nghymru. Crëwyd 22 o awdurdodau unedol sy'n diwallu holl wasanaethau llywodraeth leol ar wahân i'r rhai a ddarperir gan y Cynghorau Cymuned. Mae 14 o archifdai awdurdodau lleol yng Nghymru, â rhai ohonynt yn cynnwys cofnodion mwy nag un o'r awdurdodau unedol presennol a chofnodion mwy nag un o'r hen gynghorau sir cyn 1974.

DARLLEN PELLACH

Mewn maes rhyfeddol o eang cyfeirir y darllenydd at y canlynol yn arbennig: Helen Watt, *Welsh Manors and their Records* (2000) am y cyfnod cynharaf; W. E. Tate, *The Parish Chest* (1983) ac adrannau perthnasol yn David Hey (gol.), *The Oxford Companion to Family and Local History* (2008). Er enghraifft, gweler y bennod gan R. W. Hoyle ar 'Local Government' a phennod David Hey ar 'The Poor'.

9. CYFRIF POBL DRWY'R OESOEDD

Hafina Clwyd

Pam mynd ati i gyfrif pobl? Y pwrpas gwreiddiol oedd er mwyn gwybod oedd yna ddigon o ddynion ar gael i ryfela. Gwelir enghreifftiau o hyn yn y Beibl. Y mae Llyfr Numeri yn dechrau gyda chyfrifiad pan gafodd Moses orchymyn i gymryd 'nifer holl gynulleidfa meibion Israel, yn ôl eu teuluoedd, wrth dŷ eu tadau, dan rif eu henwau, pob gwryw wrth eu pennau. O fab ugain mlwydd ac uchod, pob un a allo fyned i ryfel yn Israel . . .'

Yna, yn II Samuel 24, meddai'r Brenin Dafydd wrth Joab, capten ei fyddin: 'Dos yn awr drwy holl lwythau Israel, o Dan i Beersheba, a chyfrif y bobl, fel y gwypwyf rifedi y bobl.' Cymerodd Joab naw mis ac ugain diwrnod ac yna dychwelodd gyda'r wybodaeth fod yna wyth gan mil o ddynion dewr oedd yn medru trin y cledd. Ac wrth gwrs, er mwyn cael eu cyfrif yr aeth Joseff a Mair i Fethlehem. Yr oedd Awgwstws Cesar eisiau gwybod faint o drethi oedd yn ddyledus.

Efallai mai'r cyfrifiad rhyfeddaf a gafwyd erioed oedd hwnnw yn Ne Affrica fis Mai 1994. Gan fod y bleidlais wedi cael ei hymestyn o'r diwedd i bob dinesydd nid oedd gan yr awdurdodau syniad yn y byd faint o bobl oedd â hawl i bleidleisio, faint o bapurau pleidleisio i'w hargraffu, sawl gorsaf bleidleisio i'w lleoli ac yn y blaen. Sut aethant ati i gyfrif eu pobl? Mewn awyren! Cyfrif pob copa walltog y gallent ei weld o'r awyr. Yr oedd y canlyniad ymhell ohoni.

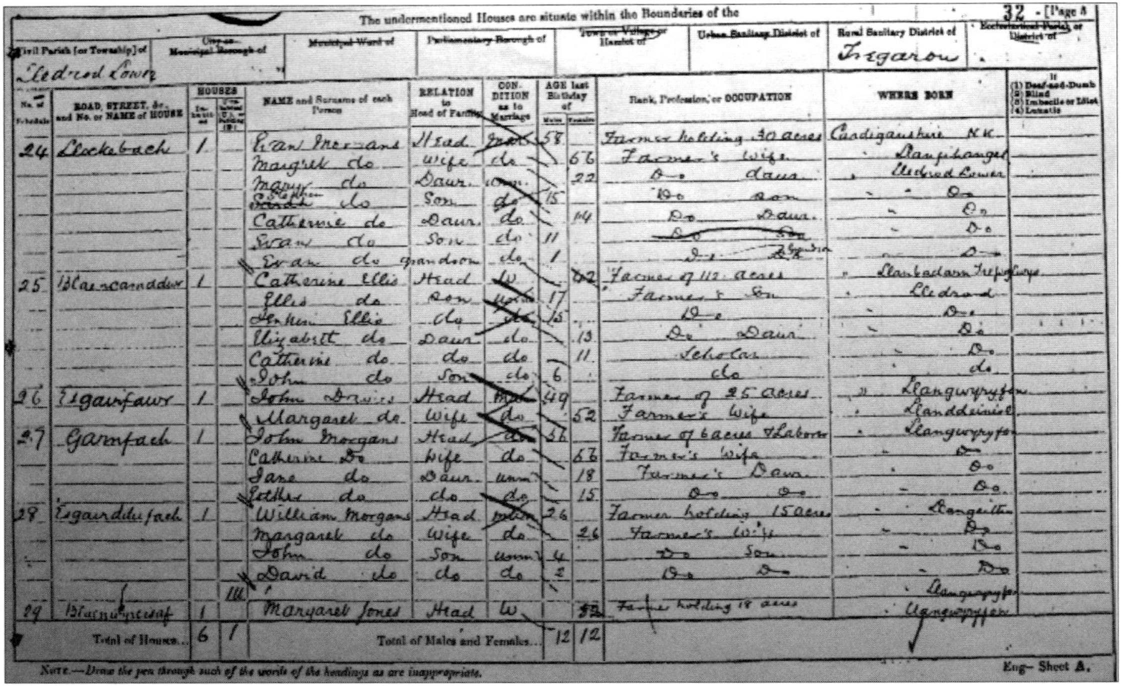

The undermentioned Houses are situate within the Boundaries of the — 32 — [Page 8

Civil Parish [or Township] of: Lledrod Lower | Rural Sanitary District of: Tregaron

No. of Schedule	Road, Street, &c., and No. or Name of House	Houses Inhabited	Houses Uninhabited (U.) or Building (B.)	Name and Surname of each Person	Relation to Head of Family	Condition as to Marriage	Age last Birthday of Males	Age last Birthday of Females	Rank, Profession, or Occupation	Where Born	(1) Deaf-and-Dumb (2) Blind (3) Imbecile or Idiot (4) Lunatic
24	Llechebach	1		Evan Morgans	Head	Mar	58		Farmer holding 40 acres	Cardiganshire N.K.	
				Margret do	Wife	do		66	Farmer's Wife	Llanfihangel	
				Mary do	Daur	Unm		22	Do daur	Lledrod Lower	
				Stephen do	Son	do	15		Do son	Do	
				Catherine do	Daur	do		14	Do Daur	Do	
				Evan do	Son	do	11		Do Son	Do	
				Evan do	grandson	do	1		Do Grandson	Do	
25	Blaencarnddwr	1		Catherine Ellis	Head	W		62	Farmer of 112 acres	Llanbadarn Trefeglwys	
				Ellis do	Son	Unm	17		Farmer's Son	Lledrod	
				Jenkin Ellis	do	do	15		Do	Do	
				Elizabeth do	Daur	do		13	Do Daur	Do	
				Catherine do	do	do		11	Scholar	Do	
				John do	Son	do	6		do	do	
26	Esgairfawr	1		John Davies	Head	Mar	49		Farmer of 25 acres	Llangwyryfon	
				Margaret do	Wife	do		52	Farmer's Wife	Llanddeiniol	
27	Garnfach	1		John Morgans	Head	do	56		Farmer of 6 acres & Laborer	Llangwyryfon	
				Catherine Do	Wife	do		66	Farmer's Wife	Do	
				Jane do	Daur	Unm		18	Farmer's Daur	Do	
				Esther do	do	do		15	Do Do	Do	
28	Esgairddu fach	1		William Morgans	Head	Mar	26		Farmer holding 15 acres	Llangeitho	
				Margaret do	Wife	do		26	Farmer's Wife	Do	
				John do	Son	Unm	4		Do Son	Do	
				David do	do	do	2		Do Do	Do	
										Llangwyryfon	
29	Blaenu-isaf	1		Margaret Jones	Head	W		52	Farmer holding 18 acres	Llangwyryfon	
	Total of Houses	6	1	Total of Males and Females			12	12			

Note.—Draw the pen through such of the words of the headings as are inappropriate.

Eng– Sheet A.

Cyfrifiad 1881: Lledrod Lower, Ceredigion (RG 11 / 5450)
© Atgynhyrchwyd trwy ganiatâd yr Archifau Gwladol, Llundain. Mae pob un o'r cartrefi a restrir yma bellach yn adfeilion a'r ardal, ar y Mynydd Bach rhwng Trefenter a Bronnant, wedi ei diboblogi'n llwyr

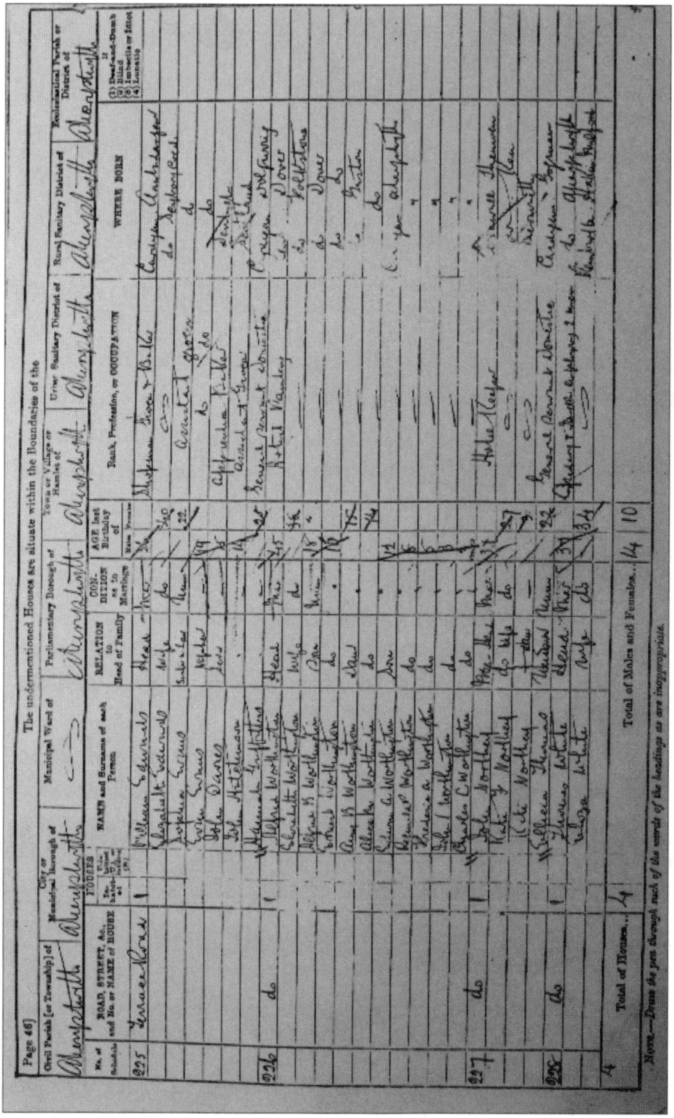

Cyfrifiad 1881: Aberystwyth (RG 11 / 5445)
© Atgynhyrchwyd trwy ganiatâd yr Archifau Gwladol, Llundain

Y mae'n debyg mai'r cyfrifiad cyntaf yn yr ynysoedd hyn oedd Llyfr Domesday, a restrai eiddo a thir. Dim ond darn bach o Gymru a gafodd ei gynnwys. Ond dros y canrifoedd y mae'r cwestiwn 'Faint sydd yn byw yma?' wedi codi'i ben yn rheolaidd. Yn 1696 amcangyfrifodd dyn o'r enw Gregory King fod yna 5.5 miliwn yn byw yng Nghymru a Lloegr ond nid oedd yn medru profi hynny. Er mai yn 1801 y cynhaliwyd y Cyfrifiad Swyddogol cyntaf yr oedd y pwnc wedi bod dan sylw yn y Senedd yn 1752 pan awgrymwyd y dylid cynnal cyfrifiad rheolaidd. Llwyddodd y mesur yn Nhŷ'r Cyffredin ond fe'i gwrthodwyd gan Dŷ'r Arglwyddi. Credaf fod pob hanesydd lleol ac achyddwr yn edifar iawn na lwyddwyd i gyfrif ein hynafiaid yn 1752. Yna, yn 1798 cyhoeddwyd *Essay on the Principle of Population* gan Thomas Malthus lle y dywedai fod y boblogaeth yn tyfu mor gyflym fel y byddid yn rhedeg allan o fwyd cyn bo hir. Achosodd hyn dipyn o banig oherwydd cyhoeddwyd y llyfr pan oedd yn adeg o ryfel, cynaeafau gwael a phrinder bwyd. Y canlyniad oedd pasio deddf, yn 1800, a phenderfynu cael cyfrifiad yn 1801 a phob deng mlynedd wedi hynny. A'i gynnal ar y Sul, gyda llaw. Felly, os oedd eich hen-daid yn weinidog, rhaid i chi chwilota amdano gan ei fod yn debyg o fod oddi cartref ar ei gyhoeddiad yn rhywle.

Cyn belled ag y mae olrheinwyr achau'n bod, nid yw Cyfrifiad 1801, 1811, 1821 ac 1831 fawr o werth gan mai cyfrif pennau yn unig a wnaed heb enwi neb. Ond yr oedd yr ystadegau'n bwysig iawn i'r awdurdodau, enwau neu beidio. Eithr o 1841 ymlaen ceir trysorfa o wybodaeth gan fod y ffurflenni'n cynnwys enw pawb oedd yn y tŷ ar y nos Sul arbennig honno, eu hoed, sut yr oeddynt yn perthyn, a oeddynt yn briod ai peidio, eu gwaith a phlwyf eu geni. Hyd at 1911 ceir hefyd golofn yn nodi a oedd rhywun yn ddall neu'n fusgrell, yn wallgof neu'n ffwndrus. Y mae'r holl ffurflenni i'w gweld ar ficroffilm yn ein harchifdai lleol a hefyd ar y we ond ni chawn eu gweld nes y bydd can mlynedd wedi mynd heibio, oherwydd ein bod wedi cael addewid wrth eu llenwi eu bod yn gwbl gyfrinachol. Credid y byddai pawb a enwid wedi marw ymhen can mlynedd. Yn 1891 dim ond pump dros eu cant oed oedd yna yng Nghymru. Amcangyfrifir y bydd mwy na 10,000 dros eu cant ym Mhrydain erbyn 2041. Mae hyn yn ddigon o rybudd i'r Llywodraeth lunio polisïau ar gyfer yr henoed, mi fuaswn yn meddwl. Ond peidiwch â dal eich gwynt . . .

Yr oedd Cyfrifiad 1891 yng Nghymru yn wahanol i'r rhai blaenorol oherwydd yr oedd cwestiwn yr iaith yn cael ei gynnwys. Yn y golofn olaf nodir Cymraeg, Saesneg neu'r Ddwy. Cyn hynny nid oedd gan neb fanylion pendant ynglŷn â nifer y siaradwyr Cymraeg. Hyd yn oed yn 1891 ni chafwyd yr ystadegau cywir oherwydd ar hyd arfordir sir y Fflint ac yn sir Fynwy ffurflenni Lloegr a rannwyd ac nid oedd y cwestiwn iaith wedi'i gynnwys. Y ganran swyddogol o siaradwyr Cymraeg oedd 60%. Y mae'r ystadegau wedi hynny yn adrodd stori drist iawn. Dyma ffigurau siaradwyr Cymraeg o hynny ymlaen:

1911	43.5%
1921	37.1% Collwyd miloedd o siaradwyr Cymraeg yn ystod 1914–18
1931	36.8%
1941	Dim Cyfrifiad oherwydd y Rhyfel
1951	28.9%
1961	26%
1971	20.8%
1981	18.9%
1991	19%
2001	20%

Felly, yr oedd y cyfrifiad diwethaf a gawsom yn dangos cynnydd bychan ond calonogol. Y mae'r manylion a geir dros ddwy ganrif yn dangos pa mor chwyldroadol fu'r newidiadau yn ein ffordd o fyw – o ran swyddi, oedran, poblogaeth, nifer oedd mewn teuluoedd, diboblogi cefn gwlad ac iaith.

Mewn erthygl yn *Cymru* yn Awst 1891 yr oedd gan O. M. Edwards eiriau chwerw dros ben ynglŷn â'r modd y trefnwyd y cyfrifiad. Meddai: 'Y mae pobl sydd yn medru dweud dim mwy na "*Good morning*" yn rhoi eu hunain i lawr fel siaradwyr Saesneg' ac y mae'n creu darlun o beth ddigwyddodd yn ei bentref maboed ef ei hun, sef Llanuwchllyn, lle roedd pobl uniaith yn gorfod llenwi eu ffurflenni yn Saesneg. Yr oedd un hen fugail wedi edrych yn y geiriadur am y gair Saesneg am 'fugail' ac wedi rhoi ei hun i lawr fel *pastor*. Un arall wedi disgrifio'i hun fel *old chap* – cyfieithiad o 'hen lanc'. Ydy, mae stori o'r fath yn codi gwên ond y mae hefyd yn codi gwrychyn.

Yr oedd O. M. hefyd yn finiog ei dafod am rai o'r swyddogion a ddylai fod wedi helpu'r trigolion i gwblhau'r ffurflenni – ac yr oedd rhai Cymraeg ar gael – dim ond gofyn amdanyn nhw! Ond pe bai gormod o bobl yn llenwi ffurflenni Cymraeg byddai'r Llywodraeth yn gorfod

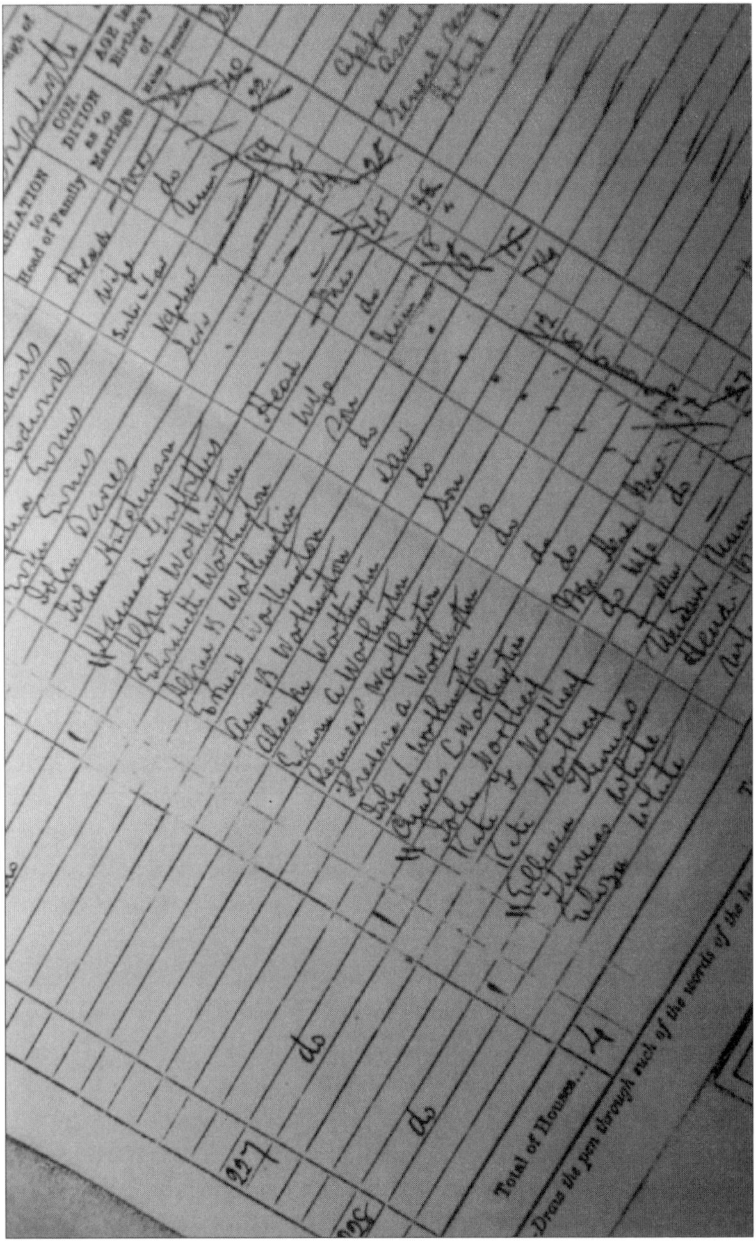

Cyfrifiad 1881: Aberystwyth (RG 11 / 5445)
© Atgynhyrchwyd trwy ganiatâd yr Archifau Gwladol, Llundain
Sylwer ar y cyfeiriad at deulu'r arlunydd Alfred Worthington, brodor o swydd Caint, a drigai yn Terrace Road

cyfaddef bod yna garfan uchel o'r Cymry yn gorfod ufuddhau i reolau a deddfau nad oeddynt yn eu deall, talu trethi i swyddog na allai gyfathrebu â nhw a bod yna blant nad oedd yn deall beth oedd yr athrawon yn ei ddweud wrthynt. Nid oedd gan y Llywodraeth eisiau gwybod pethau felly, meddai O. M. Nid oedd ar Brydges Hennicker, y Prif Swyddog Cyfrifiad a Phoblogaeth yn 1891, eisiau clywed y gwir chwaith. Pan ddeallodd fod 60% o boblogaeth Cymru yn siarad Cymraeg fe wylltiodd yn gaclwm a gweiddi '*English is the language of this country*' gan gyhuddo swyddogion Cymru o ddweud celwyddau a ffugio ffeithiau.

Nid oedd bod yn Swyddog Cyfrifiad yn fêl i gyd. Yr oedd yn waith digon pleserus a chyfeillgar yn y wlad, mae'n debyg, gan fod y swyddog lleol yn adnabod pawb yn ei fro. Yr oedd gofyn i bob swyddog gael cymwysterau addas, sef medru darllen ac ysgrifennu'n gywir a bod â gwybodaeth ymarferol o rifyddiaeth. Yr oedd yn rhaid iddo hefyd fod yn iach gan fod yna gryn dipyn o waith cerdded. Rhaid oedd bod dros 18 a than 65, yn ddirwestwr, yn drefnus ac yn barchus. Hefyd, disgwylid iddo fod yn gwrtais bob amser.

Yr oedd swyddogion y trefi mawrion yn poeni'n fawr pa fath o groeso a gaent, cwrtais ai peidio. Mewn adroddiad yn *Cassell's Magazine* yn 1871 dywed un swyddog ei fod wedi cael llond bol ar y gwaith. Gormod o waith papur a rhy ychydig o dâl, heb sôn am 'gwsmeriaid' anodd. Yr oedd ei 'gwsmer' cyntaf wedi rhedeg i ffwrdd gan feddwl mai swyddog o'r Bwrdd Dŵr ydoedd. Ble bynnag yr âi, yr oedd rhywun yn ei gamgymryd am rywun arall – 'dyn y nwy' neu 'ddyn y rhent' – ac yn gwrthod agor y drws. Problem arall oedd casglu'r ffurflenni ymhen rhai dyddiau ac yr oedd yn anodd perswadio pobl i ddatgelu eu hoed. 'Mae rhai dynion wedi bod yn 45 am ddeg mlynedd,' meddai.

Yn 1891 yr oedd angen 35,000 o swyddogion ac yr oedd yna brinder. Bu raid iddynt wneud yr annychmygadwy – cyflogi merched. Mewn rhai ardaloedd yn Llundain yr oedd angen plismon i fynd o gwmpas hefo'r swyddogion. Caent ddirwy o £5 os nad oedd y ffurflen wedi ei llenwi'n gywir. Er hynny yr oedd yna lithriadau'n digwydd:

1. Dynes yn rhoi ei henw fel Pennaeth y Teulu ac yn disgrifio'i swydd fel Dynes Mangl. Wedyn, enw ei gŵr a'i waith ef oedd Troi'r Mangl.

2. O dan y pennawd SEFYLLFA (h.y. yn briod, dibriod, gweddw) yr oedd y gŵr a'r wraig yn Dda Iawn Diolch, y plentyn hynaf Ddim yn Dda o Gwbl a gweddill y teulu i gyd yn Dda.

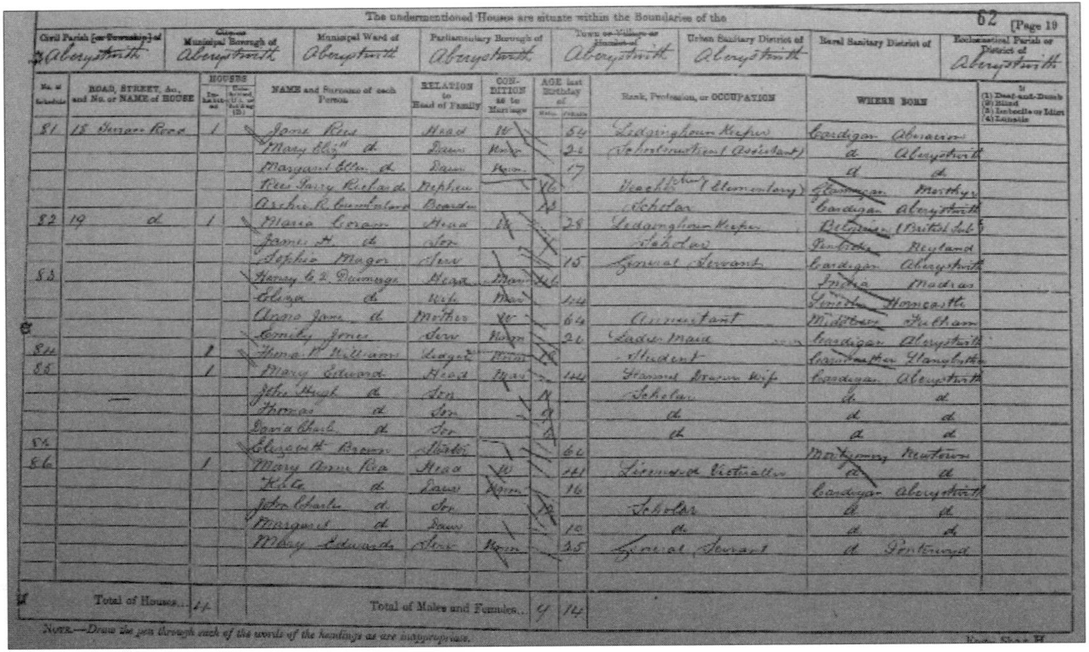

The undermentioned Houses are situate within the Boundaries of the | 62 [Page 19

Civil Parish [or Township] of Aberystwith | City or Municipal Borough of Aberystwith | Municipal Ward of Aberystwith | Parliamentary Borough of Aberystwith | Town or Village or Hamlet of Aberystwith | Urban Sanitary District of Aberystwith | Rural Sanitary District of | Ecclesiastical Parish or District of Aberystwith

No. of Schedule	ROAD, STREET, &c., and No. or NAME of HOUSE	HOUSES Inhabited	HOUSES Uninhabited (U.), or Building (B.)	NAME and Surname of each Person	RELATION to Head of Family	CONDITION as to Marriage	AGE last Birthday of Males	AGE last Birthday of Females	Rank, Profession, or OCCUPATION	WHERE BORN	If (1) Deaf-and-Dumb (2) Blind (3) Imbecile or Idiot (4) Lunatic
81	15 Terrace Road	1		Jane Rees	Head	W		54	Lodginghouse Keeper	Cardigan Aberaeron	
				Mary Elizth do	Daur	Unm		21	(Schoolmistress Assistant)	do Aberystwith	
				Margaret Ellen do	Daur	Unm		17		do do	
				Rees Parry Richards	Nephew		16		Teacher (Elementary)	Glamorgan Merthyr	
				Archie R Cumberland	Boarder		13		Scholar	Cardigan Aberystwith	
82	19 do	1		Maria Coram	Head	W		28	Lodginghouse Keeper	Belgium (British Sub)	
				James H. do	Son		[illegible]		Scholar	Pembroke Neyland	
				Sophia Magor	Serv			15	General Servant	Cardigan Aberystwith	
83				Henry C D Durmerge	Head	Mar	[illegible]			India Madras	
				Eliza do	Wife	Mar		44		Lincoln Horncastle	
				Anna Jane do	Mother	W		64	Annuitant	Middlesex Fulham	
				Emily Jones	Serv	Unm		21	Ladies Maid	Cardigan Aberystwith	
84		1		Thomas H Williams	Lodger	Unm	[illegible]		Student	Carmarthen Llanybyther	
85		1		Mary Edwards	Head	Mar		44	Flannel Draper Wife	Cardigan Aberystwith	
	—			John Hugh do	Son		[illegible]		Scholar	do do	
				Thomas do	Son		9		do	do do	
				David Charles do	Son		[illegible]		do	do do	
Sk				Elizabeth Brown	Visitor			66		Montgomery Newtown	
86		1		Mary Anne Rea	Head	W		41	Licensed Victualler	do do	
				Kate do	Daur	Unm		16		Cardigan Aberystwith	
				John Charles do	Son		[illegible]		Scholar	do do	
				Margaret do	Daur			10	do	do do	
				Mary Edwards	Serv	Unm		35	General Servant	do Pontrwyd	
	Total of Houses	4		Total of Males and Females			4	14			

NOTE.—Draw the pen through each of the words of the headings as are inappropriate.

Cyfrifiad 1881: Aberystwyth (RG 11 / 5445)
© Atgynhyrchwyd trwy ganiatâd yr Archifau Gwladol, Llundain
Noder y cyfeiriadau at leoliadau geni dau deulu arall yn Terrace Road, sef Maria Coram, 'Lodging house Keeper', a aned yng Ngwlad Belg; a'i mab James H. yn Neyland, sir Benfro; a Henry C. D. Durmerge ym Madras, yr India; ei wraig Eliza yn Horncastle, swydd Lincoln; a'i fam Anna Jane yn Fulham, Middlessex

3. Y penteulu wedi ysgrifennu, 'Mae fy ngwraig yn dweud mod i'n ffwl'. A phlentyn 8 oed yn cael ei ddisgrifio fel 'tormentiwr y gath'.

Cafodd un swyddog wŷs am ei fod wedi caniatáu i ddyn lenwi ei ffurflen fel hyn: 'Yr oeddwn i a ngwraig a thri phlentyn yn cysgu yn y tŷ hwn ar 5 Ebrill 1891. Nid oes dim byd arall o unrhyw fusnes i chi ac yr wyf yn gwrthod ateb unrhyw gwestiwn na chaniatáu i neb arall yn y tŷ hwn ateb chwaith.' Rhaid edmygu ei ysbryd annibynnol ond y mae'n bosibl fod ei ddisgynyddion yn reit flin os ydynt eisiau olrhain eu hachau. Cafodd ef ei garcharu a chafodd y swyddog ddirwy. Fe wrthododd nifer o Gymry lenwi eu ffurflenni yn 2001 am nad oedd blwch i ddweud mai Cymry oeddem ni. Ni chofiaf glywed bod neb wedi cael ei gosbi – sydd yn awgrymu efallai fod yr awdurdodau wedi sylweddoli eu bod wedi gwneud camgymeriad.

Ond heblaw am baratoi ystadegau i'r awdurdodau ynghylch faint o bobl sydd yn byw ym Mhrydain, a sut y dylid paratoi ar eu cyfer yn y dyfodol o ran addysg, iechyd, trafnidiaeth ac ati, y mae'r hen ffurflenni cyfareddol hyn o ddiddoreb pellach, yn arbennig i haneswyr ac achyddwyr gan eu bod yn portreadu patrwm bywyd y gorffennol. Y peth cyntaf y sylwais i arno oedd diffyg dychymyg y Cymry wrth ddewis enwau ar eu plant. Enwau beiblaidd neu enwau teulu brenhinol Lloegr oedd gan y mwyafrif. Cannoedd ar gannoedd o John a Jane a William a Mary. Yn yr holl bentrefi uniaith Gymraeg anaml iawn y ceid neb o'r enw Olwen neu Gwilym. Erbyn 1901 fe welir bod yna batrwm gwahanol yn datblygu. Dywedodd y Parch. John Puleston Jones mai dylanwad Undeb Cymru Fydd oedd y rheswm pam yr oedd llawer mwy o enwau fel Myfanwy ac Eurwen ac Emlyn ac Iorwerth yn cael eu cofrestru ar ôl tua 1897.

Ym mhlwyf Llangwm yn 1881 yr oedd yna dros ddeg ar hugain John Jones yn byw. Yr oedd yna blismon yn Llanfair Dyffryn Clwyd, oedd yn anarferol olau yn ei Feibl, wedi enwi ei efeilliaid yn Priscilla ac Aquila. Ac fe ddeuthum ar draws un teulu yn Rhiwabon gyda phlant a'r enwau Naomi, Omri, Zimri, Imri, Mini, ac Isri. Ac Edward.

Gwelir hefyd fod pob pentref cefn gwlad yn hunangynhaliol, gyda'i ysgol/capel/crydd/melinydd/gof/bydwraig/teiliwr/siop/pobydd/saer/cipar a daliwr tyrchod daear. Cymdeithas glòs a phawb yn dibynnu ar ei gilydd, dyna oedd y patrwm. Ond yr oedd yna dlodi ac afiechyd hefyd. Rhywbeth arall amlwg oedd y nifer o ddynion gweddw wedi eu gadael gyda llond tŷ o blant i'w magu. Yr oedd marw gwraig ar enedigaeth plentyn yn digwydd yn rheolaidd.

Ffaith hynod arall yw mai Cardis oedd y rhan fwyaf o ficeriaid y gwahanol froydd yng ngogledd Cymru ond ar y llaw arall yr oedd gweinidogion Anghydffurfiol yn tueddu i fod yn frodorion o siroedd Môn ac Arfon. Saeson oedd yn y swyddi 'coler wen' – athrawon, bancwyr, perchenogion y stadau a'r chwareli, y gorsaf-feistri a'r bobl a oedd yn byw ar eu pres. Cymry oedd y tafarnwyr. Roedd nifer o'r meistri tir yn hanu o hen deuluoedd Cymru, Rhiwlas a Rhug, er enghraifft, ond wedi ymseisnigo ac eraill wedi mudo yma gan ddod â'u ciperiaid a'u gweision a'u morynion eu hunain i'w canlyn – teuluoedd Castell Rhuthun a Phlas Nantclwyd, er enghraifft.

Y mae'r ffurflenni hyn sydd yn medru edrych mor sych ar yr olwg gyntaf yn dweud llawer wrthym am fywyd ein hynafiaid. Maent o werth mawr ac yn ddogfennau cyfareddol sy'n cynnwys trysorfa o wybodaeth. Dywedir bod hanes yn cael ei ysgrifennu gan y buddugwyr, cofiannau a hunangofiannau gan y bobl hunandybus, dyddiaduron gan bobl sydd yn dethol yn ofalus ond y mae pob cyfrifiad yn dweud y gwir (ar y cyfan) ac yn cynnwys pawb. Yng ngeiriau rhagarweiniad 1841: 'Bydd yn cynnwys y Frenhines yn ei Chastell a'r adyn mewn cell yn y carchar, y gofalwr goleudy a'r sipsi yn ei garafan.' Yr wyf wedi cael y fath fwynhad wrth bori ynddyn nhw.

Mynediad

Cedwir copïau microffilm o lyfrau cyfrifwyr y cyfrifiad yn yr Archifau Gwladol, Kew, Llundain, ers eu symud yno o'r Family Records Centre yn Islington. Mae copïau ar ffurf microffilm neu ficroffis ar gyfer cofnodion 1841–2001, Cymru a siroedd Caer, yr Amwythig a Henffordd ar gael yn Llyfrgell Genedlaethol Cymru, a chopïau ar gyfer y siroedd mewn archifdai neu lyfrgelloedd lleol. Penderfynwyd rhyddhau yn 2009 dystiolaeth Cyfrifiad 1911 ar y wefan 1911census.co.uk.

DARLLEN PELLACH

Hafina Clwyd, *Pobol sy'n Cyfri* (2001).

Edward Higgs, *Making Sense of the Census Revisited: Census Records for England and Wales, 1801–1901* (2005).

Susan Lomas, *Making Use of the Census* (2002).

Dennis Mills & Kevin Shürer (goln.), *Local Communities and the Victorian Census Enumerators' Books* (1996).

10. PAPURAU STAD

David Howell

Tra-arglwyddiaethai stadau mawr ardaloedd gwledig Cymru yn ystod y cyfnod o ddiwedd yr Oesoedd Canol tan ddechrau'r ugeinfed ganrif. Er i rannau pellaf rhai o'r stadau mawr gael eu gwerthu o'r 1870au ymlaen, cynyddodd gwerthiannau stadau'n sylweddol ar ôl 1910 a chyrraedd berw gwyllt ar ôl 1918 o ganlyniad i statws is tirfeddiannaeth y tu mewn i Brydain yn gyffredinol, ac yn arbennig felly y tu mewn i Gymru radical anghydffurfiol.[1] Crëwyd y stadau yn ystod y ganrif ar ôl 1350 wedi i hen system y gwely gael ei dymchwel am nifer o resymau, gan gynnwys y defnydd o 'dir prid' neu'r morgais Cymreig.[2] Hefyd, o'r bymthegfed ganrif ymlaen yr oedd defnydd cynyddol o drefn etifeddiaeth y cyntafanedig, gyda'r mab hynaf yn unig etifedd yn hytrach na rhannu'r tir yn gyfartal rhwng yr holl etifeddion gwrywaidd, yn tueddu i grynhoi stadau mawr. Honnwyd mai yn ystod teyrnasiad Henri VI (1422–61) y gosodwyd seiliau nifer o'r stadau a fu'n amlwg yn hanes gwleidyddol a chymdeithasol Cymru yn ystod y pum canrif nesaf.[3] Rhoddwyd cyfleoedd pellach i'r teuluoedd blaenllaw hynny ymestyn eu stadau gan gymal yn Neddf Uno Harri VIII, yn cydnabod tuedd arferol yng nghymdeithas Cymru, a ddeddfai o blaid etifeddu gan y cyntafanedig yn unig. Cafwyd enillion gwerthfawr hefyd drwy sicrhau tiroedd y Goron a'r mynachlogydd yn ystod cyfnod y Tuduriaid. Yn ffodus i uchelwyr ac aristocratiaid Cymru, nid arweiniodd eu cefnogaeth i'r Goron yn ystod

Rhyfeloedd Cartref canol yr ail ganrif ar bymtheg at chwalu eu stadau nac at ddiddymu eu teuluoedd.[4]

Tyfodd y stadau mawr hyd yn oed yn fwy o faint ar draul y rhai llai yn ystod y ddeunawfed ganrif. Oherwydd prinder etifeddion gwrywaidd ymhlith yr uchelwyr a'r aristocratiaid o'r ail ganrif ar bymtheg hyd at y ddeunawfed ganrif, ymestynnwyd eiddo rhai o'r perchenogion tir trwy briodi etifeddesau. Serch hynny, nid yw'n syndod mai'r teuluoedd mwyaf cyfoethog ohonynt a lwyddodd i ddenu'r goreuon. Mantais arall i'r prif dirfeddianwyr oedd fod ganddynt yr adnoddau i brynu'r tiroedd hynny a ddaeth ar y farchnad rhwng ddiwedd yr ail ganrif ar bymtheg a diwedd y ddeunawfed ganrif oherwydd y dreth tir lethol rhwng 1692 ac 1715, prisiau amaethyddol isel a rhenti llesg rhwng yr 1660au a'r 1750au, a threthiant adeg rhyfel o'r 1750au hyd at yr 1790au. Er bod nifer fawr o stadau bach Cymreig, yn cynhyrchu incwm blynyddol o £300 hyd at £2,000, yn rhan o'r tirlun Cymreig ar ddiwedd y ddeunawfed ganrif, yr oedd tuedd iddynt gael eu llyncu gan y 'Leviathans' fel y'u gelwid gan Thomas Pennant, hynny yw, perchenogion stadau gwerth £5,000 a mwy y flwyddyn.[5] Wrth i stadau gyfuno dan berchenogaeth ychydig o deuluoedd, adroddai sylwebwyr cyfoes yn hiraethus fod plastai mewn cyflwr truenus, yr hen 'blasau' balch, yn ddiurddas wag neu gyda thenantiaid yn trigo ynddynt, wedi eu gwasgaru ar hyd y tirlun Cymreig ar ddiwedd y ddeunawfed ganrif. I Edmund Hyde Hall, a ysgrifennodd am sir Gaernarfon ar ddechrau'r bedwaredd ganrif ar bymtheg, yr oedd y broses yn ddim llai na gwrthryfel ymhlith y tai bonedd.[6]

Nid oes gwell enghraifft ar gael o stad Gymreig o'r ail ganrif ar bymtheg yn ehangu drwy etifeddiaeth, priodas a phwrcas na Wynnstay. Yn 1675 priododd Syr John Wynn, y pumed Barwnig a'r olaf o linell uniongyrchol Gwedir, â Jane, aeres Eyton Evans, Watsay, ac wedi sicrhau'r stad, fe'i hailenwyd yn 'Wynnstay'. Yn ogystal ag etifeddu stad Chwaen Isaf (mae'r dyddiad yn anhysbys) a phrynu Llanforda yn 1676 oddi wrth Edward Lloyd (mab y Cyrnol Edward Lloyd, y cefnogwr brenhinol, a oedd mewn dyled), sicrhaodd Syr William Williams, y Barwnig cyntaf (a fu farw yn 1700), stad Glascoed, trwy ei briodas yn 1664 â Margaret, merch a chyd-aeres Watkin Kyffin, Glascoed, Llansilin. Daeth Plas y Ward i feddiant Syr William Williams, Llanforda, yr ail Farwnig, trwy gyfrwng ei briodas yn 1684 â'r aeres, Jane, merch a chyd-etifeddes Edward Thelwall; ac etifeddwyd Wynnstay gan eu mab, Syr Watkin Williams Wynn, Llanforda, y trydydd Barwnig, yn 1719 yn sgil ewyllys ei gefnder, y dywededig Syr John Wynn, pumed Barwnig Gwedir a'r olaf. Wedi iddo esgyn i'r farwnigiaeth, cymerodd gyfenw ychwanegol ac arfbais Wynn. Yn 1715 priododd ag Ann, merch ac aeres Edward Vaughan, Llwydiarth a Llangedwyn, a chanlyniad yr uniad oedd ychwanegu tiroedd Glan-llyn, Llwydiarth a Llangedwyn at stad Wynnstay. Felly daeth stad enfawr wasgaredig ar draws siroedd gogledd Cymru i fodolaeth, gan gynhyrchu incwm o £19,623 yn 1736.[7]

Yn y ganrif ddilynol bu crynhoad pellach o eiddo tirol; ar ôl 1814 prynwyd tiroedd rhyddfraint bychain hyd at tua chan erw gan deuluoedd cyfagos, ac felly erbyn 1882 awgrymwyd gan sylwebydd cyfoes fod dosbarth y perchenogion bychain Cymreig bellach yn gyfyngedig iawn.[8] Rhoddir argraff o dra-arglwyddiaeth perchenogion sylweddol yng nghyfrol John Bateman, *The Great Landowners of Great Britain and Ireland* (1883) a ddangosodd fod 60 y cant o dir Cymru (ar wahân i dir diffaith) yn perthyn i stadau a oedd yn cynnwys dros 1,000 o erwau. Roedd y stadau hynny ym meddiant 571 o berchenogion a oedd yn cynrychioli un y cant yn unig o'r holl dirfeddianwyr.

Nid oedd perchenogion y stadau yn y categori hwn yn ffermwyr ymarferol. Ar wahân i fferm y faenor ger y plasty, a fyddai ym meddiant y perchennog, gosodid stadau i denantiaid a dalai rent am ffermydd bychain a fyddai fel rheol tua hanner cant i gant o erwau. Yr oedd cannoedd o denantiaethau ar y stadau mwyaf, er enghraifft ar stad Castell Powys yn sir Drefaldwyn yr oedd 960 o ffermydd.[9] Mae'r trefniant hwn yn fanteisiol i'r hanesydd teulu, oherwydd ceir gwybodaeth am hynafiaid yn aml trwy chwilio am wahanol fathau o gofnodion stadau. Cedwir y cofnodion hynny mewn archifdai lleol, mewn llyfrgelloedd prifysgolion ac yn Llyfrgell Genedlaethol Cymru. Adnodd microffis defnyddiol ar gyfer darganfod lleoliad a chynnwys cofnodion stad yn y Deyrnas Gyfunol yw'r *Chadwyck-Healey National Inventory of Documentary Sources in the United Kingdom*. Cyflwynir gwybodaeth am y gwahanol fathau o ddogfennau mewn cofnodion stadau sydd yn ddefnyddiol i'r hanesydd teulu ar wefan hanes teulu y Llyfrgell Genedlaethol: www.llgc.org.uk.

Mae cofnodion stadau o ganol y ddeunawfed ganrif ymlaen yn arbennig o werthfawr i'r hanesydd teulu gan mai o'r adeg honno y datblygodd gweinyddiaeth stadau i fod yn sylweddol fwy effeithiol, gyda'r bwriad o gynyddu elw. Yr oedd y duedd hon yn fwyaf amlwg ar y stadau mwyaf, gyda'u perchenogion yn cymryd agwedd fwy trefnus tuag at eu heiddo, â thirfesurwyr arbenigol a gwneuthurwyr mapiau yn archwilio a gwerthuso'u ffermydd. Gweinyddid y stadau mawrion hynny, yn wahanol i'w cymheiriaid llai, gan stiwardiaid yr oedd disgwyl iddynt, yn aml dan bwysau, gadw eu cyfrifon a'u llyfrau rhent yn drefnus a rheolaidd. Adlewyrchwyd ysbryd yr oes mewn llythyr a anfonwyd yn 1756 gan John Vaughan, perchennog stad Gelli Aur, sir Gaerfyrddin, at Lewis Lewis, ei brif stiward aneffeithiol. Yr oedd ei gyfrifon yn ddryslyd, a gofynnwyd iddo gyflwyno yn ei rôl rhenti bob manylyn am y cyn-denantiaid, eu ffermydd, tenantiaid presennol y ffermydd hynny, yr hen renti a'r rhai diwygiedig. Gosodwyd yr eitemau amrywiol mewn colofnau gwahanol ynghyd â'i sylwadau, gan gynnwys gwir werth presennol pob daliad. Gorffennodd Vaughan yn bigog gan fynegi syndod na weithredwyd yn drefnus gan ddilyn y cynllun a anfonwyd ganddo, sef y system a ddefnyddid i dderbyn cyfrifon gerbron y Meistri yn Siawnsri, a chan pob stiward. Diraddiwyd Lewis druan wedyn i fod yn dderbynnydd rhenti yn unig. Disgwylid i swyddog isel fel derbynnydd rhenti gofnodi yn rheolaidd ddaliadau rhenti mewn llyfr cyfrifon, fel y gwnaed ar stad Gogerddan yn yr 1740au pan ddisgwylid i feiliaid rhan-amser gofnodi'n fwy effeithiol y rhenti a dderbyniwyd ganddynt.[10] Os oedd rhai swyddogion yn hwyrfrydig i newid eu ffyrdd esgeulus, arweiniodd yr ymdrechion gan y perchenogion mwyaf o ran sicrhau tryloywder, eglurder a threfnusrwydd yn eu cyfrifon at welliant amlwg mewn safonau gweinyddol erbyn diwedd y ganrif.

Mae rhentolion stad cywirach, yn cynnwys enwau'r tenantiaid sy'n meddu ar ddaliadau penodol ar ddyddiad arbennig, yn werthfawr iawn i'r hanesydd teulu a'r hanesydd lleol, ac mae gan rai o'r stadau mwyaf gyfresi cyflawn o rentolion sy'n dyddio o'r ddeunawfed ganrif ymlaen. Lleolir rhentolion stadau Wynnstay, Castell y Waun, Castell Powys, Bronwydd, Nanteos, Trawsgoed, Parc Tredegar, Margam a Penrice, Gelli Aur, Dinefwr a Chastell Pictwn yn Llyfrgell Genedlaethol Cymru, ac maent yn galluogi'r ymchwilydd i ddilyn hanes tenantiaethau unigol a'u tenantiaid dros gyfnod hir. Felly, ymestyn prif rediad rhentolion stad Castell Powys o 1745 hyd at 1941. Un peth pwysig y dylai'r hanesydd ei ystyried wrth ymdrin â'r dogfennau hyn yw newidiadau sydyn yn nhrefn casglu rhenti. Felly, gan aros gyda Chastell Powys, bu ad-drefnu sylweddol yn y stad hon yn 1779 pan gyfunwyd y gwahanol gyfresi o rentolion a luniwyd rhwng 1745 ac 1779 (cyfres RA–RK) yn un gyfrol ar gyfer pob blwyddyn (cyfres RL). Hefyd, yn 1780 dechreuwyd cyfres o rentolion ar gyfer stadau teuluol a'r rhai a brynwyd gan Edward, yr Arglwydd Clive, yn siroedd Amwythig, Maesyfed a Threfaldwyn (cyfres RM). O ganlyniad cedwir cofnodion casglu rhenti'r cyfnod rhwng 1780 ac 1927 mewn dwy gyfrol ar gyfer pob blwyddyn.[11] Serch hynny, y gyfres o rentolion yn Llyfrgell Genedlaethol Cymru a drefnwyd orau yw un stad Wynnstay, gyda chyfres gyflawn o gyfnod Syr William Williams, y Barwnig cyntaf (m. 1700). Y mae'r cyfrolau rhwymedig llwydaidd yn rhai trwm i'w cario ond eto maent yn rhoi cipolwg cyfareddol ar sefyllfaoedd tenantiaid unigol dros gyfnod sylweddol, a hynny i raddau helaeth ar sail nodiadau'r stiward ar ymyl y cofnodion ar gyfer gwahanol denantiaethau. Cyflwynir gwybodaeth am leoliad rhentolion penodol yn y gyfrol 'Rentals and Accounts' yn Rhestr Archifau Wynnstay, 1980. Trwy ddisgrifio'r rhentolion ddwywaith, ysgafnhaodd y rhai a'u lluniodd, sef A. J. Roberts a G. C. G. Thomas, faich yr ymchwilydd sy'n ceisio defnyddio'r rhentolion er mwyn darganfod eiddo penodol neu ei ddilyn drwy gyfres o rentolion. Darperir rhestr ddadansoddol o rentolion ar gyfer yr ymchwilydd sy'n dymuno dod o hyd i eiddo penodol neu ddarganfod pa eiddo yr oedd stad Wynnstay yn berchen arno mewn plwyf arbennig. Yn y rhestr ddadansoddol, cedwir ar wahân fanylion y stadau a'r casgliadau gwahanol oedd yn ffurfio stad Wynnstay ar adegau gwahanol, yn ogystal â lleoliad y rhentolion sydd ar gael. Lleolir rhentolion stad gwerthfawr hefyd mewn archifdai lleol, er enghraifft rhai stad Cawdor a gedwir yn Archifdy Sir Gaerfyrddin.

Ychwanegwyd ymhellach at werth rhentolion stad gan sefydlogrwydd tenantiaeth ar nifer o stadau Cymreig, yn enwedig y rhai mawr. Bu cenedlaethau o'r un teulu yn dal yr un fferm, arfer a barhaodd hyd yn oed dan y drefn o osod tirddaliadaeth yn flynyddol a gyflwynwyd tua diwedd y ddeunawfed ganrif i ddisodli'r hen drefn o ddal tir am oes neu am nifer o flynyddoedd. Golyga ddilyniant teuluol elfen o oddefgarwch ar ran y landlord, megis gadael i weddw barhau yn ei daliad wedi marwolaeth ei gŵr, a gadael i fethdalwyr aros ar eu daliadau neu osod allan eu tiroedd pori hyd nes y byddent yn llwyddo i adennill llif arian ffafriol.[12] Mynegodd Syr Watkin Williams Wynn, Wynnstay, mewn llythyr at ei stiward ym Mawrth 1781 ei ddewis i gadw aelod o'r un teulu pan ddaeth daliad yn wag, yn hytrach na gosod y daliad i ddieithryn.[13] Tynnwyd sylw droeon yn y dystiolaeth a gyflwynwyd gerbron y Welsh

Ffotograff o Gelli Aur c.1880 gyda labrwyr gardd
Trwy ganiatâd Gwasanaeth Archifau Sir Gaerfyrddin

Land Commission yn gynnar yn yr 1890au at barhad tenantiaeth ar y stadau mawrion, gan gynnwys stadau Wynnstay; Peniarth; Penrhyn; Castell y Waun; Castell Helygain; Castell Powys; Bryntirion, ger Bangor, a oedd yn perthyn i Assheton Smith; Rhiwlas, a oedd yn perthyn i Richard John Lloyd Price; Dwnrhefn a Bute ym Morgannwg; Cawdor, Rhydodin a Derllys yn sir Gaerfyrddin, a Thrawsgoed yng Ngheredigion. Canlyniad yr olyniaeth deuluol oedd i rai deuluoedd ddal eu tenantiaethau am ymhell dros gan mlynedd. Dywedodd yr Anrhydeddus W. E. Sackville West, prif stiward stad Penrhyn, wrth y Comisiynwyr Tir fod rhai tenantiaid yn hawlio i'w teuluoedd fod ar y stad am dros 200 mlynedd.[14] O blith 751 o denantiaethau ar stadau yn sir Drefaldwyn a oedd yn perthyn i Iarll Powys, ac y casglwyd gwybodaeth amdanynt ar gyfer y Comisiynwyr gan y stiward, W. Forrester Addie, meddiannwyd saith daliad gan yr un teulu am gyfnod rhwng 130 a 140 o flynyddoedd, naw daliad rhwng 140 a 150 o flynyddoedd, tri daliad ar ddeg rhwng 150 a 160 o flynyddoedd, naw daliad rhwng 200 a 210 o flynyddoedd, a saith daliad rhwng 250 a 400 o flynyddoedd.[15]

Yn y dystiolaeth a gyflwynwyd gerbron y Comisiwn Tir am hyd tirddaliadaeth rhoddwyd enghreifftiau o rai teuluoedd tenantiaid a oedd yn ffermio ar y stadau mawrion. Adroddwyd bod teulu Richard Edwards, tenant Ty'n Twll ym mhlwyf Llanarmon Dyffryn Ceiriog, sir

Ddinbych, eiddo i'r Cyrnol W. Cornwallis West, Castell Rhuthun, erbyn yr 1890au wedi meddiannu'r un daliad ers tua 150 mlynedd.[16] Ar stad Glan-llyn ym Meirionnydd, sef un o'r stadau niferus a oedd yn perthyn i deulu Wynnstay, yr oedd teuluoedd ym mhlwyf Llanuwchllyn wedi byw am genedlaethau ar yr un ffermydd: teulu Jones yn Llwyn-gwern am dros 350 mlynedd; teulu Williams yn Nwrnudon, 300 mlynedd; teulu Edwards yn Nrws-y-nant, 200 mlynedd; teulu Jones yng Nghefn-gwyn, 150 mlynedd; teulu Jones yn y Wern, dros 300 mlynedd; a theulu Evans, 160 mlynedd.[17]

Hefyd, pan ddigwyddai newidiadau, yr oedd hynny yn aml oherwydd bod rhai o'r tenantiaid yn symud i ffermydd mwy ar yr un stad ac eraill i ffermydd llai ar y stad honno, i fodloni amgylchiadau gwahanol y teuluoedd hynny.[18] Wedi i blant a oedd wedi tyfu i fyny symud i ffwrdd o'r fferm deuluol, er enghraifft, byddai'r ffermwr a'i wraig yn naturiol yn dymuno cymryd fferm lai. Yn aml byddai aelodau o'r un teulu estynedig yn rhan o symud o'r fath rhwng daliadau ar yr un stad. Yn ei astudiaeth gampus o'r gymdeithas wledig Gymreig, dangosodd David Jenkins fod y ffermwr yn cael ei fesur yn ei gymuned yn bennaf ar y sail ei fod yn perthyn i grŵp teuluol penodol, ac mai swyddogaeth bwysig y cwlwm teuluol oedd hwyluso symudiadau teuluol rhwng daliadau amrywiol eu maint.[19] Cytunai'r landlord yn barod iawn i'r trefniant hwn. Arweiniodd yr arferiad i deuluoedd ymgasglu yn agos at ei gilydd at y duedd i landlordiaid ganiatáu i aelodau gwahanol o'r un teulu ddal ffermydd ar eu stad: dyma ddigwyddodd ar stad Wynnstay a hefyd ar stad Trawsgoed. Yno, yn yr 1890au, yr oedd 14 o gyfanswm o 138 o denantiaethau yn nwylo meibion i denantiaid a oedd â ffermydd ar y stad yn ogystal â rhai eu tadau.[20] Eto, 'ar rediadau' o dymhorau gwael pan oedd ffermio'n fwy anodd nag arfer, caniataodd teulu Wynnstay, ac efallai deuluoedd eraill, i denantiaid a oedd mewn trafferth feddiannu ffermydd llai ar y stad. Felly, caniatawyd i ychydig o denantiaid Wynnstay a oedd wedi mynd i drafferthion yn ystod blynyddoedd garw diwedd yr ail ganrif ar bymtheg, symud i fferm lai ar y stad, enghraifft o oddefgarwch a ddigwyddodd eto yn yr 1820au. Er enghraifft, yn 1692, symudwyd i fferm lai Edward ap Richard, a oedd mewn tlodi ac wedi methu â chynnal daliad gwerth £10 ym Maenan.[21]

Mae'n amlwg fod y rhentolion yn y cofnodion stad hynny o werth mawr i'r hanesydd teulu a'r hanesydd lleol. Wrth gwrs, mi fyddai ymchwil flaenorol wedi bod yn angenrheidiol i sefydlu cysylltiad rhwng fferm benodol a stad. Os ydym yn gwybod pa uned o dir a feddiennid gan berson adeg deddfwriaeth y Degwm yn yr 1830au, wedyn, drwy archwilio'r mapiau degwm, mi fyddai'n bosib darganfod pa stad oedd yn berchen arni. Wedi sefydlu cysylltiad rhwng person a fferm ar stad arbennig, mi fydd rhentolion y stad yn galluogi'r ymchwilydd i leoli'r daliad yn gyflym a darganfod enw'r deiliad mewn blwyddyn benodol. Trwy ddefnyddio'r ffynhonnell hon, mi fydd yr hanesydd yn medru cysylltu'r gŵr neu'r wraig â fferm arbennig, er mwyn gwahaniaethu rhwng y person ac eraill â'r un enw yn y plwyf a'r ardal. Yna, gall yr ymchwilydd ddefnyddio rhediad blynyddol rhentolion i ddarganfod pryd y symudodd y tenant i'w ddaliad, pwy a'i holynodd, a hefyd pryd y gadawodd a phwy a'i dilynodd fel tenant. Fel y pwysleisiwyd eisoes, mae'n debyg y bydd yr arfer o olyniaeth deuluol ddi-ddor mewn tenantiaeth yn galluogi'r ymchwilydd i ddarganfod enwau ei wrthrychau, pryd y daethant yn denantiaid a phryd y bu iddynt adael, neu ymadael yn derfynol, yn dilyn eu marwolaeth. Y mae'r gosodiad yn hollol gywir ar wefan hanes teulu Llyfrgell Genedlaethol Cymru – bod rhentolion yn arbennig o werthfawr am ddynodi marwolaeth neu newid cyfeiriad pan ddiflanna enw o gyfres o rentolion.

Efallai fod cofnodion maenorol yn fwy gwerthfawr i'r hanesydd teulu na rhentolion stad. Yn wir, dywedodd un sylwebydd gwybodus mai cofnodion maenorol yw'r grŵp mwyaf defnyddiol o gofnodion achyddol, ac eithrio cofrestri plwyf ac ewyllysiau.[22] Maent i'w cael yn bennaf gyda chofnodion stad gan fod maenorau yn aml yn perthyn i stadau mawr. Yr oedd llawer o dirfeddianwyr yn arglwyddi maenor breifat neu nifer o faenorau tebyg. Rhaid cofio, serch hynny, nad oedd y drefn faenorol yn bodoli o fewn tiriogaeth hen Dywysogaeth Cymru. Y mae'r cofnodion maenorol mwyaf cyfoethog ar gael am sir Drefaldwyn ac i'w darganfod ymhlith cofnodion stadau Wynnstay a Chastell Powys. Y mae hefyd nifer sylweddol o gofnodion maenorol yn perthyn i Forgannwg a sir Fynwy, ac fe'u gwelir yn bennaf ymhlith cofnodion stad Badminton, Bute a Thredegar.[23] Ymhellach i'r gorllewin yn sir Gaerfyrddin, yr oedd cynifer â phum maenor ar hugain yn eiddo i stad Gelli Aur yng nghanol y ddeunawfed ganrif.[24] Lluniwyd mynegai o faenorau a chofnodion maenorol Cymru, a medrir ymgynghori â hwy ar-lein trwy gyfrwng gwefan yr Historical Manuscripts Commission, a'u chwilio hefyd ar gyfrifiadur yn Ystafell Ddarllen y De, Llyfrgell Genedlaethol Cymru.

Mae modd casglu gwybodaeth am hanes lleol a hanes teulu, ac am achyddiaeth o'r gwahanol fathau o gofnodion maenorol sydd wedi goroesi, sef rholiau a llyfrau llys, rhestrau rheithgor, rhestrau preswylwyr, rhestrau tenantiaid, datganiadau is-gwnstabliaid, rhentolion, rholiau rhenti, ac arolygon maenorol.[25] O werth arbennig mae rholiau a llyfrau llys maenorol, sydd yn darparu gwybodaeth am weithgareddau'r llys barwn a'r llys lît, gan gynnwys trosglwyddiadau tir rhwng un tenant maenorol ac un arall. Gwelwn yma werth cofnodion maenorol fel cofnodion sy'n cysylltu cenedlaethau; y mae un enghraifft o ildio a mynediad mewn llys maenorol lle trosglwyddwyd eiddo rhwng aelodau'r teulu yn galluogi ymchwilydd i sefydlu siart achau dwy neu dair cenhedlaeth.[26]

Hefyd, gall rholiau llys ddarparu llawer o wybodaeth achyddol ar gyfer y cyfnod cyn dechrau cadw cofrestri plwyf. Er enghraifft, y mae'r wybodaeth achyddol sydd ar gael yn Llyfr Llys Maenor Pennard, 1631–1701, yn arbennig o ddefnyddiol i'r rhai hynny sydd yn dymuno olrhain eu cyndeidiau yn yr ardal hon ym Mro Gŵyr, gan ystyried nad yw'r cofrestri plwyf sydd wedi goroesi am Pennard yn dechrau tan 1743.[27] Defnyddiodd Helen Watt ildiadau a mynediadau yn llys maenor 'Neath Ultra' a Chilybebyll, Morgannwg, er mwyn dangos y math o wybodaeth achyddol sydd ar gael. Y mae un o'r enghreifftiau'n cyfeirio at bedair cenhedlaeth o deulu Francis ym mhlwyf Llangatwg (Cadoxton-juxta-Neath). Yn dilyn marwolaeth Robert Francis, iwmon, ar 26 Hydref 1801, derbyniwyd ei weddw Elizabeth yn denant am weddill ei hoes, ac yn dilyn ei marwolaeth hithau, derbyniwyd yn 1822 eu dau fab, Robert ac Owen, yn denantiaid cydradd (*tenants in common*). [Yn y faenor hon, lle roedd copi-ddaliad etifeddiaeth (*copyhold of inheritance*) yn weithredol, rhannwyd eiddo rhwng etifeddion gwrywaidd yn dilyn marwolaeth tenant, ac yn achos Elizabeth daeth gwraig weddw â hawl i'r eiddo am weddill ei hoes.] Gwnaed ewyllys Robert yr hynaf ar 3 Mawrth 1827, ac yr oedd ganddo ef a'i wraig Elizabeth bedwar o blant: Daniel, William, Robert a Mary. Olynwyd y dywededig Robert, y trydydd mab, yn yr eiddo gan ei fab Owen.

Yn yr achos penodol hwn cofnodwyd ewyllysiau yn yr ildiadau a'r mynediadau, ac felly mae'n gymorth defnyddiol, ond gellir llunio siart achau ar sail ildiadau a mynediadau hyd yn oed pan nad ydynt yn cynnwys ewyllysiau.[28] Mae gwybodaeth achyddol ddefnyddiol hefyd ar gyfer llunio siartiau achau yn Llyfr Llys Maenor Pennard, y cyfeiriwyd ato eisoes. Er enghraifft, cyflwynwyd Rebecca Bowen, gwraig weddw, ar

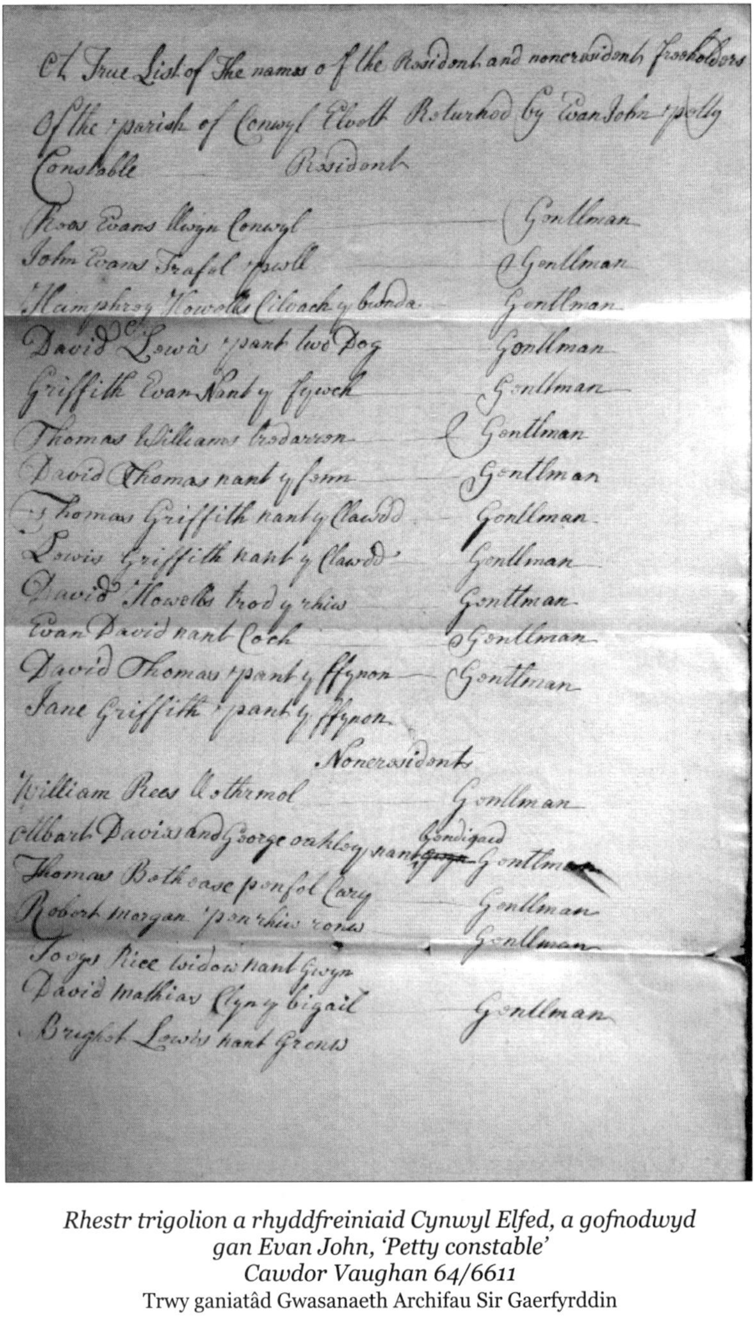
A True List of The names of the Resident and nonresident freeholders
Of the parish of Conwyl Elvett Returned by Evan John petty
Constable — Resident
Rees Evans llwyn Conwyl — Gentlman
John Evans Trafel pwll — Gentlman
Humphrey Howells Cilvach y bwnda — Gentlman
David Lewis pant lwd Pog — Gentlman
Griffith Evan Nant y fywch — Gentlman
Thomas Williams trodarron — Gentlman
David Thomas nant y ffrwn — Gentlman
Thomas Griffith nant y Clawdd — Gentlman
Lewis Griffith nant y Clawdd — Gentlman
David Howells trod y rhiw — Gentlman
Evan David nant Coch — Gentlman
David Thomas pant y ffynon — Gentlman
Jane Griffith pant y ffynon
Nonresident
William Rees llethrmol — Gentlman
Albert Davis and George oakley nant ~~[illegible]~~ Cardigan — Gentlman
Thomas Bethease pensol Cary
Robert morgan pen rhiw rows — Gentlman
Joyce Rice widow nant Gwyn — Gentlman
David mathias Cyn y bigail — Gentlman
Brighet Lewis nant Grews

Rhestr trigolion a rhyddfreiniaid Cynwyl Elfed, a gofnodwyd gan Evan John, 'Petty constable'
Cawdor Vaughan 64/6611
Trwy ganiatâd Gwasanaeth Archifau Sir Gaerfyrddin

20 Ebrill 1692, fel tenant tiroedd copi-ddaliad yn Ffi Trewyddfa yn dilyn marwolaeth ei gŵr, George Bowen, a datgelwyd yn Llyfr Llys y Faenor iddo feddiannu'r eiddo wedi marwolaeth ei dad, John Bowen, Ysw. Serch hynny, dyfarnwyd mewn Llys Barwn a gynhaliwyd wedyn ar 24 Mai 1694 fod y ddywededig Rebecca Bowen i fforffedu ei stad oherwydd ei phriodas yn ddiweddar â'r meddyg Robert Millar, ac i John Bowen, bonheddwr ifanc, ddod yn denant yn ei lle.[29]

Ar wahân i gofnodion cysylltiol ('*linkage*'), y mae cofnodion maenorol hefyd yn cynnwys cofnodion lleoliad ('*location*') sydd yn hollbwysig ar gyfer cynorthwyo'r ymchwilydd i ddarganfod lleoliad trigfan ei gyndeidiau. Serch hynny, mae'n bwysig i'r ymchwilydd sylweddoli mai dim ond un ffynhonnell ymhlith llawer a all gynorthwyo gyda chysylltu unigolyn ag eiddo penodol mewn maenor yw cofnodion maenorol; mae'r lleill yn cynnwys ffynonellau megis cyfarwyddiaduron, ffurflenni treth tir a rhentolion stad. Eto, datgelir gan gofnodion maenorol, er enghraifft rhestrau o enwau sydd wedi eu dyddio, fod cyndeidiau rhywun wedi byw mewn maenor benodol ar ddyddiad arbennig. Gwelir y rhestrau o enwau mewn gwahanol fathau o bapurau llys, gan gynnwys rholiau llys, rhestrau rheithgor, rhestrau tenantiaid a ffurflenni is-gwnstabliaid.

Enghraifft o gofnodion maenorol sy'n cynnwys rhestr rheithgor yw dogfen yng nghasgliad stad Cawdor/Vaughan yn Archifdy Sir Gaerfyrddin dan y teitl 'A true list of all the names of the landlords, tenements and tenants within the parish of Abernant, May 1 1767', ac o'r enwau a gyflwynwyd y dewiswyd y rheithgor ym maenor Elfed, sir Gaerfyrddin.[30] Yma, yn bwysicach, mae gan yr hanesydd teulu fynediad at enwau, lleoliad penodol a dyddiad. Darperir gan gofnodion maenorol eraill, megis arolygon a rholiau rhenti, dystiolaeth am leoliad. Yn gyffredinol, cyflwynir gwybodaeth am diroedd pob tenant: ar gyfer maenor Pennard mae ar gael arolwg rhannol yn 1583, arolwg cyfnod Cromwell yn 1650 a'r arolwg o holl arglwyddiaeth Gŵyr a luniwyd gan Gabriel Powell yn 1764.[31] Hefyd, y mae rhentolion y Prif Renti oedd yn ddyledus i arglwydd y faenor, megis rhentolion stad, yn galluogi'r ymchwilydd i gysylltu person gyda lleoliad arbennig. Felly, mae cofnodion stad Wynnstay yn cynnwys rhediad ardderchog o Brif Renti maenor Cyfeiliog yn sir Drefaldwyn a oedd yn ddyledus i berchen stad Wynnstay; mae modd adnabod person arbennig yn eithaf cyflym ar sail enwau'r tenantiaid a'u daliadau mewn plwyfi a threflannau gwahanol sydd wedi eu cynnwys yn y rhestrau hynny o Brif Renti.[32]

Teulu Bulkeley, Eglwys Biwmares

Cyn gynted ag y mae maenor lle trigai cyndad wedi ei darganfod o'r cofnodion 'lleoliad', gall yr ymchwilydd gamu ymlaen wedyn i'r cofnodion 'cysylltiol' lleol, er enghraifft, cofrestri plwyf a mynediadau ac ildiadau maenorol, er mwyn paratoi siart achau.[33] Fe'n hatgoffir unwaith eto gan y cyfeiriad at gofrestri plwyf mai'r ffordd orau o drafod cofnodion maenorol ar gyfer darganfod cefndir teuluol person yw drwy eu defnyddio mewn cysylltiad â ffynonellau eraill sydd yn cyfeirio at yr ardal dan sylw.

Cedwir mathau defnyddiol eraill o ddogfennau ar gyfer yr hanesydd teulu ymhlith cofnodion stad. Felly, darperir gwybodaeth ychwanegol am y teuluoedd hynny a enwyd mewn rhentolion maenorol yn berchen ffermydd penodol, mewn prydlesi am oes, â rhai am 99 mlynedd, yn dod i ben ymhen tair oes. Parhaodd prydlesi hir yn boblogaidd yn ne Cymru hyd at ddiwedd y ddeunawfed ganrif ond yn y gogledd fe'u disodlwyd gan dirddaliadaeth flynyddol. Cofnodir enwau'r bywydau mewn prydlesi dwy a thair blynedd, ac fel rheol, yn gyfleus i'r hanesydd teulu, gwraig y bywyd cyntaf, a phlant ac aelodau agos o'r teulu oedd y rhain. Hefyd yn ddefnyddiol i'r hanesydd teulu oedd yr arfer ar rai stadau mawrion o lunio rhestrau prydlesi oedd yn cynnwys manylion am hen brydlesau. Er enghraifft, y mae papurau stad Castell Powys yn Llyfrgell Genedlaethol Cymru yn cynnwys rhestr o hen brydlesau a oedd

Poster yn hysbysu gwerthu rhan o stad Mabws, Llanrhystud yn 1918

yn perthyn i arglwyddiaeth Mechain yn y ddeunawfed ganrif. Eto, mae cofnodion stad Cawdor/Vaughan yn cynnwys 'Hen Rentol' ar gyfer plwyfi Llanismel (St Ishmael), Llangyndeyrn a Chydweli sydd yn rhoi manylion prydlesi yn gynnar yn y ddeunawfed ganrif, ynghyd ag enwau'r bywydau.[34] Enghraifft o'r wybodaeth ddefnyddiol ar gyfer yr hanesydd teulu a welir mewn prydlesi hir yw'r brydles a roddwyd gan deulu Castell Powys i denant yn arglwyddiaeth Mechain. Ym mis Tachwedd 1730 rhoddwyd prydles am 99 mlynedd ar gyfer daliad y tu mewn i dreflan Bodyddan, a fu cyn hynny ym meddiant Lewis Evans, i Richard Charles petai ei blant, John Richards, Humphrey Richards a Mary Richards yn byw mor hir â hynny.[35]

Hefyd, gall arolygon stad fod yn ddefnyddiol i'r ymchwilydd sydd yn awyddus i ddarganfod hanes ei deulu. Unwaith eto, mae'r arolygon hynny yn rhoi enw (tenant y fferm), dyddiad a lleoliad (ar ffurf daliad wedi ei henwi), y tri darn angenrheidiol ar gyfer yr hanesydd teulu. Fel y cyfeiriwyd eisoes, cafwyd gwelliannau mewn rheoli stadau yn y ddeunawfed ganrif, ac un anghenraid oedd tirfesur a mapio ffermydd stad[36] ac eiddo arall a gynhyrchai incwm, megis pyllau glo, gweithiau plwm ac adnoddau coed. Enghreifftiau o'r mathau hynny o arolygon oedd y rhai a wnaed ar stad Caerhun yn siroedd Caernarfon a Môn yn 1774, a stad Greenhill yn sir Benfro yn 1778.[37] Yn debyg i'r arolwg stad y mae manylion *(particulars)* stadau sydd i'w gosod ar werth. Teitl un o'r dogfennau hynny yn Llyfrgell Sir Benfro yn Hwlffordd yw 'Particulars of the Llanstinan, Martel and Ford Estates in Pembrokeshire' a luniwyd yn yr 1780au cynnar ac sy'n cynnwys rhestr o ffermydd yn y gwahanol blwyfi, enwau'r tenantiaid, y rhenti a hyd y prydlesi.

Gwelir manylion am y tirfeddianwyr eu hunain, ar wahân i ffermwyr-denantiaid, yn y papurau stad ar ffurf 'Abstract of Title' tirfeddiannwr i eiddo penodol yr oedd ef neu hi wedi ei brynu. Cyflwyna'r weithred eiddo fanylion am y tir, megis enw'r perchennog blaenorol, dyddiad y trosglwyddiad a'r union leoliad. Cedwir enghraifft ymhlith papurau Williams and Williams, y cyfreithwyr yn Hwlffordd, sef hawl i stad yn sir Benfro: 'The Abstract of Title of Sir John Owen, Bart., to the Ford Estate in Haycastle parish, Pembrokeshire, for perusal of W. E. Tucker. Esq. the purchaser'.[38]

Y mae llai o wybodaeth yn y papurau stad am grwpiau a oedd heb dir yn y gymuned. Serch hynny, gall rhestrau o weithwyr, gwrywaidd a benywaidd, a huriwyd gan deulu bonheddig i weithio naill ai fel gweision neu fel morynion y tu mewn i blasty'r teulu neu fel gweision neu labrwyr ar fferm y plas, fod yn ddefnyddiol i'r hanesydd. Yn ôl y drefn arferol, cadwyd cofnodion o'r gweithlu gan berchenogion y stadau mawrion, a chofnodwyd ganddynt enwau gweithwyr unigol, gan nodi eu hunion ddyletswyddau a'u cyflogau. Gwelir llyfrau cyfrifon yn dangos cyflogau blynyddol gweision mewn nifer o gasgliadau stad. Ymhlith papurau Wynnstay yn Llyfrgell Genedlaethol Cymru y mae dogfen sydd yn cynnwys manylion am gyflogau gweision Llangedwyn am flwyddyn, yn daladwy ar 1 Mai 1747.[39] Cedwir rhediad arbennig o dda yn dangos cyflogau gweision yng nghasgliad stad Mostyn yn Llyfrgell Prifysgol Bangor ar gyfer y cyfnod 1737–82.[40] Cyflwynir manylion nid yn unig am enwau unigol a'r math o gyflogaeth a roddwyd, ond parhaodd rhai gweision mewn gwasanaeth am nifer o flynyddoedd gan alluogi'r hanesydd teulu i roi sylw i unigolyn am gyfnod byr. Er y disgrifiadau yn y rhestrau hynny o unigolion yn gweithio mewn safleoedd penodol, nid oeddynt yn gysylltiedig ag un lleoliad gwaith, fel yr oedd ffermwr daliad arbennig, a'r canlyniad yw ei bod yn anodd darganfod eu hanes dros gyfres o flynyddoedd, yn enwedig gan ystyried cyffredinedd enwau personol Cymraeg.

Y mae gwerth cofnodion stad ar gyfer cynorthwyo'r hanesydd lleol i lunio siart achau yn un amlwg. O werth arbennig yn y blynyddoedd cyn dechrau llunio cofnodion Rhestrwyr y Cyfrifiad yn 1841 yw'r data a ddefnyddir mewn cysylltiad â dogfennau eraill, megis cofrestri plwyf a chofnodion treth tir. Hefyd, mae'r wybodaeth mewn gohebiaeth rhwng tirfeddianwyr a'u stiwardiaid, a gedwir yn y papurau stad, yn ddefnyddiol ar gyfer galluogi'r hanesydd teulu i ddysgu am amodau byw ei gyndeidiau, ac yn arbennig felly cyn dyddiau papurau newydd ac adroddiadau seneddol y bedwaredd ganrif ar bymtheg.

NODIADAU

1. John Davies, 'The End of the Great Estates and the Rise of Freehold Farming in Wales', *CHC,* 7 (2) (1974), 186–212.
2. T. Jones Pierce, *Medieval Welsh Society*, gol. J. Beverley Smith (1972), 52–3, 364–6, 384–6; R. R. Davies, *Conquest, Coexistence and Change, Wales* 1066–1415 (1987), 423–4, 428, 433.
3. John Davies, *Hanes Cymru* (2007), 189.
4. David W. Howell, 'Landlords and Estate Management in Wales' yn Joan Thirsk (gol.), *The Agrarian History of England and Wales, V, ii, 1640–1750: Agrarian Change* (1985), 254–8.
5. P. R. Roberts, 'The Decline of the Welsh Squires in the Eighteenth Century', *CLlGC,* 13 (1963–4), 157–73; M. Humphreys, *The Crisis of Community: Montgomeryshire Society 1680–1815* (1996), 100–125; P. Jenkins, 'The Demographic Decline of the Landed Gentry in the Eighteenth Century: a South Wales Study', *CHC,* 11 (1982–3), 31–49.
6. Edmund Hyde Hall, *A Description of Caernarfonshire (1809–1811)* (1952) y cyfeiriwyd ato yn Glyn Parry, 'Stability and Change in Mid-eighteenth Century Caernarvonshire' (Traethawd MA anghyhoeddedig, Prifysgol Cymru (1978), 27.
7. LlGC, Schedule of Wynnstay Archives, 1980, i: Rentals and Accounts; Roberts, 'The Decline of the Welsh Squires', 163.
8. Royal Commission on Agriculture, Parliamentary Papers, xv (1882), Report, 7.
9. Royal Commission on Land in Wales and Monmouthshire (wedi hyn RCLWM), iv, Q. 66,174.
10. David W. Howell, *Patriarchs and Parasites: the Gentry of South-west Wales in the Eighteenth Century* (1986), 57–8.
11. LlGC, *Powis Castle Rentals, Catalogue,* Introduction.

12. RCLWM, i, Q. 16,832; iii, Q. 40,249.
13. LlGC, Llsgr. Wynnstay 124, fo. 397.
14. RCLWM, i, Q. 11,968.
15. Ibid., iv, Q. 66,174.
16. Ibid., iv, Q. 55,321.
17. Ibid., iv, Q. 70,030.
18. Ibid., i, Q. 8,169, tystiolaeth Richard John Lloyd Price, Rhiwlas.
19. David Jenkins, *The Agricultural Community in South-west Wales at the Turn of the Twentieth Century* (1971), 176–7.
20. RCLWM, i, Q. 8,186; iii, Q. 49,044.
21. LlGC, Llsgr. Wynnstay R8, rhentol, 1670–93; David W. Howell, *Land and People in Nineteenth-century Wales* (1978), 54.
22. D. Steel, *Discovering your Family History* (1986), 98, y cyfeiriwyd ato yn Helen Watt, *Welsh Manors and their Records* (2000), 132.
23. Gweler gwefan Llyfrgell Genedlaethol Cymru ar hanes teulu: www.llgc.org.uk.
24. F. Jones, 'The Vaughans of Golden Grove', *Traf. Cymm.*, 1964, 189.
25. Watt, *Welsh Manors and their Records*, 117–19; *The Pennard Manor Court Book, 1673–1701* (2000), 'Introduction' gan Joanna Martin, ix.
26. Watt, *Welsh Manors and their Records*, 132; Martin, 'Introduction', x.
27. Martin, 'Introduction', x, xxxiii, tn. 3.
28. Watt, *Welsh Manors and their Records*, 135–6.
29. *The Pennard Manor Court Book*, 71, 77.
30. Archifdy Sir Gaerfyrddin, Llsgrau Cawdor/Vaughan, Blwch 64/6,611.
31. Martin, 'Introduction', ix; Watt, *Welsh Manors and their Records*, 133.
32. LlGC, Wynnstay R. 76, 'WWW Rental, 1821'.
33. Watt, *Welsh Manors and their Records*, 133.
34. LlGC, Llsgr. Castell Powis 16,753; Archifdy Sir Gaerfyrddin, Llsgrau Cawdor/Vaughan, Blwch 103/8,057.
35. LlGC, Llsgr. Castell Powis 16,753.
36. M. C. S. Evans, 'The Pioneers of Estate Mapping in Carmarthenshire', *Traf. Caerf.*, xiii (1977), 52–64.
37. LlGC, Llsgr. 4,703F; Llyfrgell Sir Benfro, Hwlffordd, 'Survey of the Greenhill Estate'.
38. LlGC, Williams and Williams, Llsgr. 4,637.
39. LlGC, Wynnstay Rental 1745–1747.
40. Prifysgol Bangor, Llsgrau Mostyn 6,507, 6,508, 6,509.

11. FFYNONELLAU MORWROL

William Troughton

Os oes gennych gyndeidiau a aeth i'r môr yn ystod oes Fictoria, yna rydych chi'n ffodus iawn. Heddiw, mae'r fiwrocratiaeth a oedd, mae'n debyg, yn bla i gapteiniaid llong yn y bedwaredd ganrif ar bymtheg yn darparu ffynhonnell gyfoethog, hawdd ei chyrraedd. I lawer o bobl, y cam cyntaf i'w ystyried yw llên gwerin deuluol sydd yn cysylltu unigolyn ag un neu fwy o longau. Yn aml mi fyddai morwyr, a chapteiniaid llong yn arbennig, yn enwi eu cartrefi ar ôl y llongau hynny y buont yn gwasanaethu arnynt, ac yn Llan-non, yng Ngheredigion er enghraifft, y mae enwau nifer o'r tai, gan gynnwys Convoy, Salop ac Eagle-eyed, yn adlewyrchu cefndir morwrol yr ardal. Hefyd, mae mynwentydd mewn cymunedau morwrol yn cynnwys beddau morwyr a chofebau i wŷr lleol a gollwyd ar y môr, a chofnodir enw'r llong arnynt yn aml.

Lleoliad arferol Cofrestri Llongau yw'r archifdai lleol. Fe'u diogelwyd yn wreiddiol mewn porthladdoedd cofrestru o amgylch arfordir Cymru ac ynddynt cofnodwyd perchenogaeth llongau. Fel rheol rhannwyd llong yn 64 rhan, gyda nifer o aelodau'r gymuned yn eu perchen.

Os nad oes gwybodaeth ar gael am borthladd cofrestru llong unigol, dylid troi at ddau gyhoeddiad blynyddol, sef y *Lloyd's Register of Shipping* a'r *Mercantile Navy List*. Ceir ynddynt fanylion am faint, oedran, a phorthladd cofrestru llong, ond mae'r *Mercantile Navy List* yn cynnwys llongau llai, cychod pysgota hyd yn oed, ac mae hefyd yn

Awyrlun, a dynnwyd gan Aerofilms yn 1929, o Ddociau Caerdydd. Dyma safle Canolfan Mileniwm Cymru a Senedd y Cynulliad Cenedlaethol heddiw

rhoi mwy o wybodaeth. Mae'r *Lloyd's Register* ar gyfer y bedwaredd ganrif ar bymtheg ar gael yn y Llyfrgell Genedlaethol, yn Amgueddfa Genedlaethol Cymru ac mewn rhai archifdai lleol. Y mae rhediad cyflawn (o 1857 ymlaen) o'r *Mercantile Navy List* ar gael yn Llyfrgell y Guildhall, Llundain, a rhifynnau ar ôl 1913 yn Llyfrgell Genedlaethol Cymru.

Wedi darganfod porthladd cofrestru llong, y cam nesaf yw darganfod cytundebau criw'r llong. Ar ôl 1747, o ganlyniad i'r Ddeddf ar gyfer Cymorth i Forwyr Anabl a basiwyd y flwyddyn honno, disgwylid i gapteiniaid llongau masnachol gadw a ffeilio *muster roll* yn cynnwys gwybodaeth am nifer criw'r llong a theithiau'r llong. Byddai'r rhestrau hyn yn cael eu ffeilio gyda'r Seamen's Fund Receivers yn y porthladd lle byddai'r llong yn glanio, ac maent bellach mewn 6,994 blwch yn yr Archifau Gwladol yn Kew, Llundain (cyfeiriad BT 98). Maent yn cwmpasu nifer o borthladdoedd a dyddiadau amrywiol o 1747 tan 1853.

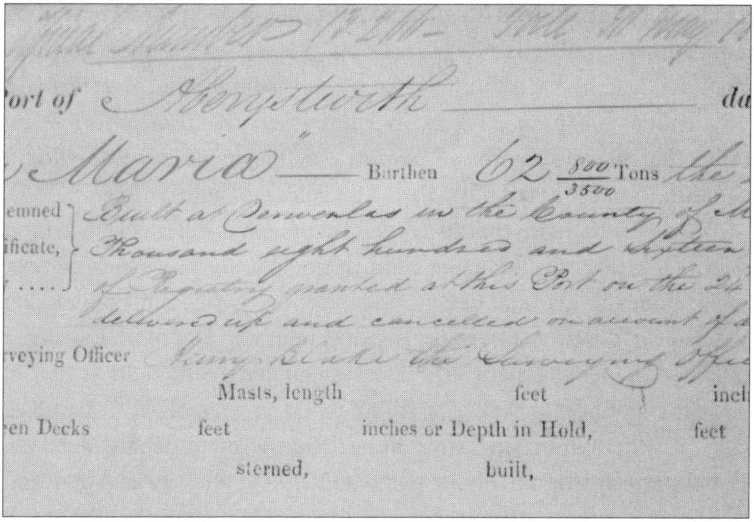

Cofrestr Llongau (Shipping Register), 1824–1832
Trwy ganiatâd Archifdy Ceredigion

Adeiladwyd yr Anna Maria *yn Nerwen-las, 1816, a'i chofrestru yn Aberystwyth ar 31 Rhagfyr 1825*

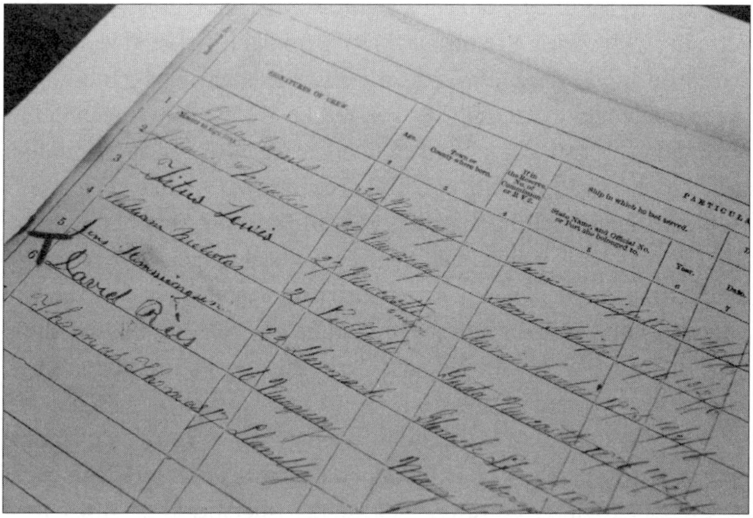

Cytundeb a chyfrif y morwyr (Agreement and account of crew), 10 Chwefror 1876
Trwy ganiatâd Archifdy Ceredigion

Yn dilyn Deddf Llongau Masnachol 1835, ffeiliwyd rhestrau criw llong a dogfennau eraill gyda'r Register Office of Merchant Seamen, ac mae'r rhain bellach, hyd at 1860, yn rhan o'r *Agreement and Crew List* (BT 98). Enwir y capten a'i griw, a rhestrir eu hoedran, enw'r llong ddiwethaf y gwasanaethwyd arni, a'u cyflogau (ac eithrio cyflog y capten). Rhoddir hefyd ddyddiadau a lleoliadau dadlwytho.

Y mae dau fath o gytundeb. Yr oedd cytundebau, fel rheol am gyfnod o chwe mis, ar gyfer llongau a oedd yn gysylltiedig â masnach gartref, megis llongau'r glannau neu gychod pysgota a fyddai'n hwylio naill ai ar hyd arfordir y Deyrnas Unedig neu o'r Deyrnas Unedig i borthladdoedd yng ngogledd Ewrop neu borthladdoedd y Baltig; ynddynt cofnodir enwau'r porthladdoedd yr ymwelwyd â hwy, yn ogystal â manylion am griw'r llong. Nid yw cytundebau Masnach Tramor yn rhestru'n ffurfiol y porthladdoedd yr ymwelwyd â hwy ond rhoddir disgrifiad cyffredinol o'r teithiau, gyda dyddiadau. Fel rheol, cytundebau ar gyfer taith benodol yn hytrach nag am gyfnod penodol o amser oeddynt. Yn aml, mae modd ail-greu teithiau tramor ar sail y stampiau conswl ar gefn y cytundebau neu'r newidiadau i restr criw'r llong. Yr oedd rheidrwydd i wneud y newidiadau ym mhresenoldeb Conswl Prydain, er enghraifft ailgrëwyd ar sail cytundebau criw'r llong deithiau'r brigantîn *J. Llewelyn*, a gofrestrwyd yn Aberystwyth, i Port Alfred yn Ne Affrica, St Lucia ac i Newfoundland yn ystod yr 1870au. Hefyd bu modd darganfod pa fath o lwythi a gariwyd ganddi, gan gynnwys llwythi cyffredinol, halen, copr a siwgr, trwy ymchwilio i'r porthladdoedd hynny y galwyd ynddynt ac ymgynghori yn yr archifdai lleol. Llong fechan ydoedd, ac roedd ei chriw wedi ymddwyn yn dda ar y cyfan. Dengys cytundebau ar gyfer llongau mwy mai yn anaml y byddent yn gadael y porthladd heb adael o leiaf un aelod o'r criw ar ôl naill ai mewn ysbyty neu mewn carchar. Ymddengys i'r *Caroline Spooner*, llong arall o Aberystwyth ond un mwy o faint, ddosbarthu'n helaeth dros gyfnod maith aelodau o griw'r llong ymhlith carchardai ac ysbytai Awstralia a De America.

Heddiw, lleolir cytundebau ar gyfer y cyfnod 1863–1913 mewn archifdai sy'n perthyn i borthladdoedd cofrestru, sef yng Nghymru, Aberdaugleddau, Abertawe, Aberteifi, Aberystwyth, Biwmares, Caerdydd, Caerfyrddin, Caernarfon, Cas-gwent, Casnewydd a Llanelli. Yr unig eithriadau yw Aberystwyth ac Aberteifi, a lleolir y cytundebau perthnasol yn Llyfrgell Genedlaethol Cymru ac Archifdy Sir Benfro, yn

Capten a chriw'r stemar Glanhafren, *a gofrestrwyd yn Aberystwyth, yn Helva, Sbaen yn 1894. Yr oedd gan y llong nifer o gysylltiadau â Cheredigion*

Aberdyfi, tua 1925

Llongau Nefyn

y drefn honno. Hefyd, lleolir holl gytundebau criwiau llongau ar gyfer y blynyddoedd sy'n diweddu â'r rhif '5' yn yr Amgueddfa Forwrol Genedlaethol yn Greenwich, Llundain. Gwasanaethodd nifer fawr o forwyr Cymreig ar ryw adeg ar longau a gofrestrwyd yn Lerpwl, a lleolir yn Archifdy Lerpwl rai o'r cytundebau ar gyfer llongau a gofrestrwyd yn y ddinas honno. Bellach cedwir y rhan fwyaf o'r rhestrau o griwiau llongau yn ystod 1863–1938 ac 1951–1976 yn Archif Hanes Morwrol y Memorial University yn Newfoundland, Canada (www.mun.ca/mha/index.php), a'r rhai ar gyfer y blynyddoedd rhyngddynt yng Nghofrestr Gyffredinol a Swyddfa Cofnodion Llongau a Llongwyr, Caerdydd. Erbyn hyn, copïwyd nifer o gytundebau criwiau llongau porthladdoedd Cymru, a gwelir y manylion ar wefan Morwyr Cymru (www.welshmariners.org.uk).

Y mae modd darganfod symudiadau'r llongau mwyaf drwy archwilio'r *Lloyd's List*, papur newydd sy'n canolbwyntio ar symudiadau llongau. Nid oes cyfres lawn ar gael yng Nghymru, ond y mae gan Lyfrgell Genedlaethol Cymru gopïau o'r rhifynnau ar gyfer 1741–1826. Cedwir copïau ar gyfer rhan sylweddol o ail hanner y bedwaredd ganrif ar bymtheg yng Ngwasanaeth Archifau Gwynedd. Hefyd, lleolir cyfres gyflawn yn Llyfrgell y Guildhall, Llundain.

Os oedd eich cyndaid wedi dringo i swydd Capten Llong (*Master Mariner*), yna mae hyd yn oed yn haws dilyn ei yrfa. Eto, mi fydd gennych ddiddordeb yn Llyfrgell y Guildhall, Llundain. Ymhlith y papurau a drosglwyddwyd i Lyfrgell y Guildhall gan Lloyd's o Lundain mae 'Captains Registers' sydd yn cynnwys gwybodaeth am yrfaoedd capteiniaid ac is-gapteiniaid a enillodd dystysgrifau capteiniaid. Yn ogystal â manylion personol, maent yn cynnwys cofnodion gwasanaeth ar bob llong ac felly'n hwyluso'r gwaith o ddilyn gyrfa unigolyn. Am fwy o wybodaeth am y cofrestri hyn, gweler www.cityoflondon.gov.uk/Corporation/leisure_heritage/libraries_archives_museums_galleries/city_london_libraries/guildhall+library+guides.htm.

DARLLEN PELLACH

William Troughton, *Aberystwyth Harbour: an Illustrated History* (1997).

12. MAPIAU

D. Huw Owen

Ymddangosodd Cymru ar fapiau llawysgrif yr Oesoedd Canol, gan gynnwys yr un o ynysoedd Prydain gan Matthew Paris (1250); y *Mappa Mundi* a gedwir yn Eglwys Gadeiriol Henffordd (*c*.1290), sydd yn gosod Prydain Fawr ar ymyl y byd, gydag afonydd Dyfrdwy a Hafren yn gwahanu Cymru oddi wrth Loegr, yr Wyddfa yn llenwi'r gofod ar gyfer gogledd Cymru, a'r cyfeiriadau at gestyll Conwy a Chaernarfon yn allweddol ar gyfer dyddio'r map; a Map Gough (*c*.1360) sydd yn dangos y ffordd i Dyddewi drwy Hwlffordd. Mae'n bosib i Gerallt Gymro lunio map cynharach na'r rhain i gyd-fynd â'i gyfrol *Descriptio Kambriae*, a gyhoeddwyd yn dilyn ei daith o amgylch Cymru yn 1188; disgrifiwyd y map ychydig cyn iddo gael ei ddinistrio gan dân yn 1694.[1]

Gwelwyd gwelliant sylweddol o ran techneg a chywirdeb yn y mapiau printiedig a gynhyrchwyd yn yr unfed ganrif ar bymtheg. Y map printiedig cyntaf i ddangos Cymru fel uned ar wahân yw *Cambriae Typus* (1573), a wnaed gan Humphrey Llwyd, brodor o Ddinbych, ac a gyhoeddwyd gan Abraham Ortelius yn Antwerp. Yr oedd map Llwyd, ysgolhaig amlwg yng nghyfnod y Dadeni, yn cynnwys enwau'r prif daleithiau yng Nghymru, megis Dehenbartia (Deheubarth), a Venoditia (Gwynedd), ac enwau lleoedd mewn ffurfiau dwyieithog, gan gynnwys Abertyvi/Cardigan; Abergwayn/Fyscard; ac Abertawy/Swansey. Yr oedd cymhellion gwleidyddol a milwrol yn gyfrifol am yr arolwg

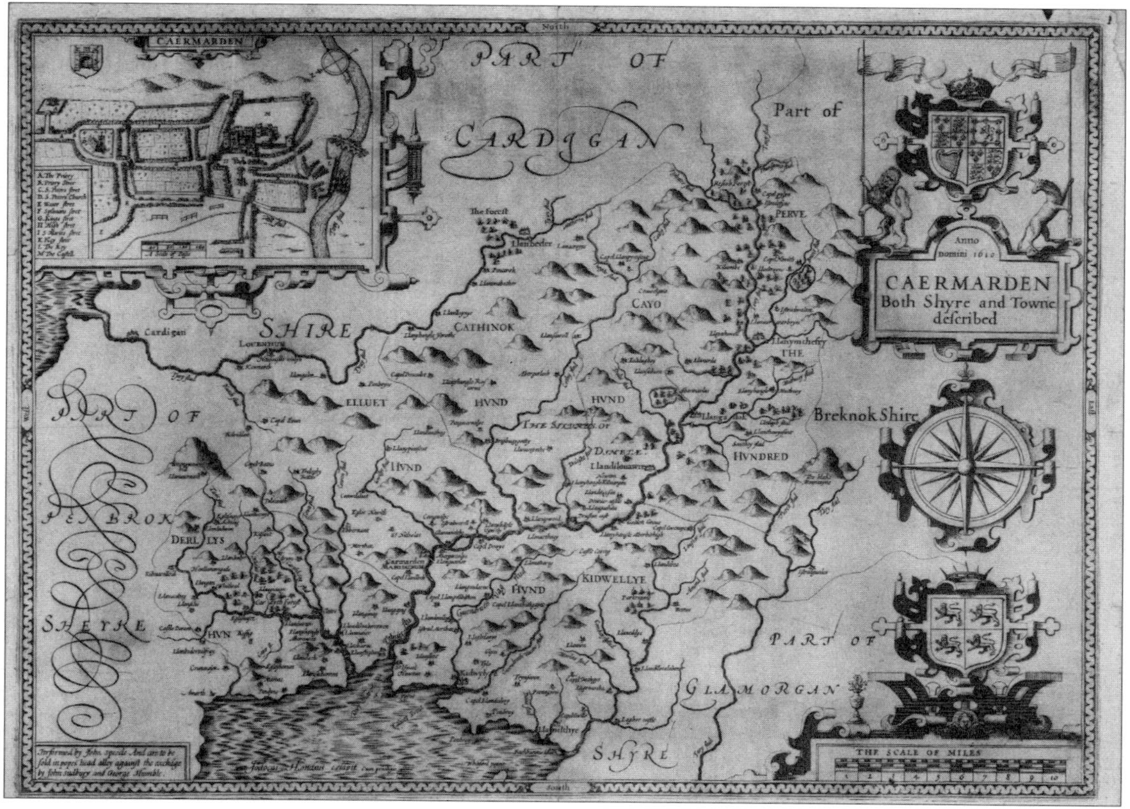

John Speed, Carmarthenshire, 1611
Trwy ganiatâd Gwasanaeth Archifau Sir Gaerfyrddin

topograffig o Gymru a Lloegr a wnaed gan Christopher Saxton yn y cyfnod 1573–8, a'r canlyniad oedd cyhoeddi atlas yn 1579, map wal yn 1583, a'r map-broflen a ddyddiwyd 1580. Yr oedd amlinelliad daearyddol Saxton yn welliant sylweddol ar yr hyn a ddangoswyd ar fapiau blaenorol, a nodwyd lleoliad nifer sylweddol o drefi a phentrefi Cymru.[2]

Cyhoeddwyd mapiau sirol Saxton yng nghyfrol William Camden, *Britannia* (1607), testun Lladin a gyfieithwyd i'r Saesneg gan Philemon Holland yn 1610. Yr unig eithriad ymhlith mapiau Cymru oedd y map o sir Benfro gan George Owen o Henllys, a engrafiwyd gan William Kip. Yr oedd y map hwn yn seiliedig ar fap a luniwyd ganddo yn 1602, a oedd yn cynnwys mwy o fanylion. Dangoswyd afonydd a ffyrdd, a hefyd bontydd, parciau ac ardaloedd coediog, ac roedd y symbolau'n adlewyrchu ucheldiroedd, megis mynyddoedd Preseli, yn fwy cywir na'r rhai ar fapiau Saxton.[3] Yn 1611 cyhoeddodd John Speed ei atlas, ac yn ogystal â'i fapiau o Gymru a siroedd Cymru, ychwanegwyd un ar bymtheg o olygfeydd trefol, sef rhai o'r pedair cadeirlan a phrif drefi'r deuddeg sir, gydag allwedd werthfawr i enwau strydoedd a'r prif adeiladau; ni chafodd sir Fynwy ei chynnwys ymhlith siroedd Cymru.[4]

Dangoswyd nifer o ffyrdd Cymru ar ffurf stripiau yng nghyfrol John Ogilby, *Britannia, Volume the First* (1675), ac eto yng nghyfres cardiau chwarae Robert Morden (1676); ychwanegwyd rhagor o ffyrdd gan Robert Morden ar ei fapiau a gyhoeddwyd yn yr argraffiad o *Britannia* a olygwyd gan Edmund Gibson (1695), sef y gyfrol a oedd yn cynnwys adrannau ar Gymru gan Edward Lhuyd.[5] Yr oedd nifer o'r mapiau hyn, megis y rhai a ymddangosodd yn *Britannia*, yn rhan o gasgliadau cyffredinol a oedd yn cynnwys mapiau o ardaloedd eraill yng Nghymru a Lloegr. Rhoddwyd sylw i ardaloedd penodol gan rai gwneuthurwyr mapiau, ac ymhlith yr enghreifftiau nodedig o fapiau lleol ar raddfa fwy oedd y rhai o siroedd Dinbych a Fflint gan William Williams (1720), o dde Cymru gan Emanuel Bowen (1729), gogledd Cymru gan John Evans (1799), Morgannwg gan George Yates (1799) a sir Aberteifi gan Joseph Singer (1803). Cyhoeddwyd yn 1748 arolwg o'r arfordir o Landudno i Aberdaugleddau gan Lewis Morris, y dyfrddarluniwr Cymreig, ac fe'i helaethwyd i gynnwys arfordir Cymru pan ailgyhoeddwyd y gwaith gan ei fab William yn 1800–1.[6]

Cysylltir nifer o fapiau yn ystod y cyfnod hwn â deddfau seneddol. Maent yn cynnwys mapiau amgáu tir, a'r dyfarniadau cysylltiedig, a

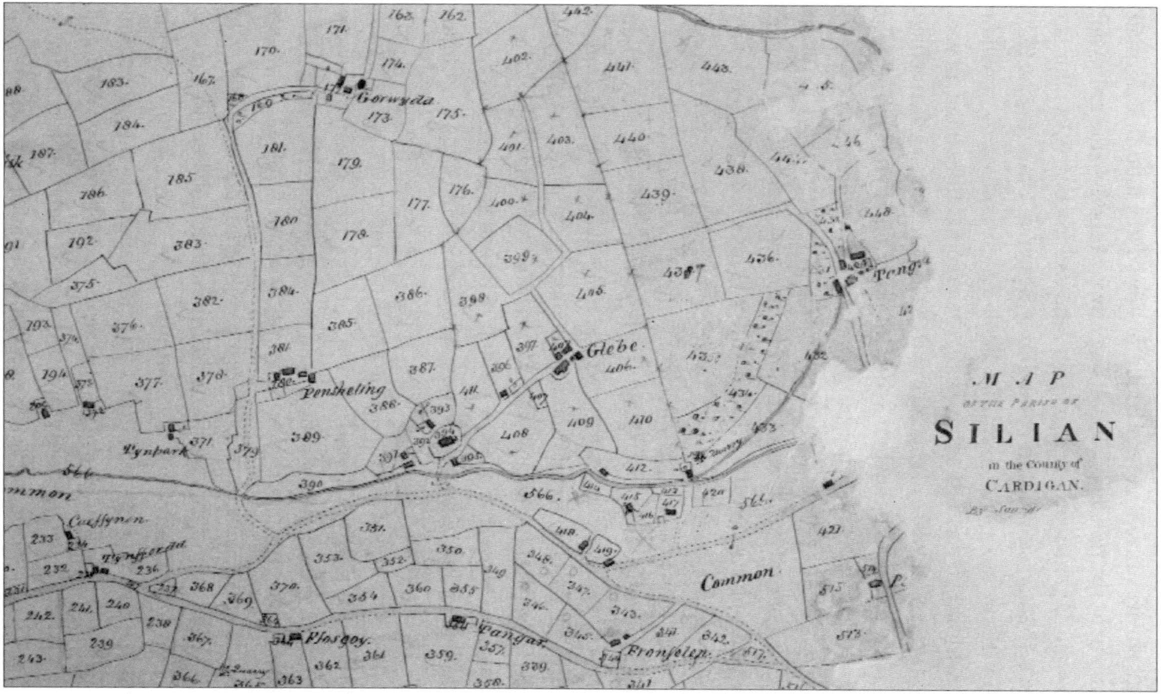

Map Degwm Silian, 1846, Archifau Ceredigion
Trwy ganiatâd Archifdy Ceredigion

gedwir fel rheol yn yr archifdai sirol, ac a gynhyrchwyd yn dilyn deddf a fyddai'n cynnwys darpariaeth ar gyfer cynhyrchu map manwl a dyfarniad. Amgaewyd llawer o dir comin rhwng tua 1780 a thua 1890 a'i rannu rhwng y tirfeddianwyr lleol. Rhoddwyd ar y map a'r dyfarniad fanylion am lwybr ffordd gyhoeddus ac i bwy y rhoddwyd yr amrywiol leiniau o dir. O ganlyniad i orchmynion seneddol, rhoddwyd cynlluniau camlesi a rheilffyrdd ymhlith cofnodion y Sesiynau Chwarter, ac felly cedwir y rhain eto yn yr archifdai lleol. Er eu bod yn ffynonellau gwerthfawr ar gyfer astudiaethau lleol, rhaid cofio i nifer ohonynt gael eu newid yn sylweddol, ac ni chyflawnwyd rhai o'r prosiectau arfaethedig.[7] Serch hynny, ychwanegwyd yn sylweddol at y llinellau rheilffordd a adeiladwyd yng Nghymru yn ystod y cyfnod 1845–50.[8]

Yn dilyn Deddf Cymudiad y Degwm 1836, cynhyrchwyd mapiau, ynghyd â rhestr, ar gyfer pob ardal ddegwm yng Nghymru a Lloegr. Dangoswyd pob cae ac adeilad a rhoddwyd rhif i bob llain o dir ar y mapiau ar raddfa fawr (rhwng 13" a 26"). Nodwyd yn y rhestr enw'r perchennog, enw'r cae, maint y llain, ei gyflwr amaethyddol a'r rhent a godwyd am y llain. Gwnaed tri chopi o bob map a rhestr; cadwyd un copi yn y plwyf, anfonwyd un i Gofrestrfa'r Esgobaeth a'r llall at Gomisiynwyr y Degwm yn Llundain. Lleolir rhai copïau yn y plwyf o hyd ond trosglwyddwyd y mwyafrif i archifdy sirol neu i'r Llyfrgell Genedlaethol. Trosglwyddwyd copïau Cofrestrfa'r Esgobaeth i'r Llyfrgell Genedlaethol, a diogelir copïau'r Comisiynwyr yn yr Archifau Gwladol yn Llundain.[9]

Thomas Lewis oedd yn gyfrifol am lunio nifer o fapiau degwm siroedd Caerfyrddin a Cheredigion, ac ef, fel nifer o wneuthurwyr mapiau eraill, oedd un o'r mapwyr stad mwyaf cynhyrchiol yn y ddwy sir. Paratowyd mapiau llawysgrif fferm a stad, sydd yn cynnwys gwybodaeth dopograffig fanwl, gan syrfewyr proffesiynol a gomisiynwyd gan y tirfeddianwyr gyda'r bwriad o ddiffinio ffiniau eu heiddo. Yn aml maent hefyd yn cynnwys y nodweddion cefn gwlad hynny, megis llwybrau a lonydd, pontydd, fferïau a rhydau, a anwybyddwyd yn aml gan wneuthurwyr mapiau sirol printiedig. Fe'u cynhyrchwyd o'r unfed ganrif ar bymtheg hyd at ddiwedd y bedwaredd ganrif ar bymtheg, ac maent naill ai'n fapiau unigol neu'n gyfrolau swmpus sy'n dangos holl diroedd stad sylweddol, gan gynnwys nifer o ffermydd. Ar brydiau, cysylltir y map stad â chyfeirlyfr sy'n rhoi enwau tenantiaid, caeau, a ffermydd, ynghyd â maint a defnydd amaethyddol caeau unigol. Yn aml, ceir crynodeb o'r manylion ar y map ei hun.

Yr enghraifft gynharaf yng Nghymru a Lloegr o arolwg stad wedi'i gynllunio ar ffurf mapiau ac wedi'i ddyddio yw'r un o faenorau Crucywel a Thretŵr (1587). Lliwiwyd yn gelfydd y *Plan of Rheola* . . . (1815) gan Thomas Horner, sy'n enghraifft eithriadol o fap stad mawr, manwl. Lleolir yr eitemau hyn yn Llyfrgell Genedlaethol Cymru, ac mae'r cynlluniau a gedwir yn Archifdy Gorllewin Morgannwg yn cynnwys cynllun o ddemên stad y Gnoll, Castell-nedd, a wnaed gan B. Jones *c.*1741–68.[10]

Y mae modd disgrifio rhai o'r mapiau sydd yn perthyn i gasgliadau o fapiau stad yn 'panorama' neu 'prospect', sef daearlun wedi ei gyflwyno'n gelfydd ac yn cyfuno elfennau map a thirlun. Gweithiai'r ddau frawd Paul a Thomas Sandby gyda'r fyddin yn yr Alban, yn y cyfnod yn dilyn Gwrthryfel y Jacobitiaid yn 1745, a daeth Paul Sandby wedyn yn un o'r arlunwyr pwysig a ddenwyd i Gymru oherwydd effeithiau'r rhyfel yn erbyn Ffrainc. Roedd y gweithgarwch yn yr Alban a oedd yn gysylltiedig â llunio mapiau ac arolygon darluniadol, ynghyd â'r paratoadau milwrol ar gyfer rhyfel yn erbyn Ffrainc, yn rhan o'r cefndir i sefydlu'r Arolwg Ordnans yn 1791.

Prif fwriad yr Arolwg oedd cynhyrchu map o Brydain Fawr ar raddfa o un fodfedd i un filltir. Rhan o'r gwaith paratoi oedd i syrfewyr lunio brasluniau ar raddfeydd o ddwy, tair a chwe modfedd i'r filltir. Cedwir y llawysgrifau gwreiddiol yn yr Archifau Gwladol, ac mae llungopïau o'r brasluniau dwy fodfedd i'r filltir ar gyfer Cymru rhwng 1809 ac 1836 ar gael yn y Llyfrgell Genedlaethol. Cyhoeddwyd y gyfres gyntaf o fapiau un fodfedd ar gyfer Cymru yn ystod y cyfnod 1819–42, ac fe'i dilynwyd gan nifer o gyfresi eraill: cwblhawyd y Seithfed Gyfres ar gyfer Prydain Fawr yn 1961. Cyhoeddwyd cyfresi diwygiedig o fapiau ar raddfeydd mwy yn gyson yn ystod ail hanner y bedwaredd ganrif ar bymtheg a hanner cyntaf yr ugeinfed ganrif, gan gynnwys y mapiau ar raddfeydd 6" a 25" i'r filltir. Dangosir caeau ac adeiladau unigol yng nghefn gwlad ar y mapiau 6", ac mae'r mapiau 25" yn cofnodi pob adeilad, hyd yn oed yn y trefi, ac enw pob cae, ffiniau gweinyddol a henebion.

Cyhoeddwyd hefyd gynlluniau manwl o'r prif drefi, gan gynnwys y cynlluniau ar raddfa 1/500 neu 10.56 troedfedd i un filltir. Cyhoeddwyd y mapiau cyntaf yn ôl cyfeiriadaeth y Grid Cenedlaethol, graddfa 1:10,560 (6": 1 filltir) yn 1946 (a'u metrigeiddio i 1:10,000 yn 1969), ac yn 1948 y mapiau Grid Cenedlaethol, graddfa 1:2,500 (25": 1 filltir). Yn

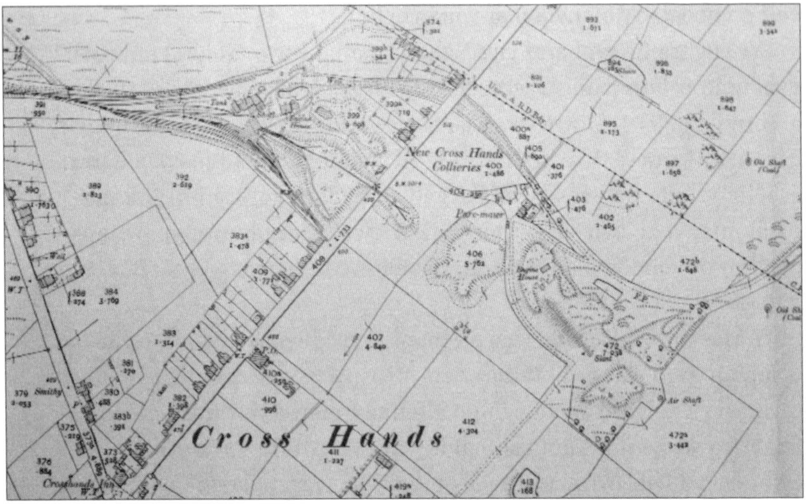

Map Arolwg Ordnans, 25", Carmarthenshire Sheet, XLVIII 5 (1906)
Sylwer ar y cyfeiriadau at y lofa a'r 'Engine House'

New Cross Hands Colliery, sef y safle a ddangosir ar fap yr Arolwg Ordnans uchod

Rhan o ffordd yr A48 heddiw sydd ar safle'r lofa a ddangosir ar fap yr Arolwg Ordnans uchod

1945 cyflwynwyd y raddfa 1:25,000 (2" y filltir) ac fe'i dilynwyd gan y cyfresi mapiau Pathfinder ac Outdoor Leisure, ac yn ddiweddarach y cyfresi Explorer a Landranger. Cyhoeddwyd am y tro olaf, yn negawd olaf yr ugeinfed ganrif, gopïau papur o'r mapiau graddfa fawr 1:2,500 ac 1:1,250. Heddiw defnyddir amrywiaeth o ddulliau mesur technegol soffistigedig i gasglu gwybodaeth, gan gynnwys cyfrifiaduron, laser, a ffotograffiaeth o'r awyr, ac mae data electronig sy'n cyflwyno tystiolaeth wedi ei huwchraddio ar gael i gwsmeriaid o fewn 24 awr wedi'r arolwg. Y mae modd archwilio ac archebu ar-lein fapiau amrywiol fel rhan o'r gwasanaeth *OS Select* ar wefan yr Arolwg Ordnans (www.ordnance survey.co.uk). Y mapiau papur mwyaf poblogaidd yw'r gyfres Explorer ar raddfa 1:25,000 (4 cm: 1 km, neu 2½ modfedd i'r filltir) a'r gyfres Landranger ar raddfa 1:50,000 (2 cm: 1 km, neu 1¼ modfedd i'r filltir), gyda'r mapiau'n cwmpasu 40 × 40 km (25 × 25 milltir).[11]

NODIADAU

1. P. D. A. Harvey, *Mappa Mundi* (1996); Gerallt Gymro, *Hanes y Daith trwy Gymru, Disgrifiad o Gymru*, cyf. Thomas Jones (1938); Gerald of Wales, *The Journey through Wales and The Description of Wales*, cyf. Lewis Thorpe (1978); Ian Jack, *Medieval Wales* (1972).
2. Olwen Caradoc Evans, *Maps of Wales and Welsh Cartographers* (1964); D. Huw Owen, *Mapiau Printiedig Cynnar o Gymru* (1996); D. P. M. Michael, *The Mapping of Monmouthshire* (1985).
3. B. G. Charles, *George Owen of Henllys, a Welsh Elizabethan* (1973).
4. *The Counties of Britain by John Speed*, gol. Nigel Nicolson (1988)
5. William Camden, *Camden's Wales*, cyf. Edward Lhuyd, cyflwyniad gan Gwyn Walters, casglwyd ac argraffwyd gan Terrence James (1984).
6. Olwen Caradoc Evans, *Marine Plans and Charts of Wales* (1969).
7. John Chapman, *A Guide to Parliamentary Enclosures in Wales* (1992).
8. Cynhwysir rhestr o gynlluniau a rhaniadau rheilffyrdd yng Nghasgliad Llyfrgell Genedlaethol Cymru, gyda Henry Robertson a George Piercy yn beirianwyr, yn Frazer Henderson, *Peirianwyr a Phenseiri Rheilffyrdd Cymru* (1991), 54, 56, 58.
9. R. Kain & H. Prince, *The Tithe Surveys of England and Wales* (1985); Robert Davies, *The Tithe Maps of Wales: a Guide to the Tithe Maps in the National Library of Wales* (1997).
10. *Mapiau Ystad Cymru 1600–1836: Catalog Arddangosfa* [Llyfrgell Genedlaethol Cymru] (1982); Hilary M. Thomas, *A Catalogue of Glamorgan Estate Maps* (1992).
11. J. B. Harley a C. W. Phillips, *The Historian's Guide to Ordnance Survey Maps* (1964); J. B. Harley, *Ordnance Survey Maps: a Descriptive Manual* (1975); Richard Oliver, *Ordnance Survey Maps: a Concise Guide for Historians* (2005).

13. DARLUNIAU

D. Huw Owen

Mae casgliadau gweledol, gan gynnwys brasluniau, peintiadau a phrintiau sydd yn darlunio'r tirlun, ynghyd â phortreadau, yn cyflwyno gwybodaeth werthfawr i'r hanesydd lleol. Mae'r portreadau cynharaf o Gymry yn cynnwys y rhai gan arlunwyr dienw o Edward (*c.*1550), Gawen (*c.*1582) a Godfrey (*c.*1600) Goodman, Rhuthun; Richard Clough (*c.*1550) a Humphrey Llwyd (*c.*1561); a'r un o Gatrin o Ferain gan Adriaen van Cronenburgh (1568), a welir yn Amgueddfa Genedlaethol Cymru, Caerdydd. Fe'i disgrifiwyd hi fel 'Mam Cymru' ar sail y disgynyddion niferus a anwyd o'i phriodasau ag uchelwyr amlwg. Cofnodwyd dros 4,000 o bortreadau a leolwyd mewn plastai Cymreig yn arolwg John Steegman, *A Survey of Portraits in Welsh Houses* (1957, 1962). Yn eu plith mae portreadau o deuluoedd Jones a Boothby yng Nghastell Fonmon, teuluoedd Mansel, Talbot a Methuen Campbell yng Nghastell Penrice, ym Morgannwg; Ardalydd Môn ym Mhlas Newydd, Môn; ac Wynne-Finch, yn y Foelas, sir Ddinbych. Diogelir nifer o gasgliadau mewn sefydliadau, gan gynnwys portreadau Gogerddan, Clennenau a Garthewin yn Llyfrgell Genedlaethol Cymru, a'r Gelli Aur yn Amgueddfa Caerfyrddin.

Yn yr ail ganrif ar bymtheg comisiynodd rhai tirfeddianwyr ddarluniau o'u tai a'u tiroedd, trem o'r awyr fel petai, megis y pedwar darlun o stad Dinefwr, ger Llandeilo, sydd bellach ym meddiant yr Ymddiriedolaeth

Genedlaethol, â'r lluniau wedi eu diogelu yno. Cynhyrchwyd printiau topograffig ar ddiwedd yr ail ganrif ar bymtheg gan Johannes Kip, er enghraifft y print o gastell Cas-gwent yn y gyfrol *Britannia Illustrated.* Ar ddechrau'r ddeunawfed ganrif, yr oedd y brodyr Buck yn engrafwyr toreithiog, ac maent yn gyfrifol am olygfeydd trefol a diwydiannol, cestyll, mynachlogydd, abatai a hynafiaethau eraill. Cymro amlwg a fu'n gyfrifol am gynhyrchu peintiadau olew pwysig, gan gynnwys portreadau a thirluniau, oedd Richard Wilson, a aned ym Mhenegoes. Fe'i disgrifiwyd fel 'tad y gelfyddyd o beintio tirluniau ym Mhrydain', ac yr oedd yn bortreadwr dawnus. Y mae ei weithiau yn cynnwys *Castell Penfro* (*c.*1765–6); tirluniau megis y rhai o'r Wyddfa, *Snowdon from Llyn Nantlle* (*c.*1765–6 ac 1765–7) a *Cader Idris, Llyn y Cau* (*c.*1765–6); a'i bortread o'r Capten Walter Griffith, Bron-gain. Un o nifer y dylanwadodd arnynt oedd ei ddisgybl Thomas Jones, Pencerrig, Llanelwedd, a beintiodd olygfeydd o stad a gerddi'r Hafod, Ceredigion, pan oedd yn ymweld â chartref Thomas Johnes cyn 1786.

'Darganfuwyd' Cymru ar ddiwedd y ddeunawfed ganrif a dechrau'r bedwaredd ganrif ar bymtheg gan arlunwyr blaenllaw a gyflwynai olygfeydd delfrydol; canlyniad y rhyfel ar y Cyfandir oedd rhwystro teithio yno a hybu'r symudiad cynyddol i gyfeiriad Cymru. Ymwelodd J. M. W. Turner â Chymru sawl gwaith ac fe'i hysbrydolwyd gan fynyddoedd Eryri, gan safleoedd hanesyddol megis Abaty Tyndyrn (1794) a chastell Dolbadarn (1798–1800), a chan dirwedd diwydiannol de Cymru; ymhlith ei luniau pwysig mae'r un o felin Aberdulais ac un o weithfeydd haearn Cyfarthfa. Y mae'r brasluniau a gynhyrchwyd gan yr arlunwyr a ddenwyd i Gymru yn cynnwys *Abaty Glyn y Groes* (*c.*1770–80) a'r olygfa o'r gweithfeydd copr yng Nghastell-nedd (1779) gan Paul Sandby, 'tad peintio dyfrlliw yn Lloegr'; cyfeiriwyd eisoes ym Mhennod 12 at ei weithgarwch gyda'r fyddin yn yr Alban. Ffrwyth teithiau a wnaed gan arlunwyr eraill oedd casgliadau helaeth o ddyfrlliwiau a luniwyd gan Samuel Hieronymus Grimm, Syr Richard Colt Hoare, Thomas Rowlandson, John 'Warwick' Smith a Julius Caesar Ibbetson. Cynhyrchodd y ddau olaf luniau trawiadol o Fynydd Parys, Ynys Môn, yn dilyn eu hymweliadau â'r gweithfeydd copr. Trefnodd Thomas Pennant, Downing, sir Fflint i Moses Griffith a John Ingleby lunio golygfeydd dyfrlliw manwl o safleoedd yng Nghymru, gan gynnwys nifer fawr o eglwysi a phlastai, ac fe'u cyhoeddwyd yn ei gyfrolau *Tours in Wales* (1778 ac 1781).

Yr Wyddfa – llun o waith Moses Griffith

Rhan o Gastell Conwy o waith Moses Griffith

Rhoddwyd sylw cynyddol i ddatblygiadau diwydiannol a darluniwyd gweithfeydd haearn Cyfarthfa a Phenydarren gan J. G. Wood yn ei *Rivers of Wales* (1813). Hefyd, mae casgliad Edward Pugh o acwatintiau yn ei *Cambria Depicta* (1816) yn cynnwys lluniau o weithfeydd copr Mynydd Parys. Lluniwyd llyfr brasluniau gan George Orleans Delamotte yn ystod y cyfnod *c.*1816–35. Fe'i cedwir yng Ngwasanaeth Archifau Gorllewin Morgannwg, ac mae'n cynnwys golygfeydd o ardaloedd ar hyd de Cymru, yn eu plith nifer o Abertawe, Llansawel a Chwm Nedd. O ganlyniad i'r nawdd a estynnwyd i Thomas Hornor gan wŷr bonedd Morgannwg cynhyrchwyd ganddo frasluniau dyfrlliw, gan gynnwys un o'r gwaith tun yn Ynysgerwn, ger Aberdulais; mapiau panoramig, er enghraifft ei gynllun o Rheolau, *c.*1815; a nifer o albymau mawr. Tua'r un adeg yr oedd Penry Williams, brodor o Ferthyr Tudful, wedi cynhyrchu llun o'r terfysg ym Merthyr yn 1816, ynghyd â nifer o olygfeydd diwydiannol, gan gynnwys gweithfeydd haearn Cyfarthfa, ar gyfer William Crawshay II, y perchennog.

Prynwyd gwaith Cyfarthfa gan ei dad-cu, Richard Crawshay, ac fe'i portreadwyd tua 1800 gan Richard Wilson. Tua'r un adeg gwnaed portread o Richard Pennant, sefydlydd chwareli llechi Bethesda, gan Henry Thomson. Felly, dilynodd y diwydianwyr y duedd gan deuluoedd bonheddig i noddi prif arlunwyr y dydd. Trafodwyd ym Mhennod 10 yrfa Syr Watkin Williams Wynn, y tirfeddiannwr mwyaf dylanwadol yng Nghymru yn y ddeunawfed ganrif, ac ymhlith sawl portread ohono lluniwyd dau gan Thomas Hudson, prif arlunydd portreadau cyfoes. Gwnaed portread o Thomas Pennant gan yr arlunydd adnabyddus Thomas Gainsborough, ac un arall ohono pan oedd yn fachgen ifanc gan Joseph Highmore. Aelodau teuluoedd y noddwyr breintiedig yw gwrthrychau mwyafrif helaeth y portreadau ond mae'r rhai a gedwir yn Erddig, eiddo'r Ymddiriedolaeth Genedlaethol ger Wrecsam, yn cynnwys portreadau gweision yn y plasty yn ogystal ag aelodau o deulu Yorke. Peintiwyd chwe aelod o staff Philip Yorke rhwng 1791 ac 1796 gan John Walters, Dinbych, gan gynnwys y gofaint William Williams ac Edward Prince, y cipar Jack Henshaw, a'r forwyn Jane Ebrell. Comisiynwyd W. J. Chapman gan Francis Crawshay i lunio portreadau o ddau ar bymtheg o'i weithwyr mewn gwaith tun yn Nhrefforest a gweithfeydd haearn Cyfarthfa. Rhoddwyd enwau'r gweithwyr ac roedd y portreadau hefyd yn cynnwys offer a ddefnyddiwyd ganddynt, megis y darnau deinameit a gariwyd gan y chwarelwr Thomas Francis ar ei war, ac allweddi David Lewis, gofalwr y stordy.

Lluniodd Hugh Hughes, yr arlunydd gwlad, bortreadau niferus, gan gynnwys rhai o arweinwyr y Methodistiaid a'u teuluoedd, a berthynai i'r dosbarth canol a oedd yn ymddangos yng Nghymru ar ddechrau'r bedwaredd ganrif ar bymtheg. Parhawyd y traddodiad hwn genhedlaeth yn ddiweddarach gan William Roos, ac eithriadau prin oedd portreadau o noddwyr bonheddig gan y ddau arlunydd. Trawsnewidiwyd trefn noddi arlunwyr portreadau gan y datblygiadau hynny a arweiniodd at boblogrwydd cynyddol ffotograffau, ac yn arbennig y *cartes de visites* ar ôl 1860 (gweler Pennod 14). Cyflwynwyd gan Hugh Hughes ddarlun o'r cartref Cymreig delfrydol yn *Y Gegin Gymreig*, a golygfeydd yng Nghymru yn ei gasgliad o engrafiadau pren, *Beauties of Wales* (1823). Cyhoeddiad lleol pwysig o'r cyfnod hwn oedd y gyfrol o brintiau gan Charles Norris, *Etchings of Tenby* (1812). Ymddangosodd yr engrafiadau dur a wnaed gan Henry Gastineau yn *Wales Illustrated*, a gyhoeddwyd gan Jones & Co. o 1832 ymlaen. Yn 1834 cyflwynwyd manylion am 'y wisg Gymreig' gan Arglwyddes Llanofer, â'r wisg a ffafriwyd ganddi'n seiliedig ar ddillad a wisgid gan wragedd ardaloedd gwledig Cymru yn y cyfnod hwnnw. Dangosir golygfeydd o wisgoedd gwerinol gan John Cambrian Rowland yn ei lyfr brasluniau (1849–50), ac fe'u hatgynhyrchwyd mewn engrafiadau eithriadol o boblogaidd.

Dau artist/glerigwr amlwg yn ystod hanner cyntaf y bedwaredd ganrif ar bymtheg oedd y Parchgn. E. Pryce Owen, ficer Wellington, swydd Amwythig (1823–40) a John Parker, rheithor Llamyrewig, sir Drefaldwyn a ficer Llanyblodwel, swydd Amwythig. Bu ef yn gyfrifol am gasgliad helaeth o olygfeydd, yn arbennig o Eryri, lluniau o flodau a hefyd luniadau pensaernïol a manylion am eitemau mewn eglwysi, yn dyddio o tua 1818 tan 1860. Datblygodd Betws-y-coed yn ganolfan ar gyfer arlunwyr, yn bennaf oherwydd gweithgaredd David Cox a Clarence Whaite; byddai'r ddau'n ymweld â'r ardal yn gyson, â Whaite yn ymsefydlu yno, tua 1870. Dau ddarlun olew arbennig o ddylanwadol a gynhyrchwyd gan y ddau arlunydd oedd *The Welsh Funeral*, gan David Cox yn 1848, a *To the Cold Earth*, gan Clarence Whaite yn 1865. Disgrifiwyd Betws-y-coed fel 'Yr Arlunfa Gymreig' gan yr arlunydd Samuel Maurice Jones. Cyfrannodd ef ddarluniau o gartrefi nifer o Gymry blaenllaw ar gyfer y cylchgrawn *Cymru* o 1891 ymlaen, ac yna yn *Cartrefi Cymru* (1896), a olygwyd gan O. M. Edwards. Dyma un o gyfrolau mwyaf poblogaidd y cyfnod. Trysorwyd hefyd gan nifer fawr o Gymry y printiau o'r darlun o'r gynulleidfa yng Nghapel Salem, Cefncymerau, a beintiwyd yn 1908 gan Sydney Curnow Vosper. Fe'i dosbarthwyd yn eang yn un o'r delweddau mwyaf nodweddiadol o Gymru a gynhyrchwyd erioed.

Ymgasglodd arlunwyr hefyd yn y trefi masnachol a diwydiannol a oedd yn tyfu'n gyflym. Bu William Watkeys yn arlunydd portreadau prysur yn Abertawe, ac felly hefyd Cleopas Harris a'i fab George Frederick ym Merthyr Tudful. Yr oedd James Flewitt Mullock, â'i gysylltiadau dylanwadol ymhlith y tirfeddianwyr lleol, yn weithgar yng Nghasnewydd, a gwelir nifer o'i ddarluniau yn Amgueddfa ac Oriel Gelf

Gwesty'r Royal Oak, Betws-y-coed, canolfan i arlunwyr

Casnewydd. Lleolir yn Amgueddfa Ceredigion, Aberystwyth, nifer o ddarluniau lleol gan Alfred Worthington, brodor o swydd Caint, a ymsefydlodd yn y dref (gweler Pennod 9 am y dystiolaeth yng Nghyfrifiad 1871 am ei deulu). Erbyn diwedd y bedwaredd ganrif ar bymtheg Caerdydd oedd tref fwyaf Cymru, ac aelod blaenllaw o'r grŵp a drefnodd arddangosfeydd dylanwadol yno, ac a ymdrechodd yn ddiweddarach i sefydlu Amgueddfa Genedlaethol Cymru yng Nghaerdydd yn 1907, oedd T. H. Thomas, 'Arlunydd Penygarn'. Cedwir yn yr Amgueddfa nifer o'i weithiau, gan gynnwys darlun olew o ferched tipiau glofeydd de Cymru, a brasluniau sy'n darlunio golygfeydd diwydiannol amrywiol, gan gynnwys gweithiau tun Trefforest a glowyr yn gweithio dan ddaear. Denwyd sylw Carey Morris gan fywyd y werin, ac mae ei ddarluniau'n cynnwys astudiaethau o wehyddion Cymreig ac o bysgotwragedd Llangwm. Parhaodd mynyddoedd gogledd Cymru i ddenu arlunwyr a lluniwyd tirluniau nodedig gan John Innes ac Augustus John. Tua'r un cyfnod, cyn y Rhyfel Byd Cyntaf, cynhyrchwyd portreadau pwysig gan Margaret Lindsey Williams a Christopher Williams, a cherfluniau trawiadol gan William Goscombe John, gan gynnwys y rhai o Daniel Owen (1902), T. E. Ellis (1903) a Lewis Edwards (1911).

Yn nauddegau'r ugeinfed ganrif peintiwyd tirluniau yn yr ardal i'r gogledd o'r Fenni gan David Jones, tra oedd yn aelod o gymuned a ymsefydlodd yng Nghapel-y-ffin, a hefyd ar Ynys Bŷr pan fu'n lletya yn y fynachlog ar yr ynys. Cysylltir Cedric Morris, Charles Burton, Arthur Giardelli, Esther Grainger, Heinz Koppel ac Ernest Zobole â'r gweithgareddau celfyddydol a drefnwyd yng nghymoedd diwydiannol y de yn nhridegau a phedwardegau'r ugeinfed ganrif gan y cymunedau a sefydlwyd yn Nowlais a Phontypridd. Darluniodd Ceri Richards ddociau Abertawe a Chaerdydd, a hefyd y gweithwyr yn y gwaith tun wrth eu dyletswyddau dyddiol yn Nhre-gŵyr lle cyflogwyd ei dad. Cyflwynwyd agweddau amrywiol o fywyd a gwaith y glöwr gan nifer o arlunwyr, gan gynnwys George Chapman, Nicholas Evans, Vincent Evans, Archie Griffiths, Josef Herman, Denys Short ac Evan Walters. Dau arlunydd o Loegr a wnaeth gyfraniad pwysig gan greu tirluniau nodedig oedd Graham Sutherland, yn sir Benfro, a John Piper, yng ngogledd Cymru; cynhyrchodd John Piper hefyd ddarluniau pwysig o addoldai Cymru. Yn ystod y blynyddoedd cyn ac yn dilyn yr Ail Ryfel Byd, bu Harry Hughes Williams yn gyfrifol am dirluniau a ganolbwyntiai ar Ynys Môn, gyda chyfres yn darlunio melinau gwynt a theisi gwair. Darluniwyd bywyd gwyllt ac adar yr ynys gan Charles Tunnicliffe. Roedd morluniau o arfordir Ynys Môn, ynghyd â thirluniau o fynyddoedd Eryri a phortreadau o drigolion lleol ymhlith darluniau pwysicaf Kyffin Williams, a aned ar yr ynys ac a wnaeth lawer o'i waith yn ei gartref yno. Y profiad o fyw yn Neiniolen sydd yn egluro'r pwyslais ar dirlun ardaloedd chwareli llechi Gwynedd yn lluniau Peter Prendergast. Bu atgofion am gefn gwlad Ceredigion yn ddylanwad pwysig ar weithiau John Elwyn; ac ysbrydolwyd Will Roberts gan ei ymweliadau â fferm Ty'n y Waun, ger Castell-nedd, yn ogystal â'i brofiad o gydweithio â Josef Herman mewn cymuned lofaol.

Darlunnir ardaloedd amrywiol yng Nghymru yn negawd cyntaf yr unfed ganrif ar hugain mewn tirluniau gan nifer o arlunwyr, gan gynnwys Donald McIntyre a Gwilym Prichard. Rhoddir sylw arbennig i fynyddoedd ac arfordir gogledd Cymru gan Keith Bowen, Rob Piercy, William Selwyn a David Woodford; Ynys Môn gan Keith Andrew; Nefyn a Phenrhyn Llŷn gan Emrys Parry; Dyffryn Banwy yn sir Drefaldwyn gan Eleri Mills; a sir Benfro gan John Knapp-Fisher a David Tress. Canolbwyntiodd David Carpanini a Valerie Ganz ar gymunedau diwydiannol de Cymru, a chyflwynir amrywiaeth o adeiladau gan

Christopher Hall, adeiladau fferm, ysguboriau a siediau gan Ogwyn Davies, a chapeli yng ngweithiau tecstil Cefyn Burgess. Ffermwyr a'r gymdeithas wledig Gymraeg yw prif wrthrychau Aneurin Jones, a fagwyd yng Nghwm Wysg, ac eisteddodd nifer o Gymry amlwg ar gyfer portreadau a luniwyd gan David Griffiths. Yn ogystal â'r arlunwyr uchod, mynegodd nifer o rai eraill, gan gynnwys Iwan Bala, Shani Rhys James a Mary Lloyd Jones, y modd y cawsant eu hysbrydoli gan dirwedd a phobl Cymru, ac mae eu gweithiau hwythau eto'n tanlinellu gwerth delweddau gweledol ar gyfer astudiaethau'r hanesydd lleol.

DARLLEN PELLACH

Darganfod Celf Cymru, gol. Ivor Davies a Ceridwen Lloyd-Morgan (1999).

George Orleans Delamotte, A South Wales Sketch Book, c.1816–1835, gol. Bernard Morris (2007).

Hywel Harries, *Cymru'r Cynfas* (1988).

Anthony Jones, *Paentio'r Ddraig* (2000).

Paul Joyner, *Castell Dolbadarn* (1990).

Paul Joyner, *Artists in Wales, c.1740–c.1851* (1997).

Peter Lord, *Hugh Hughes,* 1790–1863 (1990).

Peter Lord, *Y Chwaer-dduwies: Celf, Crefft a'r Eisteddfod* (1992).

Peter Lord, *Portreadau Gweithwyr Francis Crawshay* (1996).

Peter Lord, *Clarence Whaite and the Welsh Art World* (1998).

Peter Lord, *Diwylliant Gweledol Cymru: y Gymru Ddiwydiannol* (1998); *Delweddu'r Genedl (2000); Gweledigaeth yr Oesoedd Canol* (2004)

D. P. Webley, *Cast to the Winds: the Life and Work of Penry Williams* (1997).

14. FFOTOGRAFFAU A CHARDIAU POST

William Troughton

Cyflwynir ar brydiau i hanesydd teulu gasgliad o ffotograffau neu gardiau post, naill ai o gefn drôr yn ei gartref ei hun neu o gwpwrdd yng nghartref perthynas.

Portreadau dienw o aelodau'r teulu neu gyfeillion fydd llawer ohonynt. Y mae hefyd yn anochel y bydd treigl amser yn drysu enwau rhai o'r eisteddwyr ac y byddwn ni'n colli adnabod ar eraill. Nid oes, felly, amser gwell na'r presennol i ysgrifennu'n ysgafn (mewn pensel) bennawd ar gefn eich ffotograffau teuluol ac felly osgoi ailadrodd y patrwm hwn.

Er i fwndel o ffotograffau hen a dienw ymddangos ar yr olwg gyntaf yn gymharol ddiwerth, y mae modd casglu oddi wrthynt wybodaeth sydd yn dehongli bywydau'r eisteddwyr.

Gellir dyddio ffotograffiaeth yn ôl i 1839, ond fe aeth dau ddegawd arall heibio cyn bod ffotograffiaeth ar gael yn gyffredinol heblaw i'r bobl fwyaf cefnog. Yr oedd y prosesau cynharaf yn ddrud, yn cymryd llawer o amser a'r canlyniadau'n fregus. Yr oedd ffotograffiaeth amatur yn y cyfnod hwn yn ddifyrrwch tai bonedd, er enghraifft, ffotograffau cynnar John Dillwyn Llewelyn a'i gylch o gyfeillion. Gwelir eu gwaith ar wefan ardderchog Llyfrgell Genedlaethol Cymru.

Cyfyngwyd ffotograffiaeth portreadau masnachol yn y cyfnod hwn i ddaguerreoteipiau ac yn ddiweddarach i ambroteipiau a fferoteipiau.

Cynhyrchai'r rhain un ddelw a gyflwynid mewn 'blwch gemau' i ddiogelu'r ddelw ac ychwanegu argraff unigryw i'r digwyddiadau. Yr oedd ambroteipiau'n rhatach i'w cynhyrchu ac oherwydd dyfeisiadau amrywiol yn rhatach i'w cyflwyno na daguerreoteipiau. Yr oedd fferoteipiau, sef ffotograffau a gynhyrchid ar ddalen ddur denau, hyd yn oed yn rhatach. Yn 1839 cyhoeddodd William Henry Fox Talbot ei fod wedi darganfod y broses o lunio negydd/positif ond ni chynhyrchwyd portreadau yn rhad ac yn niferus gan ddefnyddio'i broses hyd nes y cafwyd gwelliannau pellach yn niwedd yr 1850au. Nid yw cyfarwyddiadur masnachol Slater ar gyfer 1858 yn cofnodi yr un 'photographic artist' yn Abertawe na Chaerdydd. Degawd yn ddiweddarach yr oedd ynddynt un ar ddeg a naw, yn y drefn honno, tra oedd pump yr un yng Nghaernarfon a Merthyr Tudful. Yr oedd dau ffotograffydd masnachol yr un yn 1868 mewn trefi llai megis Hwlffordd, yr Wyddgrug a Rhiwabon.

Y mae pobl yn aml yn cymysgu rhwng ambroteipiau a daguerroteipiau, ond eto mae'n rhwydd gwahaniaethu rhyngddynt. Y mae daguerreoteipiau'n fetelaidd ac yn ariannaidd, yn ymddangos fel drych, bron, a'r ddelw yn fregus iawn. Nid oes gan ambroteipiau sglein metelaidd, ac wedi ei harchwilio'n fanwl ymddengys y ddelw bron yn dryloyw. Goroesodd ambroteipiau yn aml fel gwydr unigol a delwedd wan rithiol arno. Fe'u trawsnewidir ar ôl eu gosod ar gefndir du, ac mae'r hyn a oedd gynt yn ddelwedd wan bellach yn ymddangos fel portread clir ac eglur. Y mae modd gwahaniaethu rhwng fferoteipiau mewn blwch gemau ac ambroteipiau oherwydd bod y ddelwedd ar ambroteip yn fwy gwastad. Hefyd, mae'r smotiau rhydlyd a welir yma ac acw ar wyneb y ffotograff, a diffyg tryloywder fferoteipiau yn cynorthwyo i wahaniaethu rhyngddynt ac ambroteipiau.

Datblygodd ffotograffiaeth i fod yn wirioneddol boblogaidd gyda dyfodiad y *cartes de visite*. Ffotograffau bach papur wedi eu hargraffu o negydd gwydr oeddynt ac fe'u gosodid ar ddarn o garden, a oedd fel rheol yn mesur 10.2 × 6.4 cm. Cynhyrchwyd y rhain yn eu miliynau ar ôl 1860. Nid oes llawer o dystiolaeth i awgrymu iddynt gael eu defnyddio fel 'cardiau galw' mewn gwirionedd ond yn hytrach fe'u rhoddwyd i berthnasau a chyfeillion, a'u casglu. Dyma'r fformat a geir yn aml mewn casgliadau o ffotograffau teuluol. Cedwir llawer mewn albymau lledr wedi eu rhwymo, â byclau pres addurniedig yn eu cau, ac mae'n siŵr i lawer teulu gael difyrrwch yn pori ynddynt ar brynhawn

Sul. Byddai *cartes de visite* yn dangos golygfeydd, y teulu brenhinol, gwleidyddion, esgobion a phobl amlwg eraill, yn cael eu gwerthu'n fasnachol a'u casglu. Mae'r albymau sydd wedi goroesi yn gofnod gwerthfawr o gefndir gwleidyddol, cymdeithasol, a chrefyddol y rhai a'u lluniodd. Er i'r fformat barhau i fod yn boblogaidd am y deugain mlynedd nesaf, mae'n bosib dyddio'r delweddau o fewn ychydig flynyddoedd drwy ystyried y newidiadau o ran gwisg, arddull y *cartes* eu hunain ac eisteddiad y gwrthrychau. Mae gwybodaeth am deulu penodol yn gymorth i ddyddio ffotograffau gan fod nifer wedi eu tynnu i nodi achlysur arbennig ym mywyd person; gallai dod i oed, dyweddïad neu swydd gyntaf fod yn rheswm dros ymweld â stiwdio ffotograffydd.

Y mae dyddio *cartes de visite* yn gymharol hawdd, mewn theori o leiaf. Fel rheol, po agosaf y camera at y gwrthrych, y diweddaraf yn ystod y ganrif y tynnwyd y ffotograff. Lensiau gwael oedd mewn camerâu cynnar ac nid oeddynt yn ffafriol i'r eisteddwr. Tuedda portreadau o'r 1860au i fod yn rhai hyd llawn, fel rheol gyda chefndir syml. Yn ystod yr 1870au a'r 1880au daeth eisteddiad tri chwarter hyd a hanner hyd yn gyffredin, ac erbyn yr 1890au yr oedd *vignette* yn dangos y pen a'r ysgwyddau yn ffasiynol ar gyfer portreadau unigol. Ceisiai'r mwyafrif o'r *cartes de visite* bwysleisio ymdeimlad o awdurdod a hunanddibyniaeth. Fel rheol portreadwyd gwragedd yn eistedd yn dawel ac yn llonydd.

Pethau eraill defnyddiol ar gyfer dyddio ffotograffau, yn enwedig portreadau o wragedd yn oes Fictoria, yw ffasiynau gwallt a gwisg yr eisteddwyr, fel y dengys cyfrol Madeleine Ginsberg, *Victorian Dress in Photographs* (1982). Serch hynny, dylid nodi bod y tueddiadau diweddaraf yn y byd ffasiwn yn cymryd amser i gyrraedd ardaloedd gwledig pellennig yng Nghymru ac y byddent yn parhau i fod yn boblogaidd yno am lawer mwy o amser nag yn yr ardaloedd trefol. Felly, dylid defnyddio math arbennig o ddillad i ddyddio ffotograff 'heb fod yn gynharach na . . .' yn hytrach na 'heb fod yn ddiweddarach na . . .'

Ceir cymaint o wybodaeth yn aml am ddyddiad ffotograff ar gefn y *carte de visite* ag a geir ar y blaen. Mae'r rhan fwyaf o'r *cartes de visite* yn rhoi enw a chyfeiriad y ffotograffydd. Y mae modd cysylltu ffotograffydd â lleoliad arbennig ar gyfer cyfnod penodol ar sail cyfeiriad mewn cyfeiriadur masnachol neu bapur newydd: er enghraifft, rhestrir cyfeiriad J. L. Berry, ffotograffydd yn Aberdâr, yn 1, Market Street mewn cyfarwyddiadur o'r cyfnod 1875–80; 43, Cardiff Street yn ystod 1884–91 a 47, Commercial Street yn ystod 1895–1912. Mae'n bosib y

Marchnad geffylau Llangefni

byddai ymchwilio i bapurau lleol y cyfnod hwn yn cywiro ymhellach y dyddiadau uchod. Ar y llaw arall, trigai Alfred Betts, ffotograffydd ym Merthyr Tudful, yn yr un adeilad, sef 94 High Street, rhwng 1868 ac 1903 o leiaf.

Yr oedd i arddull y *cartes de visite*, megis y rhan fwyaf o bethau, dueddiadau a ffasiynau. Arferai'r garden fod yn eithaf tenau yn yr 1860au, y corneli'n sgwâr a'r cefn yn blaen, gan nodi yn unig enw a chyfeiriad y ffotograffydd, efallai o fewn tarian. Erbyn yr 1870au yr oedd carden drwchus, corneli crwn a'r wybodaeth yn ymestyn ar hyd cefn yn gyffredin. Yn yr 1880au defnyddiwyd cynlluniau mwy addurniedig, yn cynnwys cardiau lliw ac inciau. Erbyn yr 1890au cynnar gwelwyd angylion, ceriwbiaid, basgedi'n hongian a phob math o addurniadau. Ym mlynyddoedd olaf y ganrif (a'r *cartes de visite*) dychwelwyd at gynlluniau symlach ar fyrddau lliw pastel.

Fersiynau mwy o'r *cartes de visite* yw'r cardiau *cabinet*, sydd fel rheol yn mesur 16.7 × 11 cm. Gosodir arnynt fel arfer argraffnod y ffotograffydd, a dangosir ar y cefn arddulliau gwaith celf addurniedig tebyg i'r *cartes de visite*. Cawsant eu derbyn fwyfwy yn yr 1870au, gan fwrw'r *cartes de visite* i'r cysgod erbyn yr 1880au. Yr oeddynt yn dal ar gael tan ddechrau'r 1920au.

Yr oedd nifer o *cartes de visite*, cardiau *cabinet* a phortreadau stiwdio o fathau eraill yn gynnyrch gwaith ffotograffwyr lleol y stryd

Ffair y Borth

fawr, pobl megis D. C. Harries, Llandeilo; P. B. Abery, Llanfair-ym-Muallt a William Harwood, Cricieth. Yr oedd gan bob tref o leiaf un stiwdio ffotograffig yn niwedd y 19fed ganrif a hanner cyntaf yr 20fed ganrif. Tueddai ffotograffwyr lleol i gyfuno portreadu â darparu golygfeydd o'u bro. Ganed John Thomas yng Nghymru, ond agorodd stiwdio yn Lerpwl. Penderfynodd deithio'n llawer ehangach na'i gyfoedion o amgylch gogledd a chanolbarth Cymru yn ystod cyfnod a oedd yn ymestyn o'r 1870au i'r 1890au. Arbenigodd ar dynnu portreadau o unigolion a grwpiau, golygfeydd lleol a Chymry amlwg y cyfnod, llawer ohonynt yn weinidogion. Diogelir ei gasgliad yn Llyfrgell Genedlaethol Cymru, ac mae'n bosib ei archwilio ar ei gwefan. Gwaith nifer o'r ffotograffwyr hyn yw cnewyllyn llawer o'r llyfrau sydd yn cynnwys golygfeydd o ardaloedd ledled Prydain, megis y rhai a gyhoeddir gan gwmnïau Chalford Publishing a S. B. Publications. Cydweithredodd cwmni cyhoeddi Chalford ag archifdai Cymru i gyhoeddi cyfrolau sy'n cynnwys ffotograffau o ardaloedd penodol, er enghraifft *Cymoedd y Gwendraeth*, a gasglwyd ynghyd gan Adran Datblygu Economaidd a Hamdden (Gwasanaethau Diwylliannol) Cyngor Sir Gaerfyrddin (1997) a *Sir y Fflint*, a gasglwyd ynghyd gan Archifdy Sir Fflint (*1996*).

Ffotograffydd nodedig arall oedd Geoff Charles. Teithiodd yntau hefyd yn helaeth o amgylch gogledd a chanolbarth Cymru, gan weithio i'r North Wales Newspapers fel gohebydd-ffotograffydd am yn agos i hanner can mlynedd. Mae ei archif yn cynnwys 120,000 o ffotograffau, wedi eu mynegeio a'u catalogio, yn Llyfrgell Genedlaethol Cymru, ac mae llawer ohonynt ar y wefan. Amlinellir gyrfaoedd rhai o'r ffotograffwyr hyn mewn nifer o gyfrolau, megis y tair cyfrol ar waith Geoff Charles gan Ioan Roberts, yr un ar D. C. Harries gan Iestyn Hughes, a'r gyfrol ddiweddar ar John Thomas gan Iwan M. Jones.

Ymhlith unrhyw fwndel o ffotograffau teuluol mae'n debygol y bydd o leiaf rai cardiau post. Er mai eitemau dros dro ydynt yn eu hanfod a'r mwyafrif helaeth wedi eu dinistrio (amcangyfrifir mai tua 3–5% o gardiau post cyfnod y Brenin Edward VII sydd wedi goroesi), y mae'r rhai sydd wedi goroesi'n dweud llawer wrthym am eu perchenogion. Fel a ddigwyddodd gyda *cartes de visite,* casglwyd cardiau post a'u gosod mewn albymau. Mae cynnwys yr albymau hyn yn aml yn ddadlennol iawn. Maent yn cynnwys cardiau a anfonwyd gan gyfeillion a pherthnasau, golygfeydd o hoff ardaloedd a hefyd, efallai, yn datgelu argyhoeddiadau gwleidyddol, cymdeithasol neu grefyddol.

Cyflwynwyd cardiau post plaen ym Mhrydain yn 1870. Yr oedd yn rhaid prynu'r rhain mewn swyddfa bost, gyda stamp wedi ei argraffu ar y cerdyn yn barod, yn hytrach nag un wedi ei osod arno. Ysgrifennwyd y cyfeiriad ar y blaen, a'r neges ar y cefn. Daethant yn boblogaidd iawn yn fuan gan fod cost cludiad yn hanner cost postio llythyr. Ar ôl 1 Medi 1894 dileodd Adran Cyllid y Wlad yr amod a fynnai fod rhaid rhagargraffu stamp ar y garden, ac yr oedd rhyddid bellach i osod stamp cyffredin hanner ceiniog ar garden a gynhyrchwyd yn breifat. Dechreuodd y gwneuthurwyr efelychu'r cardiau post lliw a oedd ar gael yn Ewrop, yn arbennig yn yr Almaen, ac erbyn 1900 yr oedd casglu cardiau post wedi dod yn boblogaidd ym Mhrydain, yn rhannol oherwydd y cynnydd ym maint y cardiau a ganiatawyd, yn gyntaf i faint 'Court' yn 1895, ac yna, yn 1899, i'r hyn a ystyriwyd yn faint arferol, sef 3.5 × 5.5 modfedd. Y cam olaf yn natblygiad y garden bost oedd cyflwyno'r 'divided back' yn 1902, a oedd yn caniatáu ysgrifennu'r neges a'r cyfeiriad ar yr un ochr, gan adael y cefn i gyd ar gyfer y darlun. Arweiniodd hyn hefyd at 'Oes Aur' y cardiau post.

Mae'n anodd i ni heddiw ddychmygu pa mor boblogaidd oedd cardiau post. Yr oeddynt ar gael ym mhobman, yn cael eu gwerthu yn aml mewn pacedi o chwech neu ddeuddeg a'u cario mewn bag llaw neu mewn poced, yn barod i anfon y math o neges a fyddai heddiw'n destun galwad ffôn neu e-bost. Dosbarthwyd 866 miliwn o gardiau post gan Swyddfa'r Post ym Mhrydain yn ystod 1909, neu, o'i roi mewn ffordd arall, 22 carden ar gyfer pob dyn, gwraig a phlentyn. Ym mis Awst 1903 trafodwyd gan y swyddfa bost yn Aberystwyth 24,000 o gardiau post ar bob math o themâu: celf, gwleidyddiaeth, materion cyfoes, enwogion, hanes cymdeithasol, hiwmor, a golygfeydd topograffig, wrth gwrs. Yn ogystal â hynny yr oedd yna wasanaeth post effeithiol iawn, yn dosbarthu'r post mewn dinasoedd hyd at chwe gwaith y dydd. Dechreuodd y gwragedd ifanc ymddiddori mewn casglu cardiau post, a chyda natur ddynol yr hyn ydyw, yr oedd gwŷr ifanc dan bwysau i fodloni'r diddordeb.

Yr oedd James Valentine, Dundee, a Francis Frith, Reigate, ymhlith y cwmnïau cyntaf i gynhyrchu cardiau post o Gymru. Sefydlwyd y ddau gwmni gan wŷr a fu'n ymwneud â ffotograffiaeth ers yr 1850au ac a oedd yn gwerthu ffotograffau o olygfeydd drwy Brydain gyfan. Felly, yr oedd y ddau mewn safle dda i gynhyrchu a dosbarthu cardiau post. Cyhoeddwyd y garden bost gynharaf o Gymru y mae'r awdur yn ymwybodol ohoni gan gwmni Raphael Tuck & Co. yn 1894. Carden o gopa'r Wyddfa ydyw ac fe'i gwerthwyd ger y copa. Rhaid dyfalu faint a werthwyd yn y flwyddyn gyntaf, yn enwedig gan na chwblhawyd rheilffordd y mynydd tan y flwyddyn ganlynol!

Nid oedd cwmnïau rhanbarthol ymhell y tu ôl i'r cwmnïau cenedlaethol hyn, hynny yw, y cwmnïau a'r ffotograffwyr hynny a arbenigai mewn golygfeydd o ardal benodol. Un o'r enghreifftiau cynharaf oedd Landscape, Portrait and Fine Art Photographers, Llandrindod. Cynhyrchodd y cwmni tua 600 o gardiau post gwahanol, yn dyddio o *c.*1903 hyd *c.*1909, ac yn cynnwys yn bennaf olygfeydd o bob rhan o Gymru, ond hefyd gyfres o Aelodau Seneddol Cymreig a chartwnau. Perthyn Ernest Bush, Caerdydd, hefyd i'r categori hwn. Cofnododd yn ddyfal bentrefi glofaol, glofeydd, dociau, adeiladau dinesig, a strydoedd prysur de Cymru, ac mae ei gardiau'n boblogaidd iawn heddiw. Bu farw yn 1930 yn ŵr cymharol ifanc, 54 mlwydd oed, wedi cyhoeddi cannoedd o olygfeydd amrywiol o dde Cymru.

Er nad oeddynt yn gyfrifol am gynifer o gardiau post â chyhoeddwyr cenedlaethol a rhanbarthol, cynhyrchwyd y cardiau topograffig mwyaf diddorol, o bell ffordd, gan gyhoeddwyr cardiau post lleol. O 1904 ymlaen, ag emylsiynau ffotograffig bellach ar gael ar bapur mwy trwchus, gallai ffotograffwyr lleol gynhyrchu cardiau post o bob math

Pontydd Pontypridd

o ddigwyddiad lleol a golygfa leol. Hefyd, oherwydd hyblygrwydd y system yr oedd modd argraffu cynifer neu gyn lleied o gardiau ag oedd eu hangen o fewn oriau i gynnal y digwyddiad. Cofnodwyd yn fanwl gan y cardiau post hynny, a adwaenid fel *real photographs*, olygfeydd a digwyddiadau o'r cyfnod cyn y Rhyfel Byd Cyntaf. Nid oedd unrhyw dref neu bentref yn rhy fach i ffotograffydd lleol gofnodi capel lleol, swyddfa bost, tafarn, trip ysgol Sul, tîm pêl-droed, neu garnifál. Rhoddid sylw mawr i drefi glan môr. Er enghraifft, yng ngogledd Ceredigion darparwyd gwasanaeth gan E. G. Crudge (Tregaron a Phont-rhyd-y-groes), C. H. Dierks (Aberaeron, Llan-non a Llanrhystud), J. Meurig Edwards (Bow Street), E. O. Jones (Tal-y-bont a Thaliesin), Williams (Y Borth), E. R. Gyde, William Jenkins, Lewis y Mart, Pickfords (i gyd yn Aberystwyth). Cynhyrchwyd llawer o'u cardiau mewn niferoedd bach iawn.

Mae E. R. Gyde yn enghraifft nodedig o ffotograffydd glan môr. Yr oedd ganddo siop a stiwdio yn Heol y Wig, Aberystwyth. Arbenigai ar dynnu ffotograffau o grwpiau o ymwelwyr ar bleserlongau, ac mewn siarabangau neu gerbydau. Argraffwyd y ffotograffau hyn fel cardiau post ac yna fe'u gosodid mewn ffenestr siop i'w gwerthu i'r eisteddwyr. Dyma'r drefn arferol mewn llawer o drefi glan môr. Ar y llaw arall, prynai William Jenkins drwydded bob blwyddyn oddi wrth ei gyngor lleol. Cerddai wedyn ar hyd y traeth yn Aberystwyth gyda'i gamera a'i drybedd (*tripod*) bren, drom. Yn hongian o'i drybedd yr oedd dwy fwced, un yn cynnwys datblygwr a'r llall yn cynnwys sefydlyn (*fixer*). Wedi iddo ddod o hyd i gwsmer ar y traeth, fe dynnai ffotograff ohono yn y fan a'r lle, rhoi'r plât i mewn i'r datblygwr am yr amser penodol, ac

Porth Meudwy

wedyn yn y sefydlyn. Yna, gan ddefnyddio'r golau dydd oedd ar gael, cynhyrchid print cyffwrdd o'r negydd ar ddalen o bapur ffotograffig, maint carden bost. Byddai hwn yn cael ei roi yn y datblygwr a'r sefydlyn. Ar ôl ei ysgwyd yn gyflym i gael gwared ar ddiferion o'r sefydlyn, drwy ei sychu ar lewys ei gôt, yr oedd y garden bost yn barod. Fel llawer o ffotograffwyr, bu William Jenkins yn brysur iawn yn ystod blynyddoedd y Rhyfel Byd Cyntaf yn tynnu ffotograffau o filwyr yn eu lifrai. Teyrnged i'w grefftwaith yw'r ffaith i gynifer o'i ffotograffau ar y traeth oroesi.

Er ein bod ni heddiw'n dibynnu ar bapurau newydd, y teledu a'r Rhyngrwyd i drosglwyddo lluniau o ddigwyddiadau pwysig, cyflawnid y swyddogaeth hon cyn y Rhyfel Byd Cyntaf gan y garden bost. Cyhoeddwyd lluniau yn achlysurol yn unig gan bapurau newydd cenedlaethol gan fod y broses yn cymryd gormod o amser ac yn ddrud. Pontiwyd y bwlch gan gardiau post *real photographic*. Pan laddwyd 439 o lowyr yn 1913 gan ffrwydriad yn yr Universal Pit, Senghennydd, rhuthrodd ffotograffydd o Glasgow, gŵr o'r enw Benton, yno, a chyhoeddi cyfres o 25 o gardiau *real photographic* yn dangos golygfeydd ar ben y pwll. Ymddengys hyn yn hynod yn ôl safonau heddiw, ond dyma'r union ddelweddau y byddech yn disgwyl eu gweld ar y teledu petai'r un peth yn digwydd heddiw. Yr oedd yn debygol y byddai cardiau'n cael eu cynhyrchu ar gyfer unrhyw ddigwyddiad yr ystyrid yn werth ei gofnodi, gan gynnwys damweiniau ceir, carnifalau, llongddrylliau, tripiau ysgol Sul, tanau a hyd yn oed ddechrau'r epidemig teiffoid yn Lincoln yn 1905. Nid yw'r eitemau hyn yn rhwydd i'w darganfod, ond eto gellir cael boddhad wrth ddod o hyd i gardiau post yn darlunio digwyddiadau y byddai eich cyndeidiau wedi bod yn llygad-dyst iddynt.

Yr oedd ffenomenon mor boblogaidd â'r garden bost yn naturiol yn denu sylw hysbysebwyr a roddai'r cardiau yn rhad ac am ddim gyda'u nwyddau, pa un ai sebon, bwyd ci neu goco. Mewn gwestai gadewid cardiau post yn yr ystafelloedd aros. Yr oedd cwmnïau rheilffyrdd yn arbennig o fedrus wrth iddynt elwa ar y cyfrwng hwn a gwerthu cyfresi niferus, yn aml am bris isel. Cyhoeddodd y London & North Western Railways bron i 1,000 o gardiau post gwahanol a honnwyd ganddynt eu bod wedi gwerthu 11 miliwn o gardiau erbyn 1914.

Llanfyllin: ei Hanes trwy Luniau, *a gyhoeddwyd yn 1992*

Bron mor gyflym ag y daeth y garden bost yn boblogaidd, felly hefyd y bu iddi golli tir. Y prif resymau dros hyn oedd cynnydd yng nghost cludiad i geiniog yn 1919 a defnydd cynyddol, a newydd-deb y ffôn. Serch hynny, parhaodd yr arfer i nifer o gwmnïau dyblygu ac argraffu gynnig i'w cwsmeriaid brintiau ar gefn cardiau post tan y 1940au.

Yn union fel y llwyddodd y *carte de visite*, y garden *cabinet* a'r garden bost i sicrhau bod ffotograffiaeth ar gael i'r bobl gyffredin, ehangwyd ffotograffiaeth i fod ar gael i nifer fawr o bobl yn dilyn dyfeisio'r Kodak Brownie. Roedd ffilm eisoes wedi ei llwytho ar y Brownies cynnar. Wedi i'r ffilm gael ei defnyddio, yr oedd yn rhaid dychwelyd y camera cyfan i Kodak er mwyn iddynt dynnu'r ffilm allan – 'gwasgwch chi'r botwm, fe wnawn ni'r gweddill'. Yna, byddai'r camera'n cael ei ddychwelyd i'r perchennog a ffilm wedi ei llwytho ynddo. Arweiniodd y ddyfais hon at oes y ciplun (*snapshot*) ac albwm y ciplun. Rhestrir 47 math gwahanol o albwm yn rhestr brisiau Kodak ar gyfer 1904, sy'n dangos pa mor gyflym y datblygodd y ffurf newydd. Llanwyd yr albymau'n gyflym gan grwpiau'n sefyll o flaen drws y tŷ, gwyliau glan môr, diwrnodau allan, picnic yn yr ardd, priodasau a phob math o achlysuron arbennig. Mae gan y rhai mwyaf cefnog ffotograffau o fodurwyr dewr yn ymdrechu i gwblhau eu siwrneiau. Mae'n ymddangos fel petai mwy o ymdrech yn cael ei gwneud ar gyfer y cipluniau cynnar na'r rhai a dynnir heddiw, sydd efallai'n adlewyrchu dulliau manwl y ffotograffydd stiwdio proffesiynol. Yn rhyfedd iawn, mae ffotograff o berson neu grŵp yn sefyll ar bont ym mhob albwm cipluniau o'r cyfnod hwn, bron.

Daeth ffotograffiaeth liw yn fforddiadwy ar ôl yr 1960au, ac ers hynny mae'r rhan fwyaf o gipluniau yn rhai lliw. Yr oedd arlliw magenta i'r ffotograffau lliw cynnar, canlyniad y lliwiau'n chwalu ar raddfeydd gwahanol. Mae'n bosib i'r dirywio hwn ddigwydd mewn ffotograffau neu sleidiau a gedwir yn y tywyllwch. Yn ffodus, mae modd ail-greu'r ffotograffau drwy ddefnyddio meddalwedd megis Photoshop.

Wedi darganfod casgliad o ffotograffau teuluol, bydd angen gofalu amdanynt a'u harddangos yn y ffordd orau bosib. Dyma bwnc a fu'n destun llawer o sylw. Man cychwyn defnyddiol yw gwefannau cwmnïau arbenigol megis Secol (www.secol.co.uk), Conservation Resources (www.conservationresources.com) a Conservation by Design (www.conservation-by-design.co.uk). Maent i gyd yn gwerthu defnyddiau storio addas, yn ogystal â chynnig cyngor defnyddiol ar eu gwefannau.

Ffotograffiaeth ddigidol yw'r prif gyfrwng bellach ar gyfer archif ffotograffau teuluol y dyfodol. Ond eto mae angen gair o rybudd – pa mor ddiogel yw'r cyfrwng newydd? Beth sy'n digwydd os bydd y cyfrifiadur yn torri? A yw eich ffeiliau wedi eu copïo wrth gefn? Beth yw oes eich cryno ddisgiau sydd yn cynnwys ffotograffau? Mae'r rhain i gyd yn broblemau nad oedd ein cyndeidiau'n poeni amdanynt, ond y mae angen eu hystyried ar fyrder os ydym yn dymuno diogelu cofnodion y genhedlaeth bresennol cystal ag y gwnaed hynny ar gyfer rhai cenedlaethau blaenorol.

DARLLEN PELLACH

R. Iestyn Hughes, *Casgliad o Ffotograffau D. C. Harries: a Collection of Photographs* (1996).

Ioan Roberts, *Cymru Geoff Charles* (2006).

Ioan Roberts, *Cefn Gwlad Geoff Charles* (2006).

Ioan Roberts, *Eisteddfodau Geoff Charles* (2007).

Iwan Meical Jones, *Hen Ffordd Gymreig o Fyw/A Welsh Way of Life: Ffotograffau John Thomas Photographs (2008)*

15. TAI A THIRWEDD

Richard Suggett

Mae'r bennod hon yn ystyried tai yng nghyd-destun eu tirwedd fel ffynonellau dilys ar gyfer hanes lleol. Fe fydd gofyn i haneswyr sydd â llaid ar eu hesgidiau ymweld â rhai archifau anghyfarwydd, yn arbennig Cofnod Henebion Cenedlaethol Cymru (CHCC: archif gyhoeddus Comisiwn Brenhinol Henebion Cymru) a'r cofnodion henebion a lleoliadau rhanbarthol a gedwir gan y pedair ymddiriedolaeth archaeolegol yng Nghymru. Mae'r Comisiwn Brenhinol yn rhannu'r un adeilad â Chyllid y Wlad yn Aberystwyth ond ni ddylai hynny rwystro ymchwilwyr rhag galw ym Mhlas Crug! Mae'r CHCC yn archif genedlaethol ac yn rhan o wasanaeth cyhoeddus, a dyma'r lle cyntaf y dylai'r ditectif tai a thirwedd alw ynddo. Bydd y Cofnod Henebion Cenedlaethol yn gallu darparu mapiau hanesyddol ac awyrluniau o dŷ a'i gyffiniau, a llawer mwy na hynny, efallai, os bydd rhywun yn lwcus. Mae'n debygol iawn y bydd angen cyngor arbenigol ar rywun sy'n dymuno dehongli tŷ arbennig mewn cyd-destun hanesyddol. Ond byddwch wyliadwrus! Profiad archaeolegol yn hytrach na phrofiad pensaernïol sydd gan y rhan fwyaf o gontractwyr ac mae'n hollbwysig, felly, i gysylltu â pherson sydd â'r arbenigedd priodol. Bydd disgwyl i rywun dalu hefyd ar raddfa briodol (oddeutu £200 y dydd). Serch hynny, gyda dyfalbarhad a thipyn o lwc fe all y ditectif tŷ wneud cryn gynnydd drwy ddefnyddio adnoddau'r CHCC ac archifau arbenigol eraill.

Tai

Rydym yn ffodus fod gennym stoc helaeth o dai hanesyddol yng Nghymru. Mae amcangyfrif o'r nifer o dai Tuduraidd yn amgrymu bod dros fil o'r adeiladau hyn wedi goroesi yn ogystal â llawer mwy o dai sy'n perthyn i'r ail ganrif ar bymtheg a'r ddeunawfed ganrif. Mae hwn yn adnodd sylweddol a diau fod eraill eto i'w canfod. Yn wir, mae'r Comisiwn Brenhinol yn darganfod yn gyson trwy ei raglen cofnodi brys dai canoloesol nad oedd gwybodaeth flaenorol amdanynt.

Mae llyfr Peter Smith, *Houses of the Welsh Countyside* (1975; ail argraffiad diwygiedig 1988) yn rhagarweiniad ardderchog i'r tai hyn ac yn crynhoi llawer o wybodaeth a gasglwyd gan y Comisiwn Brenhinol. Mae bellach allan o brint, ond mae'n anhepgor i'r hanesydd tai ac yn hawlio pris uchel iawn ar y farchnad llyfrau ail-law. Cyflwynir y dystiolaeth mewn cyfres o dros 50 o fapiau dosbarthiad sy'n arddangos nodweddion pensaernïol allweddol ac mae pob map yn cynnwys rhestr o safleoedd. Gall yr un safle gynnwys nodweddion a gofnodir ar sawl un o'r mapiau. Mae'r safleoedd wedi eu mynegeio yn ôl y siroedd hanesyddol a'u dynodi yn ôl cyfeirnod grid. Mae ail argraffiad y gyfrol yn cynnwys safleoedd ychwanegol, yn ogystal â mynegai atodol yn dilyn yr un egwyddorion. Hyd yn oed os nad yw tŷ wedi ei restru yn *Houses of the Welsh Countryside* gall rhywun ganfod yn fuan y nodweddion hanesyddol y gellid disgwyl eu gweld mewn rhanbarth arbennig.

Atgyfnerthir arolwg cynhwysfawr Peter Smith gan 'Inventories' cyhoeddedig y Comisiwn Brenhinol ar y siroedd hanesyddol, yn arbennig *Anglesey* (1937) a'r tair cyfrol *Caernarvonshire* (1956, 1960, 1964) a hefyd gan nifer o gyfrolau thematig. Mae'r 'Inventories' yn cwmpasu pob math o henebion ac mae'r Comisiwn Brenhinol hefyd wedi cyhoeddi astudiaethau rhanbarthol manwl o dai hanesyddol ym Morgannwg (1981, 1988) a Maesyfed (2005), y naill yn ardal o adeiladau carreg a'r llall yn ardal o adeiladau pren trawiadol. Cyhoeddir astudiaeth Eurwyn Wiliam o fythynnod yn fuan gan y Comisiwn Brenhinol a bydd y gyfrol yn cynnwys trafodaeth ar adeiladau clai. Ceir hefyd astudiaethau ysgolheigaidd o dai ym Mynwy a Brycheiniog. Cyhoeddwyd astudiaeth arloesol yr Arglwydd Raglan a Syr Cyril Fox, *Monmouthshire Houses* mewn tair cyfrol (1951, 1953, 1954) a chawsant eu hailgyhoeddi yn 1994. Cafodd Brycheiniog sylw dyladwy gan John Smith a Stanley Jones, er bod eu hastudiaethau wedi eu gwasgaru

Nenfforch Tŷ-draw, tŷ anghyfannedd yn sir Ddinbych; tynnwyd y ffotograff hwn ohono yn 2003
© Hawlfraint y Goron: Comisiwn Brenhinol Henebion Cymru

mewn sawl rhifyn o *Brycheiniog* ac mae'n hen bryd eu hailgyhoeddi. Rhaid nodi hefyd astudiaeth o dai Gŵyr ac astudiaethau Peter Smith o dai Meirionnydd a Cheredigion a ysgrifennwyd yn arbennig ar gyfer cyfrolau hanes y ddwy sir. Mae'r llyfryddiaethau a gynhyrchwyd gan y Grŵp Pensaernïaeth Frodorol ac sydd bellach ar gael ar-lein yn rhoi manylion astudiaethau pellach, yn arbennig ddadansoddiadau o adeiladau sydd wedi ymddangos mewn gwahanol gylchgronau.

Yn ychwanegol, ceir arolygon cymunedol gan Cadw sy'n rhoi disgrifiadau o rai miloedd o adeiladau rhestredig. Mae'r rhain yn cynnwys llawer o dai, rhai'n perthyn i'r ddeunawfed ganrif, a ffermdai o hanner cyntaf y bedwaredd ganrif ar bymtheg o fath traddodiadol na chawsant eu cynnwys yn yr astudiaethau rhanbarthol a nodwyd uchod. Mae'r rhestrau o ddisgrifiadau a luniwyd dros sawl degawd (yr 1980au a'r 1990au yn bennaf) yn amrywiol eu cwmpas. Mae'r goreuon yn rhoi disgrifiadau mewnol ac allanol manwl, yn cyfiawnhau'r rhestru, ac yn cynnwys nodiadau ar ffynonellau. Mae'n anodd cael gafael ar yr arolygon cymunedol y tu allan i lyfrgelloedd cyfeiriadol a swyddfeydd cynllunio ond cedwir casgliad cyflawn yn CHCC sy'n cynnwys diwygiadau rheolaidd a gynhyrchir gan Cadw. Nid yw'r gronfa ddata o adeiladau rhestredig, sy'n rhan o CHCC, ar gael ar-lein eto.

Gyda'i gilydd, mae'r ffynonellau cyhoeddedig hyn yn adnodd ardderchog i'r hanesydd adeiladau ond mae llawer o ddeunydd heb ei gyhoeddi. Os yw tŷ'n cael ei grybwyll yn un o'r ffynonellau cyhoeddedig a grybwyllwyd uchod, yna mae'n debygol y bydd gwybodaeth ychwanegol ar gael yn archif y Comisiwn Henebion. Mae llawer o asesiadau anghyhoeddedig o adeiladau ar gael, ynghyd â chynlluniau a ffotograffau, sy'n berthnasol i bob sir yng Nghymru, ac yn arbennig y siroedd hynny sy'n meddu ar gyfrolau'r 'Inventories'. Ceisiodd y gweithwyr maes a fu'n paratoi cyfrolau thematig y Comiswn Brenhinol ar Forgannwg a Maesyfed ymweld â phob ffermdy hanesyddol, er mai dim ond detholiad o dai hanesyddol a ddewiswyd ar gyfer y cyhoeddiadau.

Fe fydd asesiad pensaernïol o dŷ yn cynnig ei stori ei hun. Mae i nifer rhyfeddol o dai hanes strwythurol sydd wedi para o'r cyfnod canoloesol diweddar. Os bydd rhywun yn lwcus, bydd tystiolaeth mewn tŷ o neuadd agored o'r cyfnod canoloesol diweddar; a'r neuadd agored wedi ei haddasu yn ystod yr unfed a'r ail ganrif ar bymtheg drwy adeiladu simnai, ychwanegu nenfwd a newid waliau pren am rai cerrig. Ac yn ystod y ddeunawfed ganrif a'r bedwaredd ganrif ar bymtheg bydd newidiadau eraill wedi digwydd i greu cynllun confensiynol.

Gellir hefyd olrhain stori bensaernïol tŷ a'i ddeiliaid drwy ddogfennaeth. Ceir nifer o arweinlyfrau cydnabyddedig ar lunio hanes tai drwy ddogfennaeth yn Llyfrgell Genedlaethol Cymru ac mewn archifdai sirol. Gellir olrhain cadwyn perchenogaeth a meddiant mewn gweithredoedd a phrydlesoedd; gall ewyllysiau a rhestrau eiddo oroesi i ddangos pwy oedd wedi byw mewn tŷ. Os bydd rhywun yn lwcus iawn, gall rhestr eiddo nodi beth oedd cynnwys ystafelloedd penodol. Mae rhai enghreifftiau i'w cael yn astudiaeth y Comisiwn Brenhinol ar dai Maesyfed.

Yn hwyr neu'n hwyrach fe fydd y ditectif tŷ eisiau penderfynu ar ddyddiad neu ddyddiadau (gan fod rhannau o dai yn aml yn perthyn i gyfnodau gwahanol) ar dŷ. Nid yw arysgrifau o ddyddiadau ar dai yn niferus iawn (mae'r mwyafrif wedi eu rhestru yn *Houses of the Welsh Countryside*) ond mae ystyriaethau arddull yn rhoi amcan bras o ddyddiad tŷ. Serch hynny, mae'r dechneg o ddyddio blwyddgylchau'r pren (cyn belled â bod y pren yn addas) yn caniatáu inni ddyddio'n gywir goedydd hanesyddol. Os oes gwynnin(g) llawn wedi goroesi, fel sy'n digwydd yn aml, gellir penderfynu ar flwyddyn cwympo'r coed a hyd yn oed dymor y cwympo weithiau. Os nad yw'r pren adeileddol wedi cael ei ailddefnyddio, mae blwyddyn torri'r coed yn ganllaw da ar gyfer dyddio'r adeiladwaith gan fod coed fel arfer yn cael eu defnyddio'n wyrdd ac yn sychu yn eu lle. Er enghraifft, mae'r dyddiad 1616 i'w weld ar borth yr Hen Ficerdy, Aberriw, sir Drefaldwyn, sef dyddiad cwblhau'r tŷ, ac mae prawf blwyddgylchu'r pren yn dangos i'r pren a ddefnyddiwyd i adeiladu'r Ficerdy gael ei gwympo yn 1615.

Mae'n sicr yn wir fod dyddio blwyddgylchau pren wedi trawsnewid ein dealltwriaeth o gronoleg adeiladu yng Nghymru. Fel rheol mae'r adeiladau a ddewisir ar gyfer dyddio drwy flwyddgylchau yn deillio o'r Oesoedd Canol. Ac er bod amrediad dyddiadau tai canoloesol o'r math neuadd agored yn ansicr, fe wyddom bellach fod y rhan fwyaf o dai canoloesol Cymru i'w dyddio ar ôl 1400. Y tŷ cynharaf y gellir ei gofnodi yw Hafod-y-garreg ym Mrycheiniog a adeiladwyd gyda choed a gafodd eu cwympo yn 1404. Mae'r mwyafrif o'r tai cynharaf yn rhai ffrâm nenfforch, megis Hafod-y-garreg, ac mae cannoedd o'r rhain wedi goroesi yng Nghymru. Mewn theori o leiaf, mae'n siŵr fod rhai tai cyn 1400 heb eu darganfod eto.

'Pa mor hen yw'r tŷ hwn?' yw'r cwestiwn sylfaenol y gall dyddio blwyddgylchau pren ei ateb yn aml. Ond mae hwn yn wasanaeth arbenigol y mae'n rhaid talu amdano. Amcangyfrif rhesymol am ddyddio cyfnod sengl yw oddeutu £500–£750 ond gall fod gan dŷ ddau neu dri chyfnod. Hyd yma mae rhyw drigain o adeiladau wedi eu dyddio yng Nghymru gan ddefnyddio'r dull hwn, yn bennaf gan y Comisiwn Brenhinol, ond mae cyfle sylweddol ar gyfer partneriaethau gyda grwpiau lleol a chymdeithasau hanes. Yng Ngwynedd mae Cymdeithas Hanes Beddgelert ac Adnabod Ardudwy wedi cydweithredu â Comisiwn Brenhinol i ddyddio a dehongli detholiad o dai pwysig.

Mae rhestr wedi ei llunio o'r holl safleoedd a ddyddiwyd drwy ddefnyddio blwyddgylchau yng Nghymru hyd at 2003[1] ac mae cofnodion newydd o Gymru yn ymddangos yn flynyddol yn y cylchgrawn *Vernacular Architecture*. Mae gan y Grŵp Pensaernïaeth Frodorol wefan sy'n rhestru'r holl ddyddiadau a gyhoeddwyd yn y cylchgrawn. Mae pum labordy dyddio blwyddgylchau pren ac maent i gyd wedi bod ar waith yng Nghymru. Yr Oxford Dendrochronology Laboratory sydd wedi gwneud y rhan fwyaf o'r gwaith yng Nghymru ac mae ganddynt wefan sy'n dangos ymhle y bu hynny. Mae gan y labordy cydnabyddedig sydd yn Adran Archaeoleg, Prifysgol Cymru, Llanbedr Pont Steffan, y fantais o fod wedi ei leoli yng Nghymru ond ni chyhoeddir eu canlyniadau'n rheolaidd.

Torlun o Nannerth-ganol sy'n dangos y tŷ hir a nenffyrch ar ôl gosod y lle tân ynddo tua diwedd yr unfed ganrif ar bymtheg

Tirweddau a lleoliadau anghyfannedd

Mae'n bwysig astudio tŷ yng nghyd-destun ei dirwedd. Hanner can mlynedd a mwy ar ôl i W. G. Hoskins gyhoeddi *The Making of the English Landscape* (1955; argraffiad diwygiedig 1988) mae'r dirwedd hanesyddol yn cael ei chydnabod fel adnodd hanesyddol sylfaenol gyda'i nodweddion archaeolegol a phensaernïol, ei ffiniau, ac etifeddiaeth o enwau lleoedd y gellir eu defnyddio i olrhain hanes amaethyddiaeth a phatrymau anheddu. Ac mae i astudiaethau o dirwedd hanesyddol wreiddiau dwfn yng Nghymru. Cyflwynwyd llawer o wybodaeth am anheddu a'r defnydd o dir yng ngwaith ardderchog William Rees yn ei *Historical Map of Wales in the Fourteenth Century*. Mae'r mapiau'n rhagorol oherwydd bod Rees wedi amlinellu ar fapiau'r Arolwg Ordnans yr wybodaeth a gawsai drwy archwilio ffynonellau cynradd canoloesol yn yr Archifdy Gwladol. Ond mae'r mapiau'n peri rhwystredigaeth oherwydd na roddir cyfeirnodau ar gyfer y sylwadau. Serch hynny, fe geir ynddynt fframwaith anhepgor ar gyfer yr ymchwilydd tirwedd. Rhaid hefyd crybwyll cyfrol David Williams, *Atlas of Cistercian Lands in Wales* (1990), sy'n amlinellu ac yn disgrifio'r tiroedd sylweddol a berthynai i'r Sistersiaid Cymreig a'u maenorau.

Fe gaed rhai ymdrechion dewr yn ddiweddar i 'gymeriadu tirwedd' gan archaeolegwyr neu ddaearyddwyr hanesyddol sydd wedi ceisio tanlinellu cymeriad hanesyddol rhanbarthau arbennig a'r gwahaniaethau rhyngddynt. Yn Lloegr mae hyn wedi arwain at wyth astudiaeth ranbarthol ddefnyddiol yn y gyfres 'England's Landscape' a gyhoeddwyd gan Collins ac English Heritage. Mae rhai ohonynt yn berthnasol i astudiaethau Cymreig, megis cyfrol Della Hook, *The West Midlands* (2006). Yng Nghymru aed ar drywydd gwahanol. Yma, dewiswyd tirweddau penodol yn hytrach na rhanbarthau oherwydd eu diddordeb hanesyddol a chymdeithasol. Ond mae'r canlyniadau ynghudd braidd yn rhestr Cadw, *Register of Landscapes of Outstanding Historic Interest in Wales* (1998); *Register of Landscapes of Special Historic Interest in Wales* (2001). Clustnodwyd 36 o enghreifftiau o dirweddau o 'ddiddordeb hanesyddol nodedig' yn ogystal â 58 o 'dirweddau hanesyddol arbennig'. Dyma ymarferiad o'r pen i lawr na ŵyr neb amdano y tu hwnt i gyrff proffesiynol. Mae cofnodion y gofrestr yn asesiadau proffesiynol o'r dirwedd hanesyddol ac yn arbennig o ddefnyddiol oherwydd eu bod yn rhoi arweiniad i lenyddiaeth berthnasol, gan gynnwys rhai astudiaethau achos. Nid oes gan y cofrestri unrhyw rym statudol ond gallant oleuo'r broses gynllunio. Cofnodion byr yw rhai'r gofrestr ond ymddangosodd astudiaethau manwl o rai tirweddau. Dylid crybwyll yn arbennig astudiaeth Kenneth Murphy, *Upland Ceredigion: Historic Landscape Characterisation* (1999) ac astudiaeth Stephen Rippon, *The Gwent Levels: the Evolution of a Wetland Landscape* (1996).

Mae llawer o waith wedi ei wneud yn ddiweddar i greu arolwg archaeolegol systematig o'r ucheldir Cymreig. Noddwyd y gwaith hwn gan y Comisiwn Brenhinol drwy Fenter yr Uwchdiroedd ac mae'r canlyniadau i'w canfod ar Coflein. Arolwg brysiog ydyw ond mae'n gam cyntaf tuag at ddogfennu'r olion materol o anheddu yn yr ucheldiroedd. Nid yw'r mwyafrif o'r arolygon wedi eu cyhoeddi; eithriad yw un ardderchog David Leighton, *Mynydd Du and Fforest Fawr: the Evolution of an Upland Landscape in South Wales* (1997), sydd allan o brint ar hyn o bryd.

Mae rhai astudiaethau thematig wedi deillio o'r arolwg o'r uwchdiroedd. Y mwyaf arwyddocaol ohonynt yw'r astudiaeth o aneddiadau canoloesol anghyfannedd, a ariannwyd gan Cadw ac a gwblhawyd gan y pedair ymddiriedolaeth archaeolegol. Golygwyd arolwg o'r gwaith diweddar gan Kathryn Roberts yn *Lost Farmsteads: Deserted Rural Settlements in Wales* (2006). Mae'r golygydd yn tynnu sylw at y ffaith fod tystiolaeth helaeth o dai a ffermdai gweigion i'w gweld ar ucheldiroedd Cymru, sy'n dangos bod ardaloedd a gyfrifir bellach yn ymylol wedi cynnal ffermydd lu yn y gorffennol. Mae'r gyfrol yn archwilio'r dystiolaeth am aneddiadau anghyfannedd fesul rhanbarth. Ceir nifer rhyfeddol o derasau, tai a chytiau hirion wedi eu lleoli ym Morgannwg-Gwent, Gwynedd (624), Clwyd-Powys (1139), Dyfed (624), yn ogystal â rhai mathau o safleoedd amhendant. Mae'r themâu cyffredinol a nodir yn cynnwys problemau dyddio, diffinio a defnydd, gan gynnwys trawstrefa. Mae cyfraniad diddorol gan Bob Silvester yn dadansoddi mapiau ystad Badminton yn 1587 mewn perthynas â Chrucywel a Thretŵr ac yn dangos bod traean o'r anheddau a oedd yn wybyddus yn 1587 bellach wedi diflannu'n llwyr.

Mae'r prosiect aneddiadau gwledig wedi casglu llawer o ddata ond mae'r broses o ddehongli yn araf o'i chymharu â chasglu'r dystiolaeth. Cyfyng fu'r ymchwiliadau archaeolegol ac mae amharodrwydd i gysylltu llwyfannau ac adeileddau safadwy o'r math a drafodir yn eu cyd-destun yn *Houses and History in the March of Wales* (2005). Ar un wedd nid yw'r dadansoddiad wedi datblygu llawer ers cyhoeddi 'The Study of Deserted Medieval Settlements in Wales to 1968' gan Lawrence Butler yn *Deserted Medieval Villages,* a olygwyd gan Maurice Beresford a John G. Hurst yn 1971. Mae'r gyfrol hefyd yn cynnwys mynegai o safleoedd arbennig, llyfryddiaeth ddethol a rhai astudiaethau achos defnyddiol.

Mae angen mwy o astudiaethau achos sy'n cyfuno arolwg manwl gywir â dadansoddiad o'r ddogfennaeth sydd ar gael. Yn yr achos yma mae'r astudiaeth o Droed-y-rhiw, Ceredigion, a wnaed gan Brifysgol Cymru, Llanbedr Pont Steffan, a'r Comisiwn yn un benigamp ac fe'i cyhoeddir yn y man gan A. Fleming a Louise Baker yn *Post Medieval Archaeology*. Mae'r anheddiad o sawl fferm o fewn maenor Sistersaidd yn cynnwys ffermdy defaid (*bercary*) tebyg i ysgubor neu ddefeity/corlan (*sheepcote*) ar gyfer defaid y faenor.

Adnoddau'r Comisiwn Brenhinol

Yn hwyr neu'n hwyrach fe fydd angen i'r ymchwilydd ymroddgar ymweld â swyddfeydd y Comisiwn Brenhinol ym Mhlas Crug, Aberystwyth. Mae'r Comisiwn ar agor rhwng 10.00 a 4.30 yn ystod yr wythnos. Cynghorir ymwelwyr i ffonio neu ddanfon ebost (at: chc.cymru@cbhc.gov.uk) ymlaen llaw. Bydd staff arbenigol wrth law i gynorthwyo ymholwyr gyda'r adnoddau perthnasol.

Coflein

Gellir gwneud ymchwiliadau rhagarweiniol i ddaliadau'r Comisiwn Brenhinol o hirbell drwy Coflein, sef cronfa ddata ar-lein y Comisiwn, sydd mewn gwirionedd yn fynegai i'r daliadau. Mae i Coflein, fel pob cronfa ddata, ei mympwyon! Yn sicr nid yw'n hollgynhwysfawr ond mae'n cael ei gwella'n barhaus ac mae iddi'r fantais o fod yn system sy'n seiliedig ar fapiau. Mae safleoedd yn ymddangos fel dotiau coch ar sail map yr Arolwg Ordnans a gellir archwilio'r dotiau gwybodaeth hyn. Neu fe ellir gwneud ymchwiliadau testunol, er bod chwilio am enwau'n gallu bod yn broblematig oherwydd yr amrywiaeth yn sillafiad enwau lleoedd. Serch hynny, trwy chwilota fesul cilometr sgwâr gwelir yr holl gofnodion o fewn ardal a gellir canfod y rhai perthnasol. Rhydd testun y cofnod ddisgrifiad byr fel rheol, a nodir cyfeirnodau a daliadau archifol. Dylid pwysleisio eto nad yw Coflein yn gynhwysfawr a dylai ymchwilwyr gysylltu â ffeiliau safleoedd a chofnodion eraill.

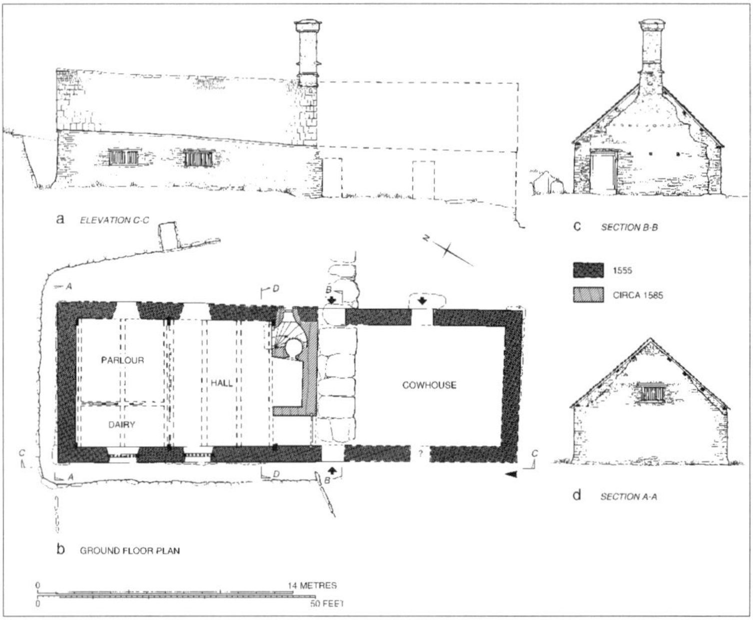

Adluniad o gynllun a golygon Nannerth-ganol o Houses and History in the March of Wales
© Hawlfraint y Goron: Comisiwn Brenhinol Henebion Cymru

Ffeiliau Safleoedd

Craidd y casgliadau yw'r ffeiliau safleoedd a drefnwyd fesul taflen chwarter yr Arolwg Ordnans (yn hytrach na phlwyf) ac a ddosbarthwyd yn safleoedd archaeolegol, domestig, amddiffynnol a diwydiannol. Mae'r ffeiliau safleoedd hyn yn cynnwys amrywiaeth mawr o wybodaeth sydd weithiau'n bryfoclyd o fyr a dro arall bron yn orfanwl. Mae digonedd o ffotograffau hanesyddol yma, â llawer ohonynt wedi eu tynnu gan ffotograffwyr proffesiynol. Y ffeiliau mwyaf cyflawn yw'r rhai sy'n cynnwys y gwaith maes a wnaed ar gyfer cyfrolau'r 'Inventories': siroedd Môn, Caernarfon, Morgannwg a Maesyfed. Serch hynny, mae yma ffeiliau defnyddiol ar gyfer pob sir, er bod ffeiliau cynnar plwyfi siroedd Dinbych a Fflint wedi eu gwahanu oddi wrth y prif gasgliadau ac ar gael yn awr yn Archifdy Fflint. Mae Archif y Comisiwn yn seiliedig ar safle yn hytrach na chasgliad. Mae arweinlyfr i'r CHCC (1998) ar gael ac ychwanegwyd ato gan Gareth Edwards yn 'Highlights from the National Monuments Record of Wales' (*Archaeology in Wales*, 45,

2005). Yn anffodus nid oes rhestr gynhwysfawr o'r casgliadau hanesyddol na'r rhai arbenigol, sydd yn rhyfeddol o amrywiol. Serch hynny, dylid nodi'r canlynol: casgliad bychan o gatalogau arwerthiannau (a gafwyd gan Gymdeithas Genedlaethol yr Arwerthwyr) yn cynnwys rhai nad ydynt yn Llyfrgell Genedlaethol Cymru; albwm y Parch. Rokeby o ffotograffau du a gwyn o orsafoedd rheil-ffyrdd ac arosfannau drwy Gymru; ffeiliau plwyf Gresham a Hemp ar gyfer siroedd Caernarfon a Meirionnydd; casgliad Arthur Chater o ffotograffau Ceredigion sy'n cynnwys ffotograffau du a gwyn o adeiladau'r sir ynghyd â henebion eraill a chasgliad o arysgrifau cofebau. Mae casgliad o leoliadau Vernon Hughes hefyd ar gael – yn cynnwys amrywiaeth o arweinlyfrau, nodiadau a thoriadau papurau newydd wedi eu trefnu yn ôl trefi a phentrefi drwy Gymru. A cheir casgliad enfawr o gynlluniau. Yn ychwanegol at gasgliadau o luniau'r Comisiwn ei hun, mae'r CHCC

Nannerth-ganol cyn ei adfer
© Hawlfraint y Goron: Comisiwn Brenhinol Henebion Cymru

Nannerth-ganol ar ôl ei adfer
© Hawlfraint y Goron: Comisiwn Brenhinol Henebion Cymru

yn ffodus fod ganddynt luniau prosiect Ysgol Bensaernïol Cymru o adeiladau hanesyddol. Mae'r Casgliad Cofnodi Brys o gynlluniau yn un sy'n cynyddu'n gyson wrth i wybodaeth sydd eisoes ar gael a gwybodaeth ychwanegol ynglŷn ag adeiladau rhestredig gael eu cyflwyno i'r Comisiwn Brenhinol. Mae gan y corff swyddogaeth statudol ymgynghorol pan wneir ceisiadau cynllunio ar gyfer adeiladau rhestredig sy'n debygol o gael eu dymchwel.

Mapiau'r Arolwg Ordnans

Fe fydd angen i'r sawl sydd â diddordeb yn y dirwedd hanesyddol ymgynghori â mapiau hanesyddol. Mae'r gwahanol argraffiadau o fapiau chwe modfedd a phum modfedd ar hugain yr Arolwg Ordnans yng nghyfres mapiau'r siroedd ar gael ar-lein yn swyddfeydd y Comisiwn Brenhinol, lle ceir hefyd ragarweiniad i gonfensiynau'r mapiau hyn. Mae'n ymddangos bod gwybodaeth yn gynyddol gael ei cholli (enwau lleoedd, nodweddion bychain) yn y gwahanol argraffiadau ac mae cymharu argraffiadau gwahanol o fapiau yn ymarferiad diddorol. Dylid crybwyll hefyd y casgliad unigryw sydd gan y Comisiwn Brenhinol o fapiau proflen pum modfedd ar hugain. Dengys y rhain y gwahaniaeth rhwng yr argraffiad cyntaf a'r ail, â'r nodweddion a adawyd allan o'r ail argraffiad wedi eu hamlinellu mewn glas. Mae'r mapiau ysgythredig hyn yn hyfryd, wedi eu hargraffu ar bapur arbennig a'u harwyddo gan y tirfesurwyr, a oedd yn aml yn wŷr militaraidd. Nid ydynt yn gyflawn dros Gymru gyfan gan fod mapiau rhai siroedd, megis sir Drefaldwyn, wedi eu dinistrio. Serch hynny, mae'r casgliad yn cynnwys rhai mapiau ar raddfa fawr a baratowyd ar gyfer eu cyhoeddi ond na welsant olau dydd a hynny'n bennaf, mae'n debyg, am eu bod yn cwmpasu rhai o ucheldiroedd Cymru.

Awyrluniau

Ffynhonnell amhrisiadwy arall i'r rhai sy'n astudio'r dirwedd yw'r casgliad unigryw o awyrluniau a geir yn y Comisiwn Brenhinol. Mae'r Comisiwn yn ychwanegu at y casgliad yn gyson drwy ei raglen hedfan. Cyhoeddwyd amryw o lyfrau sydd yn rhagarweiniad i awyrluniau a hefyd yn gyfrwng i ddehongli tirweddau hanesyddol. Yn nhrefn eu cyhoeddi maent yn cynnwys: Chris Musson, *Wales from the Air:*

Patterns of Past and Present (1994); Peter Crew a Chris Musson, *Snowdonia from the Air: Patterns in the Lanscape* (1996) a chyfrol Toby Driver, *Pembrokeshire: Historic Landscapes from the Air* (2007). Mae'r llyfrau hyn yn esbonio defnyddioldeb awyrluniau.

Mae casgliad y Comisiwn Brenhinol o awyrluniau wedi eu trefnu mewn pum prif grŵp a rhyngddynt yn cwmpasu'r rhan fwyaf o Gymru. Gwahaniaethir rhwng ffotograffau 'unionsyth' (lluniau a dynnir wrth edrych yn syth i lawr o awyren) a ffotograffau 'ar osgo' (a dynnir wrth edrych allan o awyren ysgafn). Mae'r ffotograffau unionsyth yn brintiau du a gwyn o ansawdd uchel sy'n dangos ardaloedd eang. Mae'r ffotograffau ar osgo yn rhai o uchder isel sy'n dangos safleoedd mewn mwy o fanylder.

Dyma'r pum prif gasgliad o ffotograffau:

1. Casgliad yr Awyrlu o ffotograffau unionsyth 1945–65 (170,000 o brintiau 6" × 6");

2. Casgliad yr Arolwg Ordnans o ffotograffau unionsyth er 1962 (oddeutu 84,000 o brintiau 9" × 9");

3. Casgliadau hanesyddol sydd wedi eu tynnu'n arbennig ar gyfer dibenion archaeolegol, gan gynnwys ffotograffau archaeolegol arloesol gan Brifysgol Caer-grawnt;

4. Casgliad y Comisiwn Brenhinol ei hun o ffotograffau ar osgo o safleoedd archaeolegol er 1986. Mae'r rhain yn cynnwys llawer o ddelweddau lliw;

5. Casgliad hanesyddol Aerofilms.

Rhaid crybwyll yn arbennig Gasgliad Aerofilms, adnodd sylweddol sydd newydd ddod ar gael i'r cyhoedd. Fe'i prynwyd gan English Heritage mewn partneriaeth â Chomisiwn Henebion Cymru a Chomisiwn Henebion yr Alban. Dyma'r casgliad masnachol gorau a'r mwyaf cynhwysfawr o awyrluniau ar osgo; mae'n cynnwys ymhell dros filiwn o ddelweddau, rhai wedi eu hatgynhyrchu ar gardiau post ac fel lluniau ar gyfer llyfrau a chylchgronau ond y mwyafrif heb eu cyhoeddi erioed. Cnewyllyn y casgliad yw archif Aerofilms ei hun a dros amser fe ychwanegwyd nifer o archifau cystadleuwyr llai i'r casgliad. Mae'r rhychwant cronolegol a daearyddol yn benigamp ac yn cwmpasu'r rhan fwyaf o gymunedau Ynysoedd Prydain (yn ogystal â rhannau o'r Gymanwlad) yn ystod y rhan helaethaf o'r ugeinfed ganrif, o ddiwedd y Rhyfel Byd Cyntaf hyd ddiwedd y ganrif. Mae'r pwyslais ar dirwedd ac adeiladau ond mae rhai digwyddiadau'n cael eu cynrychioli hefyd, megis rownd derfynol cwpan pêl-droed 1928. Mae'n amlwg fod y casgliad yn gofnod gweladwy eithriadol o'r newid ym Mhrydain, er mai newydd ddechrau mae'r gwaith o gatalogio'r casgliad. Mae'r printiau a'r negyddion yn y broses o gael eu diogelu a byddant yn cael eu mynegeio yn y man. Yr unig gyfrwng mynediad i'r casgliad yw cyfres o albymau print bregus a drefnwyd yn ôl enwau lleoedd (trefi a phentrefi yn bennaf) y siroedd hanesyddol (cyn 1974). Serch hynny, cyfran fechan o'r albymau hyn sy'n cynnwys printiau o'r 80,000 (amcangyfrif) o negyddion sy'n ymwneud â Chymru.

ATODIAD

Nannerth-ganol: astudiaeth achos

Credir yn aml mai'r tŷ hir, sef annedd a beudy dan yr unto, oedd tŷ nodweddiadol Gymreig yr uwchdiroedd. Iorwerth Peate a fathodd y term 'tŷ hir', ac ef hefyd a ddaeth o hyd i Nannerth-ganol, y clasur o dŷ hir ger Rhaeadr Gwy sydd â lle amlwg yn y llenyddiaeth.

Cynigiai arolwg y Comisiwn Brenhinol o dai sir Faesyfed gyfle i ailasesu Nannerth-ganol a'i osod yn ei gyd-destun hanesyddol. Mae torluniad Geoff Ward ohono'n dangos nodweddion hanfodol yr adeilad carreg sylweddol hwn a'i furiau trwchus. Gellid mynd o'r tŷ i'r beudy heb fynd allan, a'i gau o'r tu mewn. Perthyn y nenffyrch ynddo, sy'n dal i fod wedi'u duo gan fwg mewn mannau, i gyfnod cyntaf codi'r tŷ. Yn ddiweddarach, gosodwyd lle tân yn erbyn y nenfforch. Yr oedd y simnai anarferol o dal a chul yn cyfleu balchder perchennog Nannerth-ganol yn ei dŷ newydd, a hwnnw'n dŷ a gâi ei wresogi.

Rhaid pwysleisio nad cartref gŵr tlawd mohono. Mae'n debygol iawn y gallai'r sawl a gododd Nannerth-ganol fod wedi fforddio codi tŷ o fath gwahanol petai wedi dymuno gwneud hynny. Mae angen deall y tŷ hir yn nhermau ei gyd-destun hanesyddol, ond pwy a'i cododd a phryd y gwnaed hynny?

Mae dendocronoleg wedi dangos i'r nenffyrch gael eu gwneud o bren coed a gwympwyd ganol yr unfed ganrif ar bymtheg; yr oedd y gwaith adeiladu wedi hen gychwyn erbyn gwanwyn 1556 ac mae'n debyg i'r lle tân gael ei adeiladu tua diwedd yr unfed ganrif ar bymtheg.

Yn ôl y dogfennau, câi Nannerth-ganol ei ddal ar brydles hir gan

Bedo (neu Faredudd) ap Steven, gŵr y galwyd ei feibion i Sesiwn Fawr sir Faesyfed yn 1557 i ateb tri chyhuddiad o ddwyn gwartheg: Thomas yn brif gyhuddedig ac Edward wedi'i gyhuddo o'i helpu. Gan i'r ddau fab fethu dod i'r llys, cawsant eu rhoi ar herw. Rhaid bod y ddau wedi 'ffoi i'r wig' ac ni chawsant ddychwelyd tan i bardwn cyffredinol gael ei gyhoeddi ar ddechrau teyrnasiad Elisabeth. Yr oedd Nannerth-ganol yn dal i fod yn dŷ newydd pan ddaeth Thomas ac Edward yn ôl i bledio am bardwn a chael mechnïaeth i sicrhau eu hymddygiad da o hynny ymlaen.

Mae'n rhyfeddol fod y cyhuddiadau o ddwyn gwartheg wedi cyd-ddigwydd mor agos â chodi Nannerth-ganol. Er mai menter go beryglus oedd dwyn gwartheg, mae'n amlwg iddi fod yn ffordd gyflym o gasglu cyfalaf ac efallai, wrth gwrs, i hynny helpu gŵr proffesiynol i godi adeilad mawr a gynhwysai dŷ a beudy. Gellid defnyddio'r beudy mawr a diogel mewn tŷ hir nid yn unig i warchod y gwartheg ond hefyd i'w cuddio. Er nad oes modd gwybod beth yn union a ddigwyddodd yn Nannerth-ganol, mae'n amlwg fod rhaid deall y tŷ hir, yn rhannol, mewn perthynas ag economi bugeiliol lle roedd dwyn gwartheg yn ddigwyddiad eithaf cyffredin.

Cynnyrch amgylchiadau hanesyddol penodol oedd y tai hir. Mewn ardaloedd lle roedd dwyn anifeiliaid yn bla, cynigient fwy o ddiogelwch i anifeiliaid am fod modd eu cadw dan do dros y gaeaf. Gan i nifer y cyhuddiadau o ddwyn gwartheg gynyddu yn ystod ail hanner yr unfed ganrif ar bymtheg a chodi i uchafbwynt ar ddechrau'r ganrif ddilynol, efallai y dylid ystyried mai ymateb doeth oedd codi cartref a gyfunai dŷ a beudy.

NODIADAU

1. R. F. Suggett, 'Dendrochronology: Progress and Prospects' yn Briggs, C. S. (gol.), *Towards a Research Agenda for Welsh Archaeology* (2003), 153–69.

DARLLEN PELLACH

Ceir rhestr fanwl o gyhoeddiadau Comisiwn Brenhinol Henebion Cymru ar wefan y Comisiwn (www.cbhc.gov.uk). Gweler hefyd y gyfrol a gyhoeddwyd i ddathlu canmlwyddiant y Comisiwn yn 2008, *Trysorau Cudd: Darganfod Treftadaeth Cymru* (gol. Peter Wakelin a Ralph A. Griffiths). Cyhoeddir yr atodiad 'Nannerth-ganol: astudiaeth achos' yn y bennod hon trwy ganiatâd yr awdur a golygyddion *Trysorau Cudd*.

16. ADNABOD ENWAU LLEOEDD MEWN DOGFENNAU HANESYDDDOL

Richard Morgan

Mae'n siŵr mai ychydig iawn o haneswyr sydd heb wynebu trafferthion o bryd i'w gilydd wrth geisio dehongli'n gywir enwau lleoedd, boed mewn ymgais i olygu llawysgrifau gwreiddiol neu'n syml wrth gasglu tystiolaeth. Ond mae pwysigrwydd hyn yn hanfodol i ddilysrwydd unrhyw ymchwil sy'n seiliedig ar waith o'r fath. Mae llawer o haneswyr – yn arbennig rhai sy'n defnyddio ffynonellau cynnar a chanoloesol – wedi canfod camgymeriadau deongliadol mewn testunau printiedig. Mae diffyg cynefindra ag ardal ddaearyddol arbennig ynghyd â'r gwahaniaethau mewn dulliau sillafu mewn dogfennau hanesyddol a dogfennau cyfeiriol modern megis mapiau diweddar yn gallu bod yn drafferthus iawn. Mae creu cysylltiad rhwng y gwahanol ffurfiau hyn a llunio dehongliad cywir yn sialens sylweddol, hyd yn oed i'r rhai sydd â phrofiad helaeth o ymchwil ac ysgrifennu hanesyddol.

Mewn ymgais i ddatrys y broblem mae haneswyr, yn draddodiadol, wedi dibynnu ar ffynonellau a chasgliadau hynafiaethol blaenorol a mynegeion daearyddol megis eiddo Bartholomew a rhai'r Arolwg Ordnans, a mapiau hanesyddol hŷn. Golygai hyn gynt fynychu'n gyson lyfrgelloedd cyfeiriol ac archifdai ond mae datblygiadau mewn technoleg ddigidol wedi lleihau'n fawr ein dibyniaeth ar y dull hwn o ymchwilio. Mae gwefan yr Arolwg Ordnans, er enghraifft, yn cynnwys mynegai daearyddol chwiliadwy gyda chyfeiriadau grid, codau post a mapiau lleoliadol modern sy'n cwmpasu'r Deyrnas Unedig i gyd, a gellir gweld argraffiad cyntaf mapiau 1:10,560 Prydain Fawr (*c*.1880) yn rhad ac am ddim ar www.old-maps.co.uk. Ac mae gweithiau cyfeiriol traddodiadol eraill, megis *Topographical Dictionary*, Samuel Lewis (pedwerydd argraffiad, 1849) ar gael ar www.british-history.ac.uk/place. Ychwanegwyd at y rhain gan ymddangosiad nifer o gyhoeddiadau sydd wedi dyddio braidd ar gryno ddisgiau a thwf cyflym gwefannau ar-lein sy'n cynnig amrywiaeth o gyfarwyddiaduron (megis y rhai a noddir gan Brifysgol Caerlŷr; gweler diwedd y bennod) a mapiau, hen a newydd. Mae rhai o'r ffynonellau hyn, megis delweddau digidol cynlluniau dwy fodfedd yr Arolwg Ordnans ar wefan y Llyfrgell Brydeinig, yn arbennig o werthfawr. Ceir arolwg beirniadol o rai o'r gwefannau hyn ar ddiwedd y bennod hon.

Os yw ymchwil wedi ei hwyluso, nid ydyw o bell ffordd wedi datrys yr holl broblemau o ddehongli enwau lleoedd hanesyddol; mae angen inni o hyd ddeall natur enwau lleoedd a'r modd y cawsant eu llunio a'u datblygu os ydym am osgoi camgymeriadau. Mae gwybodaeth elfennol o'r ffyrdd y caiff enwau lleoedd eu cyflwyno mewn llawysgrifau yn ddefnyddiol er mwyn datgodio ffurfiau ysgrifenedig anghyfarwydd. Nid oedd enwau lleoedd hynafol, wedi'r cyfan, wedi eu gwreiddio mewn print yr un fath ag enwau lleoedd modern. Nid fod hynny o bwys tyngedfennol mewn cyfathrach anffurfiol, er enghraifft, ond roedd yn creu problemau mawr i'r sawl oedd yn ceisio creu dogfen ysgrifenedig ffurfiol. Roedd yn rhaid i'r clercod a'r gweinyddwyr a oedd yn llunio dogfennau o'r fath – rhestrau o denantiaid maenorol â'u rhenti a'u goblygiadau, amodau trosglwyddiadau, disgrifiadau o eiddo a ffiniau, arolygon a mapiau stadau, cofrestri'r plwyf o fedyddiadau, priodasau a chladdedigaethau, a rhestrau tebyg – geisio cyflwyno enw lle arbennig (neu enw personol) mewn ffurf y gallai eu cyfoeswyr, yn ogystal â'u holynwyr, ei hadnabod. Yr anhawster sylfaenol oedd fod y gweinyddwyr yn gweithio heb orgraff gyflawn, gydnabyddedig. Mae'r Gymraeg a'r Saesneg, a'r mwyafrif o ieithoedd gorllewin a chanol Ewrop, yn seiliedig ar yr wyddor Rufeinig, sy'n fwy addas ar gyfer Lladin glasurol nag unrhyw iaith arall. Nid oedd yr wyddor (ac mae'n parhau felly) yn cynnwys digon o gytseiniaid a llafariaid i gynrychioli'n addas seiniau Cymraeg a Saesneg modern. Ni sylweddolwyd yn llawn yr angen am

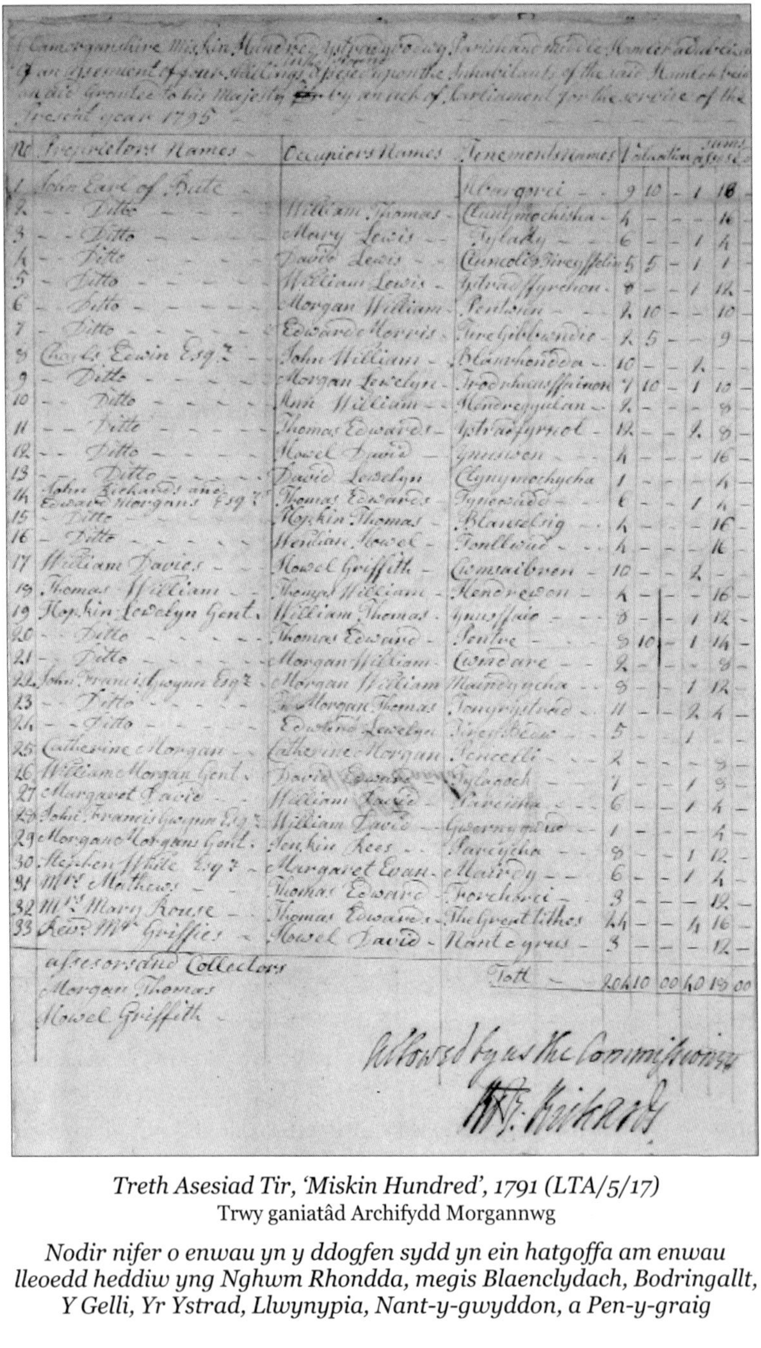

Glamorganshire Miskin Hundred Ystradyfodwg Parish and Middle Hamlet a duplicate of an assessment of four shillings in the pound upon the Inhabitants of the said Hamlet being one due granted to his Majesty by an Act of Parliament for the service of the present year 1795

No	Proprietors Names	Occupiers Names	Tenements Names	Valuation			Sums assessed		
1	John Earl of Bute		Nlwyngorei	9	10	-	1	16	-
2	Ditto	William Thomas	Cluntymochisha	4	-	-	-	16	-
3	Ditto	Mary Lewis	Tylaky	6	-	-	1	4	-
4	Ditto	David Lewis	Cuncoed Tireyffelin	5	5	-	1	1	-
5	Ditto	William Lewis	Ystradffyrchon	8	-	-	1	12	-
6	Ditto	Morgan William	Pentwyn	2	10	-	-	10	-
7	Ditto	Edward Morris	Tirehibbwndie	2	5	-	-	9	-
8	Charles Edwin Esqr.	John William	Blaenrhondda	10	-	-	2	-	-
9	Ditto	Morgan Lewelyn	Troedrhiwsffrinon	7	10	-	1	10	-
10	Ditto	Ann William	Hendregyulan	2	-	-	-	8	-
11	Ditto	Thomas Edwards	Ystradfyrnol	12	-	-	2	8	-
12	Ditto	Howel David	Gwrwen	4	-	-	-	16	-
13	Ditto	David Lewelyn	Clynymochycha	1	-	-	-	4	-
14	John Richards and Edward Morgans Esqrs.	Thomas Edwards	Tyncoedd	6	-	-	1	4	-
15	Ditto	Hopkin Thomas	Blaenelig	4	-	-	-	16	-
16	Ditto	William Howel	Tonllwyd	4	-	-	-	16	-
17	William Davies	Howel Griffith	Cwmsaibren	10	-	-	2	-	-
18	Thomas William	Thomas William	Hendrewen	4	-	-	-	16	-
19	Hopkin Lewelyn Gent.	William Thomas	Gwrffaie	8	-	-	1	12	-
20	Ditto	Thomas Edward	Pentre	8	10	-	1	14	-
21	Ditto	Morgan William	Cwmdare	2	-	-	-	8	-
22	John Francis Gwynn Esqr.	Morgan William	Maendy ucha	8	-	-	1	12	-
23	Ditto	Morgan Thomas	Tonyrystrad	11	-	-	2	4	-
24	Ditto	Edward Lewelyn	Tirewbach	5	-	-	1	-	-
25	Catherine Morgan	Catherine Morgan	Pencelli	2	-	-	-	8	-
26	William Morgan Gent.	David Edwards	Tylacoch	7	-	-	1	8	-
27	Margaret David	William David	Nareiniau	6	-	-	1	4	-
28	John Francis Gwynn Esqr.	William David	Gwernygwe	1	-	-	-	4	-
29	Morgan Morgans Gent.	Jenkin Rees	Pareycha	8	-	-	1	12	-
30	Stephen White Esqr.	Margaret Evan	Maendy	6	-	-	1	4	-
31	Mrs. Mathews	Thomas Edward	Forchwei	3	-	-	-	12	-
32	Mrs. Mary Rouse	Thomas Edwards	The Great tithes	24	-	-	4	16	-
33	Revd. Mr. Griffies	Howel David	Nantegwrw	3	-	-	-	12	-
	Assessors and Collectors		Totl	204	10	00	40	18	00

Morgan Thomas
Howel Griffith

Allowed by us the Commissioners
[illegible]

Treth Asesiad Tir, 'Miskin Hundred', 1791 (LTA/5/17)
Trwy ganiatâd Archifydd Morgannwg

Nodir nifer o enwau yn y ddogfen sydd yn ein hatgoffa am enwau lleoedd heddiw yng Nghwm Rhondda, megis Blaenclydach, Bodringallt, Y Gelli, Yr Ystrad, Llwynypia, Nant-y-gwyddon, a Pen-y-graig wyddor fwy cyson a hyblyg nes dyfodiad y wasg argraffu ac, yn sicr yn achos y Saesneg, ychydig o awyddfryd a gafwyd i ffurfioli a safoni ffurfiau llawysgrifol cydnabyddedig ar enwau cyffredin ac enwau priod. Gwnaed iawn am ddiffygion yr wyddor Rufeinig yn rhannol drwy ddefnyddio marciau diacritig ac arwyddion i nodi lleoliad pwyslais afreolaidd a llafariaid hir – Llandybïe, Llandygái, a Llandyfân mewn Cymraeg modern – ac yn arbennig drwy ddefnyddio deugraffau, h.y. dyblu rhai llythrennau i gyfleu sain arbennig. Mae siaradwyr Cymraeg yn gyfarwydd â *ll* fel yn *llall* [ł a ł], *dd* [δ], *rh* a *vv, w* ('u ddwbl') nad oeddynt yn cael eu defnyddio yn y ffordd yma mewn Lladin clasurol. Ond roedd dulliau eraill y gellid eu defnyddio i gynrychioli'r seiniau hyn mewn sgript; gallai *ll* ymddangos fel *lh, dd* fel *dh* neu *δ* ac *rh* fel *rr*. Fe barhaodd rhai o'r rhain hyd y ddeunawfed ganrif yn orgraff ysgolheigion addysgedig fel Edward Lhwyd (*c*.1660–1709), a ddefnyddiai hefyd y ffurfiau ychwanegol *Lhuyd* a *Lloyd* am ei gyfenw ei hun!

Os oedd clercod Cymraeg yn anghyson yn eu dulliau, nid yw'n syndod fod clercod Saesneg ac Eingl-Normanaidd yn methu'n aml yn eu hymgais i gyflwyno seiniau ac acenion Cymraeg mewn ffurf a fyddai'n gyson adnabyddadwy yn eu gweinyddiaethau hwy. Mae eu hymgais i wneud hynny'n amrywio'n sylweddol o un ffynhonnell ysgrifenedig i'r llall, er y gellir weithiau rag-weld y ffurfiau a'u datgodio; gall *llan* ymddangos fel *lan* neu *thlan, ddu* fel *thee* neu *dee*, a *foel* fel *voil* neu *voyl*, ac yn y blaen. Ymddangosai anghysonderau'n aml pan wneid copïau. Gellid camddarllen geiriau, eu camgyfieithu, eu gadael allan yn ddamweiniol neu eu camrannu ac yna eu hysgrifennu mor wael fel bod yr hanesydd modern yn eu camddarllen a'u camsillafu eto. Roedd rhai llythrennau neu gyfuniad o lythrennau'n arbennig o hawdd i'w camdrawsgrifio a'u camddarllen, yn arbennig *t* ac *c, s* ac *ƒ* hir, a'r coesau ('minims') *u, n, nn, m* ac *mm*. Gwnaed rhai problemau'n waeth pan fyddai clercod yn defnyddio ffurfiau cywasgedig neu dalfyredig, yn arbennig pan fyddent yn ysgrifennu mewn Lladin a Saesneg, yn aml er mwyn arbed papur neu femrwn neu gyflymu eu gwaith. Roedd seiniau arbennig megis '*er*' neu '*ar*' yn aml yn cael eu cynrychioli gan ddolennau a fyddai'n ymestyn uwchben y llythrennau blaenorol; byddai ffurf gywasgedig yn cael ei chynrychioli gan farciau ysgrifenyddol megis bar dros lythyren o'r wyddor, a gellid cynrychioli ffurf dalfyredig â marc ynghrog, yn arbennig y collnod. Gallai Llanfihangel, er enghraifft, ymddangos yn gywasgedig fel *Lañihangel* ond gallai *Card'* gynrychioli

Cardigan neu *Cardiff*. Mae gofyn i'r sawl sydd am ddeall y ffynonellau fod yn barod am y dyfeisiadau hyn.

Mae enwau lleoedd sy'n ymddangos ar eu pennau eu hunain mewn llawysgrifau gwreiddiol yn gallu bod yn arbennig o anodd i'w dehongli ond yn y mwyafrif o ddogfennau hanesyddol mae rhyw gliw cyffredinol i leoliad daearyddol. Os canfyddir yr enwau lleoedd, er enghraifft, ymysg cofnodion arglwyddiaeth esgobaeth neu sir arbennig, yna mae'n bosibl eu hadnabod drwy gymharu eu hymddangosiad yn y cofnodion â mynegeion daearyddol neu fapiau modern, yn arbennig os oes un neu fwy o leoedd yn hysbys. Enghraifft dda o hyn yw *Llandethauk*, a gofnodwyd yn 1353 fel rheithordy yn cynnwys capeliaeth a elwid *Pendyn*. Gellir yn hawdd adnabod yr olaf fel Pendine, sir Gaerfyrddin, sy'n ein cynorthwyo i gysylltu *Llandethauk* â Llandawke neu Lan-dawg, ger Llanddowror. Yn syml, Llandawke yw ffurf gywasgedig Llandyddog neu Landyddawg, 'eglwys Tyddog neu Tyddawg'. Yn yr achos yma, mae'r dehongliad nid yn unig wedi ychwanegu at stôr yr hanesydd ond mae hefyd wedi helpu i esbonio ystyr enw lle a oedd wedi bod yn ddirgelwch i arbenigwyr. Mae'n ymddangos mai'r tro nesaf y ceir yr enghraifft yw fel *Llandauke* yn 1513, pan oedd yr enw eisoes wedi ei gywasgu.

Pan ymddengys enw lle heb gliw o'r fath, weithiau gellir ei ddehongli mewn cyd-destun cronolegol a hanesyddol cyffredinol. Mae enwau lleoedd mewn croniclau yn aml yn anodd yn y cyswllt hwn. Mae sawl fersiwn o groniclau Cymreig, er enghraifft, yn crybwyll castell (*Weidgrut, yr Wydgruc*) a gipiwyd yn 1263 gan Gruffudd ap Gwenwynwyn (m. 1286), un o arglwyddi Powys. Fe gamddehonglwyd y castell unwaith am yr Wyddgrug, sir Fflint, yn bennaf ar sail tebygrwydd yr enw i Gwyddgrug. Fe ddengys dadansoddiad manylach o'i ddatblygiad cronolegol yn y croniclau ac mewn dogfennau cyfoes, ynghyd â'r wybodaeth sydd gennym am y berthynas anesmwyth oedd gan Gruffudd gyda'i gymdogion Seisnig yn swydd Amwythig ar y pryd, mai enw coll ydyw am gastell adfeiliedig yn Nantcriba, ger Ffordun, ddwy filltir o'r ffin fodern rhwng Cymru a Lloegr. Ar un adeg fe ddehonglid yr Wyddgrug, sir Fflint, gan amryw o ysgolheigion Cymreig amlwg fel 'tomen gladdu' mewn perthynas â charn ar ben tomen gastell, ond bellach gellir dweud yn hyderus mai'r ystyr yw 'bryn (neu domen) uchel amlwg', â *gŵydd* yn yr ystyr 'amlwg' yn cymhwyso *crug*, gan ddyblygu ystyr y gair Ffrangeg *Monthaut*, 'tomen uchel', sef y *Mold* modern.

Mae'r gred fod Mold a'r Wyddgrug yn golygu'r un peth, fwy neu lai, yn dyddio mor bell yn ôl, o leiaf, â *Topographical Dictionary* (1811), Nicholas Carlisle, ac eto cafodd y cysylltiadau agos rhwng yr enwau a'r tomennydd castell eu hanwybyddu gan lawer o haneswyr diweddarach. Ceir enghraifft arall o'r enw yn Gwyddgrug (SN4635), sir Gaerfyrddin, lle ceir tomen gastell fechan ger fferm y Castell.

Carreg filltir ar ffordd yr A5

Mae haneswyr Cymreig sy'n delio â chofnodion cynnar yn gwbl ymwybodol fod eu ffynonellau ysgrifenedig yn debygol o fod wedi eu hysgrifennu, nid yn unig mewn Cymraeg a Saesneg ond hefyd mewn ieithoedd eraill megis Lladin a Ffrangeg. Dylid cadw hyn mewn cof pan fyddwn yn ceisio dehongli enwau lleoedd. Mae'r mwyafrif ohonom yn wybyddus â lleoedd sydd ag enwau Cymraeg a Saesneg ac yn gyffredinol nid yw'n rhy anodd eu canfod ar fapiau modern, mewn llyfrau hanes ac mewn geiriaduron enwau lleoedd a all fod ar gael. Er enghraifft, fe wyddom oll fod Tyddewi a St David's yn cyfeirio at yr un lle yn sir Benfro ond mae llyfrau hanes a geiriaduron yn rhoi inni enw cynharach, sef Mynyw, a'r ffurf ladinaidd Menevia nad ydynt yn ffurfiau cyfoes yn llafar nac yn ysgrifenedig ond sy'n ymddangos yn aml mewn llawysgrifau hanesyddol. Mae rhai o'r enwau lleoedd 'dwyieithog' hyn yn weddol hawdd i'w hadnabod mewn dogfennau pan fo'r gwahanol ffurfiau'n cyfieithu ei gilydd, megis Beaumaris/Biwmares, sy'n deillio o enw Ffrangeg yn golygu 'cors hardd' ac a ladineiddwyd fel *Bellus Mariscus*. Yn yr un modd, mae ffurfiau cynnar ar Fflint yn cynnwys y Ffrangeg *La Chaillou,* a'r ddau enw'n cyfeirio at graig galed lle'r adeiladwyd y castell canoloesol.

Ceir enwau fel y rhain mewn llyfrau hanes modern ond mae'n bwysig pwysleisio bod rhai ffurfiau hanesyddol nas ceir ond trwy ymchwil bersonol mewn cofnodion gwreiddiol a thrwy gwestiynu'r hyn a gredir yn gyffredin. Esiampl dda o hyn yw *Alretone* a gofnodir mewn perthynas â swydd Amwythig yn Llyfr Domesday (1086) fel maenor fawr o bobtu'r ffin rhwng Cymru a Lloegr. Am amser hir cysylltwyd yr enw

Arwyddion Ffyrdd

â Caus yn swydd Amwythig lle roedd lleoliad y prif gastell maenorol, ond mae dadansoddiad uniongyrchol o'r dystiolaeth yn dangos bod *Alretone* yr un fath o ran ystyr â Trewern yn sir Drefaldwyn, ychydig filltiroedd o Caus. Mae enw'r lle yn Llyfr Domesday yn cynnwys yr Hen Saesneg *alra* a *tūn,* sy'n cyfateb i'r ddau air Cymraeg *gwern* a *tref*, a'r ymadrodd yn y ddwy iaith yn golygu 'fferm neu setliad ger coed gwern', h.y. mewn lle llaith lle mae'r coed hyn yn ffynnu. Mae gwahanol ffurfiau llawysgrifol ar *Alretone* wedi goroesi hyd at ddiwedd y drydedd ganrif ar ddeg ond mae'r enw bellach wedi ei golli. Serch hynny, nid yw pob enw lle 'dwyieithog' yn cyfateb i'w gilydd o ran ystyr; Llaneurgain yw'r ffurf Gymraeg ar Northop ('dyffryn gogleddol') yn sir Fflint ac mae'n cyfeirio at gysegriad yr eglwys yno. Mwy diddorol yw'r nifer bychan o enwau lleoedd megis Granston yn sir Benfro a Bonvilston yn sir Forgannwg; yr enwau Cymraeg cyfatebol yw Treopert (*tref* a *Robert*) a Tresimwn, sy'n cyfeirio, fwy na thebyg, at Robert le Grand a Simon de Bonville, eu tenantiaid canoloesol.

Os nad yw archwiliad o'r cyd-destun dogfennol a daearyddol yn arwain at ddehongliad, yna mae'n werth edrych ar unrhyw elfennau canfyddadwy mewn enwau lleoedd. Disgwylir cael enwau lleoedd Saesneg mewn bwrdeistrefi cynnar lle'r ymsefydlodd Saeson, yn ne Penfro, Gŵyr, Bro Morgannwg ac ar hyd y ffin â Lloegr ond mae ychydig o esiamplau, megis y Ferwig, ger Aberteifi, a Niwbwrch (Newborough), sir Fôn, mewn ardaloedd a oedd ac sy'n parhau'n Gymraeg eu hiaith. Mae gan rai geiriau Cymraeg a Saesneg ddosbarthiad daearyddol pendant hefyd. Mae'r geiriau Cymraeg *ton* 'tir uchel heb ei aredig' ac *ynys* yn yr ystyr penodol o 'dir uchel mewn dolydd dŵr', er enghraifft, yn fwy cyffredin yn ne Cymru, yn arbennig yn ne-ddwyrain Cymru (Tonyrefail, Tonypandy, Ynys-hir, sir Forgannwg, ac Ynys-ddu, sir Fynwy), tra bod *pelan* 'bryncyn' (Cwmbelan, sir Drefaldwyn) a *bod* yn fwy cyffredin yng ngogledd Cymru: Bodedern, sir Fôn; Botwnnog, sir Gaernarfon; a Bodelwyddan, sir Ddinbych. Yn yr un modd, mae *hoc* 'darn o dir rhwng nentydd' mewn Hen Saesneg yn fwy cyffredin yn sir Benfro a *hop* 'setliad anghysbell mewn corsydd neu ddyffryn' a 'dyffryn bychan' yn fwy cyffredin ar hyd y ffin â Lloegr. Mae gwahaniaethau rhanbarthol o'r math yma a gwahaniaethau tafodieithol mewn sillafiad yn amlwg iawn mewn enwau caeau ac enwau topograffig.

Bydd profiad a dyfalbarhad yn help i ddatrys llawer o broblemau gydag enwau lleoedd ac mae gofyn inni fod yn ymwybodol o'r math o ddylanwadau y mae'r Gymraeg a'r Saesneg wedi ei gael ar ei gilydd. Gall siaradwyr Cymraeg weld y berthynas yn hawdd, er enghraifft, rhwng enwau fel Glandŵr, sir Forgannwg, a'r ffurf Saesneg Landore sy'n deillio'n uniongyrchol o'r ffurf dreigledig *Landŵr* a achosir gan arddodiaid fel *i* ac *o*. Mae cymathiad ac ailddehongliad yn faterion mwy dyrys ac yn aml yn gofyn am ymchwil sylweddol a gwybodaeth leol. Mae *glan* dreigledig fel yn *Landore* yn cael ei gymysgu â *llan*, felly *Llanbradach* (= Glanbradach), sir Forgannwg, ond gall *llan* hefyd fod wedi cymryd lle *nant* ('dyffryn' neu 'nant') fel a geir yn Llancarfan (*Nantcarfan* yn gynharach oherwydd ei leoliad gerllaw nant o'r enw Carfan), *llannerch* (Llanhedrick yn yr ardal lle'r arferid siarad Cymraeg yn swydd Amwythig, â'r enw personol Ēdred), *llyn* (Pontllan-fraith, sir Fynwy) a *llwyn* (Llanhaylow, sir Faesyfed, â'r enw personol Hoedlyw). Mae amrywiadau ac anghysonderau fel hyn yn aml yn cael eu diystyru fel llygriadau ond byddai eu galw'n 'ailddehongliad' yn fwy addas. Dyna'r ffordd gywir i esbonio ffurfiau llawysgrifol fel 'Liveoaks' am *Llwyfos*, sir Fynwy; mae ystyr i'r ddau enw, hyd yn oed os mai man lle roedd llwyfenni (*llwyf*) yn gyffredin ac nid coed derw ydyw. Fe gynhyrchodd ambell enw lle amrywiaeth rhyfeddol o sillafiadau llawysgrifol sydd weithiau'n anodd eu dehongli ar eu pennau eu hunain ac mae eraill yn arddangos tystiolaeth o ailddehongli; mae Llan-y-bri, sir Gaerfyrddin, er enghraifft yn ymddangos ar ffurf ladinaidd fel *Moraburia* 1419, wedi ei Gymreigio fel *ll.fair y byri c.*1566 ac wedi ei Seisnigeiddio'n *Morbulchurch* 1567, *Morbichurche* 1586, *Marblechurche* 1602, *Marble Church otherwise Lanibree* 1716, *Llan y Bri* 1753 a *Llan-y-bre* 1831. Gellir cyfieithu'r enw lle fel 'eglwys (y dyn a elwir) Morbri' ond mae'n amlwg fod cysylltiad anghywir yma â'r Saesneg 'marble'. Cysylltir penbleth fel hwn â dylanwad y Saesneg ond mae'r gwrthwyneb yn gyffredin hefyd; ceir llawer o enwau lleoedd ar y gororau, megis Gwersyllt (? 'Wērsige's hill', enw personol Hen Saesneg a *hyll*), sir Ddinbych, a Prestatyn ('fferm yr offeiriadon'), sir Fflint, sydd o darddiad

Seisnig er eu bod yn ymddangos yn Gymreig. Mae enghreifftiau hefyd o enwau lleoedd Cymraeg sydd wedi eu newid fel hyn gan siaradwyr Cymraeg; mae *Llanfihangel Orarth*, â'r enw personol *Orarth,* bellach yn Llanfihangel-ar-arth fel petai'n 'eglwys Mihangel ar y bryn' a *Pontardulais* yn siroedd Caerfyrddin a Morgannwg yn dal i gael ei gywiro i *Pontarddulais* er bod prawf mai ffurf gywasgedig ydyw ar *Pontaberdulais*. Ac mae *Llanvetherine*, pentref a phlwyf yn sir Fynwy, yn ymddangos bellach mewn mynegeion daearyddol Cymraeg â'r sillafiad *Llanwytherin* 'eglwys (y dyn a elwir) Gwytherin' ond gellir honni bod y ffurf hon bron yn hynafol gan fod nifer o ffurfiau hanesyddol, megis *Lanvetherin* 1348 a *ll.fetherin* c.1590–1, yn awgrymu y byddai'n well ei sillafu fel *Llanfetherin*. Yn ychwanegol at hyn, fe geid ffurf dafodieithiol leol *Llanafferin(g)* neu *Llanyfferin(g)* a gofnodwyd yn yr unfed ganrif ar bymtheg.

Ffynonellau printiedig a gwefannau

Mae i arweinlyfrau a ffynonellau cyfeiriadol eu gwendidau ac mae'r mwyafrif yn delio â ffurfiau modern yn hytrach na rhai hanesyddol, ac o fwy o werth, a siarad yn gyffredinol, i'r daearyddwr na'r hanesydd. Mae llawer hefyd yn Seisnig eu hagwedd ac yn rhoi ychydig yn unig o ystyriaeth i'r iaith Gymraeg, sy'n bwnc cwbl ganolog yn y dasg o esbonio a dehongli enwau lleoedd hanesyddol yng Nghymru. Erys rhai ffynonellau printiedig yn bwysig, a'r rhai mwyaf nodedig yw: Melville Richards, *Welsh Administrative and Territorial Units* (1969); Elwyn Davies, *Rhestr o Enwau Lleoedd* (1957, 1996) a D. Geraint Lewis, *Y Llyfr Enwau: Enwau'r Wlad* (2007). Mae rhestr Richards yn arbennig o werthfawr oherwydd ei bod yn cysylltu enwau lleoedd ardaloedd gweinyddol hen a modern cyn 1974, ond weithiau nid yw'n croesgyfeirio'n ddigonol o'r ffurfiau modern a ddefnyddir o hyd ac sy'n ymddangos ym mapiau'r Arolwg Ordnans ac mewn ffynonellau eraill at yr hyn a ystyriai ef (yn gywir, bron bob amser) fel y ffurf Gymraeg safonol. Beth bynnag a feddylir o rinweddau – neu fel arall – ffurfiau fel Kerry (am *Ceri* neu *Llanfihangel-yng-Ngheri*), sir Drefaldwyn, a Llantilio Pertholey (am *Llandeilo Bertholau*), sir Fynwy, gall y ffurfiau hyn fod yn ddefnyddiol i'r sawl sy'n ceisio adnabod ffurfiau enwau lleoedd mewn cofnodion hanesyddol.

Y gwendid mwyaf yn *Welsh Administrative and Territorial Units* yw fod Richards wedi cysylltu llawer o enwau lleoedd â phlwyfi sifil a grëwyd yn 1894 ac a ddiddymwyd yn 1974. Nid oes i'r rhain ond ychydig o werth i'r hanesydd sy'n ceisio adnabod lleoedd a gofnodwyd mewn plwyfi hanesyddol cynharach. Mae rhai argraffiadau cynnar o fapiau'r Arolwg Ordnans yn dangos hen blwyfi ond fe gawsant eu gadael allan o'r atgynyrchiadau o argraffiad cyntaf y mapiau graddfa un fodfedd a gyhoeddwyd gan David and Charles. Yn ffodus, mae'r broblem hon bellach wedi ei goresgyn gan y mapiau Arolwg Ordnans ar-lein graddfa chwe modfedd (argraffiad cyntaf, *c.*1880) a atgynhyrchwyd ar www.old-maps.co.uk a chyda chyhoeddi *Historic Parishes of England & Wales: an Electronic Map of Boundaries before 1850* gan Roger J. P. Kain a Richard R. Oliver (2001), a ymddangosodd gyda dwy gryno ddisg a mynegai daearyddol. Mae cryno ddisgiau Kain ac Oliver yn arbennig o werthfawr gan eu bod yn rhoi inni ddelweddau o'r gyfres gyntaf o fapiau'r Arolwg Ordnans ar raddfa 1:25,000 (2½) a argraffwyd yn yr 1940au lle gellir dangos terfynau'r hen blwyfi neu eu dileu gan ddefnyddio bysellau'r cyfrifiadur.

CASGLIAD O
Enwau Lleoedd
Ym Mhlwyf Llandderfel,
A'U HYSTYRON
Diwydiannau Coll
PLWYF LLANDDERFEL
EVAN ROBERTS,
Bodalaw, Llandderfel.
RHAGAIR
ATHRO D. MIALL EDWARDS, Ph.D., D.D.
PRIS - 2/-

Casgliad o Enwau Lleoedd ym Mhlwyf Llandderfel *a gyhoeddwyd gan yr hanesydd lleol, Evan Roberts, yn 1928*

Mae atgynyrchiadau electronig o fapiau nid yn unig yn adnodd gwerthfawr yn y dasg o adnabod enwau lleoedd ond hefyd yn adnodd hanesyddol ynddynt eu hunain, fel y gŵyr unrhyw ymchwilydd yn y maes hwn. Heb amheuaeth, y rhai mwyaf gwerthfawr yw'r ffacsimilïau lliw, graddfa dwy fodfedd, o gynlluniau'r Arolwg Ordnans gwreiddiol a gynhyrchwyd ar gyfer argraffiad cyntaf y mapiau un fodfedd. Gellir eu canfod ar www.collectbritain.co.uk/collections ar wefan y Llyfrgell Brydeinig 'Collect Britain. View whole collection'. Nid oedd ffacsimilïau o'r cynlluniau ar gael yn gyffredin, ac eithrio mewn rhai prif lyfrgelloedd ac archifdai, ond gyda'r cynlluniau ar-lein mae cyfleusterau i glosio ac argraffu lle na ellid gwneud hynny gynt heblaw drwy greu ffotograffau.

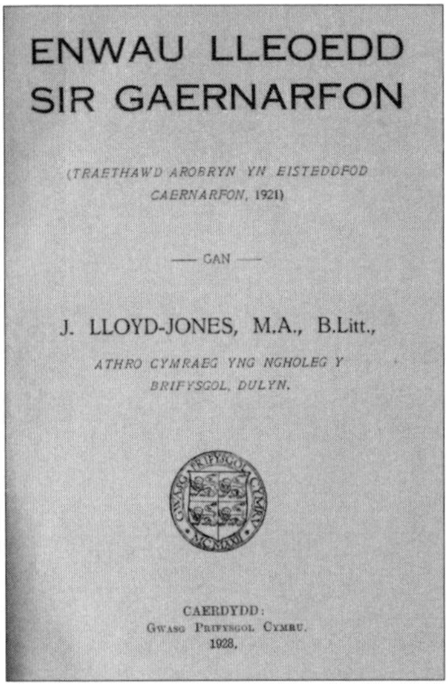

Enwau Lleoedd Sir Gaernarfon, *John Lloyd-Jones, 1928*

Mae'r mapiau'n anodd i'w defnyddio weithiau, gan eu bod yn cynnwys ardaloedd a ddiffiniwyd gan yr arolygwyr mapiau gwreiddiol, yn aml ardaloedd rhwng afonydd mawr a phriffyrdd, yn hytrach na'r mapiau 'hirsgwar' modern cyffredin. Ac mae manylion rhai enwau lleoedd weithiau'n aneglur oherwydd y defnydd o gyfliniau i arddangos siâp y dirwedd. Mae rhai disgrifiadau ar y mapiau ychydig yn rhyfedd fel, 'Baulit' am Builth, ac yn gymysglyd ar y dechrau i rywun sydd â gwybodaeth leol. Mae sillafiad enwau lleoedd ychydig yn anghyson ond nid yw hynny'n creu llawer o drafferthion.

Gwaddol barhaol Melville Richards, ac un amhrisiadwy i ddehonglwyr enwau lleoedd, yw ei archif: Cronfa Ddata Enwau Lleoedd Archif Melville Richards, Canolfan Bedwyr, Prifysgol Bangor, sydd i'w gweld ar-lein ar www.e-gymraeg.co.uk/enwaulleoedd/amr/; gellir ei chwilio yn ôl prif enw, lleolydd, ffurf, dyddiad, sir a ffynhonnell. Fel mae'r cyflwyniad i'r wefan yn pwysleisio, ni fwriadwyd i'r wefan 'fod yn gasgliad cynhwysfawr o enwau lleoedd yng Nghymru' ond dyma'r ffynhonnell unigol bwysicaf o hanes enwau lleoedd Cymreig. Bu Richards farw yn 1973 ac mae angen ymestyn ei archif i gynnwys nifer fawr o ffynonellau printiedig ac archifol sydd wedi ymddangos ers hynny. Mae nifer o broblemau eraill a all, o bryd i'w gilydd, wneud y dasg o ddehongli enwau lleoedd ar y wefan yn anodd. O chwilio am ffurfiau hanesyddol anarferedig, megis *Pola, Marblechurch* (a grybwyllwyd uchod) a Newbridge, sir Forgannwg, ni cheir unrhyw gyfeiriadau at Welshpool, Llan-y-bri a Phontypridd. Mae hefyd rai bylchau annisgwyl, fel Glynogwr (sydd wedi disodli Llandyfodwg, a gamsillefir 'Llandyfedwg'), sir Forgannwg; a cheir cofnodion ffug, megis Cil-y-coed (am Caldicot, sir Fynwy) nad oes iddynt sail hanesyddol. Un o'r prif wendidau yw diffyg croesgyfeiriadau, er enghraifft, Porthaethwy â Menai Bridge, Môn.

Gellir cael gafael ar gyhoeddiadau printiedig a ymddangosodd cyn 1973 ac wedi hynny mewn prif lyfrgelloedd lleol, llyfrgelloedd prifysgolion a Llyfrgell Genedlaethol Cymru, Aberystwyth, ond ceir llawer o wefannau defnyddiol sy'n cynnwys llyfryddiaethau ar y Rhyngrwyd, megis: www.earlymodernweb.org.uk/embiblios/emwals.bib.htm.

Mae'n well cysylltu â chasgliadau archifol yng Nghymru a gedwir yn Llyfrgell Genedlaethol Cymru ac archifdai lleol eraill ar lefel y casgliad drwy www.archivesnetworkwales.info. Mae'r mwyafrif o gasgliadau archifol newydd yn ymddangos ar y gronfa ddata ac mae casgliadau hŷn yn cael eu hychwanegu. Mae llawer o'r catalogau gwreiddiol i archifau Cymreig a roddwyd yn Llyfrgell Genedlaethol Cymru (www.llgc.org.uk) cyn 1999 bellach ar gael ar-lein.

Mae rhai o'r gwendidau sydd i'w canfod mewn ffynonellau printiedig i'w canfod hefyd, yn anffodus, mewn cronfeydd data hanesyddol a daearyddol, ac mewn gwefannau. Mae rhai yn fwy dibynadwy nag eraill ond eu prif fantais dros ffynonellau printiedig yw y gellir eu cywiro a'u hehangu yn weddol rwydd. Dylid defnyddio'r holl wefannau yn feirniadol ond y gwefannau mwyaf dibynadwy yw'r rhai a sefydlwyd gan brifysgolion, cymdeithasau hanes, prif lyfrgelloedd ac archifdai cenedlaethol. Detholiad yn unig a geir yn y rhestr ganlynol:

1. www.visionofbritain.org.uk: gwefan The Great Britain Historical Geographical Information System (GBHGIS) a ddatblygwyd gan Brifysgol Portsmouth a'i hariannu gan y Loteri Genedlaethol. Roedd ffocws gwreiddiol y wefan ar ystadegau hanesyddol ond bellach mae cynlluniau ar droed i greu mynegai daearyddol disgrifiadol a fydd yn cynnwys gwaith Melville Richards, *Welsh Administrative and Territorial Units* (1969), Bartholomew, *Gazetteer of the British Isles* (1887) a Goring, *Imperial Gazetteer of England and Wales* (1870–2), ynghyd ag adysgrifau o Wiliam Camden, *Vision of Britain* (1610), Daniel Defoe, *Tour* (1724–7), George Borrow, *Wild Wales* (1862) a gwaith Gerallt Gymro.

2. homepage.ntworld.com/geogdata/ngw/home.htm: mae *The National Gazetteer of Wales* (a ddiweddarwyd ddiwethaf yn 2001) yn cynnwys rhestrau o enwau lleoedd, eu cyfeirnod grid cenedlaethol, ardal awdurdod lleol, a fersiynau amgen o enwau lleoedd 'a ganfyddwyd yn gyffredin er dechrau'r ugeinfed ganrif'. Mae'r mynegai'n arbennig o ddefnyddiol i unrhyw un sydd wedi adnabod enw lle penodol ac sydd

angen croesgyfeirio at adrannau gweinyddol modern. Mae rhai camgymeriadau'n cael eu hailadrodd: rhoddir yr enw Cymraeg 'Cefn Bychan' (gan ddilyn yr Arolwg Ordnans) am Newbridge (=Trecelyn), sir Fynwy, er mai at Newbridge (Cefnbychan), ger Wrecsam, sir Ddinbych, y dylid cyfeirio. Ac fe roir yr enw Cymraeg 'Ffon-mon' am Fonmon, sir Forgannwg, tra bod ffynonellau hanesyddol yn cymeradwyo Ffwn-mwn, Ffwl-mwn a Ffwl-y-mwn.

3. www.gazetteer.co.uk: *Gazetteer of British Place Names* gan yr Association of British Counties, sy'n cynnwys nodiadau i haneswyr ac achyddwyr. Mae yma gyngor defnyddiol ar ddiffinio ardaloedd gweinyddol modern a'r siroedd Cymreig er 1536. Mae yn y mynegai, serch hynny, fylchau megis Llannerch Banna (=Penley), sir Fflint, ac mae ychydig o gamgymeriadau sillafu megis 'Abergwyngiegyn' am Abergwyngregyn, sir Gaernarfon. Prif wendid y wefan yw nad yw wedi ceisio cysylltu enwau Cymraeg a Saesneg safonol.

4. www.historicaldirectories.org.hd: 'llyfrgell ddigidol o gyfarwydd-iaduron lleol a masnachol yn Lloegr a Chymru o 1750 hyd 1919', a sefydlwyd gan Brifysgol Caerlŷr. Gellir chwilota'r gronfa ddata ac er bod yr wybodaeth sydd ynddi o ddiddordeb i haneswyr modern yn bennaf, mae'n arbennig o werthfawr i bob hanesydd oherwydd yr wybodaeth leol sydd ynddi.

5. www.genuki.org.uk: gwefan sy'n cynnwys 'tudalennau sirol' yn ogystal â chronfa ddata chwiliadwy o leoedd yng Nghyfrifiad 1891. Mae'n seiliedig ar Tallis, *Topographical Dictionary of England and Wales*, mapiau Landranger yr Arolwg Ordnans, Cyfrifiad 1891 a *The National Gazetteer of Wales*. Nid yw'n cynnwys llawer o ffurfiau Cymraeg nac yn adnabod llawer o leoedd, fel Cenol, sir Frycheiniog; Clegyrog, sir Fôn; a Cil-march, sir Gaerfyrddin, sydd i'w canfod yn hawdd yn *Welsh Administrative and Territorial Units*.

6. www.ancestry.co.uk: gwefan sy'n cynnwys cronfa ddata enfawr a mynegai yn seiliedig ar rychwant eang o ffynonellau hanesyddol megis mynegeion o enedigaethau, priodasau a marwolaethau, a chyfrifiadau yn y Deyrnas Unedig ac Unol Daleithiau America. Defnyddir y gronfa ddata'n bennaf gan haneswyr teulu a haneswyr cymdeithasol modern

ond mae'n amhrisiadwy i unrhyw un sy'n astudio enwau lleoedd modern, er enghraifft, yr amrywiol enwau newydd a ymddangosodd mewn ardaloedd diwydiannol yng Nghymru yn y bedwaredd ganrif ar bymtheg. Ceir mynediad i'r data drwy danysgrifiad ac mewn llyfrgelloedd ac archifdai.

7. www.digital.documents.co.uk/: gwefan a ddisgrifir fel un a ddefnyddir gan 'Archaeolegwyr Maes a Haneswyr Teulu' ac sy'n gwerthu cryno ddisgiau o awyrluniau a meddalwedd. Mae'n cynnwys ffeil *Place Finder* y gellir ei chwilio drwy gyfuniad o elfen mewn enw lle a llythrennau, sydd o werth i haneswyr sy'n ceisio adnabod lleoedd mewn llawysgrifau gwreiddiol lle mae rhannau yn unig o eiriau'n ddarllenadwy.

Enwau Tir a Gwlad, *Melville Richards, 1998*

DARLLEN PELLACH

Hywel Wyn Owen a Richard Morgan, *Dictionary of the Place-names of Wales* (2008).

17. CANU'R WERIN FEL FFYNHONNELL I HANESWYR LLEOL

Tegwyn Jones

Er nad darparu ffynonellau cyfleus o wybodaeth leol a chymdeithasol oedd bwriad y baledwyr, y tribanwyr ac awduron penillion gwerin o bob math, wrth eu llunio gynt, eto mae'n swyddogaeth y gall llawer ohonom fanteisio arni heddiw. Bu'n ffasiynol gan feirniaid i ddatgan nad oes nemor ddim gwerth llenyddol yn y cerddi hyn (yn y baledi'n arbennig), a bod eu gwerth i gyd yn eu cynnwys hanesyddol. Nid yw hynny'n wir i gyd, ond y wedd honno arnynt fydd dan sylw yn y sylwadau sy'n dilyn.

O blith y gwahanol fathau o gerddi gwerinol sydd i'w cael, diau mai'r baledi yw'r corff mwyaf lluosog a'r cyfoethocaf i'r rhai hynny a fyn olrhain hanes eu hardaloedd a'u hynafiaid, o leiaf i'r ddeunawfed a'r bedwaredd ganrif ar bymtheg. Ceir casgliadau baledi o wahanol faint a phwysigrwydd mewn sawl sefydliad cyhoeddus yng Nghymru – ac un o leiaf yn Llundain – ond y lle i anelu ato gan unrhyw ymchwilydd yn yr achos hwn yw'r Llyfrgell Genedlaethol, sy'n gartref i'w chasgliad helaeth ei hun ac i ffilmiau hefyd o rai o'r casgliadau pwysig eraill. Y mae baledi'r bedwaredd ganrif ar bymtheg ar gronfa ddata yn y Llyfrgell, sy'n hwyluso mynediad i'w cynnwys.[1]

Wedi i Thomas Jones yr Almanaciwr, o Gorwen yn wreiddiol, symud ei wasg argraffu o Lundain i Amwythig yn 1695, a'i ddilyn wedyn gan

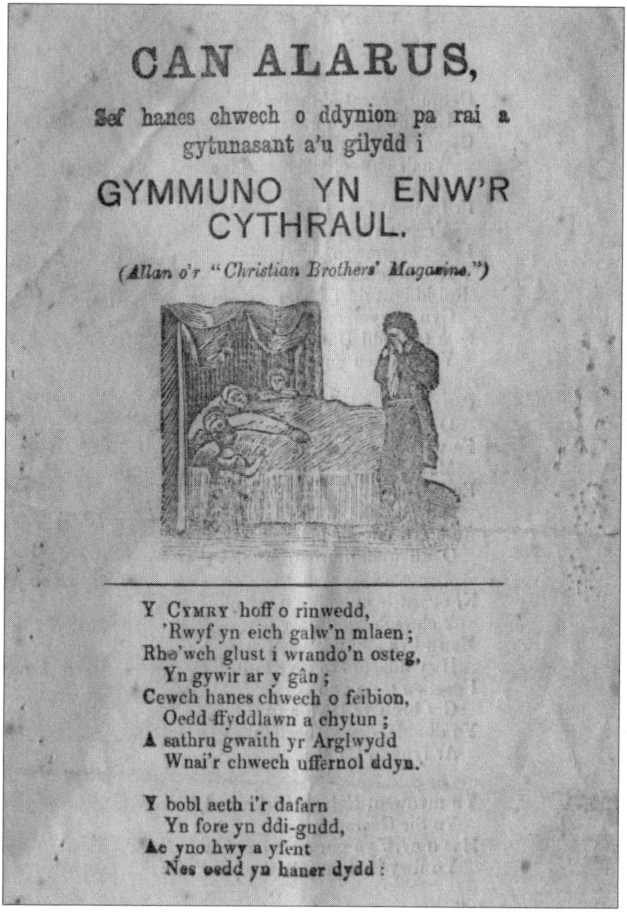

CAN ALARUS,

Sef hanes chwech o ddynion pa rai a gytunasant a'u gilydd i

GYMMUNO YN ENW'R CYTHRAUL.

(Allan o'r "Christian Brothers' Magazine.")

Y Cymry hoff o rinwedd,
'Rwyf yn eich galw'n mlaen;
Rho'wch glust i wrando'n osteg,
Yn gywir ar y gân;
Cewch hanes chwech o feibion,
Oedd ffyddlawn a chytun;
A sathru gwaith yr Arglwydd
Wnai'r chwech uffernol ddyn.

Y bobl aeth i'r dafarn
Yn fore yn ddi-gudd,
Ac yno hwy a yfent
Nes oedd yn haner dydd:

'Cân Alarus'

nifer o argraffwyr eraill, gwelwyd bod marchnad awchus i ddeunydd darllen o bob math, a'r cyfrwng mwyaf poblogaidd i ledaenu'r cyfryw ddeunydd oedd y baledi taflennol. Cenid a gwerthid hwy mewn ffeiriau a marchnadoedd, yn wir mewn unrhyw fan lle ceid pobl yn tyrru ynghyd, ac adlewyrchai eu cynnwys holl amgylchiadau a phrofiadau bywyd. Tra oedd beirdd y ddeunawfed ganrif yn ymdrechu i ailsefydlu'r traddodiad clasurol, a beirdd y ganrif ganlynol yn ymgyrraedd at fri a gogoniant eisteddfodol, bodlonodd y baledwyr ar gynhyrchu a chanu caneuon am y byd real o'u cwmpas, a llawer o'r rheini wedi eu seilio ar eu profiadau eu hunain. Mae'r teitl neu'r rhagarweiniad rhyddiaith – hir

'Cân newydd o ymddyddan rhwng mab a merch'

iawn weithiau – ar ddechrau'r faled gan amlaf yn gyfoethog mewn enwau lleoedd ac unigolion, a gall yn rhwydd fod yn fan cychwyn i hanes plwyf neu berson arbennig.

Amhosibl fyddai ceisio cwmpasu mewn un erthygl fer fel hon yr holl bynciau amrywiol yr ymdrinnir â hwy yn y baledi. Sonnir am ryfeloedd tramor a milisia pob sir yng Nghymru yn mynd i ymladd ynddynt, am sgarmesoedd lleol megis Beca a'r Siartwyr, am lifogydd a stormydd a llongddrylliadau, am sychdwr a thanau dinistriol, am ddamweiniau trist o gwmpas y cartref, am ddyfodiad y rheilffordd a dechreuadau corfflosgi, ac yn y blaen, a'r cyfan yn frith o enwau lleoedd a phersonau. Ni ellir yma ond ceisio tynnu sylw at ychydig bynciau'n unig, gan obeithio y bydd hynny'n ddigon i arddangos pwysigrwydd y ffynhonnell arbennig hon.

Un o hoff bynciau'r baledwyr oedd llofruddiaeth, oherwydd bod eu cerddi am y weithred honno yn rhwym o werthu'n dda. Fel yr âi'r bedwaredd ganrif ar bymtheg rhagddi, daeth yn bosibl darllen mwy am ddigwyddiadau megis llofruddiaethau mewn papurau newydd ac yng ngholofnau newyddiadurol y cylchgronau enwadol, ond cyn eu dydd hwy, dibynnai trigolion cyffredin gwlad a thref ar y baledwr am y manylion i gyd, ac ni fu yntau'n brin ei ymdrechion i gwrdd â'r galw. Byddai llofruddiaethau lawer a gyflawnwyd ar dir Cymru yn y ddeunawfed ganrif wedi hen fynd yn angof oni bai i faledwyr eu cofnodi. Dwy enghraifft o blith llawer iawn o faledi o'r fath yw rhifau 433 a 535 yn *A Bibliography of Welsh Ballads* a gyhoeddwyd rhwng 1908 ac 1911 gan J. H. Davies, y naill yn cofnodi llofruddiaeth Mary Lloyd gan John Benjamin yn Llangeitho ym mis Ebrill 1792, a sut y crogwyd y llofrudd a dwyn ei ben ar bawl drwy strydoedd tref Aberteifi ychydig yn ddiweddarach, a'r llall yn sôn am lofruddiaeth Humphry Jenkins gan was a dwy forwyn iddo ar fferm Nantstalwyn yn sir Frycheiniog yn 1772.

Arbedwyd bywyd un o'r morynion am iddi gytuno i ddwyn tystiolaeth yn erbyn y ddau arall. Llwyddodd y gwas i ddianc o afael y gyfraith ac nis daliwyd byth, ond llosgwyd y forwyn arall wrth y stanc ger tref Aberhonddu. Dyma enghraifft o ddwy faled yn croniclo dau ddigwyddiad y talai chwilio am wybodaeth bellach amdanynt yng Nghofnodion Llys y Sesiwn Fawr yn y Llyfrgell Genedlaethol, a dod o hyd o bosib i enwau a thystiolaeth tystion, a fyddai yn eu tro'n taflu goleuni ar fywyd bob dydd ar fferm unig, anghysbell yn sir Frycheiniog, neu bentref gwledig yng Ngheredigion. Cofier ar yr un pryd nad oedd yn rhaid i'r drosedd fod yn un mor ddifrifol â llofruddiaeth cyn cael ei thrafod yn y Llys hwnnw. Gallai baled am leidr neu ladrones a ddedfrydwyd i alltudiaeth hefyd fod â deunydd cefndirol yn ei chofnodion.

Corff arall toreithiog o faledi yw hwnnw sy'n cofnodi'r ugeiniau lawer o ddamweiniau glofaol a ddigwyddodd yn y ddeunawfed ganrif ac yn enwedig yn y ganrif ddilynol. Y gynharaf o'r rhai hyn yw'r faled a ganwyd am ddamwain pwll glo'r Wern-fraith ym mhlwyf Llangatwg, ger Castell-nedd, yn 1758 pan laddwyd dau ar bymtheg o ddynion a bechgyn. Ei hawdur oedd Ben Simon, Abergwili, copïwr llawysgrifau diwyd a phwysig, ac awdur marwnad i Griffith Jones, Llanddowror, ymhlith pethau eraill. Gan nad oedd yn byw yn ardal y ddamwain nac yn ei hadnabod yn dda, dywed yn ei faled sut yr aeth ati i gasglu'r wybodaeth a'r manylion yr oedd eu hangen arno. Yn union fel gohebydd papur newydd yn ein dyddiau ni, aeth i gyf-weld landlord y Bull, Castell-nedd, a oedd wedi colli brawd yn y ddamwain:

> Dymma'r Hanes fel y cefais,
> Pan y Cenais hyn ar goedd,
> Oddiwrth Forgan Harri gwiwlan,
> A fu'n datgan fel yr oedd,
> Yn Llun y Tarw or Hewl newydd,
> Yngwych gaerydd Castell Nedd,
> Brawd i'r cynta Enwais yma,
> Lle roedd Cyrchfa rhai Sy'w Bedd.

Hon oedd tafarn leol nifer o'r rhai a laddwyd, a'r canlyniad yw baled werthfawr o ran gwybodaeth leol, a hynny mewn cyfnod pan na ellid darllen am yr hanes mewn papur newydd.

Yn ogystal â'r baledwyr 'proffesiynol' megis Ywain Meirion, Richard

Williams (Dic Dywyll), Levi Gibwn, Dafydd Jones, Llanybydder, Abel Jones ac eraill a fyddai yn y bedwaredd ganrif ar bymtheg yn casglu peth o'u gwybodaeth o adroddiadau papurau newydd, byddai prydyddion a rhigymwyr mwy lleol hwythau'n canu eu cerddi hefyd, heb fod arnynt angen adroddiadau o'r fath oherwydd gallent gynnig tystiolaeth y llygad-dyst. Un o'r rhai hynny oedd Archibald Skym, Dyffryn, a ganodd am ddamwain lofaol yn ei ardal, Pontyberem, yn 1852, pan foddwyd 26 o lowyr. Prin y byddai un o'r prif faledwyr yn gallu enwi yn ei gerdd bob un o'r 26 a laddwyd, ond dyna a wnaeth Skym gan roi'r math o wybodaeth a allai fod yn werthfawr i'r sawl a fynnai ymchwilio i hanes ei deulu yn yr ardal arbennig hon, mewn llinellau megis, 'Roedd John mab David Harry lon / A'i frawd bach Davi, / Oedd gynne'n gwenu / Ond nawr yn tewi'. Naws leol sydd i'w deimlo hefyd yng nghân William Jones, Cerrigllwydion, am golli 12 o ddynion ym mis Mai 1852 pan ffrwydrodd y damp mewn pwll yng Nghwmafan. Mae yntau hefyd yn eu rhestru wrth eu henwau, ac yn cynnwys enw cartref ambell un, 'Yn eu plith roedd Wallter Morgan, / Hopkin William Tylefedwan' – dynion a adwaenai'n dda, mae'n debyg.

Ochr yn ochr â'r baledwyr 'proffesiynol' felly, a gâi ddeunydd baledi yn y digwyddiadau trist hyn, i'w canu a'u gwerthu at eu cynhaliaeth eu hunain, yr oedd eraill hefyd, a chanddynt wybodaeth lygad-y-ffynnon, yn cofnodi eu profiadau ar gân, ac yn eu cyhoeddi ar daflenni. Gwybodaeth arall y gellir ei lloffa ac sydd o bwys i'r hanesydd yw'r ffaith nad i boced yr awdur yr âi'r elw yn yr achos hwn. Ar ôl damwain lofaol fawr yn Aber-carn ym mis Medi 1878 mae'r *South Wales Daily News* yn cyfeirio at 'a local poet', Edward Jones, a oedd newydd lunio cerdd, meddir (baled daflennol, mae'n debyg), a oedd bellach yn nwylo'r argraffydd 'and will be sold for the benefit of the sufferers, as well as the widows and orphans of the killed'. Rhwng y llinellau, megis, ceir yn rhai o'r baledi hyn gip ar arferion a oedd ynghlwm wrth ddigwyddiadau trist y maes glo, megis yr arfer o gau pyllau eraill yng nghymdogaeth y danchwa, i alluogi'r gweithwyr yno i brysuro i'r fan i gynnig cymorth.

O grybwyll arferion, y mae'r baledi'n gloddfa gyfoethog o wybodaeth am bob math o'r rhain, sy'n taflu goleuni ar fywyd bob dydd y gymdeithas wledig yn y ddeunawfed a'r bedwaredd ganrif ar bymtheg. Hyfrydwch merched, yn ôl tystiolaeth y baledi eto, oedd ymgynnull ar ambell brynhawn i yfed te ac i roi'r byd yn ei le. Weithiau rhoddid rhywbeth cryfach yn y te – brandi gan amlaf – ac âi'r sgwrs rhagddi'n rhwyddach fyth. Ceir un baledwr o leiaf yn clustfeinio ar sgwrs o'r fath, a chael mai'r hyn oedd dan sylw oedd sut oedd mynd o gwmpas prynu ambell ddilledyn neu het heb yn wybod i'r gŵr, ac onid oes gwybodaeth ddefnyddiol mewn llinellau fel y rhain?

Pan fo arnoch chwi neu finne
Eisio Pâr o Gappie gore:
Rhaid cael hanner Llath o Fyslin,
A phedwar Swllt yw'r Prîs cyffredin.
Am Gadach gwyn rhoi Coron Arian,
A chwe Swllt am Gadach Sidan;
Sei'swllt rhwng yr Hwd a'r Cnottyn,
Saith a chwech yr Het a'r Trimmin;
Ac ni wisgir wedi hynny,
Ond o'r Ysgwydd ar i fyny,
Fe wyr pawb a deimlo ronyn
Mai Darn go fach yw hyn o'r Corphyn.

Mewn ambell faled ceir portread byr o weithiwr neu grefftwr wrth ei waith, ac er mai unigolion penodol yw'r rhain, yr oedd eu tebyg i'w cael ym mhob pentref a phlwyf trwy Gymru. Canodd un Richard Parry, 'Athroysgol', faled o fawl i Edward Jones 'o ffynnon Feuno', ysbaddwr (cyweiriwr) o fri:

Ni bydd niwed ar yr un a dorro,
A ddel yn ddilys dan ei ddwylo,
Cweiriwr Cyffyle gore sy' iw gael,
Mae'r gair iddo'n bendant er moliant a mael.

Pan na fyddai wrth ei briod grefft, yr oedd enw da iddo ef a'i gyfaill Robert Roberts fel llifwyr coed yn ogystal:

Yn Llifio Coed mawrion yn burion eu brî,
Ni bu'n ddiball wyllys moi gwell ar Bwll-lli,
Yn rhwugo mwy rhagor na nemmor mor fflwch,
Frathiadau drwy Geingciau yn drecha ymhob trwch,
Pob Scwinsin a Gwnin fel rhiddin dâ i raen,
Y Derw Côch cadarn a blygan o'u blaen.

Gwraig werthfawr yn y gymdeithas wledig yn y ddeunawfed ganrif a'r ganrif ddilynol – a chyn hynny, mae'n siŵr – oedd y 'feddyges' leol, a'i

Abel Jones, Bardd Crwst,
Tegwyn Jones, 1989

Hen Faledi Ffair,
Tegwyn Jones, 1970

gwybodaeth am lysiau a phlanhigion llesol o bob math. Un o'r rhai hynny oedd priod Richard Parry (ni chawn ei henw bedydd hi) o Dal-y-bont ger Caernarfon, y canodd Elis y Cowper alarnad iddi:

> Meddyges gynfforddus ir clwyfus a'r clâ'
> P'le gwelir un 'rawron mor dirion a dâ?
> Mae colled am dani i dylodi drwy'r wlad
> Un rwydded yn rhoddi 'Luseni e'r lleshad.

Sonnir amdani'n rhannu 'ffisyg' ac 'eliôn' i'r tlawd a'r diymgeledd. Yn wir, meddai'r baledwr, 'Llaweroedd fy hunan yn gyfan a ges'. Prin yw'r dystiolaeth am wragedd o'r fath, ac y mae cael cân gyfan am un ohonynt yn gaffaeliad sylweddol.

Cymeriad adnabyddus iawn mewn ffair a marchnad, fel y crybwyllwyd eisoes, oedd y baledwr ei hun, ac nid anodd dychmygu'r caledi a oedd yn rhan anorfod o'i fywyd crwydrol ef – ambell un yn ddall, un arall yn gloff, y ffyrdd a'r llwybrau'n arw a'r tywydd yn y gaeaf yn anhrugarog. Ond nid dyna'r cyfan, fel y tystiolaetha baledwr o'r ddeunawfed ganrif o'r enw William Jones mewn cerdd a ganodd ar ôl mynychu ffair yn Wrecsam. Ac yntau yno wrth ei briod waith, ymosodwyd arno gan ddau lencyn a oedd â'u bryd ar 'rwystro fy marchnad':

Ar Ffair Fawrth Dudd Mercher, ar ol haner mi ai henwae,
Daeth ataf wrth ein Dydd, dau leidr Baladae,
Ond Drwg oedd i buchedd, Rhoi Tar ar fy mochae
Da heudde'r Ddau gostog, gael drwg am i castie.
Mae yma ryw rocsiach, ar gyfer Tref Wrexham
Yn llawn o genfigen, a gwenwyn a fagan.

Ai tybed mai yn Wrecsam yn unig yr oedd llanciau drwg o'r fath, neu a oedd trigolion ardaloedd eraill yn gyfarwydd â gweld ambell faledwr yn cael ei bryfocio yn y fath fodd? Darlun digon tywyll o'r hyn a ddigwyddai ym marchnadoedd a ffeiriau Cymru sydd gan Thomas Evans o Gefn-y-coed a gyhoeddodd faled ar y pwnc o gwmpas 1780. Llawdrwm iawn ydyw ar bawb a'u mynychai, gan honni mai twyll a chelwydd oedd yn rheoli yno:

Ar ddyddiau ffair a marchnad ein bwriad fydd yn llawn
I ddala ar bob nwyfe ryw brisiau uchel iawn;
A chanmol 'nifel 'nafus wrth ystlys clawdd neu berth,
Nes twyllo'r prynwr mwynlan roi arian mwy na'i werth.

Baled werthfawr yw hon yn llawn gwybodaeth am arferion prynu a gwerthu yn y mannau masnachu pwysig hyn a oedd mor gyffredin mewn trefi a phentrefi led-led Cymru.

Fel yn achos y baledi y canwyd ac y cyhoeddwyd cannoedd ohonynt rhwng dechrau'r ddeuawfed ganrif a dechrau'r ugeinfed ganrif, ceir mewn mathau eraill o brydyddiaeth werinol hefyd ddeunydd gwerthfawr i'r hanesydd lleol a chymdeithasol. Mae tribannau Morgannwg yn gloddfa arbennig o ffrwythlon i unrhyw un sy'n ymddiddori yn hanes y rhan honno a rhannau cyfagos o dde Cymru, ac y mae'r penillion telyn a phob math o rigymau llafar gwlad yn orlawn o gyfeiriadau at leoedd penodol, ac at bobl, llawer ohonynt wrth eu gorchwyl, eu crefft neu eu hobi:

Sal Timoth am chwedleua,
Siôn Brydydd am bysgota,
A Nansi'r Stag am gadw stŵr,
Dai'r hatwr am ffureta.

Cyfeiriwyd uchod at faled lle ceid yr awdur yn galaru ar ôl 'meddyges', ac y mae'r ffaith fod nifer o dribannau hefyd yn sôn am wragedd tebyg yn arwydd o'u pwysigrwydd i'r gymdeithas pan nad oedd meddyg wrth law, neu pan oedd y meddyg yn ddrud. 'Bûm droeon yn fy ngwely', meddai un tribannwr anhysbys,

Yn fawr fy mhoen a'm cyni,
Rwy'n credu wir mai marw wnawn
Onibai am ddawn merch Pegi.

Un a weinai ar gleifion yn ardal y Rhydri, ger Caerdydd, oedd y wraig arbennig hon. O Ben-coed y dôi un arall y sonnir yn annwyl amdani, a'r tro hwn cawn ei henw'n llawn:

Er cymaint oedd fy mhoena
A cholli cwsg wythnosa,
Anghofia'i byth mai Mari Tarr
Rodd eli ar 'y nghlwyfa.

Gan ddirwyn yn ddiachwyn
Bob nos at dân y gegin
I wella'r po'n â'i bysedd chwim
Heb ofyn dim yn echwyn.

Ceir gwybodaeth ddiddorol am aradwyr a'u hychen, ac am bladurwyr – llawer ohonynt wrth eu henwau – pan oedd parch mawr i'w crefft a galw mawr am eu llafur yn y cymoedd cyn dyfod diwydiant. Nid bob amser y bodlonid hwy gan yr ymborth a gynigid gan wraig y fferm a'i cyflogai adeg y cynhaeaf gwair:

Tae'n hela blwyddyn gyfan
Heb fwrw glaw yn unman,
Fe ffindir dŵr gan ferch y diawl
I grochan cawl Cwmsaerbran.

Sonnir am goelion lleol:

Pan welir pen Moegeila
Yn gwisgo clog y bora,
Odid fawr cyn canol dydd
Bydd ar 'i grudd hi ddagra,

ac am ddifyrion megis 'y stôl ganddo' neu'r 'iair a'r cendy' ('a very ancient innocent game, once most popular on the hills of Glamorgan', yn ôl Cadrawd), ac am 'wara wic / Wrth gefan Picadili', sef tafarn yng Nghaerffili. Mewn un baled o waith E. Jones, 'Clerk of Hope', ceir disgrifiad pur

DYCHWELIAD

MORGAN BACH,

O AUSTRALIA,

A'i fam (Gwen o'r Gyrnos) yn methu ei adnabod.

Y FAM.

Mawr yw'm gofid, trwm yw'm trallod,
O'r fath gyfnod chwerw yw,
Dan orthrymder a gwasgfeuon,
Ie'n gyson 'rwyf yn byw;
Herwydd colli'm hanwyl Forgan,
Wrth fy hunan cefais fod,
Heb na chyfaill, car na phriod,
O, mor hynod yw fy nod.

Aeth fy unig fab anwylgu
Draw dros donau'r weilgi llaith,
Nid oes gobaith caf ei weled
Tra fo'i yma ar fy nhaith;
Mae e' wedi'm llwyr anghofio,
Minau'n blino, gwael yw'm gwedd,
Ac o herwydd hyn 'wy'n credu
Caf fy nodi yn y bedd.

O, na chawn i olwg etto
Unwaith ar fy Morgan bach,
Neu gael clywed gair oddiwrtho:
P'un a yw yn fyw ac iach;

'Dychweliad Morgan Bach o Australia'

fanwl o chwarae arbennig a elwir 'Prisonbars' a fu rhwng cwmni o 'plwy Lygen' (Helygain, sir Fflint) a phlwy Shotwick, dros y ffin yn Lloegr yn 1791. Diddorol mewn baled Gymraeg o'r cyfnod hwn yw'r defnydd a wneir o'r Saesneg. Ymddengys mai'r Cymry a fu ben, ac enwir nifer ohonynt. 'We will play for no more', meddai'r Saeson gorchfygedig,

> God preserve us our lives,
> We wish that we were at home with our Wives.

Man cyfleus, efallai, i ddechrau chwilio tipyn o hanes y chwarae hwn a oedd yn gyfarwydd yn sir Fflint, o leiaf, yn y ddeunawfed ganrif.

Ceir cip weithiau ar ambell arferiad anghofiedig. Byddai ambell wraig dlawd ac oedrannus, er mwyn cael tanwydd i'r tân, yn chwannog i dynnu polion a darnau eraill o bren praff o'r perthi cyfagos, a hynny weithiau'n gadael bwlch y gallai creadur ymwthio drwyddo a mynd ar grwydr. Cadwyd cof am un ohonynt mewn dau driban:

Mi glywais i gan rywun
I Bali dynnu polyn
O'r adwy gaeais i â drain
Yng ngodre Gwaunyfelin.

Mi brofaf i fod Pali
Drwy'r parthau'n plico'r perthi
A'i bath nid oes drwy'r byd yn bod
I lusgo co'd i losgi.

Pali Siôn Aubrey oedd ei henw llawn, a gellir darllen am yr 'achos' a ddygwyd i'w herbyn yn *Y Beirniad*, iv (1863), 206–7. Testun aml sgwrs ac erthygl heddiw yw'r mewnfudiad mawr a ddigwyddodd ym mhob rhan o Gymru, ac ar raddfa fwy lleol poenai hynny ambell dribannwr yn ogystal:

Dylifa bechgyn ffolion
I'r Cwm o hyd yn gyson,
O Wlad yr Haf hwy ddônt yn sgryd
Fel ynfyd haid o ladron.

At Gwm Rhondda y cyfeirir yma, ond tebyg oedd pethau yng Nghwm Nedd:

Peth od ym Mhentreclwyda –
Mae'r tai yn wyn fel eira,
Ac ar bob drws mor ddu â'r glo
Mae hewcyn o Jamaica.

Pwnc llosg arall yn ein dyddiau ni yw'r melinau gwynt anferth a welir ar lawer gorwel bellach yng Nghymru, ond ceir un rhigwm o leiaf yn cyfeirio at felinau gwynt o oes arall a oedd yn llai ymwthgar. Dyma enwi rhai o hen felinau gwynt Môn, a barn y rhigymwr yn y llinell olaf:

Melin Llynnon sydd yn llamu,
Pant-y-gwŷdd sy'n ateb iddi,
Felin Borth a'r Felin Adda –
Llannerch-y-medd sy'n malu ora'.

Byddai'r ffair leol yn gyrchfan boblogaidd gan drigolion pob ardal, ac nid rhyfedd cael cyfeiriadau mynych – fel yn y baledi – at lawer ohonynt yn y canu gwerinol. 'Pwy ddechreuodd Ffair Llanllyfni?' yw cwestiwn un rhigymwr, a chael yr ateb:

Daniel Pugh a Daniel Parry,
Pwy oedd y capten ar y rheini?
John Bach Teiliwr wedi meddwi.

A fyddai cof am y cymeriadau hyn wedi goroesi oni bai am y pennill hwn? Ac a allai fod yn fan cychwyn i chwilio am eu hanes mewn papurau newydd a dogfennau eraill lleol? Mae'n ymddangos mai enw drwg oedd i ffair Llandaf ym Morgannwg. Meddai un tribannwr:

Y mae Llandaf hynafol
Yn ddinas fach esgobol,
Ond rhaid im dystio, ar fy ngair,
Mae yno ffair uffernol,

A dichon bod rhan o'r esboniad mewn triban arall:

Paid byth â mynd ar amnaid
I fysg ymladdwyr diriaid
Yn ffair Llandaf; oddi yno cyrch
Wa'th gwŷr Pen-tyrch yw'r diawliaid,

ond da byddai cael y stori i gyd.

Yn achos y baledi, y tribannau a phenillion gwerinol o bob math, faint tybed o wybodaeth sydd eto ynghudd ynddynt a fyddai o gymorth gwerthfawr i ymchwilwyr a'u bryd ar ddatgelu hanes llawer ardal? Chwilota dyfal a ddengys.

NODIADAU

1. Ceir mynediad i Gronfa Ddata Baledi, Llyfrgell Genedlaethol Cymru, ar: http://isys.llgc.org.uk. Gweler hefyd: Cronfa Baledi: Mynegai Cyfrifiadurol i Faledi'r Ddeunawfed Ganrif (Peredur Glyn Davies, E. Wyn James a Peredur I. Lynch) ar: www.e-gymraeg. org/cronfabaledi.

ANOGAETH I BAWB

FEINDIO

Ei Fusnes Ei Hunan !

TON —" Vulcan's Cave."

GWRANDEWCH yn awr, y Cymry cu,
Mae cân ryfeddol genyf fi,
Nid yw'n un sen i'r dynion sy'
  Yn meindio eu busnes eu hunain,
Ond rhoddi clod i'r rhai'n yn rhwydd,
A'u mwynder llon, a maint eu llwydd,
Fel del pob dyn i garu'r swydd,
  Sef meindio ei fusnes ei hunan.
Yn llwyr ar daith 'r aeth llawer dyn,
Mewn osgo'n dost yn wysg ei din,
Am iddo lwyr anghofio ei huu,
Mae'n arw 'i nâd dan blaned flin;
A llawer Cymro yn ein gwydd
A ddaeth yn mlaen trwy lawen lwydd—
Mae'n dweyd, Cysurus ydyw'r swydd,
  Sef meindio'm busnes fy hunan.

'Anogaeth i Bawb Feindio ei Fusnes ei Hunan!'

18. TYSTIOLAETH LAFAR

Rheinallt Llwyd

Ffynhonnell arall o wybodaeth ddefnyddiol iawn i haneswyr cymunedol, a haneswyr teulu yn aml, yw tystiolaeth lafar neu'r hyn a elwir yn fynych yn Saesneg yn 'oral history' – hanes llafar. Nid yw'r term wrth fodd pawb, ond o ganol yr ugeinfed ganrif ymlaen fe dyfodd yn bwnc ac yn ddisgyblaeth gydnabyddedig mewn prifysgolion a sefydliadau eraill. Bellach mae llenyddiaeth helaeth, yn llyfrau unigol, erthyglau a llyfryddiaethau, yn ymwneud â'r pwnc a gwneir defnydd o hanes llafar mewn amrywiol feysydd megis hanes cymdeithasol, anthropoleg, cymdeithaseg a gerentoleg. Ond er mai term cymharol ddiweddar yw hanes llafar ac un a fewnforiwyd o UDA, nid peth newydd o gwbl yw'r defnydd o dystiolaeth lafar mewn hanes, fel y gwyddom. Yn ei gyfrol *The Voice of the Past: Oral History,* mae'r Athro Paul Thompson yn rhoi inni arolwg manwl o'r defnydd a wnaed o dystiolaeth lafar drwy'r canrifoedd, gan faentumio bod hanes llafar mor hen â hanes ei hun. 'It was,' meddai, 'the first kind of history.'[1] Hyd heddiw, mewn ambell ran o'r byd ac ymhlith rhai pobloedd, dim ond traddodiadau llafar sydd ar gael i'w trosglwyddo o genhedlaeth i genhedlaeth. Ac mewn cyfnod cyn bod llythrennedd yn gyffedin yn Ewrop roedd arwyddocâd arbennig i'r traddodiad llafar fel dull o gadw a throsglwyddo gwybodaeth. Afraid dweud bod hyn yn arbennig o wir yng Nghymru, lle ceir enghreifftiau niferus o destunau hanesyddol a llenyddol a seiliwyd ar fersiynau llafar cynharach.

Gellir honni mai'r hyn yw hanes llafar yw 'tystiolaeth o brofiadau uniongyrchol a ddygir i gof mewn cyfweliad ar gyfer dibenion hanesyddol ac a gofnodir ar system sain atgynyrchadwy'.[2] Mae tuedd, serch hynny, i ddefnyddio'r term mewn cyd-destun ehangach ac i gwmpasu nid yn unig gyfweliadau sy'n cofnodi atgofion unigolion ond hefyd ddigwyddiadau ac achlysuron llafar eraill a recordiwyd. Fodd bynnag, fe gysylltir y term 'hanes llafar' yn benodol â'r gwaith a ddechreuwyd gan yr Athro Allan Nevins ym Mhrifysgol Columbia, UDA. Ystyrir ef fel sylfaenydd y pwnc. Yn rhagymadrodd ei gyfrol *The Gateway to History* (1938) mae Nevins yn dadlau bod angen mynd ati o ddifrif ac yn systematig i greu cofnod manwl o gyfraniad Americanwyr amlwg oedd wedi cyfrannu at ddatblygiad UDA yn wleidyddol, yn economaidd ac yn ddiwylliannol yn ystod y trigain mlynedd blaenorol. A'r ffordd i wneud hyn oedd drwy gofnodi hynt eu bywydau a'u gyrfaoedd drwy gyfweliadau llafar ar dâp. Roedd Nevins yn gweld yn feunyddiol, meddai ef, yng ngholofnau marwolaethau papurau newydd enwau unigolion oedd yn diflannu heb gofnodi fawr ddim o gyfoeth eu bywydau a'u profiadau. Ac roedd dulliau newydd o gyfathrebu, megis y defnydd cynyddol o'r teleffon yn hytrach na'r hen arferiad o ysgrifennu llythyrau, yn ychwanegu at y broblem. Rhaid, felly, oedd dyfeisio dull a thechneg newydd o gofnodi gwybodaeth hanesyddol a fyddai fel arall yn mynd i ddifancoll. I Nevins, felly, roedd 'hanes llafar yn amddiffyniad angenrheidiol rhag difancoll mewn hanes a'r golled lwyr o ffeithiau hanesyddol a fyddai'n digwydd'.[3] Ni lwyddodd i ddechrau ar ei waith arloesol hyd 1949 (oherwydd yr Ail Ryfel Byd, yn bennaf) ond o hynny ymlaen aeth ati i gofnodi, drwy gyfweliadau, agweddau ar fywydau Americanwyr a oedd wedi byw 'significant lives', fel y galwai ef hwynt. A dyna ddechrau casglu o ddifrif hanes llafar elitaidd yn UDA. Ac am bron i ugain mlynedd fe ganolbwyntiwyd yn bennaf ar gasglu tystiolaeth gan ddinasyddion Americanaidd 'arwyddocaol'. Ond wedi sefydlu'r American Oral History Association yn 1967 fe ehangwyd y ffiniau'n sylweddol a dramatig, a dechreuwyd rhoi sylw i Americanwyr nad oeddynt yn enwog am unrhyw reswm nac wedi byw bywydau 'arwyddocaol' mewn unrhyw ffordd. Canolbwyntiwyd ar leiafrifoedd a dinasyddion cyffredin, anenwog a dechrau casglu tystiolaeth lafar am hynt eu bywydau hwythau. Ac aed ati i astudio themâu a phynciau penodol a chofnodi tystiolaeth lafar ar bynciau o bob math.

Mae hynt a datblygiad hanes llafar yn Ewrop a gwledydd Prydain yn wahanol i'r un Americanaidd gan fod cofnodi tystiolaeth lafar (a'r defnydd o offer recordio i wneud hynny) wedi ei wneud yn bennaf gan sefydliadau oedd yn astudio agweddau ar ddiwylliant a llên gwerin ac yn rhoi sylw arbennig i nodweddion ieithyddol. Yng ngwledydd Llychlyn, yn arbennig Sweden, Denmarc, Norwy a'r Ffindir, fe sylweddolwyd pwysigrwydd casglu a chofnodi tystiolaeth lafar mor gynnar â'r 1830au a chanolbwyntiwyd ar ddiogelu traddodiadau llafar o bob math a chofnodi termau crefftau a oedd yn prysur ddiflannu. Arweiniodd hyn at greu sefydliadau pwrpasol i gasglu a chofnodi'n systematig, megis y Sefydliad Astudiaethau Bywyd Gwerin, Nordiska Museet, a sefydlwyd yn Stockholm yn 1873, a'r Sefydliad i Ymchwilio i Dafodieithoedd a Llên Gwerin a sefydlwyd, eto yn Sweden, y tro hwn yn Uppsala yn 1914. A'r ffaith fod hen ffordd o fyw yn prysur ddiflannu, ac o'r herwydd bod llawer o dystiolaeth werthfawr am draddodiadau ac arferion mewn perygl o gael ei cholli am byth, oedd y prif symbyliad dros sefydlu Cymdeithas Llên Gwerin Iwerddon yn yr 1920au ac yna Gomisiwn Llên Gwerin Iwerddon yn Nulyn yn 1935. Ac erbyn yr 1940au a'r 1950au roedd sefydliadau pwysig yng ngwledydd Prydain wedi eu sefydlu i gofnodi, diogelu a dadansoddi agweddau ar lên gwerin, yn eu plith y Sefydliad Astudiaethau Bywyd Gwerin ym Mhrifysgol Leeds, Amgueddfa Werin Cymru, Sain Ffagan (1948) a'r Ysgol Astudiaethau Albanaidd yng Nghaeredin (1951). Roedd pob un o'r sefydliadau hyn yn sylweddoli pwysigrwydd a gwerth tystiolaeth lafar yng nghyd-destun astudiaethau gwerin a'r ffaith fod angen cofnodi'r dystiolaeth honno mor fanwl â phosibl. Cyn edrych yn fanylach ar gyfraniad arbennig Sain Ffagan, teg hefyd yw cyfeirio at waith arloesol un Cymro ym maes hanes llafar.

Rhai o lyfrau arloesol George Ewart Evans yn seiliedig ar hanes llafar a gasglwyd ganddo

'Bydd yfory'n rhy hwyr . . .'

Cymro Cymraeg o Aberpennar oedd George Ewart Evans (1909–88),[4] ond fe dreuliodd y rhan helaethaf o'i oes yn byw ac yn gweithio yn Lloegr, yn arbennig yn Nwyrain Anglia. Yn haf 1948 ymsefydlodd ef a'i deulu ym mhentref cymharol ddiarffordd Blaxhall, swydd Suffolk. A buan y sylweddolodd, o ddod i adnabod rhai o'i gymdogion, megis yr hen fugail Robert Savage a'i briod Priscilla, a thrigolion eraill oedrannus yr ardal, yn wŷr a gwragedd, fod yn y gymdeithas olion amlwg o'r hyn a eilw yn 'prior culture'. Roedd cymdeithas wledig swydd Suffolk, fel pobman arall, yn newid yn chwyldroadol erbyn diwedd yr 1940au yn sgil datblygiadau mecanyddol a thechnegol ond roedd aelodau hynaf y gymdeithas yn perthyn i oes dra gwahanol o ran traddodiadau ac arferion, ffordd o fyw a hyd yn oed eirfa a thafodiaith. Ymysg ei gydnabod oedrannus yn Blaxhall fe ddarganfu George Ewart Evans rai oedd yn dal i ddefnyddio geiriau oedd yn gyffredin yng ngweithiau Chaucer a Spencer ond a oedd wedi hen ddiflannu o eirfa'r cenedlaethau iau. Argyhoeddwyd ef fod angen cofnodi atgofion yr hynafgwyr hyn ac aeth ati i wneud hynny â pheiriant recordio, a chyhoeddi ffrwyth ei ymchwil yn y gyfrol *Ask the Fellows who Cut the Hay* yn 1956. Yr oedd ef, yn union fel Allan Nevins, yn gweld arwyddocâd tystiolaeth lafar a phwysigrwydd cofnodi gwybodaeth nad oedd ar gael yn unman ond ar gof unigolion. Ac fe ymhelaethodd ar hyn yn ei gyfrol gyntaf yn 1956:

> Mae'r llyfr yn y ffurf hon oherwydd argyhoeddiad yr awdur fod y traddodiad llafar ar yr adeg arbennig hon o'r pwys hanesyddol mwyaf . . . Ar hyn o bryd mae'r hynafgwyr gwledig yn oroeswyr o oes arall. Yn eu hanfod maent yn perthyn i ddiwylliant sy'n ymestyn yn ôl mewn llinell ddi-dor hyd at yr Oesoedd Canol Cynnar o leiaf. Ar un ystyr hwy yw ceidwaid olaf y diwylliant; ac am y rheswm hwnnw dylent ennyn y parch a roir i unrhyw ffynhonnell werthfawr o wybodaeth hanesyddol. Mae eu gwybodaeth o dafodiaith, llên a chaneuon gwerin, hen arferion a defodau, a geirfa crefftau, a'u gallu i adnabod a disgrifio offer fferm sydd bellach yn mynd i ebargofiant ar ôl cael ei ddefnyddio am ganrifoedd, yn ddigon o reswm paham y dylent gael y sylw dyladwy gan yr hanesydd lleol.[5]

Roedd y dasg o gofnodi atgofion a phrofiadau ugeiniau o unigolion, a hynny dros nifer o flynyddoedd, yn waith llafurus ond cwbl angenrheidiol. Dadleuai Evans y gellid gohirio'r broses o gloddio safleoedd hanesyddol a hyd yn oed ohirio'r dasg o gasglu deunyddiau cyhoeddedig tra oedd y math o wybodaeth oedd ar gael yng nghof hynafgwyr bob amser ar ddibyn difancoll. 'Efallai y bydd yfory'n rhy hwyr; ac unwaith y bydd yr wybodaeth o dan y pridd ni all unrhyw faint o gloddio ei hadfer fyth eto.'[6] Canlyniad ei ymroddiad diwyro a'i waith arloesol oedd cyhoeddi cyfres o gyfrolau nodedig ar hanes cymdeithasol a diwylliannol dwyrain swydd Suffolk, yn arbennig *The Horse in the Furrow* (1960), *The Pattern under the Plough* (1966), *The Farm and the Village* (1969) a *Where Beards Wag All: the Relevance of the Oral Tradition* (1970). Yn ystod yr 1970au mabwysiadodd dechnegau hanes llafar i astudio pynciau mwy trefol a diwydiannol eu natur, gan ddychwelyd at astudio cymdeithas ei blentyndod, yn arbennig yn *From Mouths of Men* (1976). Cyhoeddwyd ei gyfrol olaf, *Spoken History* (1987), ychydig fisoedd cyn ei farw, ac ynddi cawn gyfolwg ardderchog o'i waith fel arloeswr hanes llafar yng ngwledydd Prydain ac Iwerddon.[7] Ac roedd yn well ganddo ef ddefnyddio'r term 'spoken' yn hytrach nag 'oral' i ddisgrifio'r math o hanes a gofnodai!

Tra oedd George Ewart Evans yn cofnodi ar dâp magnetig atgofion rhai o'i gymdogion a'i gydnabod yn Blaxhall, a hynny ar ei liwt ei hun heb gefnogaeth unrhyw gorff na chorfforaeth, roedd sefydliad cymharol ifanc yng Nghymru ar fin mynd i'r afael â'r un math o waith. Pan sefydlwyd Amgueddfa Werin Cymru, Sain Ffagan, yn 1948 dan arweiniad ei churadur cyntaf, Dr Iorwerth C. Peate, ei nod oedd creu amgueddfa a fyddai'n 'gyfundod ynddi ei hunan o holl brif elfennau'r bywyd Cymreig; yn ddarlun byw o'r gorffennol, yn ddrych o elfennau ein Cymreictod presennol, ac yn ysbrydoliaeth i ddyfodol ein gwlad.'[8]

Ac roedd diogelu traddodiadau llafar Cymru yr un mor bwysig â diogelu'r rhai mwy materol a gweladwy, fel yr eglurodd Dr Peate yn ei gyfrol hunangofiannol *Rhwng Dau Fyd* flynyddoedd yn ddiweddarach:

> Yr oedd gennym yn Sain Ffagan o'r cychwyn y casgliad cenedlaethol o ddefnyddiau ein diwylliant materol a daliasom i ychwanegu. Y mae erbyn hyn yn un o'r casgliadau gorau o'i fath yn y byd. Ond teimlais oddi ar y dyddiau coleg hynny pan astudiwn dafodieithoedd Cyfeiliog gyda'm cyfaill Alf Sommerfelt, nad oedd casglu *pethau* ein

diwylliant yn ddigon. Nid digon aradr heb wybod hefyd enwau tafodieithol ei holl rannau. A heb wybod am hen arferion, hen chwedlau, hen ganu, hen goelion, a'r tafodieithoedd eu hunain, ni allem ddisgwyl llunio darlun cyflawn o orffennol ein cenedl. Felly, euthum ati gyda chefnogaeth arbennig Griffith John Williams i bwyso am ddatblygiad yn yr Amgueddfa Werin o'r hyn a ofalai am yr agwedd hon ar ein traddodiad. I dorri'r stori'n fyr, llwyddwyd yn y diwedd i sefydlu Adran Traddodiadau Llafar a Thafodieithoedd.[9]

A byth oddi ar i bennaeth cyntaf yr Adran Traddodiadau Llafar a Thafodieithoedd, Vincent H. Phillips, ddechrau ar ei waith yn Hydref 1957 fe fu Sain Ffagan ar flaen y gad yn cofnodi elfennau o'r traddodiad llafar yng Nghymru ac yn casglu gwahanol dystiolaethau o hanes llafar mewn ardaloedd gwledig a rhai mwy trefol a dinesig.[10] Canolbwyntiwyd ar y dechrau ar gasglu tystiolaeth lafar mewn tri phrif faes, sef:

1. **Patrymau gwaith a chynhaliaeth a bywyd bob dydd** yn yr ardaloedd gwledig a'r ardaloedd trefol a diwydiannol, gan gofnodi atgofion manwl am batrymau amaethu a dulliau gwahanol grefftwyr o weithio ac am arferion cadw tŷ, paratoi bwydydd a goruchwylion eraill yr aelwyd.

2. **Llên gwerin bob dydd**, gan gasglu tystiolaeth fanwl am ganeuon a storïau gwerin, am gredoau a choelion yn ymwneud â'r goruwchnaturiol ac arferion a oedd yn gysylltiedig â thymhorau'r flwyddyn, chwaraeon, meddyginiaethau, ac ati.

3. **Cyfoeth yr iaith lafar** fel yr adlewyrchid hynny yn amrywiaeth tafodieithoedd y Gymraeg ac yn yr eirfa unigryw a berthynai i wahanol grefftau a gorchwylion a bywyd cartrefi Cymru.

O ganlyniad, mae yna bellach yn archif sain yr Amgueddfa Werin dros 9,000 o dapiau llafar (sy'n cynrychioli llawer mwy na hynny o ran oriau), yn ogystal â chasgliadau helaeth o ddeunyddiau llafar eraill ar ffurf copïau o raglenni radio a recordiau, casetiau a disgiau sain a gynhyrchwyd yn fasnachol dros y blynyddoedd. Golyga hyn fod deunydd amhrisiadwy i haneswyr lleol ym mhob rhan o Gymru, ac i haneswyr teulu ambell dro hefyd, yng nghasgliadau'r Amgueddfa o ffynonellau llafar. Ceir peth gwybodaeth gefndirol am yr archif sain ac enghreifftiau o gasgliadau llafar penodol megis y casgliad o ganeuon gwerin a'r casgliad o storïau gwerin drwy archwilio'r wefan: www.amgueddfacymru.ac.uk.

Erbyn canol yr 1960au yr oedd hanes llafar yn dechrau ennill ei blwyf hefyd yn rhai o'r prifysgolion, yn arbennig ymysg haneswyr cymdeithasol a chymdeithasegwyr. Gwnaed gwaith arbennig gan Paul Thompson a Thea Vigne ym Mhrifysgol Essex, gan Bill Williams yn Uned Astudiaethau Manceinion a chan Raphael Samuel yn Rhydychen. Sefydlwyd y cylchgrawn *Oral History* yn 1971 a'r Oral History Society yn 1973 a dechreuwyd cynhyrchu cyfrolau academaidd pwysfawr ar sail prosiectau lle gwnaed defnydd helaeth o dystiolaeth a hanes llafar mewn cyfrolau megis Paul Thompson, *The Edwardians: the Remaking of British Society* (1975); Elizabeth Roberts, *A Woman's Place: an Oral History of Working Class Women, 1880–1940* (1984); Alun Howkins, *Poor Labouring Men: Rural Radicalism in Norfolk, 1870–1923* (1985). Mae'n ddiddorol nodi mai ymwneud â bywydau aelodau mwy cyffredin cymdeithas a wnâi'r astudiaethau arloesol hyn ym Mhrydain ac nid â haenau uchaf cymdeithas fel yn yr Unol Daleithiau rhwng 1950 ac 1970.

Arwyddocâd hanes llafar

Er bod hanes llafar wedi ennill ei blwyf fel disgyblaeth academaidd mae'n deg dweud nad oedd pawb, ac nad yw pawb heddiw, yn derbyn dilysrwydd y pwnc yn ddigwestiwn. Mae rhai haneswyr, a haneswyr lleol yn eu plith, yn teimlo'n hapusach gyda ffynonellau dogfennol, boed y rheiny'n rhai archifol neu'n rhai printiedig. Eu cri hwy yw, 'Heb ddogfen heb hanes'. Ac eto, dogfen, er ei bod o fath gwahanol, sydd gennym o ganlyniad i recordio cyfweliad ag unigolyn neu gofnodi rhyw achlysur llafar arall. Pan ofynnwyd i'r hanesydd A. J. P. Taylor unwaith am ei ymateb i'r broses o gofnodi atgofion unigolion, ei ymateb oedd: 'In this matter I am an almost total sceptic . . . Old men drooling on about their youth – No.'[11]

Iddo ef, ni ellid rhoi coel ar atgofion a seiliwyd ar y cof dynol oherwydd bod hwnnw'n gallu bod yn hynod annibynadwy. A dyna'r brif feirniadaeth o hanes llafar, fel rheol, sef dilysrwydd y dystiolaeth a gofnodir oherwydd onid yw'r cof dynol yn aml yn dueddol o chwarae triciau?

Beirniadaeth ddilys arall yw'r un sy'n cwestiynu rhan yr holwr oherwydd fe all y math o gwestiynau a holir a'r dull o holi effeithio ar natur y cyfweliad. Mae yna berygl i'r holwr, weithiau, geisio'r math o wybodaeth yr hoffai ei gael ac felly ofyn cwestiynau arweiniol, a thrwy hynny lurgunio'r gwirionedd. Ac mae'r feirniadaeth arall gwbl ddilys a leisir yn aml yn ymwneud â'r broses ei hun. Nid yw pawb, wedi'r cyfan, yn hoffi cael eu cyf-weld nac yn teimlo'n hapus yn llefaru i ficroffon neu'n eistedd yng ngŵydd camera. A'r canlyniad wedyn yw na cheir ganddynt y gwir, a'r holl wir. Mae'r ystyriaethau hyn yn rhai y dylai unrhyw hanesydd llafar fod yn ymwybodol ohonynt ac yn golygu na ddylid ymgymryd â'r dasg o gasglu tystiolaeth lafar heb lunio amcanion pendant i'r dasg a dilyn canllawiau manwl wrth ymgymryd â'r gorchwyl.

Ond y cwestiwn sylfaenol y dylid dychwelyd ato yw hwn. A yw tystiolaeth lafar yn llai dibynadwy na thystiolaeth ddogfennol, fel y myn rhai haneswyr? Fe bwysleisiwyd eisoes mor bwysig fu tystiolaeth lafar ar hyd y canrifoedd a'r modd y cafodd ei defnyddio gan haneswyr a sylwebyddion. Ac efallai mai'r cwestiwn y dylem ei holi yw pa mor ddibynadwy, yn aml, yw llawer o'r dogfennau a ddefnyddiwn fel ffynonellau hanesyddol? Wedi'r cyfan, meidrolion fu wrthi'n llunio cofnodion swyddogol o bob math ar hyd y canrifoedd! Ac o'i brofiad fel cynghorydd plwyf am flynyddoedd lawer fe sylwodd George Ewart Evans fod rhyw ddeallusrwydd dethol ('selective intelligence') wedi bod ar waith yn llunio cofnodion swyddogol y cyfarfodydd a fynychodd! Dyma paham y credai ef yn gryf y gellid cyfiawnhau tystiolaeth lafar:

> A ellir dibynnu ar y traddodiad llafar? O'm profiad fy hun – yn cofnodi hen sgiliau a chrefftau yn y gymdeithas gynharach (*prior*) yn Nwyrain Anglia – fe allaf ddweud yn ddigwestiwn fod yn well gen i ymddiried yn y crefftwr a'r ffermwr a'r gweithiwr fferm a fu'n gwneud y gorchwyl, ar hyd ei oes, efallai, yn hytrach nag unrhyw ffynhonnell brintiedig sy'n delio â manylion a natur ei waith . . . I ddyn a dreuliodd ei oes yn gwneud gwaith neu grefft arbennig mae'n fater o anrhydedd disgrifio'r manylion yn llawn a heb eu llurgunio.[12]

Felly, o'i defnyddio'n ofalus a hynny yn unol â safonau ysgolheictod, fe welir bod tystiolaeth lafar yr un mor werthfawr fel ffynhonnell hanesyddol â'r ffynonellau eraill mwy traddodiadol a ddefnyddir. Mewn meysydd lle mae tystiolaeth ddogfennol ar gael, fe all hanes llafar atgyfnerthu safbwyntiau sy'n bodoli neu weithiau eu cywiro, a thrwy hynny ychwanegu at y dehongliad hanesyddol. Mewn meysydd lle nad oes dystiolaeth ddogfennol yn bodoli, neu lle mae'n brin, yna fe all yr hyn a gesglir yn llafar fod yn unigryw ac yn amhrisiadwy. Ac yng nghyd-destun hanes lleol a hanes teulu fe ddigwydd hynny o bryd i'w gilydd.

Fe gyflwynwyd yr achos dros ddefnyddio hanes llafar yn ddeheuig gan Raphael Samuel, ysgolhaig a wnaeth waith arloesol yn y maes yng Ngholeg Ruskin, Rhydychen:

> Mae tystiolaeth lafar yn ei gwneud hi'n bosibl i ni ddianc rhag rhai o wendidau cofnodion dogfennol, yn sicr yn y cyfnodau diweddar. . . Mae rhai ffeithiau sydd wedi eu cofnodi yng nghof hen bobl ac yno'n unig, digwyddiadau o'r gorffennol na ellir eu hesbonio ond ganddynt hwy, golygfeydd diflanedig na all neb arall eu dwyn i gof. Nid yw dogfennau'n gallu ateb yn ôl, ac ni ellir gofyn iddynt egluro pethau'n fanylach, rhoi mwy o enghreifftiau, rhoi cyfrif am ddiffygion neu egluro anghysonderau yn y cofnod sydd wedi goroesi. Yn wir dim ond gyda chymorth tystiolaeth fyw y gellir ymgymryd â rhai mathau o ymchwil ac mae rhai meysydd lle mae ei haddasrwydd yn ddigwestiwn.[13]

Felly, o ymgymryd â chasglu tystiolaeth lafar yn systematig ac o'i defnyddio'n ofalus ac yn feirniadol fe all ychwanegu'n sylweddol at ein dehongliad o hanes cymunedol.

Enghreifftiau o Gymru

Yn ogystal â'r gwaith arloesol a wnaed yn Sain Ffagan o ganol yr 1950au yn casglu tystiolaeth lafar o bob math, fe welwyd o ddechrau'r 1970au enghreifftiau diddorol eraill o gasglu hanes llafar yng Nghymru. Yn 1969 sefydlwyd Casgliad Gwaith Glo De Cymru ym Mhrifysgol Abertawe gyda'r bwriad o greu a diogelu archif gynhwysfawr a fyddai'n ddrych o fywyd ym maes glo'r de, a hynny ar adeg pan oedd y gymdeithas yno'n wynebu newidiadau dirfawr. Er bod hanes y maes glo yn ymestyn yn ôl dros ganrif a hanner, roedd yn syndod gyn lleied o ddogfennaeth yn ymwneud â'r diwydiant oedd wedi goroesi am wahanol resymau. Rhaid, felly, oedd diogelu'r hyn oedd ar gael a llenwi bylchau. Yn 1971 sefydlwyd Prosiect Hanes Maes Glo De Cymru gyda

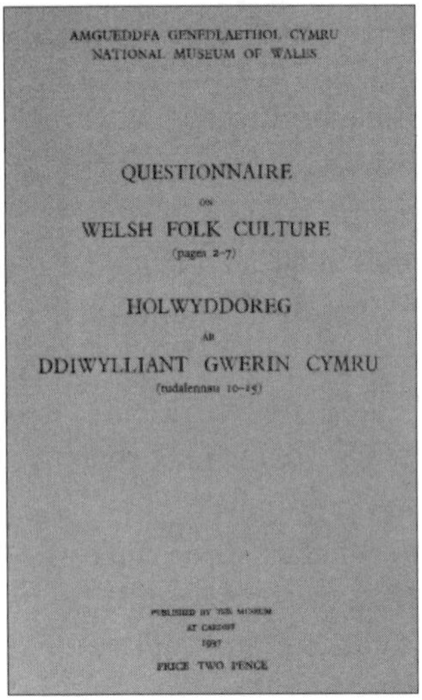

AMGUEDDFA GENEDLAETHOL CYMRU
NATIONAL MUSEUM OF WALES

QUESTIONNAIRE
ON
WELSH FOLK CULTURE
(pages 2-7)

HOLWYDDOREG
AR
DDIWYLLIANT GWERIN CYMRU
(tudalennau 10-15)

PUBLISHED BY THE MUSEUM
AT CARDIFF
1937
PRICE TWO PENCE

Holwyddoreg ar Ddiwylliant Gwerin Cymru *a luniwyd gan Iorwerth C. Peate yn 1937*

chefnogaeth ariannol Cyngor Ymchwil Gwyddor Gymdeithasol (*Social Science Research Council*) gyda'r bwriad o leoli a chasglu pob math o ddeunydd archifol, yn llawysgrifau ac eitemau printiedig, a fyddai'n adlewyrchu bywyd yn y gymdeithas lofaol. Roedd casglu tystiolaeth lafar drwy gyf-weld pobl a oedd wedi byw a gweithio yn y gymdeithas honno yn rhan bwysig o'r prosiect ac felly'n creu deunydd 'archifol' newydd a gwerthfawr. Cyfeiriodd Hywel Francis at y profiad o gasglu'r dystiolaeth a dadansoddi ei harwyddocâd mewn pennod bwysig yn y gyfrol *A People and a Proletariat* (1980) lle mae'r awdur yn dadlau bod gwerth amhrisiadwy i'r dystiolaeth lafar oherwydd mai honno'n aml yw'r unig dystiolaeth sydd ar gael. Ychwanega fod 'angen hanesydd llafar i ofyn y cwestiynau cyntaf ac yn aml i sicrhau'r atebion cyntaf'. Ac mae'n honni hefyd fod rhai gweithgareddau dynol na ellir eu harchwilio'n llwyddiannus ond drwy gasglu tystiolaeth lafar.[14] Diogelwyd y tapiau a recordiwyd yn Llyfrgell Glowyr De Cymru ym Mhrifysgol Abertawe a cheir mwy o fanylion amdanynt ar y wefan: www.swan.ac.uk/swcc/.

Enghraifft arall ddiddorol o ddefnyddio tystiolaeth lafar yw'r arolwg a wnaed gan grŵp o ddaearyddwyr a fu'n astudio patrymau anheddiad rhwng 1840 ac 1983 yn nyffrynnoedd dwyreiniol y Mynyddoedd Du yn ne-ddwyrain Cymru, sef de-ddwyrain Powys a gogledd Gwent, fel yr oeddynt bryd hynny.[15] Erbyn canol yr ugeinfed ganrif roedd yr ardaloedd hyn wedi gweld diboblogi enbyd (gostyngiad o 1,277 o drigolion yn 1841 i 529 yn 1983) a llawer iawn o dai a ffermdai bellach yn dai haf, yn wag neu'n adfeilion. Amcan y prosiect oedd ceisio creu proffil cyflawn o boblogaeth yr ardaloedd er 1840 drwy edrych ar hanes pob tŷ unigol (435 ohonynt i gyd), a hynny trwy ddefnyddio rhychwant eang o ffynonellau. Gan ddechrau â thystiolaeth mapiau a chofnodion y degwm, roedd modd canfod llawer o wybodaeth am dai, tyddynnod a ffermydd a'r rhai oedd wedi byw ynddynt. Gwnaed defnydd helaeth o fapiau a chofnodion stadau'r ardal, yn arbennig stadau Landor, Glanusk, Duffryn a Beaufort, yn ogystal â chatalogau arwerthiannau rhai o'r stadau hyn. Roedd tystiolaeth ddogfennol arall ar gael mewn rhestrau etholwyr, cofnodion eglwysig a phlwyfol, llyfrau lòg a chofrestri mynediad ysgolion, cyfarwyddiaduron masnachol, adroddiadau treth tir, ac yn arbennig yn adroddiadau'r cyfrifiad rhwng 1841 ac 1881. Ond ni allai'r holl wybodaeth ddogfennol hon ateb yr holl gwestiynau yr oedd angen atebion iddynt. A dim ond drwy gyf-weld chwe hynafgwr yn eu hwythdegau y llwyddwyd i ganfod llawer o wybodaeth ychwanegol werthfawr. Yn ôl Robert Grant, un o'r daearyddwyr a fu'n ymchwilio, 'fe gafwyd priodas effeithiol rhwng tystiolaeth lafar a deunyddiau archifol' a phrawf pendant fod hanes llafar yn gallu gwneud iawn, ar brydiau, am ddiffygion ffynonellau archifol a phrintiedig.

Fe ellid amlhau enghreifftiau o brosiectau 'hanes llafar' yr ymgymerwyd â hwy gan lyfrgelloedd ac archifdai, cymdeithasau ac unigolion er dechrau'r 1970au, a'r cyfan yn tystio i arwyddocâd a phwysigrwydd y pwnc. Fe grëwyd rhai miloedd o dapiau atgofion dan gynlluniau Comisiwn Gwasanaethau'r Gweithlu (MSC) a noddai awdurdodau lleol (trwy lyfrgelloedd ac archifdai) a sefydliadau academaidd i gasglu tystiolaeth lafar. Cafwyd prosiect arbennig o lwyddiannus yng Ngholeg Harlech ar ddechrau'r 1980au dan arweiniad y llyfrgellydd, Martin Eckley, a bu Geroge Ewart Evans yno ar sawl achlysur yn rhannu ei brofiadau ac yn cymryd rhan mewn gweithdai. Mae casgliad Coleg Harlech o dapiau bellach yn Archifdy Meirionnydd yn Nolgellau ac yn ffynhonnell amhrisiadwy o wybodaeth i gymunedau lleol. Ond y broblem fawr ynglŷn â'r casgliad hwn, megis casgliadau eraill ledled Cymru, yw fod peiriannau addas i chwarae tapiau riliau agored (*open reel*) yn hynod brin.

Yn 1983 fe sefydlwyd y cylchgrawn *Llafar Gwlad* dan olygyddiaeth John Owen Huws (a fu'n aelod o staff Sain Ffagan) gyda'r bwriad o roi sylw dyladwy 'i lên gwerin, hen draddodiadau ac arferion 'slawer dydd'. Dros y blynyddoedd, mae'r cylchgrawn hwnnw wedi diogelu llawer o wybodaeth a geid ar lafar gwlad yn unig cyn ei rhoi ar glawr. Dwy flynedd yn ddiweddarach sefydlwyd Cymdeithas Llafar Gwlad, gyda'r nod o fod 'yn gefn i'r gweithgarwch presennol ym maes casglu a chyflwyno diwylliant gwerin Cymru, a llên gwerin yn arbennig, yn ogystal â'i ddiogelu a'i ddatblygu'.[16] Ac yn 1986 cychwynnwyd y gyfres 'Llyfrau Llafar Gwlad' gan Wasg Carreg Gwalch, y wasg sydd wedi gwneud cymaint i hyrwyddo cyhoeddiadau lleol eu natur, yn Gymraeg a Saesneg, dros gyfnod o chwarter canrif a mwy.

Fel y dynesai'r unfed ganrif ar hugain mae'n ymddangos bod llawer o gymunedau Cymru am ddathlu'r achlysur trwy gofnodi a chyhoeddi cipolwg ar eu hanes diweddar ac roedd casglu hanes llafar yn aml yn rhan o'r broses. Cafwyd 'Y Ganrif ar Lafar – Cynllun Hanes Llafar y Mileniwm' i'r BBC (Radio Cymru) ac fe 'holwyd trawsdoriad eang o bobl o bob oed (ar hyd a lled Cymru) ar gyfer y cynllun – oddeutu chwe mil o bobl i gyd' a chyhoeddwyd detholiad byr o gyfweliadau yn niwedd 1999.[17] Mae'n ddiddorol nodi hefyd i'r Athro R. Merfyn Jones, yntau, pan oedd yn paratoi ar gyfer y gyfres deledu a ddarlledwyd gan Ffilmiau'r Bont ar S4C yn hydref 1999 gyf-weld 300 o unigolion gan ddatgan mai'r nod oedd 'hel at ei gilydd archif ar ffilm ac ar lafar a fyddai'n cofnodi cyflwr Cymru ar ddiwedd yr ugeinfed ganrif'.[18] Ac fe benderfynodd Merched y Wawr ddathlu'r mileniwm newydd drwy lansio prosiect hanes llafar, a hynny mewn cydweithrediad â Choleg y Drindod, Caerfyrddin, ac Amgueddfa Werin Cymru, Sain Ffagan. Y canlyniad fu cynhyrchu 1,000 o dapiau'n cofnodi profiadau merched Cymru, rhwng 1920 ac 1960, a hynny ar nifer o bynciau penodol; ceir manylion y prosiect ar eu gwefan.[19]

Mae prosiectau eraill hefyd yn mynd rhagddynt. Cafwyd £50,000 o Gronfa Treftadaeth y Loteri yn nechrau 2008 i sefydlu prosiect hanes llafar a fyddai'n cofnodi peth o hanes y cymunedau Eidalaidd yng Nghymru er 1950,[20] ac mae Prifysgol Bangor yn flaenllaw gyda phrosiectau hanes llafar. Mae'n deg nodi hefyd fod y pwnc yn cael mwy o sylw nag erioed drwy gyfrwng cyrsiau a modiwlau penodol yn amryw o sefydliadau academaidd eraill Cymru.

Erbyn hyn mae Archif Genedlaethol Sgrin a Sain Cymru, a leolir yn Llyfrgell Genedlaethol Cymru, wedi hen ennill ei phlwyf ac yn eang iawn ei chynnwys; mae'n 'cwmpasu pob agwedd ar ddiwylliant a bywyd Cymru a'r Cymry fel y mae wedi ei groniclo gan y cyfryngau clyweledol, sef recordiadau sain, fideo a ffilm, ac i raddau, y cyfryngau digidol diweddaraf'.[21] Ymhlith y casgliadau mae rhai enghreifftiau o dapiau a luniwyd fel ymgais i gofnodi 'hanes llafar' mewn gwahanol ardaloedd o Gymru.

Dogfen o fath gwahanol

Yr hyn a wneir wrth gofnodi tystiolaeth lafar, boed hynny yng nghyd-destun hanes cymunedol neu hanes teulu, yw creu dogfen newydd ac

Llewelyn Evans, Ystumgwadnaeth, Llanfachreth ger Dolgellau yn cael ei holi gan Vincent H. Phillips o Amgueddfa Werin Cymru, ar ddechrau'r 1960au
Trwy ganiatâd Sain Ffagan: Amgueddfa Werin Cymru

unigryw, ac fe ddylid diogelu'r ddogfen wreiddiol, beth bynnag fo'i fformat. Yn honno fe fydd ar gof a chadw nodweddion arbennig y sawl a holwyd (yn ogystal a'r holwr!), gan amlygu geirfa, tafodiaith, seineg, ac ati, yn ogystal â'r wybodaeth a gofnodwyd, ac mae i hyn oll werth cynhenid. Ac fe fyddai sawl hanesydd llafar yn maentumio y dylai hanes llafar fod goruwch popeth yn llafar a chlywadwy! Ond, er hwylustod i ddefnyddwyr yn gyffredinol, bydd angen trawsgrifio'r cyfweliad er mwyn sicrhau mynediad mor eang â phosibl i'w gynnwys er bod honno'n aml yn broses araf a chostus. Ac yng nghyd-destun diogelu a chadwraeth y ddogfen wreiddiol (pa fformat bynnag a ddefnyddiwyd i recordio'r cyfweliad) fe ddylid ceisio barn arbenigol ar hyn a sicrhau amodau cywir ac addas i'w storio.[22]

Gan mai amcan y bennod hon oedd cyflwyno rhagarweiniad cyffredinol i dystiolaeth lafar a dangos ei pherthnasedd yng nghyd-destun hanes lleol o bob math, a hanes teulu yn aml, ni fwriedir cynnwys manylion technegol am y broses o gyf-weld a diogelu'r ddogfen derfynol ond gobeithio y bydd y rhestr ganlynol o ganllawiau o fudd i'r sawl sydd am fentro i'r maes. Yr hyn sy'n ddiymwad yw fod yna le, ym mhob cymuned ac o fewn pob teulu, inni ddefnyddio technegau hanes llafar i ychwanegu at swm ein gwybodaeth o'r gymuned neu'r teulu dan sylw.

ATODIAD – Rhai camau a chanllawiau yn y broses o gofnodi tystiolaeth lafar

1. Pa bynciau/feysydd sydd angen eu hymchwilio a'u cofnodi?

Pa fylchau amlwg sydd yn hanes teulu, bro neu gymuned benodol?
Beth yw'r dystiolaeth sydd eisoes ar gael – yn ysgrifenedig/gyhoeddedig?
Pa fath o wybodaeth 'newydd' a geir trwy gofnodi hanes llafar?
Yr angen am gynllun pendant wrth ddechrau prosiect 'hanes llafar' gydag amcanion clir a nodau pendant.

2. Pwysigrwydd ymchwil ragarweiniol a chefndirol

Pwysigrwydd bod yn gyfarwydd â'r hyn sydd eisoes yn wybyddus am y pwnc dan sylw mewn amrywiaeth o ffynonellau, e.e. llawysgrifau, dogfennau a deunydd cyhoeddedig.
Gwastraff ar amser ac adnoddau yw cofnodi'n llafar yr hyn sy'n wybodaeth gyffredin a gwybyddus mewn amryfal ffynonellau eraill.
Gall tystiolaeth lafar atgyfnerthu **neu** wrthbrofi gwybodaeth a geir mewn ffynonellau eraill.
Ar brydiau gall tystiolaeth lafar gyfrannu gwybodaeth gwbl newydd ac unigryw nad yw ar gael yn unman arall.

3. Llunio holiadur

Bydd llunio holiadur manwl ar bwnc/agweddau ar bwnc yn help i grisialu gwybodaeth gefndirol yr holwr.
Dylid defnyddio'r holiadur fel fframwaith i'r cyfweliad a'i ddilyn yn fras ond nid yn slafaidd.[23]

4. Dewis siaradwr/siaradwyr addas (=Informants)

Nid yr hen na'r siaradus yw'r rhai mwyaf addas bob amser!
Dylid chwilio am rai sy'n meddu gwybodaeth arbenigol ac

unigryw ar wahanol bynciau neu'n meddu ar brofiadau arbennig/unigryw.
Gorau oll os yw'r siaradwr yn gwybod gwerth ac arwyddocâd yr wybodaeth sydd ganddo/ganddi.
Gellir cofnodi tystiolaeth UN person ar nifer o bynciau neu bwnc penodol.
Gellir cofnodi tystiolaeth NIFER o bersonau ar amryw o bynciau neu bwnc penodol.
Dylid sicrhau caniatâd y siaradwr a llunio cytundeb i warchod ei 'hawlfraint' ar gynnwys y cyfweliad.

5. Defnyddio offer addas

Mae'n hanfodol sicrhau'r ansawdd technegol gorau posibl – ac mae technoleg yn camu 'mlaen ar raddfa ryfeddol y dyddiau hyn!
Mae'n hanfodol meistroli'r offer a'r modd gorau o'i ddefnyddio.
Ni ddylid gadael i'r offer amharu ar y siaradwr na'r broses o gyf-weld.
Dylid sicrhau'r lle a'r amodau gorau i recordio, e.e. osgoi sŵn cefndirol, ac ati.
Pa fath o offer recordio? Recordiad 'sain' yn unig neu sain + llun (= fideo, ac ati)?

6. Y Cyfweliad

Dylid cael sgwrs ragarweiniol hefo'r siaradwr. Ond ni ddylid holi gormod arno/arni rhag amharu ar y cyfweliad go iawn.
Sicrhau amser cyfleus ac addas i'r siaradwr.
Sicrhau lleoliad addas a chyfforddus – awyrgylch gynnes, gartrefol, hamddenol.
Pennaf rhinwedd holwr yw cydymdeimlad, a'i gamp/champ fydd treiddio i fyd y siaradwr.
Ni ddylid gorflino'r siaradwr na rhuthro'r cyfweliad.
Dylid ennill ymddiriedaeth y siaradwr a pharchu cysegredigrwydd ei wybodaeth/ei gwybodaeth.
Prif weithgarwch yr holwr yw procio cof y siaradwr.
Dylid sicrhau manylrwydd tystiolaeth. Y manylion ychwanegol sy'n troi recordiad cyffredin yn un gwerthfawr ac, efallai, yn unigryw
Peidio â gadael i'r siaradwr grwydro'n ddigyfeiriad.
Yr holwr, nid y siaradwr, a ddylai lywio'r sgwrs.

Robin Gwyndaf o Amgueddfa Werin Cymru yn holi T. W. Thomas, Pen-tyrch a Gwaelod-y-garth. Cyhoeddwyd detholion o'r cyfweliad yng nghyfres casetiau Amgueddfa Werin Cymru, 1994

7. Cofnodi manylion y cyfweliad a'r recordiad
(i) Manylion y cyfweliad ei hun

Rhoi manylion llafar ar ddechrau'r tâp ei hun, e.e. siaradwr/holwr, dyddiad.
Labelu'r tâp yn glir hefo'r manylion uchod.
Nodi'r ffurf/fformat a ddefnyddiwyd, e.e. casét, tâp sain, cryno ddisg, ac ati.
Lle, amser a dyddiad y cyfweliad.
Manylion technegol, e.e. cyflymdra'r tâp, trac, ac ati.
Rhif unigryw.
Iaith y cyfweliad.
Trawsgrifiad ar gael?

(ii) Manylion y siaradwr
Enw llawn, cyfeiriad, gwaith.
Dyddiad a man geni.

Y diweddar Emrys Evans, Manod, Blaenau Ffestiniog, yn dwyn i gof 'Hiwmor y Chwarelwr' – un arall o gasetiau Amgueddfa Werin Cymru, 1990

Addysg, galwedigaeth/gyrfa, priodas(?)
Manylion rhieni – a hynafiaid eraill, os yw'n bosibl(?)
Llun o'r siaradwr a'i gartref, os ydynt yn berthnasol.
Unrhyw wybodaeth gefndirol arall o bwys.

(iii) Manylion am gynnwys y recordiad

Crynodeb o gynnwys y tâp.
Tanlinellu'r prif bwnc/thema a drafodir.
Lleoliad pob pwnc/thema, ar y tâp.
Lleoedd/personau arwyddocaol a grybwyllir yn y cyfweliad.

8. Ffurf derfynol y recordiad

Beth yw'r fformat terfynol?
A olygwyd y cyfweliad?
A wnaed trawsgrifiad – llawn, heb unrhyw olygu/wedi ei olygu?

9. Cadwraeth a mynediad

Sicrhau amodau cadwraeth addas – gwarchod rhag gwres a lleithder, ac ati.

Ystyriaethau hawlfraint y recordiad – dogfennau cydsyniad a hawlfraint.

Cyfyngiadau ar fynediad i'r deunydd, e.e. pwrpas ymchwil yn unig?

Hwyluso mynediad drwy lunio mynegeion i byncciau/personau/ ardaloedd penodol.

NODIADAU

1. Paul Thompson, *The Voice of the Past* (3ydd arg., 2000), 25.
2. Trevor Lummis, *Listening to History: the Authenticity of Oral Evidence* (1987).
3. Allan Nevins, *Proceedings of the First National Colloquium on Oral History* (1966), 31.
4. Gweler Gareth Williams, *George Ewart Evans* (1991); Vincent H. Phillips, 'The Historian of England's "gwerin" ', *Book News from Wales*, Spring 1984; Rheinallt Llwyd, 'George Ewart Evans – arloeswr hanes llafar', *Barn*, Hydref 1988.
5. George Ewart Evans, *Ask the Fellows who Cut the Hay* (1956), 13–14.
6. *Ask the Fellows who Cut the Hay*, 14.
7. Gweler hefyd George Ewart Evans, *The Crooked Scythe: an Anthology of Oral History* (1993), cyfrol a olygwyd ac a gyhoeddwyd wedi ei farwolaeth gan David Gentleman.
8. Iorwerth C. Peate, *Amgueddfeydd Gwerin* (1948), 54.
9. Iorwerth C. Peate, *Rhwng Dau Fyd* (1976), 152.
10. Vincent H. Phillips, 'The Recording of Oral Tradition in Wales', *Journal of the Folklore Institute* [Indiana], 2 (1965), 317–25 a Vincent H. Phillips, 'Gwybodaeth Lafar a Bywyd Gwerin', *Barn*, Mai 1981. Gweler hefyd Beth Thomas, 'Golud y Gorffennol? Cofnodi'r tafodieithoedd' yn Geraint H. Jenkins a Mari A. Williams (gol.), *'Eu Hiaith a Gadwant'? Y Gymraeg yn yr Ugeinfed Ganrif* (2000), 405–20. Ac ar sail casglu tystiolaeth lafar y llwyddodd John Sampson (1862–1931) i gyhoeddi *The Dialect of the Gypsies of Wales* (1926).
11. Dyfynnir yn *Oral History*, 1(3) (1972), 46.
12. George Ewart Evans, 'Aspects of Oral Tradition', *Folk Life*, 7 (1969), 9.
13. Raphael Samuel, 'Local and Oral History', *History Workshop*, 1 (Spring 1976), 199.
14. Hywel Francis, 'The Secret World of the South Wales Miner: the Relevance of Oral History' yn David Smith (gol.), *A People and a Proletariat: Essays in the History of Wales 1780–1980* (1980), 166–80.
15. Robert Grant, 'Oral History and Settlement Change: a Case Study of Abandoned Dwellings in the Black Mountains of Wales, 1840–1983', *Cambria*, 12(1) (1985), 97–112.
16. Robin Gwyndaf, 'Trysori ein Llên Gwerin', *Y Faner*, 1 Mawrth 1985, 18–19.
17. R. Arwel Jones (gol.), *Hyd ein Hoes: Lleisiau Cymru* (1999).
18. R. Merfyn Jones, *Cymru 2000: Hanes Cymru yn yr Ugeinfed Ganrif* (1999).
19. www.hanesmerchedcymru.merchedywawr.com.
20. www.annoticoreport.com/2008/02/italian-heritage-in-wales-boosted-by.html.
21. sgrinasain.llgc.org.uk.
22. Ceir llawer o ganllawiau buddiol ar bob agwedd o gofnodi hanes llafar ar wefan yr Oral History Society ar: www.ohs.org.uk.

23. Er dyddiau *Parochial Queries*, Edward Lhwyd (c.1660–1709) fe fu llunio holiaduron yn ddull effeithiol o gasglu gwybodaeth leol. Lluniodd Iorwerth C. Peate (ar ran Amgueddfa Genedlaethol Cymru) *Holwyddoreg ar Ddiwylliant Gwerin Cymru* (1937) a cheir yn Sain Ffagan enghreifftiau o holiaduron manwl a luniwyd ar bob math o bynciau gan aelodau o'r staff a fu'n ymchwilio a chofnodi traddodiadau llafar a thafodieithoedd.

DARLLEN PELLACH

Yn ogystal â chyfrol Paul Thompson, *The Voice of the Past* (2000), sy'n rharweiniad rhagorol i'r maes, mae'n werth ymgynghori â'r canlynol: Stephen Caunce, *Oral History and the Local Librarian* (1994); Valerie Raleigh Yow, *Recording Oral History: a Guide for the Humanities and Social Sciences* (2005); Robert Perks & Alistair Thompson, *The Oral History Reader* (2006).

Yn Gymraeg gweler David Jenkins, *Ar Lafar, ar Goedd* (2007), sy'n rhoi 'golwg ar gymdeithas wledig de Ceredigion drwy graffu ar gyfoeth iaith 'hen ŷd y wlad'. Ac mae ei gyfrol flaenorol, *The Agricultural Community in South-west Wales at the Turn of the Twentieth Century* (1971), yn enghraifft nodedig o waith anthropolegydd a roes y pwys mwyaf ar bwysigrwydd tystiolaeth lafar.

19. LLEOLIAD A MYNEDIAD

Rheinallt Llwyd

O wybod am ffynonellau perthnasol i'w ymchwiliadau fe fydd angen i'r hanesydd cymunedol a'r hanesydd teulu, fel ei gilydd, ateb dau gwestiwn sylfaenol cyn dechrau ar y broses o gasglu deunyddiau. Y cwestiwn cyntaf yw ble mae'r ffynonellau? A'r ail gwestiwn yw pa mor hawdd yw cael gafael arnynt? Hyd yn gymharol ddiweddar, rhaid fyddai i ymchwilydd deithio i lyfrgell neu archifdy neu sefydliad arall perthnasol i ymgynghori â'i ddeunydd ond yn gynyddol bellach mae modd lleoli ffynonellau a hyd yn oed sicrhau copïau ohonynt o glydwch y cartref trwy gyfrwng cyfrifiadur personol. Daeth y Rhyngrwyd a thechnoleg ddigidol yn llawforynion rhyfeddol o gyfleus i ychwanegu at y pleser a'r hwylustod o leoli a sicrhau mynediad i lawer iawn o ffynonellau hanes lleol a hanes teulu. Amcan y bennod hon yw rhoi brasolwg yn unig o'r prif sefydliadau a'r gwasanaethau sy'n gwarchod ein harchifau ac yn sicrhau mynediad iddynt.

Fe welir yn Ffigur 1 fod amrywiaeth eang o sefydliadau yn gallu cynnig gwasanaethau i haneswyr cymunedol a haneswyr teulu, a'r mwyafrif ohonynt wedi eu lleoli yng Nghymru. Ond mae nifer sylweddol o sefydliadau eraill, y tu allan i Gymru, llawer ohonynt yn sefydliadau cenedlaethol ar lefel Brydeinig, sy'n gwarchod deunyddiau Cymreig amhrisiadwy ac yn cynnig gwasanaethau na ellir eu hepgor. Mae bron pob sefydliad a chorff bellach yn darparu manylion ynglŷn â'r math o wasanaethau a gynigir ganddynt trwy gyfrwng gwefannau ac fe ddylai pob ymchwilydd ymgyfarwyddo â'r rhain yn ofalus. Gan fod y gwefannau hyn mor gynhwysfawr fel rheol, rhoddir eu cyfeiriadau isod gan annog pob darllenydd i'w chwilota.

Sefydliadau tu allan i Gymru

Am nifer o resymau hanesyddol mae llawer o ffynonellau, yn arbennig rhai gwreiddiol, wedi eu lleoli mewn sefydliadau y tu hwnt i Gymru, a'r pwysicaf ohonynt yn ddiau yw'r Archifau Gwladol (The National Archives – TNA) yn Kew, Llundain: www.nationalarchives.gov.uk. Mae'r Comisiwn Brenhinol ar Lawysgrifau Hanesyddol bellach yn rhan o'r Archifau Gwladol ac yn cynnwys llawer o ddeunydd o ddiddordeb Cymreig.

Mae Swyddfa'r Cofrestrydd Cyffredinol (General Register Office – GRO): www.gro.gov.uk, yn arbennig o bwysig i'r sawl sy'n ymchwilio i hanes teulu gan mai yno y gellir archebu copïau o dystysgrifau genedigaethau, priodasau a marwolaethau.

Gellir archwilio Archifau'r Senedd drwy ddefnyddio gwefan Swyddfa Cofnodion Tŷ'r Arglwyddi (House of Lords Record Office): www.parliament.uk/parliamentary_publications_and_archives.

I haneswyr teulu'n arbennig, mae gwasanaethau'r Ganolfan Cofnodion Teulu (The Family Records Centre – FRC) yn aml yn anhepgor: www.familyrecords.gov.uk/frc. Ceir llawer o gyfarwyddyd hefyd ar wefan Ffederasiwn Cymdeithasau Hanes Teulu (Federation of Family History Societies – FFHS): www.ffhs.org.uk/General/Help, ac mae nifer o bamffledi ar-lein i'w cael ar wefan Cymdeithas yr Achyddion (The Society of Genealogists – SoG): www.sog.org.uk/leaflets/. Mae'r gymdeithas hon hefyd yn trefnu nifer o gyrsiau ar achyddiaeth ac yn cyhoeddi cylchgrawn chwarterol, *Genealogists' Magazine.*

Ers blynyddoedd lawer mae'r Mynegai Achyddol Rhyngwladol (*International Genealogical Index*) neu'r IGI fel yr adnabyddir ef, wedi bod yn gaffaeliad sylweddol i haneswyr teulu. Mynegai ydyw i filiynau o enwau byd-eang a gopïwyd gan y Mormoniaid (Eglwys Iesu Grist Saint y Dyddiau Diwethaf) yn Ninas y Llyn Halen, Utah, UDA, o gofnodion genedigaethau, bedyddiadau a phriodasau mewn cofresti plwyf, yng nghofrestri'r Anghydffurfwyr, ac mewn ewyllysiau a dogfennau eraill sy'n ymestyn o tua 1538 hyd oddeutu 1885. Fe

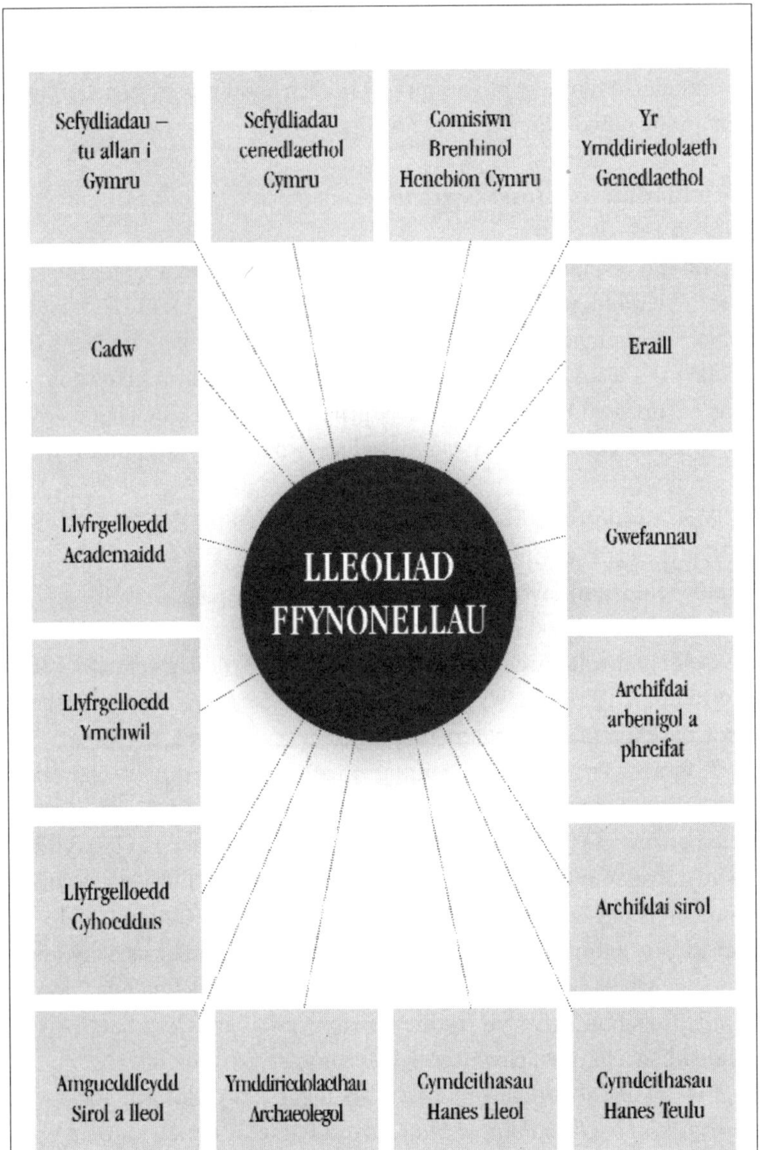

Ffigur 1: Lleoliad Ffynonellau

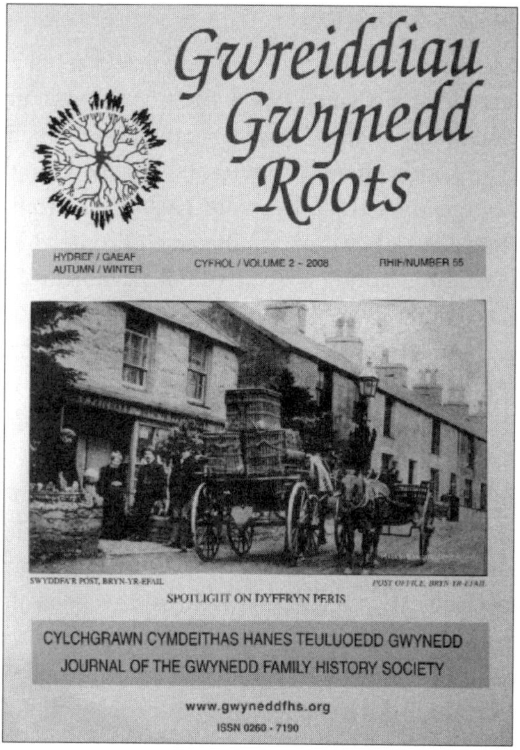

Gwreiddiau Gwynedd: Cylchgrawn Cymdeithas Hanes Teuluoedd Gwynedd

wrthodwyd caniatâd i'r Mormoniaid gopïo a mynegeio'r cofrestri plwyf yng Nghymru ond fe lwyddwyd i ffilmio a mynegeio Adysgrifau'r Esgobion. Ceir mynediad i'r mynegai enfawr hwn yn rhad ac am ddim ar: www.familysearch.org. Serch hynny, dylid bod yn ofalus wrth chwilio'r gronfa hon gan nad yw cofnodion pob plwyf wedi eu cynnwys ac ni fu'r copïo bob amser yn gwbl gywir. Nid yw'r cofnodion ychwaith yn cynnwys manylion am farwolaethau a chladdedigaethau. Ond gall fod yn ddefnyddiol iawn ar gyfer y cyfnod cyn 1837.

Am resymau hanesyddol eto, fe wyddys fod llawer o ddeunydd sy'n berthnasol i Gymru, yn llawysgrifau, cyhoeddiadau printiedig, darluniau, ac ati, yn cael eu diogelu mewn llyfrgelloedd ac archifdai yn rhai o wledydd Ewrop ac ymhell tu hwnt iddynt ac na ddychwelir hwy byth i Gymru. Ond gyda datblygiadau yn y maes digidol mae'r siawns o hwyluso mynediad iddynt yn cynyddu'n gyson.

Sefydliadau yng Nghymru

O'r holl sefydliadau cenedlaethol Cymreig mae'n sefyll i reswm mai Llyfrgell Genedlaethol Cymru (www.llgc.org.uk) yw'r un sy'n gallu darparu'r rhychwant ehangaf o wasanaethau a ffynonellau ar gyfer haneswyr cymunedol a haneswyr teulu fel ei gilydd. Ac yn gynyddol mae llawer o'r gwasanaethau hynny ar gael yn electronig bellach, â modd chwilota'r rhan fwyaf o'r catalogau a'r cronfeydd data drwy'r wefan. Mae adran arbennig o ddefnyddiol i gynorthwyo'r rhai sy'n olrhain 'hanes teulu'.

Trwy wefan Amgueddfa Cymru (www.amgueddfacymru.ac.uk) ceir gwybodaeth am yr holl amgueddfeydd unigol sy'n rhan o Amgueddfa Cymru yn ychwanegol at yr un ganolog yng Nghaerdydd. Mae'r rhain yn cynnwys Sain Ffagan: Amgueddfa Werin Cymru; Amgueddfa Genedlaethol y Glannau; Amgueddfa Lofaol Cymru; Amgueddfa Wlân Cymru; Amgueddfa Lleng Rufeinig Cymru ac Amgueddfa Lechi Cymru.

Mae Comisiwn Brenhinol Henebion Cymru (www.cbhc.gov.uk) yn sefydliad cenedlaethol Cymreig arall sy'n darparu gwasanaethau arbennig o ddefnyddiol i haneswyr, a cheir cipolwg ar y rhain ym Mhennod 15.

Oherwydd ei swyddogaeth fel y corff sy'n diogelu amgylchedd hanesyddol Cymru ni ddylai haneswyr cymunedol anghofio'r hyn y gall Cadw (www.cadw.wales.gov.uk) ei gynnig. Yn ogystal â chynhyrchu cyhoeddiadau ar leoliadau hanesyddol Cymru, mae'n meddu ar lyfrgell helaeth o luniau a delweddau o'r safleoedd hyn. Sefydliad arall sy'n gwarchod casgliad eang o luniau'n ymwneud â thirwedd a thai yng Nghymru yw'r Ymddiriedolaeth Genedlaethol (www.national trust.org.uk) ac mae tudalennau eu gwefan ar Gymru yn cynnwys llawer o wybodaeth fuddiol i ymchwilwyr hanesyddol.

Llyfrgelloedd

Llyfrgelloedd cyhoeddus Y man hwylusaf i ddechrau ymchwilio yn aml yw'r llyfrgell gyhoeddus agosaf ac mae gan lyfrgelloedd o'r fath draddodiad hir ac anrhydeddus o gasglu a darparu gwasanaethau ar gyfer haneswyr lleol ac, yn gynyddol yn ystod y blynyddoedd diwethaf, ar gyfer haneswyr teulu hefyd. Y dull hwylusaf o ganfod a lleoli'r gwasanaeth llyfrgell mwyaf cyfleus yw drwy chwilio'r wefan www.llyfrgell.cymru.org. Yn ogystal â darparu gwasanaethau llyfryddol traddodiadol, fe geir hefyd fynediad i'r Rhyngrwyd yn rhad ac am ddim yn holl lyfrgelloedd cyhoeddus Cymru. Ac mae gan rai llyfrgelloedd cyhoeddus, megis Llyfrgell Ganolog Caerdydd, gasgliadau archifol unigryw.

Ceir rhestr gynhwysfawr o adnoddau hanes teulu ar wefan Cyngor Amgueddfeydd, Llyfrgelloedd ac Archifau (MLA) Lloegr, drwy'r wefan: www.familia.org.uk. Rhinwedd mawr y wefan hon yw ei bod yn rhestru rhai o'r prif sefydliadau eraill (yn ogystal â llyfrgelloedd) sydd o bwys i haneswyr teulu ac yn cynnig dolennau cyswllt iddynt. Er enghraifft, gellir cysylltu'n uniongyrchol â Genuki (gwefan arbennig i'r Deyrnas Gyfunol), www.findmypast.com ac www.ancestry.com, sef y wefan achyddol fasnachol fwyaf yn y byd a chwaer wefan i www.ancestry.co.uk. Ac mae *Cyndi's List* (www.cyndislist.com) yn enghraifft arall o wefan sydd ar raddfa fyd-eang.

Llyfrgelloedd academaidd Gan fod hanes cymdeithasol yn rhan o faes llafur Adrannau Hanes a Hanes Cymru ein prifysgolion fe ellir disgwyl y bydd darpariaeth lyfryddol ac electronig o ffynonellau perthnasol yn eu llyfrgelloedd. Mae gan Goleg Prifysgol y Drindod, Caerfyrddin (www.drindod.ac.uk), er enghraifft, gwrs MA Hanes Lleol (De-orllewin Cymru er 1800) llwyddiannus iawn ers blynyddoedd lawer.

Llyfrgelloedd ymchwil Un o'r llyfrgelloedd arbenigol sydd gennym yng Nghymru yw Llyfrgell Glowyr De Cymru (www.swan.ac.uk/swmn/), y cyfeiriwyd ati eisoes ym Mhennod 18. Llyfrgell nodedig arall, yn llythrennol ym mhen arall Cymru, yw Llyfrgell Deiniol Sant (www.st-deiniol's.com) ym Mhenarlâg. Fe'i sefydlwyd gan William Ewart Gladstone yn 1889 ac mae'n un o lyfrgelloedd preswyl godidocaf Prydain, gyda chasgliadau cwbl arbennig o ddeunydd yn ymwneud ag Astudiaethau Fictoraidd a Diwinyddiaeth.

Archifdai

Archifdai sirol I lawer o haneswyr cymunedol a haneswyr teulu mae'r archifdy lleol yn fan cychwyn pwysicach na'r llyfrgell gyhoeddus hyd yn oed, a hynny am mai yno y cedwir yr archifau gwreiddiol perthnasol i ardaloedd arbennig. Ceir rhestr o brif archifdai Cymru ar wefan Cyngor Archifau a Chofnodion Cymru (www.llgc.org.uk/cac). Yn ogystal â'r archifdai sirol, fe restrir hefyd gasgliadau sefydliadau fel y Llyfrgell Genedlaethol a chasgliadau rhai o brifysgolion Cymru.

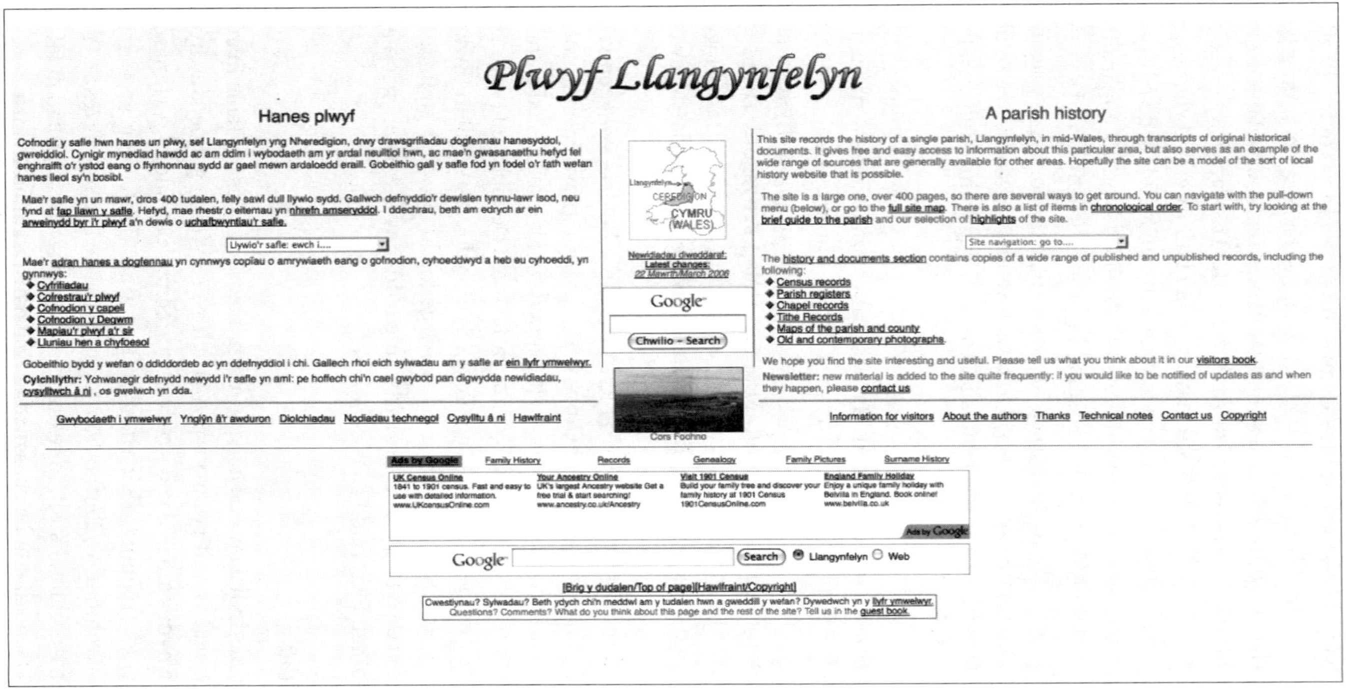

Tudalen hafan gwefan Plwyf Llangynfelyn, Ceredigion

Archifdai arbenigol a phreifat Mae llawer o ddeunydd perthnasol i haneswyr cymunedol yn aml mewn casgliadau preifat nad ydynt ar gael i'r cyhoedd, megis archifau cwmnïau a busnesau lleol a'r ddogfennaeth a gedwir yn swyddfeydd penseiri a chyfreithwyr, arwerthwyr tai a chymdeithasau o bob math. Efallai, ymhen amser, y bydd peth o'r deunydd hwn yn cyrraedd archifdai mwy swyddogol a chyhoeddus ond mae perygl bob amser y caiff ei golli. Mae yna lawer o ddeunydd archifol o bob math ac ym mhob ardal, bron, sydd ym meddiant casglwyr preifat! Ceir gwybodaeth am 'gasgliadau o ddeunydd mewn dwylo preifat sydd wedi cael eu digido a'u dehongli gan grwpiau cymunedol' ar wefan Archifau Cymunedol Cymru: www.ourwales.org.uk.

Ymddiriedolaethau Archaeolegol

Ceir pedair Ymddiriedolaeth Archaeolegol yng Nghymru, sef rhai Clwyd-Powys, Morgannwg-Gwent, Dyfed a Gwynedd, ac mae pob un ohonynt yn meddu ar wefan gynhwysfawr. Er enghraifft, ceir manylion llawn am holl weithgareddau a phrosiectau cyfredol Ymddiriedolaeth Morgannwg-Gwent ar y wefan: www.ggat.org.uk/. Mae gan bob un o'r ymddiriedolaethau hyn gronfeydd data helaeth â deunydd pwysig i'r rhai sy'n ymchwilio i hanes cynnar cymunedau Cymru.

Amgueddfeydd sirol a lleol

Gwelwyd twf sylweddol yn nifer yr amgueddfeydd yng Nghymru yn ystod degawdau olaf y ganrif ddiwethaf pan ystyriwn yr holl amgueddfeydd sirol a threfol a myrdd o rai eraill. Ceir rhestr gynhwysfawr ohonynt drwy'r *Wales Museums Gazetteer* ar y wefan: www.britainexpress.com/wales/az/museums.

Maent yn amrywio'n rhyfeddol o ran maint, daliadau a'r gwasanaethau a gynigir ond mae gan bob un ohonynt rywbeth i'w gynnig i haneswyr cymunedol, â rhai, megis Amgueddfa Ceredigion (www.ceredigion.gov.uk) yn Aberystwyth, yn meddu ar gasgliad sylweddol o ffotograffau, darluniau a dogfennau, yn ogystal â'r arteffactau y disgwylir eu canfod mewn amgueddfa o'r fath.

Cymdeithasau Hanes Lleol

Oherwydd y ddiddordeb cynyddol mewn astudiaethau lleol yn ystod y blynyddoedd diwethaf nid rhyfedd fod cynnydd cyffelyb wedi bod yn

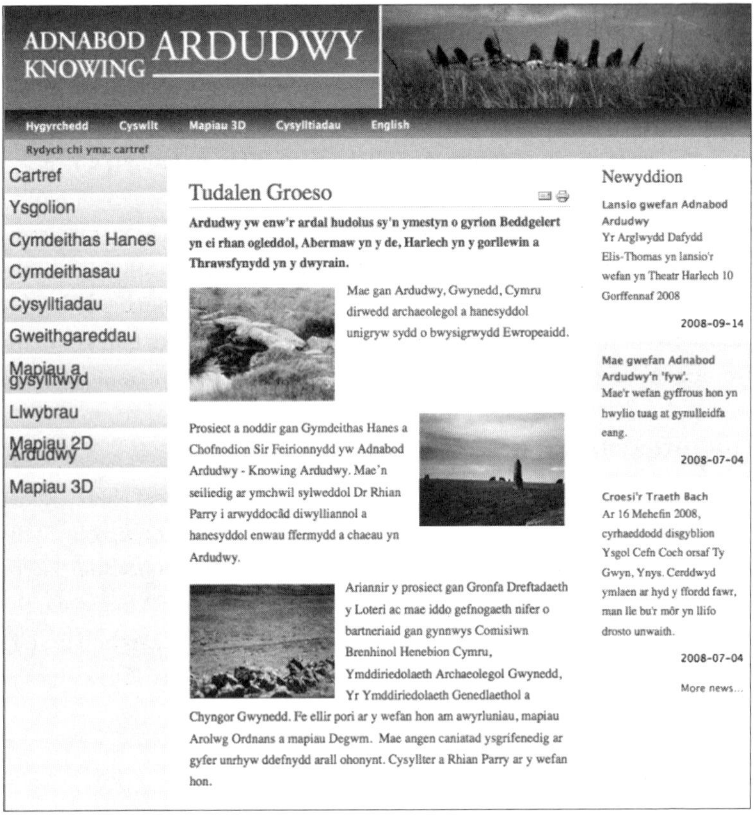

Tudalen hafan gwefan Adnabod Ardudwy

nifer y cymdeithasau sy'n hyrwyddo'r pwnc. Er enghraifft, mae o leiaf 25 o Gymdeithasau Dinesig (*Civic Societies*) yng Nghymru (www.civicsocieties.org.uk) â phob un ohonynt yn amcanu at warchod etifeddiaeth bensaernïol eu trefi a'u hardaloedd. Ac mae ugeiniau lawer o gymdeithasau pentrefol yn hyrwyddo diddordeb yn eu broydd.

Cymdeithasau Hanes Teulu

Er dechrau'r 1980au fe welwyd cynnydd cyffelyb yn nifer y Cymdeithasau Hanes Teulu a cheir rhestr ohonynt ar wefan Ffederasiwn Cymdeithasau Hanes Teulu: www.ffhs.org.uk. Mae'r gwaith a wnaed gan y cymdeithasau hyn yn cofnodi a chasglu manylion perthnasol o bob math o ffynonellau, yn ogystal â chreu cronfeydd data, wedi hwyluso tasg yr hanesydd teulu ym mhob rhan o Gymru yn aruthrol. Ffynhonnell amhrisiadwy arall i haneswyr teulu yn y Deyrnas Gyfunol yw: www.genuki.org.uk/societies, yn arbennig gan fod llyfryddiaethau helaeth ynghyd â rhestrau o ffynonellau eraill o bob math ym mhob adran ohoni.

Gwefannau

Bellach nid yw'n bosibl i unrhyw hanesydd cymunedol na hanesydd teulu anwybyddu'r deunyddiau cynyddol sydd ar gael ar amrywiol wefannau, er bod cyfyngiadau a phroblemau wrth ddefnyddio ffynonellau o'r fath ar brydiau. Yn sicr, i haneswyr teulu mae gwefannau'n fendithiol tu hwnt a chyfeiriwyd eisoes at y rhai pwysicaf. Mewn sawl ardal aed ati i ddarparu hanes cymunedol, nid drwy gyfrwng llyfr traddodiadol ond drwy gyfrwng gwefan. O'r ugeiniau lawer sydd ar gael bellach ledled Cymru dyma ddwy enghraifft tra nodedig.

Ar wefan gwbl ddwyieithog plwyf Llangynfelyn (www.llangynfelyn.org) yng ngogledd Ceredigion fe geir copïau o amryw ddogfennau gwreiddiol yn ymwneud â'r ardal sy'n cynnwys manylion cyfrifiadau, detholion o gofrestri'r plwyf, cofnodion y capeli a chofnodion y degwm, a llawer o luniau hen a chyfoes. Mae hwn yn adnodd rhyfeddol o gyfoethog, nid yn unig i'r plwyfolion eu hunain ond i unrhyw un arall sydd am wybod am yr ardal, gan roi'r cyfle iddynt gael mynediad i rychwant eang o ffynonellau heb adael eu cartrefi! Ac fel pob gwefan gwerth ei halen, mae'n tyfu a datblygu'n gyson.

Gwefan sy'n cynrychioli ardal tipyn ehangach a nifer sylweddol o blwyfi ym Meirionnydd yw Adnabod Ardudwy (www.adnabod ardudwy.org). Crëwyd y wefan fel rhan o brosiect a ariannwyd gan Gronfa Dreftadaeth y Loteri ac fe'i noddir gan Gymdeithas Hanes a Chofnodion Sir Feirionnydd mewn cydweithrediad â phedwar o brif bartneriaid, sef Comisiwn Brenhinol Henebion Cymru, Ymddiriedolaeth Archaeolegol Gwynedd, Yr Ymddiriedolaeth Genedlaethol a Chyngor Sir Gwynedd. Amcan y prosiect oedd codi ymwybyddiaeth trigolion Ardudwy, a'r cyhoedd yn fyd-eang, o gyfoeth archaeolegol, hanesyddol a diwylliannol yr ardal. Un o nodweddion mwyaf arwyddocaol y wefan yw'r adrannau sy'n galluogi defnyddwyr i edrych ar rychwant o fapiau o'r ardal, gan gynnwys mapiau'r Arolwg Ordnans, mapiau degwm a mapiau 3D a grëwyd yn arbennig i gyfleu'r newidiadau yn hanes Ardudwy dros y canrifoedd. Gellir hefyd astudio nifer helaeth o awyrluniau o'r ardal a manylion enwau caeau'r ardal, yn ogystal â mapiau'n dangos llystyfiant Ardudwy mewn pum cyfnod hanesyddol. I ddefnyddwyr o bob math, yn blant ysgolion cynradd ac ysgolheigion llawer hŷn, mae'r wefan hon yn adnodd gwerthfawr.

Eraill

Yn ogystal â'r lleoliadau uchod, mae'n siŵr fod llawer o ddeunyddiau a all fod o fudd i haneswyr cymunedol mewn sefydliadau eraill lle nad oes modd cael mynediad atynt. Yn y dosbarth hwn rhaid enwi'r holl ddeunydd a grëwyd gan y cyfryngau torfol, yn gwmnïau cynhyrchu rhaglenni radio a theledu dros y blynyddoedd. Er bod llawer o ddeunydd felly yn Archif Genedlaethol Sgrin a Sain Cymru, yn y Llyfrgell Genedlaethol, nid yw'r cyfan yno o bell ffordd. Mae amrywiol ddeunydd amhrisiadwy i haneswyr cymunedol ledled Cymru ym meddiant unigolion ac mae'n annhebygol iawn y caiff fyth weld olau dydd, heb sôn am ei ddiogelu.

NODIADAU AR Y CYFRANWYR

HAFINA CLWYD

Fe'i ganed yng Ngwyddelwern, sir Feirionnydd, a'i haddysgu yn y Coleg Normal, Bangor. Bu'n athrawes yn Llundain (1957–79), ac mae'n Is-lywydd Anrhydeddus Gymdeithas y Cymmrodorion (1980). Bu'n olygydd *Y Faner* (1987–92) a hi yw golygydd *Y Bedol* [papur bro Rhuthun a'r cylch] (1982 hyd heddiw). Bu'n Gadeirydd Cymdeithas Hanes Sir Ddinbych (2004–6) a hi oedd Maer Rhuthun (2008–9). Mae hefyd yn Gymrodor er Anrhydedd, Prifysgol Bangor. Mae ei chyhoeddiadau'n cynnwys *Merch Morfydd* (1987), a *Pobol sy'n Cyfri* (2001). Cyfrannodd i *The Welsh in London 1500–2000* (2001), ac roedd yn gyd-olygydd *Welsh Family Research: a Guide to Research* (1993).

DAVID W. HOWELL

Yn frodor o Stepaside, sir Benfro, fe'i haddysgwyd yng Ngholeg Prifysgol Cymru Aberystwyth, a'r London School of Economics. Fe'i penodwyd yn ddarlithydd yn Adran Hanes, Coleg Prifysgol Abertawe, yn 1970, ac yn ddiweddarach yn Athro, cyn iddo ymddeol yn 2004. Ef yw Is-lywydd Cymdeithas Hanes Sir Benfro. Mae ei gyhoeddiadau'n ymwneud â hanes bywyd gwledig yng Nghymru o'r ddeunawfed ganrif, gan gynnwys *Land and People in Nineteenth-century Wales* (1978), *Patriarchs and Parasites: the Gentry of South-west Wales in the Eighteenth Century* (1986) a *The Rural Poor in Eighteenth-century Wales* (2000). Hefyd, ef oedd awdur *Cyfri'r Da: Hanes Canmlynedd Cymdeithas Amaethyddol Frenhinol Cymru* (2003).

EVAN L. JAMES

Brodor o ardal Llandysul, a addysgwyd yng Ngholeg Prifysgol Cymru, Aberystwyth. Bu'n ddarlithydd yng Ngholeg Chelsea a Phrifysgol Llundain. Yn 1969 fe'i penodwyd yn ddarlithydd yn Adran Efrydiau Allanol, Coleg Prifysgol Cymru, Aberystwyth, gan ddysgu cyrsiau ar hanes lleol yno tan ei ymddeoliad yn 1993. Gyda'i wraig, Dr M. Auronwy James, cofnododd a mynegeiodd feddargraffiadau mynwentydd Ceredigion. Argraffwyd eu gwaith mewn deunaw cyfrol, sydd ar gael yn Llyfrgell Genedlaethol Cymru, Archifdy Ceredigion ac yn Llyfrgell Ceredigion, Aberystwyth.

JOHN GWYNFOR JONES

Fe'i ganed yn Nyffryn Conwy a'i addysgu yng Ngholeg y Brifysgol, Caerdydd. Bu'n darlithio ar hanes Cymru yn Adran Hanes a Hanes Cymru, Coleg y Brifysgol Caerdydd, ac yn 1997 fe'i dyrchafwyd i Gadair Bersonol. Ymddeolodd o'i swydd yn 2004. Cyhoeddodd gyfrolau ac erthyglau yn Gymraeg a Saesneg ar Gymru'r cyfnod modern cynnar, yn arbennig ar gyfraith a gweinyddiaeth, diwylliant yr uchelwyr a'r Diwygiad Protestannaidd. Ymhlith ei gyhoeddiadau ceir *Cymru a'r Tuduriaid* (1993), *Beirdd yr Uchelwyr a'r Gymdeithas c.1540–1640* (1997) a *Crefydd a Chymdeithas yng Nghymru c.1559–c.1750* (2007).

TEGWYN JONES

Brodor o Ben-bont Rhydybeddau, gogledd Ceredigion. Addysgwyd yn Ysgol Gynradd Trefeurig, Ysgol Ramadeg Ardwyn, Aberystwyth, a Choleg y Brifysgol yno. Mae'n gyn-aelod o staff Geiriadur Prifysgol Cymru. Cyhoeddodd astudiaethau o fywyd teuluol Lewis Morris o Fôn a'i nai, John Owen, wedi iddynt fudo i Geredigion tua chanol y ddeunawfed ganrif. Cafwyd ganddo hefyd gyfrolau am fywyd a gwaith y baledwyr Ywain Meirion ac Abel Jones, 'Bardd Crwst', a chasgliadau o brydyddiaeth werinol, yn dribannau, baledi a rhigymau llafar gwlad.

RHEINALLT LLWYD (Cyd-olygydd)

Brodor o Faengwynedd ond treuliodd y rhan fwyaf o'i blentyndod a'i lencyndod yn Nolwyddelan, a Thaicynhaeaf (ger Dolgellau). Addysgwyd yng Ngholeg Prifysgol Cymru, Aberystwyth, a Choleg Llyfrgellwyr Cymru. Bu ar staff Llyfrgell Ceredigion cyn dychwelyd yn aelod o staff Coleg Llyfrgellwyr Cymru (Adran Astudiaethau Gwybodaeth, Prifysgol Aberystwyth, yn ddiweddarach) hyd ei ymddeoliad yn 2006. Cyhoeddodd nifer o erthyglau, yn Gymraeg a Saesneg, ar hanes y fasnach lyfrau yng Nghymru, a golygodd *Gwarchod y Gwreiddiau: Cyfrol Goffa Alun R. Edwards* (1996), *Llanrhystud–Llanddeiniol* (2004) a *Bro a Bywyd Islwyn Ffowc Elis* (2007).

GERALD MORGAN

Fe'i magwyd yn Brighton a'i addysgu ym Mhrifysgolion Caer-grawnt a Rhydychen, ac fel athro a hanesydd mae wedi cael dwy yrfa. Hyd 1989 bu'n athro ac yn brifathro mewn ysgolion cyfun yn siroedd Fflint, Môn a Cheredigion, cyn symud i ddarlithio yng Ngholeg Prifysgol

Cymru, Aberystwyth. Ei lyfrau er 1997 yw: *A Welsh House and its Family: the Vaughans of Trawsgoed* (1997), *Ceredigion: a Wealth of History* (2005), *Llwybr Arfordir Ceredigion* (2008), *Castles in Wales* (2008) ac *A Brief History of Wales* (2008). Ef hefyd a olygodd y gyfrol *Nanteos: a Welsh House and its Families* (2000). Mae'n dysgu Hanes Cymru yn y cynllun 'Astudio'n Allanol Drwy Gyfrwng y Gymraeg'.

RICHARD MORGAN

Yn frodor o Wrecsam, fe'i haddysgwyd yng Ngholeg Prifysgol Cymru, Aberystwyth. Mae'n archifydd proffesiynol yn Archifdy Morgannwg, Caerdydd, a chyn hynny bu'n gweithio gyda Gwasanaeth Archifau swydd Amwythig (1980–4), ac Archifau Powys (1984–92). Yn ystod y deng mlynedd ar hugain diwethaf cyfrannodd erthyglau ac adolygiadau i gylchgronau hanesyddol sirol a chenedlaethol, ac ysgrifennodd nifer o gyfrolau ar enwau lleoedd siroedd hanesyddol Maesyfed, Brycheiniog, Trefaldwyn a Mynwy.

Roedd yn gyd-olygydd, gyda'r Athro Hywel Wyn Owen, y gyfrol *Dictionary of the Place-names of Wales* (2008).

D. HUW OWEN (Cyd-olygydd)

Yn wreiddiol o Cross Hands, sir Gaerfyrddin, fe'i haddysgwyd yng Ngholeg Prifysgol Cymru, Aberystwyth. Bu'n Geidwad Darluniau a Mapiau yn Llyfrgell Genedlaethol Cymru hyd at ei ymddeoliad yn 2001. Cyn hynny, bu'n darlithio yng Ngholeg Llyfrgellwyr Cymru, Aberystwyth a Choleg y Brifysgol, Caerdydd. Mae ei gyhoeddiadau'n cynnwys *Settlement and Society in Wales* (1989) [golygydd a chyfrannwr]; *Cwm Gwendraeth a Llanelli* (1989); *Mapiau Printiedig Cynnar o Gymru* (1996); *Capeli Cymru* (2005) a chyfraniadau i *The Oxford Companion to Family and Local History* (2008).

HELEN PALMER

Yn frodor o Portsmouth, cafodd ei haddysg ym Mhrifysgolion Llundain (UCL), Llanbedr Pont Steffan a Choleg Prifysgol Cymru, Aberystwyth. Hi yw Archifydd Sirol Ceredigion. Ymunodd â staff yr archifdy yn Aberystwyth yn 1996 ar ôl cyfnodau'n gweithio ar staff Archifau Dyfed, Swyddfa Archifau Caerloyw a Llyfrgell y Sylfaenwyr ym Mhrifysgol Llanbedr Pont Steffan. Mae wedi cyhoeddi erthyglau ar destunau hanes lleol a hanes teulu mewn cylchgronau yn siroedd Caerfyrddin a

Cheredigion ac mae'n darlithio ar y cwrs MSc ar Weinyddiaeth Archifau ym Mhrifysgol Aberystwyth.

GLYN PARRY

Brodor o Edern a gafodd ei addysgu yng Ngholeg Prifysgol Gogledd Cymru, Bangor ac ef yw Pennaeth Isadran Archifau a Delweddau Gweledol, Llyfrgell Genedlaethol Cymru. Mae'n awdur *A Guide to the Records of Great Sessions in Wales* (1995); *Naid i Dragwyddoldeb* (2001); *Launched to Eternity* (2001), a nifer o erthyglau, yn bennaf ar droseddwyr a throseddau yng Nghymru.

MICHAEL POWELL SIDDONS

Ganwyd Michael Powell Siddons ym Mhont-y-pŵl lle bu'n ddiweddarach yn feddyg teulu. Symudodd i Frwsel i weithio yng Ngwasanaeth Meddygol y Comisiwn Ewropeaidd. Wedi iddo ymddeol ymsefydlodd ym Meirionnydd. Bellach mae'n byw yn Ffrainc. Fe'i penodwyd yn Herodr Arbennig Cymru yn 1994, a dyfarnwyd iddo radd D.Litt. er anrhydedd (Prifysgol Cymru) yn 1997. Mae'n aelod o Gymdeithas Hynafiaethwyr Llundain a'r Academic internationale d'Héraldique. Ymhlith ei gyhoeddiadau mae *The Development of Welsh Heraldry* (4 cyf., 1991–2006); *Visitations by the Heralds in Wales* (1996); *Welsh Pedigree Rolls* (1996) a'r bennod 'Heraldry' yn *History of Merioneth, II: The Middle Ages* (2001).

RICHARD SUGGETT

Addysgwyd yn Ysgol Ramadeg Penarth a Phrifysgolion Durham a Rhydychen. Mae'n aelod o staff Comisiwn Brenhinol Henebion Cymru er 1984 ac ar hyn o bryd ef yw pennaeth y tîm cofnodi ar frys. Bu'n Gymrawd Prifysgol Cymru gan arbenigo ar hanes cymdeithasol Cymru fodern gynnar a bu'n dysgu yng Ngholeg Harlech. Mae ei gyhoeddiadau pensaernïol gyda CBHC yn cynnwys *John Nash: Architect in Wales* (1995), a gyhoeddwyd ar y cyd â Llyfrgell Genedlaethol Cymru, a *Houses and History in the March of Wales: Radnorshire 1400–1800* (2005). Cyhoeddwyd ei *History of Witchcraft and Magic in Wales* yn 2008. Mae'n Gymrawd er Anrhydedd yng Nghanolfan Uwchefrydiau Cymreig a Cheltaidd Prifysgol Cymru ac yn enillydd Gwobr G. T. Clark, Cymdeithas Hynafiaethau Cymru.

WILLIAM TROUGHTON

Ganed a magwyd William Troughton yn Aberystwyth. Fe'i haddysgwyd ym Mhrifysgol Newcastle upon Tyne. Ar hyn o bryd ef yw'r Llyfrgellydd Delweddau Gweledol yn Llyfrgell Genedlaethol Cymru, lle bu'n gweithio er 1992. Mae ei waith yn cynnwys gofalu am 300,000 o ffotograffau sydd yn y Casgliad Cenedlaethol o Ffotograffau Cymreig a leolir yn Llyfrgell Genedlaethol Cymru. Mae hanes tref Aberystwyth ac yn arbennig ei hanes morwrol cyfoethog yn brif ddiddordebau y tu allan i'r gwaith. Ymhlith ei gyhoeddiadau diweddar mae *Aberystwyth Harbour: an Illustrated History* (1997); *Aberystwyth Voices* (2000), a *Ceredigion Shipwrecks* (2006).

LLYFRYDDIAETH FER

Gan fod cyfeiriadau gweddol fanwl at ffynonellau llyfryddol ynghlwm wrth bob pennod unigol ni chynhwysir yma ond y teitlau hynny a ystyrir yn gyfeirlyfrau cwbl angenrheidiol i haneswyr cymunedol a haneswyr teulu ar gyfer gwybodaeth gefndirol. Ac fe geir yn y mwyafrif ohonynt gyfeiriadau helaeth at ddarlleniadau pellach.

Nick Barratt, *Who Do You Think You Are? Encyclopedia of Genealogy* (2008)

Amanda Bevan, *Tracing your Ancestors in the National Archives, the Website and Beyond* (2006)

John Chapman, *A Guide to Parliamentary Enclosures in Wales* (1992)

John Davies, *Hanes Cymru* (2007)

John Davies, *Llunio Cymru* (2009)

Robert Davies, *The Tithe Maps of Wales: a Guide to the Tithe Maps in the National Library of Wales* (1997)

Hywel Francis a Dai Smith, *The Fed: A History of the South Wales Miners in the Twentieth Century* (2004)

Gwyddoniadur Cymru yr Academi Gymreig (2008)

David Hey, *Journeys in Family History* (2004)

David Hey (gol.), *The Oxford Companion to Family and Local History* (2008)

Edward Higgs, *Making Sense of the Census Revisited: Census Records for England and Wales, 1801–1901* (2005)

Dafydd Ifans, *Cofrestri Anghydffurfiol Cymru* (1994)

Geraint H. Jenkins, *A Concise History of Wales* (2007)

J. Geraint Jenkins, *Life and Traditions in Rural Wales* (2009)

J. Geraint Jenkins, *Traddodiad y Môr* (2004)

R. Merfyn Jones, *Cymru 2000: Hanes Cymru yn yr Ugeinfed Ganrif* (2000)

R. Merfyn Jones, *The North Wales Quarrymen, 1874–1922* (1981)

Thomas Lloyd, *The Lost Houses of Wales* (1986)

D. Huw Owen, *Capeli Cymru* (2007)

D. Huw Owen (gol.), *Settlement and Society in Wales* (1989)

D. Huw Owen, *Mapiau Printiedig Cynnar o Gymru* (1996)

Hywel Wyn Owen a Richard Morgan, *Dictionary of the Place-names of Wales* (2008)
Glyn Parry, *A Guide to the Records of the Great Sessions in Wales* (1995)
John a Sheila Rowlands (goln.), *Welsh Family History: a Guide to Research* (1998)
John a Sheila Rowlands (goln.), *Second Stages in Researching Welsh Ancestry* (1999)
Peter Smith, *Houses of the Welsh Countryside* (1988)
Meic Stephens (gol.), *Cydymaith i Lenyddiaeth Cymru* (1997)
Peter Wakelin a Ralph A. Griffiths (goln.), *Trysorau Cudd: Treftadaeth Cymru* (2008)
Helen Watt, *Welsh Manors and their Records* (2000)
C. J. Williams a J. Watts-Williams, *Cofrestri Plwyf Cymru* (2000)

MYNEGAI